DER BADISCHE KRIMI 13

Rita Hampp, Jahrgang 1954, arbeitete nach dem Jurastudium zwanzig Jahre als Redakteurin bei der Main-Post in Würzburg, davon zehn Jahre unter dem Namen Rita Spirk als Rechts- und Gerichtsberichterstatterin. Nach mehrjährigem Aufenthalt in den USA lebt sie seit 2000 in Baden-Baden. Im Emons Verlag erschienen »Die Leiche im Paradies« und »Tod auf der Rennbahn«.
www.rita-hampp.de

Dieses Buch ist ein Roman. Handlung, Personen und manche Orte, besonders die Passagen über Verkauf und Kaufpreis der Villa Pagenhardt, sowie das Glasverbot im Poolbereich von Brenner's Parkhotel sind frei erfunden. Ähnlichkeiten mit lebenden oder toten Personen sind rein zufällig.

RITA HAMPP

MORD IM GRANDHOTEL

DER BADISCHE KRIMI

*Für Christine
herzliche Grüße
Rita Hampp*

Emons Verlag

© Hermann-Josef Emons Verlag
Alle Rechte vorbehalten
Umschlagzeichnung: Heribert Stragholz
Druck und Bindung: Clausen & Bosse GmbH, Leck
Printed in Germany 2007
ISBN 978-3-89705-517-9

Unser Newsletter informiert Sie
regelmäßig über Neues von emons:
Kostenlos bestellen unter
www.emons-verlag.de

Für Blanka

EINS

Angestrengt vertiefte sich Robby Oser in das Buch, das vor ihm lag, und wünschte sich, unsichtbar zu sein. »Kriminalistisches Denken« – allein der Titel versprach, was er sich immer gewünscht hatte, nämlich Einblicke in seinen heimlichen Traumberuf.

Aber es war gar nicht so leicht, sich zu konzentrieren. Die Buchstaben tanzten vor seinen Augen Walzer, langsamen Walzer, und seine Gedanken kreisten um den einen und einzigen Namen: Claudia.

Gleich würde sie wieder vorbeikommen, wohl zum zwanzigsten Mal heute. Aber er würde nicht aufblicken. Er würde ihr nicht nachsehen. Er würde ihren Blick nicht erwidern, nicht an ihren Lippen hängen. Dabei hatte sie den aufregendsten Mund der Welt, die längsten Beine, die blondesten Haare und die schönsten grünbraunen Augen, die man sich nur vorstellen konnte.

Claudia! Schon dieser Name zerging auf der Zunge wie Sahnetrüffel. Ja, er gab es zu: Er war ihr vom ersten Anblick verfallen, seit er vor zwei Wochen, gleich nach seinem Abitur, diesen Ferienjob in Brenner's Pool- und Spa-Bereich bekommen hatte.

Er machte sich nichts vor: Sie war unerreichbar für jemanden wie ihn, der nichts anderes vorzuweisen hatte als gute Noten. Er war nicht besonders groß, nicht besonders sportlich, sah nicht besonders gut aus. Durchschnitt eben.

Dumm und ungelenk wie ein Vierzehnjähriger kam er sich vor, wenn sie lächelte oder sich über seinen Schreibtisch beugte. Zweimal schon hatte sie ihn mit ihrer sanften Milchschnitten-Stimme gebeten, ihm bei den Handtüchern zu helfen, und jedes Mal hatten ihm dann die Hände gezittert. Wie peinlich! Er hatte den frischen Blumenduft ihrer Haare eingeatmet und sich für eine Millisekunde vorgestellt, wie es wäre, wenn sie seine verwirrten Gefühle erwidern würde. Das war natürlich Unsinn. Kompletter Unsinn. Claudia war zwei Jahre älter als er und außerdem viel zu schön, um sich mit jemandem wie ihm abzugeben!

Außerdem brauchte er diesen Job, um sich ab Herbst das Studium zu finanzieren. »Keine Flirts, weder mit den weiblichen Gästen noch mit den Kolleginnen«, hatte man ihm gleich am ersten Tag beigebracht, und er hatte es natürlich hoch und heilig versprochen.

Aber da hatte er Claudia noch nicht gesehen.

Zweieinhalb Stunden noch, dann war er für heute erlöst.

»Verdacht hegen heißt mehr oder anderes vermuten, als sich zeigt«, las er und verstand kein Wort, denn gerade klapperten ihre Absätze an ihm vorüber. Sein Arbeitsplatz befand sich direkt vor der Treppe zum Pool im ersten Stock, zwischen der Wäschekammer und dem exklusiven Spa-Bereich. Wie jedes Mal zog ihr Duft in seine Nase. Er duckte sich und begann zu schwitzen. Heute war Sonntag, die Teilnehmer des Oldtimer-Meetings waren abgereist, die restlichen Gäste machten sich zum Abendessen im Haus oder in den anderen Lokalen Baden-Badens fertig. Mit anderen Worten: Claudia und er waren allein hier unten.

Gleich würde sie zurückkommen. Was sollte er sagen, falls sie ihn ansprach? Dass sie ihn in Ruhe lassen sollte? Dass er noch nie eine Freundin gehabt hatte und keinen Fehler machen wollte? Dass er zu schüchtern war, um sich zuzutrauen, sie einzuladen und sie einen ganzen Abend mit witzigen Anekdoten zu unterhalten?

Schritte von links. Er verkroch sich tiefer hinter dem Monitor. Aber nein, das war nicht das aufregende Klacken ihrer Absätze, sondern das Schnalzen von Badelatschen. Robby versuchte sich zu entspannen.

Der Gast, der sich im weißen Bademantel des Hauses näherte, war Mitte fünfzig, groß und relativ schlank. Er hielt sich gerade, wie es reiche Leute oft tun, sein Haarschnitt sah teuer aus, am kleinen Finger blitzte ein Siegelring mit einem blauen Stein, dessen Wert einen Studenten vermutlich durch zwei Semester bringen konnte. In der Hand hielt er ein Champagnerglas, und das bedeutete Ärger.

Claudia und die Kriminalistik waren vergessen. Jetzt ging es nur noch darum, diesem Mann dieses Glas auszureden, ohne sich eine dicke Beschwerde einzuhandeln.

*

Mit hämmerndem Kopf ließ Raphael Wittemann den Hotelbademantel auf die Steinbank neben dem Pool sinken und betrachtete sich in dem großen, goldumrandeten Spiegel, der schräg an der Wand lehnte. Verärgert schnitt er eine kaum sichtbare Grimasse.

Früher hätte man ihm den nächtlichen Alkoholexzess um diese Uhrzeit längst nicht mehr angesehen. Aber jetzt zeigte sein Spiegelbild ihm unmissverständlich, dass er heute fünfundfünfzig geworden war. Hässliche Tränensäcke hingen unter seinen geröteten Augen, und die Mundwinkel ließen sich nur mit großer Anstrengung nach oben ziehen. Immer noch war ihm flau im Magen. Es war eindeutig zu viel Whisky gewesen, mit dem er seinen Zorn und seine Enttäuschung heruntergespült hatte. Aber er wollte nicht daran denken, nicht jetzt. Morgen war noch Zeit genug. Dieses verdammte Miststück war es doch gar nicht wert gewesen, sich diesen Riesenrausch anzutrinken.

Er sollte sich lieber ablenken und sich entspannen. Eigentlich sollte es ihm gut gehen. Es war doch sehr angenehm hier. Rötlicher Marmor, azurblaues Wasser, Stille. Durch die riesige Glasfront konnte man hinaus in die berühmte Lichtentaler Allee sehen, durch die Bäume die formvollendeten Umrisse des Burda-Museums ahnen und die Pferdekutschen beobachten, die wie ein Postkartengruß aus dem vorletzten Jahrhundert vorbeizogen. Die Abendsonne tauchte den Raum in warmes Licht.

Er war allein. Es war halb sieben, und die übrigen Hotelgäste bereiteten sich wahrscheinlich aufs Abendessen vor. Er wollte nur zehn oder zwölf Bahnen schwimmen, gerade genug, um sich frisch zu machen und um endlich Appetit zu bekommen. Tante Marie-Lu hatte vorhin leider wie üblich auf einem Stück Kuchen bestanden, und wer konnte ihr schon etwas abschlagen. Aber sein Magen hatte es ihm übel genommen. Deshalb hatte er sich auf dem Weg zum Pool, schon im Bademantel, an der Bar noch schnell ein Glas Champagner geben lassen.

Wieder erinnerten ihn seine pochenden Schläfen daran, wie sehr er sich ärgerte. Robert Oser, den Namen würde er sich merken! Dieses Würstchen war heute zum letzten Mal im Dienst! Wie kam dieser pubertierende Jüngling dazu, ihm den Champagner abzunehmen? War er etwa ein alter Tattergreis, dem jeden Augenblick ein Glas aus der Hand rutschen konnte? Vorschriften, pah! Er war Raphael Wittemann, Stammgast des Hauses seit dreißig Jahren. Noch nie hatte ihm jemand ein Glas verweigert!

Wie ein alkoholsüchtiger Stadtstreicher hatte er den Champagner heruntergestürzt. Er hatte ihn doch nicht schal werden lassen wollen! Aber bei Gott, es war eine unwürdige Szene gewesen, und der Alkohol hatte ihm überhaupt nicht gutgetan, sondern seinen Kater noch verstärkt.

Robert Oser! Am liebsten hätte er sofort den Hoteldirektor gerufen, dieses Bürschchen vor seinen Augen hinauswerfen und sich ein neues Glas kommen lassen. Doch das ging nicht, er hatte keine Zeit. In einer halben Stunde, Punkt neunzehn Uhr, würde er zum Geburtstagsdinner im Parkrestaurant erscheinen, wie es seit dreißig Jahren Tradition war.

Noch einmal ließ er seinen Blick schweifen und versuchte, sich zu beruhigen und sich in Feierlaune zu versetzen. Es war doch herrlich hier. Genau das Richtige, um ein paar Minuten abzuschalten und an nichts zu denken. Vor allem nicht an diesen unsäglichen Betrug, dem er um ein Haar zum Opfer gefallen wäre.

*

Am Monitor ließ Robby den eitlen Gecken nicht aus den Augen. Wie der sich aufgespielt hatte! Dabei gab es keine Ausnahmen. Glas war im Poolbereich verboten. Daran mussten sich auch die Reichsten der Reichen, die Wichtigsten der Wichtigen halten. Unglaublich, wie aggressiv dieser Kerl geworden war! Der Hinweis auf die neuen Vorschriften hatte ihn geradezu explodieren lassen.

»Junger Mann, ich sage Ihnen etwas: Erreichen Sie erst einmal etwas in Ihrem Leben, bevor Sie mir mit Vorschriften kommen! Was fällt Ihnen ein, mir mein Glas Champagner zu verbieten?«

»Ich verbiete es Ihnen nicht. Sehen Sie, ich habe einen Kühler hier, extra für solche Fälle. Ihr Champagner wird nachher genauso frisch sein wie jetzt.«

Der Mann hatte ihn mit blutunterlaufenen Augen angestarrt. Wahrscheinlich hatte er schon mittags einen zu viel gehoben oder die Nacht zuvor durchgemacht. Und jetzt ließ er seine Laune am Schwächsten aus, dem er begegnete.

»Das ist mir egal! Ich will Ihren Namen! Ich werde mich beschweren! Sie können schon anfangen, Ihre Stellungnahme zu schreiben, ach was, schreiben Sie gleich eine Bewerbung für Hartz IV. Sie werden nicht mehr hier sein, ehe der Abend herum ist. Haben Sie das verstanden?«

Robby hatten die Knie gezittert. Jedes Wort glaubte er diesem Mann. Am liebsten hätte er ihn im Pool ertränkt!

»Ihren Namen!«

»Robert Oser.«

Der Mann hatte den Champagner in einem Schluck heruntergekippt und ihm das leere Glas auf den Tresen geknallt. »Robert Oser. Kommen Sie mir nie wieder unter die Augen! Seit dreißig Jahren nehme ich mein Glas mit an den Pool. Seit dreißig Jahren! Und jetzt schwafeln Sie etwas von Verboten? Das ist unerträglich!«

Ausgerechnet in diesem Augenblick, als sich dieser Gockel so aufplusterte, ausgerechnet da schwebte Claudia herbei. Sie blieb stehen, einen Stapel frischer Handtücher im Arm, direkt zwischen seinem Arbeitsplatz und dem Gast.

»Entschuldigen Sie, wenn ich mich einmische«, sagte sie sanft. »Es geht mich zwar nichts an, aber ich möchte für den Kollegen ein gutes Wort einlegen. Wir haben die Vorschrift erst seit ein paar Wochen, seitdem ein paarmal Gläser auf dem Boden zerbrochen sind und die Scherben auch in den Pool fielen. Es ist ein sehr großer Aufwand, den Pool abzulassen und zu säubern, und die anderen Gäste beschweren sich, wenn sie während der Zeit nicht schwimmen können. Stellen Sie sich vor, ein solches Malheur wäre vor einer Viertelstunde einem anderen Gast passiert, und wir hätten den Poolbereich abgesperrt.«

Der Gast ließ seinen Blick langsam, ganz langsam, über Claudias Oberkörper gleiten, und sie machte unwillkürlich einen kleinen Schritt zurück. Robby merkte, wie ihm die Halsschlagader vor Eifersucht schwoll. Dieser Mann sollte Claudia nicht so anstarren. Das war nicht anständig! Dann aber machte er sich bewusst, dass Claudia den Handtuchstapel vor sich trug und der Gast nichts, aber auch gar nichts von ihren perfekten Rundungen sehen konnte.

Dem Mann reichte offensichtlich schon ein Blick in ihre großen Augen, denn er begann zu lächeln, hob die Hand und fasste ihr ans Kinn. Am liebsten hätte Robby ihn mit einem Faustschlag niedergestreckt, so sehr ärgerte er sich über diesen Übergriff.

Doch Claudia konnte sich selbst helfen. »Vielen Dank für Ihr Verständnis«, hauchte sie, entzog sich mit einem kleinen, leisen Kichern seiner Hand und entfernte sich in Richtung Spa-Bereich, wo sie die Handtücher für die Gäste des nächsten Morgens ausbreiten würde.

Der Gast blieb einen Moment stehen und sah ihr nach, dann machte er eine halbe Drehung und streckte seinen Zeigefinger aus. »Robert Oser! Das wird ein Nachspiel haben! Das schwöre ich!« Dann stieg er zornig die Treppe nach oben zum Poolbereich, und Robby hatte ihn nur noch im Monitor sehen können.

Ihm wurde schlecht, als er beobachtete, wie der Mann sich wie ein Pfau vor dem Spiegel drehte und wendete. Es war seine Aufgabe, ein Auge auf die Badegäste zu haben. Der Pool war zwar nur einen Meter vierzig tief, aber es waren schon Leute in einer Pfütze ertrunken. Unter den Gästen des Hauses waren ältere Herrschaften, bei denen man immer mit einem kleinen Schwächeanfall rechnen musste. Genau für solche Fälle war er ausgebildet. Er wusste, was dann zu tun war.

Dieser Kerl dort war ihm allerdings herzlich egal. Sollte er doch ausrutschen und sich die Knochen brechen! Er würde ihm zu Hilfe kommen, natürlich, das war sein Job, aber der Mann würde kein Mitleid erwarten dürfen. Robby begann sich auszumalen, wie der Mann sich vor Schmerzen wand, wie er versprach, sich nicht zu beschweren, wenn er, Robert Oser, ihm nur endlich, endlich helfen würde.

Ach, schön wäre es.

Aber dieser Mensch dort stand ja nur da und bewunderte sich!

Und hier kam das vertraute Klacken zurück, immer lauter wurde es, dann hörte es auf, direkt vor ihm.

*

Ein letzter Blick in den Spiegel. Hier stand Raphael Wittemann, der erfolgreichste Bauunternehmer Frankfurts. Es war doch egal, was gestern geschehen war! Er hatte alles Nötige in die Wege geleitet, und heute würde er den Tag genießen. Morgen war Zeit genug, sich um den Rest zu kümmern.

Er trat einen Schritt vor und machte eine halbe Drehung nach links, dann nach rechts. Er würde schon nicht lange Single bleiben. Er konnte jede Frau haben. Er war wohlhabend, und er sah großartig aus. Jawohl! Großartig! Nun ja – bis auf diesen Schönheitsfehler. Vorsichtig hob er den Arm und vergewisserte sich, dass er immer noch allein war. Ekelhaft, dieser Ausschlag unter den Achseln. Erst vor ein paar Jahren hatte ein Arzt seinem Leiden einen Namen gegeben: Morbus Hailey Hailey. Eine Erbkrankheit, hatte er erfahren, als wenn er es nicht schon längst geahnt hätte. Alle in seiner Familie hatten darunter gelitten, besonders die männlichen Mitglieder. Wie er diese permanent juckende, nässende Hautpartie verabscheute! Sie passte nicht zu ihm. Er wusste nicht, womit er dieses Ekzem verdient hatte. Es war ungerecht! Sein persönliches Fegefeuer auf der Erde. Dabei wollte er doch so stark und unbesiegbar sein.

Wittemann schreckte aus seinen Gedanken hoch. Wie die Zeit verrann! Er hatte nur noch zwanzig Minuten, gerade ausreichend für ein paar Bahnen. Unpünktlichkeit konnte er nicht ausstehen. Er nahm das Mittel gegen den Ausschlag aus der Tasche des Bademantels, sprühte seine Achseln ein und wartete ungeduldig auf die kühle Erleichterung, die sich auf die heißen offenen Hautpartien legen würde. Gleich würde das Jucken und Brennen vorbei sein.

Wenigstens körperlich würde es ihm dann wieder gut gehen. Mit allem anderen würde er auch noch fertig werden. Wieder kroch ungezügelter Ärger in ihm hoch, der in ihm nagte, seit er diesem unsäglichen Manöver auf die Spur gekommen war. Wie hatte er sich nur so täuschen lassen können, ausgerechnet er! Ein vertrauensseliger Einfaltspinsel war er gewesen, ohne Verstand! Das war mit nichts zu entschuldigen.

Der Geschmack wie von einem Lösungsmittel legte sich auf seine Zunge, widerlich intensiv. Er erschrak. Was war das? Das bildete er sich nicht ein! Sein Mund wurde trocken. In den Ohren begann es zu rauschen. Zur selben Zeit erfasste ein Kribbeln wie von Millionen Ameisen seinen Körper. Eiseskälte kroch in ihm hoch, fuhr in seine Adern, drang in die kleinsten Blutgefäße. Es war kein Blut mehr in ihm, nur noch blankes Eis.

Er merkte, wie ihm der Atem stockte, wie sein Herz sich weigerte weiterzuschlagen. »Hilfe«, wollte er rufen, aber kein Laut kam über seine Lippen. Er konnte sich nicht bewegen und bekam keine Luft mehr. Nicht einmal seine Augen konnte er mehr schließen. Er war gelähmt. Nur seine Gedanken rasten durch seinen Kopf. Was passierte mit ihm? Er würde sterben, das erkannte er in diesem Augenblick. Aber warum? Weshalb? Das Herz? Schlaganfall? Unmöglich! Oder hatte er die albernen ärztlichen Warnungen doch zu leichtfertig in den Wind geschlagen?

Es war niemand hier, der helfen konnte. Der Angestellte an dem Überwachungsbildschirm eine Treppe tiefer würde nichts Ungewöhnliches bemerken, nur einen Mann, der da stand und sich nicht regte. Er konnte nicht schreien, keine Zeichen geben, dass etwas mit ihm nicht stimmte. Der dünne Flakon glitt aus seiner Hand und zerbrach.

Wie irrsinnig, dachte er noch, niemand merkt, dass ich sterbe.

Dann begann er zu fallen. Erst langsam, dann immer schneller. »Ins Wasser«, flehte er lautlos, »bitte, bitte, lass mich ins Wasser fallen.« Das Wasser war bestimmt warm. Es würde das Eis in seinem Körper zum Schmelzen bringen. Vielleicht hatte er eine Chance weiterzuleben.

Doch als er in die Fluten eintauchte, wusste er, dass dies ein Denkfehler gewesen war. Überall um ihn herum war Wasser. Obwohl er wusste, dass es nicht tief war, war er nicht fähig, nach oben zu gelangen, an die Luft. Wie ein Stein sank er tiefer und tiefer. Und als er schließlich den blau gefliesten Grund erreichte, blieben seine rastlosen Gedanken stehen wie die Zeiger einer zerbrochenen Uhr.

ZWEI

Marie-Luise Campenhausen genoss das Treiben in der Kaminhalle wie ein junges Mädchen. Solange sie denken konnte, war Brenner's Parkhotel Baden-Badens allererste Adresse. Früher hatte sie sich manchmal gewünscht, in einer anderen Stadt zu leben, denn dann hätte sie genau hier ihre Urlaube verlebt. Doch sie wohnte nur wenige Meter entfernt, da war ein solcher Gedanke eigentlich ein wenig – nun ja – töricht.

Leider war selbst an einem Ort wie diesem nicht mehr alles so, wie es einmal gewesen war. Im Kamin zum Beispiel hatte früher echtes Holz geknistert und einen unvergleichlichen Geruch verbreitet. Heute war das Flammenspiel zwar immer noch stilvoll, aber aus Gas gespeist. Früher war dies eine große, weitläufige Halle gewesen, heute ein eher intimer Salon. Aber den Geist des Hauses hatte man bei all den Modernisierungen erhalten, und darauf kam es an.

Entzückt schloss sie die Augen, als Hauspianist Frederico di Giorgio auf dem Flügel einen Evergreen anstimmte. »A kiss is still a kiss«, summte sie insgeheim mit. Passte diese altmodische Melodie nicht großartig zu einer alten Dame in einem altehrwürdigen Grandhotel? Ach, wie sie die Besuche in dieses Haus jedes Jahr genoss! Raphael hatte alles wieder genauso arrangiert wie immer. Das war ja schon wie beim »Dinner for one«, dachte sie und kicherte unhörbar in sich hinein: Nur die Anzahl der Gäste war eine andere als in der berühmtem Vorlage.

Sie war sehr froh, dass das ungezogene, vorlaute, viel zu junge Fräulein Kuhn ihr dieses Mal nicht die Laune verderben würde. Eine Person ohne Benimm. Sie unterbrach Gespräche, feilte sich zwischen den Gängen bei Tisch die Nägel, behängte sich mit zu protzigem Schmuck zur unpassenden Tageszeit, benutzte ein aufdringlich süßes Parfüm und trug unanständig tiefe Ausschnitte. Wahrscheinlich war das sowieso nur etwas Sexuelles zwischen den beiden gewesen; ein Mann Mitte fünfzig brauchte das vermutlich.

Eigentlich hatte Marie-Luise vorgehabt, diesmal ihre Vorbehalte herunterzuschlucken und dieser unmöglichen Frau so gut es ging entgegenzukommen. Immerhin waren die beiden nun schon sechs Jahre zusammen, da war kühle Reserviertheit vielleicht nicht mehr angebracht. Doch dann hatte sie vorgestern ausgerechnet dem Badischen Morgen entnehmen müssen, dass die beiden am zweiten Oktober heiraten wollten. Unerhört, dass die eigene Tante eine solche Nachricht aus der Zeitung erfuhr! Sie hatte Raphael sofort die Meinung sagen wollen, aber dann hatte sie es sich gerade noch rechtzeitig überlegt, den ersten Zorn heruntergeschluckt und eine Nacht darüber geschlafen. Gestern hatte sie ihn nicht erreichen können, und so hatte sie die Aussprache auf heute Nachmittag verschoben.

Und jetzt war plötzlich alles anders, aus und vorbei. Raphael hatte die Lippen zusammengepresst und ihr das Wort abgeschnitten.

»Wir sind nicht mehr verlobt.«

Mehr sagte er zu dem Thema nicht. Und sie würde sich hüten, den Namen Sina Kuhn noch einmal in den Mund zu nehmen. Die Lektion hatte sie vor sechs Jahren gelernt, als er sich ausgerechnet einen Monat vor der Silberhochzeit von der stillen, zarten Nicole scheiden ließ und deren Name ab diesem Tag tabu war. Wenig später war Fräulein Kuhn aufgetaucht, wie ein kleiner Springteufel aus der Schachtel. Vermutlich war sie an dem ganzen Schlamassel schuld gewesen.

Marie-Luise seufzte bei dem Gedanken an Nicole. Armes Ding! Erst gestern hatte sie mit ihr in ihrem zauberhaften romantischen Garten gesessen, auf einer halb morschen blauen Holzbank, mit Nicoles kleinem schwarzen Kater Tommi auf dem Schoß. Sie hatte den Bienen und Vögeln gelauscht, Schmetterlinge beobachtet, den Duft von Rosen eingeatmet und dem Frieden nachgespürt, der sich in dem großen Garten hinter dem kleinen alten Holzhaus erstreckte. Eine himmlische Ruhe, obwohl das Grundstück fast mitten im alten Ortskern lag. Seit drei Jahren lebte Nicole wieder in Bühl, bei ihrer kranken Mutter, und sie schien deren Kräuterstübchen trotz aller Umstände gern weiterzuführen.

Nicole neben ihr war barfuß gewesen. Mit den offenen hellblonden Haaren und dem mädchenhaften Blümchenkleid hatte sie wie eine Elfe ausgesehen.

Als Joseph sich schließlich von drinnen bemerkbar machte und zum Aufbruch drängte, hatte sie mit Nicole noch den üblichen Rundgang gemacht, durch den Rosengarten zum Gartenteich, durch einen über und über mit rosa Blüten überwucherten Rosenbogen in den durch hohe Hainbuchen abgetrennten Kräutergarten, in dem, von niedrigen Buchshecken umgeben, die unterschiedlichsten Gewürz- und Heilpflanzen wuchsen, und dann an einem frisch umgegrabenen, mit einem gravierten Stein bestückten Beet vorbei zurück zum Haus.

Zum Abschied hatte Nicole ihr das Päckchen in die Hand gedrückt, das überraschend klein gewesen war.

»Der Rest kommt nächste Woche«, hatte sie geflüstert, und dabei waren ihr Tränen in die Augen geschossen.

Die Arme, die Trennung ging ihr also immer noch nahe.

Erstaunt sah Marie-Luise auf ihre zierliche Armbanduhr. Gleich sieben! Wie hatte die Zeit nur so verfliegen können! Raphael konnte jeden Augenblick kommen.

Ah, und da war Joseph auch schon! Heller Anzug, Fliege und zwei Rosen in der Hand, eine rot, eine gelb, bestimmt für sie und dieses Fräulein Kuhn. Ein vornehmer, stattlicher Herr! Leider besaßen weder er noch sie selbst ein Handy, und so hatte sie ihn nicht mehr rechtzeitig von der neuen Wendung in der Tischordnung unterrichten können.

Joseph machte eine kleine bedauernde Handbewegung, als sie ihm von der geplatzten Verlobung berichtete. Dann reichte er ihr lächelnd beide Rosen und bot ihr seinen Arm an. Sie schlenderten zum Speisesaal. Raphael musste ja jede Minute hier sein. Er war zwar ziemlich sparsam und eitel, aber eines war er gewiss nicht: unpünktlich. Voller Vorfreude auf den Abend ließ sich Marie-Luise zum reservierten Tisch geleiten, derselbe wie seit dreißig Jahren, direkt an der großen Fensterfront.

Sie setzte sich und lächelte Joseph zu.

»Du wirst ihn mögen«, sagte sie und berührte seine Hand. »Raphael wirkt vielleicht auf den ersten Blick etwas grob. Er hat viel von seinem verstorbenen Vater, dem Bruder meines lieben Willi. Aber wenn du hinter sein Gehabe siehst, wirst du einen netten, hilfsbereiten Menschen entdecken. Seltsam, dass er noch nicht da ist.«

Sie klopfte auf ihre Uhr. Fünf Minuten zu spät. Das sah ihm gar nicht ähnlich.

Um die Wartezeit zu überbrücken, bestellten sie Mineralwasser und vertieften sich in die Speisekarte. Hummer mit Avocado, Stubenkükenbrüstchen mit Flusskrebsen, Steinbutt mit Champagnersauce, Rehrücken an Pfeffer-Gewürzsauce ...

Marie-Luises Magen meldete sich, und sie versuchte sich abzulenken, indem sie Joseph von ihrem Nachmittag mit ihrem Neffen erzählte. Sie waren in ihrem alten Auto über die Schwarzwaldhochstraße gefahren, und sie hatte sich Jahrzehnte zurückversetzt gefühlt.

»Ein weinroter Mercedes 170 S, Baujahr 1950«, schwärmte sie. »Willi hat mich damit zur Hochzeit abgeholt. Ich weiß noch heute, wie es gerochen hat: nach Holz und Leder und Benzin. Willi hatte das Radio angemacht, und es kam ›Der lachende Vagabund‹. Wie war ich glücklich!« Sie sah aus dem Fenster zur angrenzenden Parkanlage der Lichtentaler Allee, dann wieder zu Joseph, der ebenso versonnen lächelte. Wahrscheinlich dachte er gerade an seine eigene Hochzeit und seine ebenfalls verstorbene Frau.

»1975 haben wir Raphael den Wagen anvertraut, und er liebt das Auto genauso wie ich. Seit 1976 kommt er jedes Jahr Mitte Juli zum Oldtimer-Treffen. Er hat am 16. Juli Geburtstag. Das lässt sich gut verbinden, und neuerdings geht er während der Zeit auch gleich zum Gesundheits-Check, wie das heute heißt«, fuhr Marie-Luise fort, aber so ganz war sie nicht bei der Sache.

Auch Joseph sah auf die Uhr, dann zur Tür. Gleich halb acht, und immer noch keine Spur von Raphael. Das war sehr merkwürdig. Vielleicht ein wichtiges geschäftliches Telefonat? Aber an einem Sonntag?

»Wir nehmen schon den Aperitif«, beschloss Marie-Luise. »Wie wäre es mit einem kleinen Sherry?«

Irgendwann fiel ihnen kein Gesprächsstoff mehr ein, weil sie immer ungeduldiger auf die Hauptperson warteten. Schließlich hielt es Marie-Luise nicht mehr aus. Es war Viertel vor acht, und sie hatte nur noch eine Erklärung für sein Ausbleiben. Sie winkte den Ober herbei. »Lassen Sie bitte das Zimmer meines Neffen anrufen. Wittemann, Raphael Wittemann. Wahrscheinlich hat er sich kurz hingelegt und ist eingenickt.«

Der Ober verbeugte sich formvollendet und entschwand.
Irgendwo waren Martinshörner zu hören. Im Saal erklang leise Klaviermusik. Ein Kellner zündete die Kerze auf ihrem Tisch an.

Joseph und Marie-Luise sahen sich ratlos an. »Ich verstehe das nicht«, murmelte Marie-Luise. »Er ist immer pünktlich.«

Nach weiteren endlosen Minuten erschien der Ober wieder, gefolgt vom Direktor des Hotels, Frank Marrenbach. Marie-Luise kannte ihn vom Sehen, aber nie hatte er so ernst geblickt wie jetzt. Ihr Herz stolperte.

»Sie sind die Tante von Herrn Raphael Wittemann aus Frankfurt?«

Marie-Luise konnte nicht einmal nicken. Sie tastete nach Josephs Hand. Angstvoll blickte sie dem Hoteldirektor ins Gesicht, denn sie ahnte schon, dass er keine gute Nachricht für sie hatte.

»Ihr Neffe hatte in unserem Pool-Bereich einen Unfall«, begann Marrenbach vorsichtig. »Der Notarzt hat ihn in die Stadtklinik transportieren lassen. Sicherlich wollen Sie ihm ein paar Sachen bringen. Hier ist der Schlüssel für sein Zimmer. Wir werden es ihm selbstverständlich für die nächsten Tage frei halten.«

Marie-Luise blieb auf ihrem Stuhl sitzen. Sie wusste, dass sie jetzt etwas antworten sollte, dass sie handeln musste. Aber sie konnte nicht. Tausend Szenen gingen ihr durch den Kopf. Raphael als Baby. Raphael in den Schulferien. Seine Miene, als er den alten Mercedes geschenkt bekam. Raphael bei seiner Hochzeit, dann als Stütze auf Willis Beerdigung, später als witziger Höhepunkt ihres siebzigsten Geburtstags. Ein gut aussehender, erfolgreicher, dynamischer und gesunder Mann in den besten Jahren! Es konnte nichts Ernstes sein!

»Was ist denn passiert?«

»Das Herz, meint der Notarzt. Es sieht nicht gut aus.«

»Herz?«, echote Marie-Luise. »Das kann doch nicht sein. Sein Herz war vollkommen in Ordnung, das hat er mir heute Nachmittag noch gesagt.«

Marrenbach behielt seine dezent freundlich-besorgte Miene bei. Er wartete geduldig darauf, dass sie sich fing und aufstand. Aber sie konnte nicht. Niemals würde sie ihre weichen Beine dazu überreden können, sie aus dem Saal in Raphaels Hotelzimmer zu tragen. Aber sie musste. Er hatte doch sonst niemanden.

»Frau Kuhn ist leider außer Haus. Wir haben ihr eine Nachricht auf ihrem Zimmer hinterlassen.«

Marie-Luise fand es zwar sonderbar, dass diese Person trotz der aufgelösten Verlobung immer noch im selben Hotel, wenn auch in einem eigenen Zimmer wohnte, aber sie war viel zu durcheinander, um sich weiter darüber Gedanken zu machen.

»Wo … wo ist Raphaels Zimmer?«, brachte sie heraus und stemmte sich mühsam aus dem Stuhl hoch. Tatsächlich, die Füße gehorchten ihr. In Krisenzeiten war sie immer stark gewesen. Das hatte schon ihrem Willi imponiert. Auch Joseph hatte plötzlich diesen bewundernden Zug im Gesicht. Er machte eine Bewegung, als wollte er sie stützen, und das brachte sie wieder zur Besinnung.

»Hol doch bitte den Wagen und warte vor dem Eingang. Ich bin gleich da«, bat sie ihn und folgte dem Hotelchef mit wackligen Knien durch eine Halle und einen schier endlosen Gang. Endlich blieb Marrenbach stehen und schloss auf, gab ihr den Schlüssel und entfernte sich rücksichtsvoll.

Überrascht blieb Marie-Luise an der Tür stehen. Raphael hatte eine geräumige Juniorsuite gemietet. Das hätte sie bei seiner Sparsamkeit nicht erwartet. Nun, wahrscheinlich hatte Fräulein Kuhn ihn dazu überredet.

Was würde er im Krankenhaus brauchen? Er war am Pool zusammengebrochen, wenn sie den Direktor richtig verstanden hatte. Also Nachtwäsche, Unterhosen, Socken, Hemd und Hose. Sie legte alles aufs Bett. Viel war es nicht. Der Koffer dort in der Ecke war für das kleine Häufchen entschieden zu groß. Im Schrank hatte sie eine Sporttasche gesehen, genau das Richtige. Als sie sie herauszog, wunderte sie sich, wie schwer sie war. Hatte er etwa Bücher dabei? Das sah ihm gar nicht ähnlich, leider.

Langsam zog sie den Reißverschluss auf, und ohne es zu wollen entfuhr ihr ein schriller Schrei. Ungläubig öffnete sie die Tasche weiter und griff mit beiden Händen hinein. Geld! Die ganze Tasche war voll damit. Dutzende von Geldbündeln, alles Fünfhundert-Euro-Scheine.

Kraftlos setzte sie sich aufs Bett und begann mechanisch, die Bündel in Zehner-Stapel zu ordnen. Einhundert Scheine befanden sich in einem Bündel, sechzig Bündel lagen schließlich vor ihr. Das waren – das waren ja drei Millionen Euro!

DREI

Lea fühlte sich so unsicher wie noch nie in ihrem Leben. Eine private Einladung von Kriminalhauptkommissar Maximilian Gottlieb zu einem Abendessen in dessen Wohnung mit Kostproben aus seinem Saxophon – das ging eigentlich nicht. Gut, es war eine Gegeneinladung für ihr Abendessen von vor knapp einem Jahr, aber jener Abend war streng genommen ein Arbeitstermin gewesen, ein Informationsgespräch zwischen Presse und Polizei. Hätten sie sich damals im Lokal getroffen, hätte sie den Abend von der Steuer absetzen können.

Aber heute gab es keinen beruflichen Anlass, aus dem der Leiter der Mordkommission die Polizeireporterin des Badischen Morgens hätte einladen können. Dieser Abend war rein privat. Viel zu privat.

Leas Schritte wurden langsamer, und das nicht etwa, weil sie nach dem Anstieg über die steile Friedhofstraße außer Atem war, auch nicht, weil es ihr zu warm geworden war in der Abendsonne, die die Häuser der Staufenbergstraße und die Streuobstwiesen unterhalb des Merkurberges in ein romantisches goldenes Licht tauchte und die Stadt unten im Tal in bläulichen Schatten hüllte.

Nein. Ihr war schlicht und einfach mulmig zumute. Wenn sie es sich ehrlich eingestand, mochte sie den kauzigen Kripochef. Sie hatten den gleichen Humor, die gleichen Interessen, den gleichen Arbeitseifer, und sie lebten beide seit Jahren allein. Schlimmer noch: Seit einem Jahr spürte sie ein leises Kribbeln in Bauch, wenn sie ihn sah. Das war gefährlich, denn es war nicht steuerbar. Dieser Abend würde womöglich in einem emotionalen Desaster enden.

Am liebsten hätte sie auf dem Absatz kehrtgemacht, aber das ging nicht, denn zu oft hatte sie den Termin schon verschoben, und Gottlieb hatte sich bestimmt Mühe gegeben. Sie konnte jetzt nicht kneifen, dafür war es zu spät. Sie wollte ihn auch gar nicht enttäuschen. Aber sie würde gleich zur Begrüßung klarstellen, dass er sich gar keine Hoffnungen zu machen brauchte. Sie war gern Single und wollte es auch bleiben. Keine Verwirrungen, keine schlaflosen Nächte, keine Ablenkungen. So sollte ihr Leben sein und bleiben. Langweilig, aber kontrollierbar. Wie seit dreiundvierzig Jahren.

Wie um sich selbst Mut zu machen, drückte sie viel zu lange auf den Klingelknopf, dann stieg sie mit leichtem Herzklopfen die schmale Stiege nach oben unters Dach.

Gottlieb empfing sie an der Tür. Er hatte sich ein Geschirrtuch wie eine Schürze in den Hosenbund gestopft, eine Serviette über dem Arm und zwei Sektgläser in der Hand. Für seine vierundfünfzig Jahre sah er richtig attraktiv aus, fand Lea, und ein kleiner, allzu bekannter Stich fuhr ihr in die Magengrube. Er war einen Kopf größer als sie, da konnte er die paar Gramm zu viel gut vertragen. Seine Haare waren in letzter Zeit genau wie sein gepflegter Vollbart grau geworden, was ihn paradoxerweise jünger und gelassener aussehen ließ – oder dichtete sie ihm das nur an? Seine braunen Augen blitzten freundlich hinter seiner runden Hornbrille, und sein Lächeln rann ihr vom Scheitel bis zur Sohle wie ein Strahl Ayurvedaöl.

Nur ein Abendessen! Es ist nur ein unverbindliches Treffen, redete sie sich verzweifelt ein, während sie gleichzeitig versuchte, ihre Knie daran zu hindern, einzuknicken.

»Du lieber Himmel, Frau Weidenbach«, sagte er und lachte leise. »Sie sehen aus, als seien Sie auf dem Weg zum Schafott! Ich garantiere Ihnen, es gibt heute kein Fastfood. Ich habe mir extra ein Kochbuch gekauft und mich genau an die Anweisungen gehalten. Außerdem dürfen Sie abschmecken. Nur Mut!«

Lea musste lachen. Im Morddezernat nannten sie ihren Chef »Big Mäx« wegen seiner Vorliebe für Hamburger. Jetzt war sie gespannt, was er für sie gekocht hatte! Sie nahm ihm das Glas ab und trank einen Schluck, während sie neugierig und erleichtert seine Wohnung betrat. Alle Bedenken stoben davon. Gottlieb war nett, und es würde ein interessanter, fröhlicher Abend werden. Nicht mehr und nicht weniger.

*

Drei Millionen! Marie-Luise saß wie betäubt auf dem Bett. Was sollte sie jetzt tun? Sie konnte eine solche Summe unmöglich im Zimmer lassen. Sie konnte so viel Geld aber auch nicht ins Krankenhaus mitnehmen oder zu sich nach Hause. Außerdem, wofür hatte Raphael es überhaupt gebraucht? Sie wusste, dass er oft Millionenverträge abschloss. Aber in bar? Nicht doch! In bar tätigte man keine ehrlichen Geschäfte dieser Größenordnung.

Egal. Sie musste das Grübeln verschieben. Erst musste sie ins Krankenhaus! Später würde Zeit genug sein, sich um das Geld zu kümmern. Wenn es sogar der geizige Raphael im Schrank verwahrte, konnte es noch ein paar Stunden dort bleiben. Sie legte die Bündel in den Koffer und schichtete sorgsam mehrere Kleidungstücke darüber, dann schloss sie den Deckel. So, das war zwar kein Safe, aber wenigstens konnte niemand rein zufällig auf den Inhalt stoßen. Dennoch wollte sie lieber auf Nummer sicher gehen und schleppte den Koffer zum Schrank, wuchtete ihn hinein und drapierte Raphaels Staubmantel darüber. Immer noch hatte sie größte Bedenken, das Geld hier zu lassen. Am liebsten würde sie Joseph bitten, den Schrank zu bewachen, aber er musste sie ja ins Krankenhaus fahren.

Schnell steckte sie die bereitgelegten Kleidungsstücke in die Sporttasche, hängte das Bitte-nicht-stören-Schild an die Tür, verschloss das Zimmer sehr sorgfältig und gab den Schlüssel nicht an der Rezeption ab, sondern behielt ihn in ihrer Handtasche, die sie fest an sich drückte.

Das Herz klopfte ihr bis zum Hals, als sie die Halle durchquerte, sich die Tür öffnen und die Reisetasche abnehmen ließ und endlich, endlich in Josephs Jaguar klettern konnte. Der Portier stellte die Tasche in den Kofferraum und gab ein Zeichen zur Abfahrt.

Das Innere des Wagens roch nach Josephs unaufdringlichem Aftershave, männlich und elegant zugleich. Sein weißer Schnauzbart zitterte leicht, als er flüsterte: »Stadtklinik, nicht wahr?«

Sie konnte nur nicken und schloss die Augen. Wieder wirbelten Erinnerungen durch ihren Kopf wie Fetzen eines Ohrwurms, den man nicht loswurde. Raphaels dritter Geburtstag, den er bei ihnen feierte und an dem er seinen ersten Fußball bekommen hatte. Die ersten Rollschuhe, das erste Fahrrad, seine Konfirmation, bei der sie zum ersten Mal erschrocken festgestellt hatte, wie schnell doch die Zeit verflog. Seine wilden Sturm- und Drangjahre, in denen sie sich große Sorgen um ihn machte, dann seine Hochzeit mit Nicole, ihr persönliches vergebliches heimliches Warten auf Nachwuchs. Eine Träne entschlüpfte ihr, rollte langsam an der Nase entlang in den Mundwinkel. Verstohlen leckte sie den salzigen Tropfen weg.

Joseph sollte nicht merken, was in ihr vorging. Bestimmt waren ihre Sorgen vollkommen unbegründet, und Raphael würde sie gleich in seiner ihm eigenen Art tadeln, weil sie ihm natürlich die falschen Sachen mitgebracht hatte. Sie konnte es gar nicht abwarten, seine Nörgeleien zu hören.

Doch als sie wenig später in der Notaufnahme stand und in das verlegene Gesicht der Klinikangestellten sah, dieses ausweichende »Ich hole einen Arzt« hörte, da fuhr ihr die unsichtbare Faust sofort wieder in den Magen.

»Warum sagen Sie mir nicht, wo ich ihn finde?«, fragte sie und wurde noch aufgeregter, als sie ihre eigene Stimme so piepsen hörte. »Und warum wollen Sie meine Personalien haben?«

Die Angestellte sah sie mitleidig an, sagte aber nichts, sondern nahm den Telefonhörer auf.

Joseph fasste sie am Arm, beruhigend, fest und verlässlich. Am liebsten hätte sie sich an ihn gelehnt. Aber dann sagte sie sich, dass sie übertrieb. Noch gab es keinen Grund zur Panik. Raphael wurde wahrscheinlich gerade untersucht. Gleich würde der Arzt kommen und ihr sagen, dass er später mit ihnen zurückfahren könne. Nur ein kleiner Schwächeanfall. Er hatte den ganzen Tag schon schlecht ausgesehen, aber sie hatte gedacht, er hätte vielleicht am Abend zuvor zu lange gefeiert. Er hatte jedenfalls noch mittags ganz eindeutig eine Fahne gehabt, das hatte sie genau gerochen, auch wenn er ständig diese fürchterlichen Pfefferminzdragees gekaut hatte.

Doch als sie das Gesicht der jungen Frau sah, die sich ihr in einem weißen Kittel langsam näherte, sprang ihr das Herz wieder in den Hals und klopfte und pochte und presste ihr die Luftröhre zusammen. Sie versuchte, ruhig zu atmen, aber es gelang ihr nicht.

Noch einen Meter war die junge Frau entfernt. »Dr. Szepesi«, stand auf dem kleinen Namensschild. Ihr Gesicht war ernst, und ihr Blick wich zur Seite aus, dann saugte er sich an den weißen Schuhspitzen fest.

»Sie sind die Tante von Herrn Wittemann?«

Marie-Luise nickte mit angehaltenem Atem. Zu mehr war sie nicht fähig.

Mit einem Ruck hob die Frau den Kopf. Ihre Augen waren bodenlos schwarz. »Es tut mir leid. Wir haben wirklich alles versucht. Es war das Herz.«

Marie-Luise schüttelte den Kopf. Alles drehte sich. »Tot?«, fragte sie. »Sie meinen, Raphael ist tot?«

Dr. Szepesi nickte. »Sind Sie einverstanden, wenn wir ihn obduzieren? Kennen Sie seinen Hausarzt?«

In Zeitlupe knickten Marie-Luise die Beine weg. Joseph tat sein Bestes, aber auch er konnte sie nicht halten. Nur mit Hilfe der Ärztin schaffte sie es zum nächsten Stuhl. Die Armlehne war aus Stahlrohr, und Marie-Luise begann zu frieren. Sie schloss die Augen. Wie gern würde sie jetzt allein sein und ein Gebet sprechen. Oder wenigstens weinen.

»Ich komme später wieder«, hörte sie die Ärztin, dann entfernten sich die Schritte.

Jemand strich ihr unbeholfen über den Arm. »Lass dich gehen, das tut bestimmt gut«, hörte sie Josephs Stimme ganz nah an ihrem Ohr.

Müde schlug sie die Augen auf. Sein Gesicht war nur wenige Zentimeter von dem ihren entfernt. In seinen Augen standen dicke Tränen, sein Unterkiefer zitterte.

»Wein doch nicht, Joseph«, sagte sie und legte ihre Hand auf seine Wange. Sie wollte ihm etwas Tröstliches sagen, aber es ging nicht. Ihre Lunge schmerzte. Sie holte tief Luft. Fassung! Haltung! Wenn sie jetzt loslassen würde, würde sie nie mehr aufhören zu weinen.

»Lass uns an die frische Luft gehen«, murmelte sie, und allein diese Worte zu formen raubte ihr fast die letzte Kraft, die sich noch in ihrem müden, uralten Körper befand.

Joseph half ihr hoch, und gemeinsam schleppten sie sich ins Freie. Es war warm, die Sonne sandte ihre letzten Strahlen zu ihnen auf den Berg hinauf. Oberhalb der Klinik begann der Wald, und direkt dort stand eine Bank.

Marie-Luise ließ sich mit einem tiefen Seufzer auf das krustige, warme Holz sinken. Der Blick, den man von hier über die Weststadt und das Oostal über die Rheinebene bis zu den Vogesen im Elsass hatte, war unpassend schön. Sie schloss die Augen und fühlte, wie die untergehende Sonne langsam an Kraft verlor; wahrscheinlich nahm sie Raphaels Seele gerade mit in die Dunkelheit, die vom Westen langsam heranzog. Ihr Herz stolperte, dann kamen die Tränen.

»Es ist nicht gerecht«, flüsterte sie eine Weile später. »Die Jungen sollten nicht vor uns sterben. Das ist so nicht vorgesehen.«

Joseph sagte nichts. Er streichelte nur unentwegt ihren Arm und reichte ihr mit der anderen Hand sein weißes, ordentlich zusammengelegtes Taschentuch. Es roch nach seinem Aftershave.

Hinter ihnen raschelte etwas im Laub, dann schlug eine Amsel ein Klagelied an.

Der Tag verschwand. In der Stadtklinik unter ihnen gingen die Lichter an. Irgendwo dort lag Raphaels Leichnam, und sie hatte gar nicht Abschied nehmen können. Wollte sie ihn überhaupt noch einmal sehen, oder wollte sie ihn so im Gedächtnis behalten, wie sie ihn heute Nachmittag erlebt hatte? Lustig, lachend, am Steuer des alten Mercedes?

Allmählich begann ihr Kopf wieder zu arbeiten. Das Herz, hatte die Ärztin gesagt? Das war unmöglich. Er war vollkommen gesund gewesen. Das hatte er ihr heute Nachmittag selbst gesagt.

Nervös öffnete Marie-Luise ihre Handtasche. Ja, der Schlüssel zu Raphaels Suite und zu dem Koffer mit den Millionen war noch da. So viel Bargeld! Das konnte eigentlich nur eines bedeuten:

»Es war Mord!«

Josephs Hand hielt inne. Trotz der beginnenden Dunkelheit konnte sie erkennen, dass er sie verwirrt und zugleich besorgt betrachtete.

»Ich bin vollkommen bei Sinnen«, beruhigte sie ihn. »Für Trauer ist später Zeit. Jetzt müssen wir beweisen, dass es kein natürlicher Tod war!«

»Aber ... aber ...«, stotterte Joseph. Ganz offensichtlich fehlte ihm die Routine für die Rolle eines Mister Stringer.

Marie-Luise ging im Geiste all die Krimis durch, die sie im Laufe ihres Lebens verschlungen hatte. Tote im Swimmingpool hatten in der Regel eine Schuss- oder Stichverletzung, waren vergiftet oder bei einem heftigen Kampf unter Wasser gedrückt worden. Kein einziger war einem natürlichen Herztod erlegen.

Aufgeregt stand sie auf und strich den Rock ihres guten Kostüms glatt. Dann reichte sie ihrem verdutzten Begleiter die Hand.

»Unten ist eine Telefonzelle. Ich muss telefonieren«, verkündete sie, und ihre Stimme piepste nicht mehr. »Wir müssen zurück ins Hotel, schnell, ehe alle Spuren verwischt sind.«

*

»Ich kann nicht mehr«, seufzte Lea und lehnte sich zurück. »Noch ein Bissen, und ich platze! Das waren die besten Maultaschen und der allerbeste Kartoffelsalat meines Lebens.«

Maximilian Gottlieb sah glücklich aus. »Ich war mir nicht sicher, ob Ihnen die schwäbische Küche …«, stammelte er, und seine braunen Augen nahmen hinter den Brillengläsern die Farbe von Karamellbonbons an.

Lea wurde es durch und durch warm, und das lag nicht am Cannstatter Zuckerle, der noch fast unberührt zwischen ihnen stand. Wie hatte sie nur Bedenken gegen dieses Treffen haben können? Es war ein zauberhafter Abend, und dabei hatte Gottlieb noch gar nicht zum Saxophon gegriffen, das neben ihm auf dem gemütlich durchgesessenen Sofa lag.

Während er die Teller in die winzige Kochnische jonglierte, stand sie auf und trat an das große, bodentiefe Giebelfenster. Die Aussicht über die Stadt und die Rheinebene war umwerfend. Hinter den blauen Vogesen am Horizont ging die Sonne gerade glutrot unter wie in einem kitschigen Liebesfilm.

Sie spürte Maximilians Wärme, als er hinter sie trat. Wenn sie sich nur ein winziges Stückchen nach hinten lehnen würde, würde sie in seinen Armen landen.

Nein! Das durfte nicht sein. Sie musste etwas tun, um diese romantische Stimmung zu durchbrechen, sonst würde sie in einem heillosen Gefühlschaos ertrinken. Das war das Letzte, was sie wollte. Sie war gern allein, verdammt. Sie brauchte keinen Menschen, der ständig um sie war, sie kontrollierte, sie umschlang und nicht mehr atmen ließ. Sie wollte unabhängig bleiben. Sie wollte, sie wollte …

Ach, zur Hölle mit ihrer Unabhängigkeit. Wann hatte sie eigentlich das letzte Mal dieses Kribbeln verspürt? Diese aufgeheizten Nerven, dieses Vibrieren in den Adern? Wie sich seine Lippen wohl anfühlten? Was gab es denn Schöneres, als sich an einem warmen Sommerabend wie diesem zurückzulehnen, verwöhnen und liebkosen zu lassen, miteinander zu lachen und nicht mehr allein zu sein? Was war denn so Schlimmes dabei, wenn, wenn, wenn …

Sie schloss die Augen und hielt ergeben den Atem an.

Fast meinte sie zu spüren, wie auch Gottlieb dahinschmolz, wie er seinen Arm hob und …

Nein! Nicht jetzt! Nicht ihr Handy! Warum hatte sie es vorhin nur nicht ausgeschaltet, als Gottlieb sie darum gebeten hatte? Sie würde es ignorieren. Es würde schon aufhören. Ganz bestimmt.

Gottlieb seufzte, nur einen Zentimeter von ihrem Ohr entfernt. Sie konnte seinen Atem auf ihrer Haut spüren, und es durchfuhr sie ein wohliger Schauer.

Das Telefon klingelte weiter.

»Das ist bestimmt wichtig«, versuchte sie zu erklären. Er sollte bloß nicht merken, wie leid ihr die Unterbrechung tat. Er würde sie sonst womöglich davon abhalten, das Gespräch anzunehmen. Es musste wichtig sein, so spät!

»Schade«, flüsterte er, trat einen Schritt zurück und steckte die Hände in die Hosentasche.

Sie sah auf die Uhr. Gleich zehn. Wer konnte das sein? Die Polizei bestimmt nicht, die hätte zuerst Gottlieb informiert, wenn etwas geschehen war. Wer dann?

Als sie das Telefon aufnahm, war sie schon wieder ganz Lea Weidenbach, die Polizeireporterin des Badischen Morgens. Mit der freien Hand angelte sie sich Stift und Stenoblock aus dem Rucksack.

Frau Campenhausen war am anderen Ende, ihre liebenswürdige Vermieterin und Vertraute.

»Helfen Sie mir«, rief die alte Dame aufgeregt in ihr Ohr. »Mein Neffe ist tot. Die Ärzte meinen, es sei das Herz gewesen. Aber das kann ich nicht glauben. Ich bin mir sicher, es war Mord.«

VIER

Kriminalhauptkommissar Gottlieb gab sich allergrößte Mühe, ruhig zu bleiben. Ein Mord in Brenner's Parkhotel, und niemand informierte ihn, den Chef des Morddezernats? Das war im höchsten Maße suspekt. War die Polizei am Ende überhaupt nicht verständigt worden? Wenn die Ärzte, wie Frau Campenhausen behauptete, von einem natürlichen Tod ausgingen, war das durchaus im Rahmen des Möglichen, zumal Hotels generell dazu neigten, unangenehme Dinge diskret zu regeln. Das war zwar verständlich, aber bei Mord hörte der Spaß natürlich auf.

Er war heilfroh, dass er an dem Trollinger bislang nur genippt hatte, um später auf dem Saxophon noch die richtigen Töne zu treffen. So konnte er sich guten Gewissens als Chauffeur anbieten und dabei gleich selbst nach dem Rechten sehen.

Sein betagter Volvo sprang beim ersten Versuch an. Erleichtert gab er Gas und fuhr die enge Friedhofstraße hinab. Am Bertoldplatz warf er aus reiner Routine einen kurzen Blick nach links auf die Gestecke, Pflanzen und Tontöpfe, die das dort ansässige Blumengeschäft ungeachtet aller Kriminalstatistiken ungesichert vor der Tür aufgebaut hatte und auch übers Wochenende stehen ließ. Eigentlich eine provokative Einladung für jeden Langfinger. Erstaunlich, dass so gut wie nie ein Diebstahl angezeigt wurde. Das gab es wahrscheinlich nur in Baden-Baden, wo man selbst nachts in der Innenstadt die Caféstühle nicht ankettete. In Stuttgart wäre das undenkbar gewesen, und nicht nur aus diesem Grund beglückwünschte er sich wieder einmal, dass er sich nach seiner Scheidung vor sechs Jahren in diese idyllische Kurstadt hatte versetzen lassen.

Schon hatten sie die Schillerstraße erreicht, und er hielt direkt vor dem Eingang unter dem weinroten Baldachin, der den Eingangsbereich des Grandhotels majestätisch überwölbte. Dem Portier zuckte für einen Wimpernschlag ein missbilligender Zug über das Gesicht, als er den Volvo erblickte, und Gottlieb konnte es ihm nicht verübeln. Der Wagen hätte schon vor Wochen in die Waschstraße gehört, aber irgendwie war immer etwas dazwischengekommen.

Als er den Motor abstellte, sprang seine Adrenalinproduktion in den zweiten Gang. Kein Streifenwagen, keine Zivilfahnder in Sicht. Er konnte sich nicht vorstellen, dass der Hoteldirektor versuchte, einen Mord zu vertuschen. Gab es überhaupt ein Verbrechen, oder hatte sich Frau Campenhausen womöglich einen Krimi oder ein Gläschen Portwein zu viel genehmigt? Er kannte die rüstige Mittsiebzigerin seit über zwei Jahren und wusste, dass sie gern in die Rolle einer Detektivin schlüpfte. War beim Tod ihres Neffen etwa die Fantasie mit ihr durchgegangen?

Er warf einen Seitenblick auf seine Begleiterin. Eben war sie ihm noch verführerisch weich und entspannt vorgekommen, und nun hatte sie sich wieder in die kühle, routinierte Journalistin verwandelt, die er von vielen beruflichen Terminen her kannte. Ob sie vielleicht insgeheim über die Unterbrechung froh gewesen war? Schon als sie vorhin die Treppe hochgekommen war, hatte er ihr angesehen, wie unwohl sie sich gefühlt hatte.

Wahrscheinlich war diese Einladung ein schrecklicher Fehler gewesen, ein Missverständnis, Fehlleitung seiner aufgewühlten Hormone. Er sollte sich diese Frau aus dem Herzen reißen. Zugegeben, anfangs hatte er mit ihr beruflich auf Kriegsfuß gestanden, aber die letzten Monate hatte er lichterloh gebrannt. Das war ihm erst heute Nachmittag aufgegangen, als er sich mit diesem vertrackten Essen abgemüht hatte. Am liebsten hätte er sein mühseliges Kochexperiment unvollendet aufgegeben, vor allem als er versucht hatte, den klebrigen Nudelteig für die Maultaschen auf seinem Couchtisch auszurollen. Aber dann hatte er durchgehalten, weil er sich ausgemalt hatte, wie der Abend wohl ablaufen würde.

Vorhin, als sie zusammen am Fenster gestanden und in den kitschigen Sonnenuntergang geblickt hatten, da hatte nicht mehr viel gefehlt, und er hätte sie zu küssen versucht. Wenn sie sich nur noch einen Millimeter weiter nach hinten gelehnt, den Kopf ein winziges Stück in Richtung seiner Lippen gedreht hätte ... Und dann hatte dieses Telefon geklingelt, und sie war zu ihrem Rucksack gehechtet, als würde sie dadurch von allem Übel erlöst. Vielleicht hatte ihn sein Gefühl getäuscht. Vielleicht empfand sie nichts für ihn. Vielleicht war sie nur nett zu ihm, weil sie sich davon einen Informationsvorsprung vor der Konkurrenz erhoffte. Vielleicht war er gerade noch davor bewahrt worden, sich zum Narren zu machen. Ach verdammt. Wieso war alles so kompliziert?

Lea Weidenbach war bereits ausgestiegen und eilte gerade durch die Drehtür ins Hotel. Wie immer ging ihm das Herz auf, als er ihr nachsah. Die Beleuchtung des Eingangs ließ ihre halblangen braunen Haare fast golden schimmern, die Jeans passten perfekt zu ihrem sportlich-eleganten Typ. Er wollte sich vorstellen, dass sie sich gleich umdrehen und ihm lächelnd zuwinken würde. Aber so war es nicht. Sie war im Dienst, auf der Jagd nach einer neuen, exklusiven Story und hatte ihn bereits vergessen. Und eigentlich sollte auch er mit den Ermittlungen beginnen.

Er fand sie in der Kaminhalle auf einer Couch neben Frau Campenhausen. Die alte Dame weinte heftig, und bei diesem Anblick begann sein Polizistenherz zu galoppieren. Automatisch zog er sein Handy aus der Hosentasche und seinen kleinen Notizblock, den er immer bei sich trug. Er machte dem Kellner ein Zeichen, und wenig später standen Kaffee, Mineralwasser und für Frau Campenhausen ein Cognac auf dem niedrigen Tisch.

Die alte Dame gab sich große Mühe, ihre Beherrschung zu wahren. Mit zittriger Stimme teilte sie ihm die nötigsten Informationen über den Toten mit. Beim Punkt Gesundheits-Check und dem angeblichen Resultat »kerngesund« malte er ein Fragezeichen auf die Seite. Angehörige waren häufig die Letzten, die über den wahren Gesundheitszustand eines Menschen aufgeklärt wurden. Er persönlich konnte sich nicht vorstellen, dass jemand freiwillig zu einer solchen Untersuchung ging, wenn ihm nichts Ernsthaftes fehlte.

In Frau Campenhausens kleinem Vogelgesicht machte sich erneut eine Träne selbständig. Sie tupfte sie schnell weg.

»Es war kein Unfall. Das kann nicht sein«, flüsterte sie. »Glauben Sie mir! Helfen Sie mir!«

Lea Weidenbach nahm sie in den Arm und wiegte sie hin und her, während der weißhaarige Begleiter ihr von der anderen Seite seine Hand auf den Arm legte. Gottlieb stand auf, ging hinaus in die Empfangshalle und ließ sich von der Einsatzzentrale die Telefonnummer des diensthabenden Notarztes geben. Als er den Namen hörte, atmete er auf. Er kannte den Mann, ein hervorragender Spezialist und sauberer Diagnostiker mit stets kühlem Kopf.

Heute hörte sich der Mann allerdings gestresst an. Er käme gerade von einem weiteren Einsatz, entschuldigte er sich.
Gottliebs Fragen beantwortete er, ohne zu zögern. »Ich habe den Mann im Pool-Bereich vorgefunden. Er hatte sich allein dort aufgehalten, hat man mir gesagt. Das Personal hatte ihn schon aus dem Wasser gezogen und erste Wiederbelebungsversuche unternommen. Ich habe ihn in die Stadtklinik bringen lassen. Exitus bei der Einlieferung. Herzversagen.«
»Hinweise auf unnatürliche Todesursache?«
»Wie bitte? Nein, um Gottes willen.«
Gottlieb sah auf seine Notizen, dann durch die Glastür zu der alten Dame am Kamin.
»Hm. Können Sie trotzdem zum Tatort kommen?«
»Unglücksort.«
»Meinetwegen.«
»Wann? Jetzt? Hier ist die Hölle los. Das Wetter. Hat das nicht Zeit bis morgen früh? Ich habe bis sieben Bereitschaft.«
Sein Instinkt befahl Gottlieb, den Mann sofort herzuholen, den Staatsanwalt und die Kollegen des Dezernats und der Spurensicherung zu alarmieren – kurz: das große Programm zu fahren. Aber ohne konkrete Anhaltspunkte auf eine Straftat? Nur weil eine alte Dame Zweifel verspürte?
»Ich melde mich gleich wieder«, sagte er. Dann rief er in der Stadtklinik an und sprach mit der zuständigen Ärztin in der Notaufnahme.
»Herzversagen«, war auch deren Diagnose.
»Geht das genauer?«
»Da müssen Sie sich bis morgen gedulden. Natürlich wird eine Leichenschau veranlasst. Die nächste Angehörige, wo habe ich den Namen, hier, Frau Campenhausen war damit einverstanden. Polizei, sagen Sie? Wird das ein staatsanwaltschaftlicher Sektionsantrag? Dann lassen wir die Leiche gleich zu den Kollegen in Freiburg bringen.«
»So weit sind die Ermittlungen noch nicht.«
Die Ärztin seufzte genervt. »Dann warten wir, bis Sie sich entschieden haben. Wir haben genug um die Ohren, da sparen wir uns gern unnötige Arbeit. Was für einen Verdacht haben Sie eigentlich? Ich habe den Mann gesehen. Äußerlich habe ich nichts Außerge-

wöhnliches feststellen können. Sie können uns helfen, wenn Sie den Namen seines Hausarztes feststellen. Wir müssen ihn nach Vorerkrankungen fragen.«

»Er hatte dieser Tage im Brenner's einen Gesundheits-Check.«

»Beim Kollegen Jaeger? Gute Nachricht. Leite ich gleich an die Pathologie weiter. Dann können wir ihn morgen Mittag bestimmt freigeben.«

Nachdenklich legte Gottlieb auf. Allem Anschein nach handelte es sich hier um einen ganz normalen Todesfall. Andererseits war es seine Pflicht, Ermittlungen aufzunehmen, wenn Angehörige den Verdacht auf eine Straftat äußerten. Es gab allerdings bislang keinen Grund, Frau Campenhausens Verdacht ernst zu nehmen, außer der Sympathie, die er für sie hegte. Andererseits wollte er sich hinterher auch nichts vorwerfen.

Er ging zurück an den Kamin.

»Die Ärzte gehen von natürlichem Tod aus«, begann er vorsichtig.

»Das kann nicht sein.«

»Ich habe bisher keinen Anlass, es nicht zu glauben.«

»Aber ...« Frau Campenhausen stockte und begann, am Verschluss ihres kleinen altmodischen Handtäschchens zu spielen.

Auf, zu, auf, zu.

Gottliebs Nackenhaare sträubten sich. Da war etwas. Frau Campenhausen hatte einen Grund für ihre Vermutung. Warum nannte sie ihm den nicht?

»Wie kommen Sie darauf, dass es Mord sein könnte?«, insistierte er.

Auf, zu, auf, zu.

Lea Weidenbach runzelte widerwillig die Stirn, sagte aber nichts.

»Frau Campenhausen, wissen Sie etwas? Verheimlichen Sie mir etwas?«

Auf, zu, auf, zu.

»*Frau Campenhausen!*«

Lea Weidenbach schnaubte wütend. »Sie sehen doch, dass sie völlig am Ende ist!«

»Schon gut, Kindchen. Ja, es – es gibt da etwas: Aber ich weiß nicht, ob es Raphael recht wäre, wenn, wenn ... Vielleicht – nun, vielleicht ... Herr Gottlieb, darf ich Ihnen privat etwas anvertrauen, ohne dass Sie ein Ermittlungsverfahren gegen meinen Neffen in Gang setzen?«

»Wenn Sie Kenntnis von einer Straftat haben – nein!«

»Ach, wenn ich das nur wüsste. Es ... es ist so: In seinem Zimmer habe ich Bargeld gefunden.«

Der Ton, in dem sie das sagte, ließ seine Alarmglocken erklingen. »Wie viel?«

»D-drei ...«

»Dreitausend Euro?«

Sie schüttelte den Kopf und hob ihre Hand, um ihm etwas ins Ohr zu flüstern. Er beugte sich zu ihr. »Drei Millionen«, verstand er.

»Millio...?«

»Pssst. Die sind noch auf dem Zimmer. Suite 123. Im Koffer. Ich wusste so schnell nicht, wohin damit.«

Drei Millionen Euro in bar in einem Hotelzimmer, und der Besitzer hatte einen plötzlichen Herztod erlitten? Gottlieb erhob sich. »Haben Sie den Schlüssel? Zeigen Sie mir das Zimmer.«

Frau Campenhausen rappelte sich schwankend hoch und strich ihren Kostümrock glatt. »Versprechen Sie mir, dass Sie Raphael keiner Straftat verdächtigen!«

Gottlieb musste schmunzeln. »Gegen Tote ermitteln wir grundsätzlich nicht, Frau ...«

Weiter kam er nicht, denn in diesem Moment betrat die schönste Frau, die er je gesehen hatte, die Lobby und sah sich suchend um. Dann kam sie zielstrebig direkt auf ihn zu. Ihre schwarze Lockenmähne wippte mit jedem Schritt ihrer zierlichen Füße, die vollen roten Lippen verzogen sich zu einem bezaubernden Lächeln, ihre grünen Augen funkelten. Sie trug ein fantasievolles Kleid aus flaschengrüner Rohseide, unter der schmalen Taille weit gebauscht, mit einem federleichten, fast durchsichtigen rostroten Oberteil, das mit kleinen Perlen verziert war und sich wie eine Wolke um ihre perfekt gerundeten Schultern schmiegte. Darunter trug sie ein hautenges flaschengrünes Seidentop, das den Ansatz ihrer vollen Brüste zur Geltung brachte. Gottlieb wurde es warm. Galt ihr Lächeln ihm? Wollte sie zu ihm?

»Frau Campenhausen!«, rief die Frau mit einer verführerisch dunklen Stimme. »Ich habe mich verspätet. Wo haben wir denn das Geburtstagskind?«

Frau Campenhausen wurde blass, tat einen Schritt nach hinten und plumpste auf das Sofa zurück.

Die Frau drehte sich suchend um. Sie war noch jung, Mitte zwanzig vielleicht, und sie duftete betörend nach Orient und Sünde. »Ich war bei der Eröffnung dieses neuen Modesalons, Isa-Isa. Haben Sie davon gehört? Fantastisch, sage ich Ihnen! Das muss man gesehen haben. Es tut mir leid, ich habe mich dort verplaudert. Warum sehen Sie mich so an? Ist etwas …? Oh mein Gott, Frau Campenhausen, Sie weinen ja! Wo ist Ralfi? Ich meine, Raphael? Ich wollte ihm gratulieren.«

Gottlieb räusperte sich. Da Frau Campenhausen ihren Mund nur tonlos auf- und zuklappen konnte, stellte er sich vor und kam sofort zur Sache. »Sie kannten Herrn Wittemann?«

Selbst in ihrem Erstaunen sah diese Frau einfach göttlich aus. Ihre Brüste hoben und senkten sich wie die Sahnehäubchen auf Donauwellen. Er liebte Donauwellen. Klara, seine geschiedene Frau, hatte die allerbesten der Welt gebacken.

»Polizei?«, fragte die schöne Frau und sah verwirrt aus.

»Das ist Sina Kuhn, die Ex-Verlobte meines Neffen. Sie haben nichts mehr miteinander zu tun«, mischte sich Frau Campenhausen ein. Sie klang verärgert und hatte einen ungewohnt harten Zug um den Mund. »Fräulein Kuhn, wo waren Sie heute zwischen achtzehn Uhr und neunzehn Uhr dreißig?«

»Was bedeutet das? Was ist hier los? Wo ist Ralfi?«

Frau Campenhausens Gesicht färbte sich rot. Ihre blauen Augen sprühten vor Zorn. Sie holte Luft und … Es war Zeit, einzugreifen.

Vorsichtig nahm Gottlieb den weichen Ellbogen der Göttin und führte sie ein Stück abseits. Dann versuchte er möglichst sensibel, sie vom Tod ihres Ex-Verlobten zu unterrichten. Ihre Augen wurden dunkel, so unergründlich wie ein tiefer Bergsee.

»Tot? Aber wann … wie … und warum?«, stotterte sie. Eine Träne hing an ihren langen schwarzen Wimpern. Gottlieb schluckte. Was war denn mit ihm los? Hilfesuchend drehte er sich zu Lea Weidenbach um, aber die beschäftigte sich mit Frau Campenhausen, deren Gesicht ganz spitz aussah und die gerade unentschlossen auf ihre Armbanduhr blickte.

»Ich … ich glaube, ich brauche einen Grappa«, sagte Sina Kuhn und machte ein paar Schritte in Richtung Bar. Bevor sie sie erreicht hatte, knickte sie an einem der schweren Sessel halb ein. Sie kam gerade noch auf der Lehne zu sitzen.

Gottlieb folgte ihr und beugte sich zu ihr herunter. Dabei bemühte er sich krampfhaft, nicht in ihren tiefen Ausschnitt zu sehen. »Ich brauche Ihre Personalien. Sie waren seine Verlobte?«

Sina Kuhn fasste sich und richtete sich auf. »Kommen Sie, gehen wir an die Bar. Ich bin immer noch seine Verlobte, glauben Sie Frau Campenhausen bloß nicht alles. Sie ist ja sehr rührend, aber sie bringt in letzter Zeit einiges durcheinander. Darf ich?«

Sie setzte sich auf einen der grünen Barhocker unter einem großen Pferdegemälde, gab ihre Bestellung auf und holte ein goldenes Zigarettenetui aus ihrer Handtasche, klappte es auf und zog eine extra lange, dünne schneeweiße Zigarette heraus. Sachte nahm Gottlieb ihr das Feuerzeug aus der Hand, und diese Berührung durchfuhr ihn wie ein glühendes Schwert.

Als die Zigarette brannte, riss er sich mühsam von ihren Augen los und schlug seinen Notizblock auf. So etwas hatte er noch nie erlebt. Er verhielt sich nicht professionell. Diese Frau war eine Zeugin, vielleicht in einem Mordfall. Wo blieb denn nur sein Anspruch, ein guter Polizist zu sein?

Er blickte nicht mehr hoch, als er ihre Personalien notierte. Bei der Zimmernummer stutzte er. »Sie wohnten nicht zusammen?«

»Das kann ich erklären. Aber sagen Sie mir doch bitte endlich, was geschehen ist.«

Er tastete zur Brusttasche und holte sich selbst eine Zigarette heraus. »Er ist in den Pool gestürzt.«

»Ralfi? Ertrunken? Das glaube ich nicht.«

»Die Ärzte tippen auf einen Herzanfall.«

»Ach.« Langsam schnippte sie ein wenig Asche von ihrer Zigarette und nahm einen Schluck Grappa. Ihre Bewegungen waren kontrolliert, nachdenklich. Gottlieb betrachtete ihre langen Finger. Rostroter Nagellack, passend zum Oberteil. Mit einem Ruck warf sie ihren Kopf zurück. Ihre goldenen Ohrringe schaukelten. Es war eine elegante Bewegung, anmutig und aufreizend zugleich. »Das Herz also.« Sie nickte, als hätte sie es schon immer geahnt.

»Das überrascht Sie nicht?«

»Er hat in letzter Zeit öfter über sein Herz geklagt.«

»Frau Campenhausen sagt, er habe sich erst diese Woche durchchecken lassen und sei vollkommen gesund gewesen.«

»Sehen Sie?« Sie blies den Rauch aus und kräuselte dabei ihre vollen Lippen wie zu einem Kuss. »Das habe ich gemeint. Sie ist in letzter Zeit wirklich etwas durcheinander. Fünfundsiebzig, meine Güte, wer weiß, wie wir mit fünfundsiebzig sind. Dafür ist sie körperlich noch ganz rüstig, oder?« Sie beugte sich vor, um an ihm vorbei zu der alten Dame am Kamin zu sehen.

Wieder stieg ihm ihr orientalisches Parfüm in die Nase, süß und schwer. Etwas für heiße Sommernächte.

Was waren das nur für Gedanken? Also wirklich! Gottlieb räusperte sich. »Sie behaupten also, er habe über sein Herz geklagt.«

Sina Kuhn nickte. »Weshalb hat er sich sonst jedes Jahr durchchecken lassen? Das hat er seiner Tante natürlich verschwiegen. Er wollte sie nicht beunruhigen. Er hat es nicht einmal mir direkt gesagt. Und wer weiß, ob er dem zuständigen Arzt immer reinen Wein eingeschenkt hat. Der sollte ihn einfach nur untersuchen, und entweder würde er etwas finden oder eben nicht. Er selbst würde niemals über Beschwerden klagen. So war Ralfi. Immer stark.«

Sie wich seinem Blick aus, und sofort schaltete sich der kleine Teil seines Verstandes ein, der noch funktionstüchtig war.

»Ich werde das überprüfen, Frau Kuhn. Sie sagten, er habe Beschwerden gehabt ...«

»Nachts vor allem, da war er regelmäßig nass geschwitzt und hat geröchelt. Da ist es mir richtig angst geworden. Und deshalb ...« Sie drückte gewissenhaft ihre Zigarette aus, dachte nach und hob dann den Kopf. Ihre grünen Augen glänzten hypnotisch. »Deshalb bin ich kurzfristig ausgezogen. Ralfi sollte ungestört sein. Vielleicht wäre das besser für ihn, haben wir uns überlegt. Aber dass es so schnell ...«

Sie seufzte, und es hörte sich an wie ein Schluchzen. Dann griff sie zum Glas und kippte den Rest hinunter. »Wie geht es jetzt weiter? Weswegen ermitteln Sie?«

Das wusste er ja selbst noch nicht. »Gegenfrage: Wollte er in den nächsten Tagen ein größeres Geschäft tätigen?«

Sina Kuhn lachte unsicher. »Er hatte immer ein paar Eisen im Feuer. Meinen Sie etwas Konkretes?«

»Wickelte er seine Geschäfte üblicherweise in bar ab?«

»Wie bitte? Aber nein. Nicht dass ich wüsste. Aber er sagte mir nicht alles. Schon gar nicht, wenn etwas nicht zumindest spruchreif war. Um ehrlich zu sein, wenn ich nun nachdenke ... ich kann es Ihnen überhaupt nicht sagen. In diesen Dingen war Ralfi eigen.«

Bevor er das Geld nicht mit eigenen Augen gesehen hatte, wollte Gottlieb nicht konkreter nachfragen. »Kann ich Sie morgen hier erreichen, wenn ich noch Fragen habe?«

»Wo soll ich denn hin? Darf ich ihn noch einmal sehen? Wo ... wo ist er überhaupt hingebracht worden?«

»In die Stadtklinik.«

Sie machte wieder ihre allwissend anmutende Kopfbewegung. »Ich glaube, ich würde jetzt gern allein sein«, flüsterte sie. »Wenn ich mir vorstelle, dass ich heute Abend mit Ralfi hier sitzen und auf sein Wohl einen Champagner trinken wollte ...« Wieder glitzerte eine Träne in ihren Wimpern.

Gottlieb rutschte vom Barhocker. »Tut mir leid«, murmelte er. »Ich melde mich morgen bei Ihnen.«

Unschlüssig ging er zu der Sitzgruppe zurück, in der Frau Campenhausen auf ihn wartete. Ihr Begleiter war nicht zu sehen, und Lea sah angesäuert aus.

»Frau Campenhausen würde gern nach Hause gehen, Herr Gottlieb«, sagte sie, und er ärgerte sich über ihren gouvernantenhaften Ton.

»Ich habe die Zeugin erst vernehmen müssen. Sie sagt, Herr Wittemann habe Herzprobleme gehabt, auch in den letzten Tagen.«

Frau Campenhausen hob den Kopf und funkelte ihn empört an. »Herzprobleme? Wegen ihr vielleicht! Zeugin nennen Sie diese Person? Haben Sie schon ihr Alibi zur Tatzeit überprüft?«

»Noch gibt es keine Tat«, belehrte er sie und wagte einen kurzen Blick zurück. Sina Kuhn hatte ihre Beine übereinandergeschlagen und wippte mit ihren schwarzen Stöckelschuhen. Sie hatte sich ein weiteres Glas bestellt. Vielleicht blieb sie noch an der Bar, und er konnte die Befragung später fortsetzen?

»Lassen Sie mich das Zimmer sehen, Frau Campenhausen. Den Rest erledigen wir morgen, in Ordnung?«

Lea fummelte in ihrem Rucksack herum und holte einen Fotoapparat heraus. Er zuckte zusammen. Sie hatte also zu diesem rein privaten Abend ihre gesamte Ausrüstung mitgenommen! Wahrscheinlich hatte sie heimlich seine Wohnung fotografiert, als er am Herd abgelenkt gewesen war. Was war er nur für ein heillos romantischer Narr!

»Wollen Sie, dass Frau Weidenbach das Zimmer Ihres Neffen für die Zeitung fotografiert, Frau Campenhausen?«

Die Weidenbach rollte die Augen und schüttelte leicht den Kopf. »Herr Gottlieb, was ist denn los mit Ihnen? Ich will nur das Geld fotografieren, denn falls es wirklich Mord war, könnte das doch nützlich ein, oder?«

»Fragt sich nur, für wen«, nuschelte er muffig und fühlte sich gleichzeitig schlecht dabei. Er verstand sich ja selbst nicht und hatte keine Ahnung, warum er so patzig zu ihr war.

Als Frau Campenhausen die Zimmertür öffnete, musste er einen anerkennenden Pfiff unterdrücken. Die Suite maß bestimmt fünfundsiebzig Quadratmeter und war im englischen Landhausstil eingerichtet, mit gemusterten Stoffen, die ihm persönlich allerdings etwas zu auffällig waren. Die Fenster zeigten auf die Parkanlage der Lichtentaler Allee.

Frau Campenhausen eilte zum Schrank, öffnete ihn und zerrte einen großen Koffer heraus. Gottlieb sprang dazu und half ihr. Anzüge und Jacken lagen in dem Koffer, und Sina Kuhns Bemerkungen über Frau Campenhausens Geisteszustand kamen ihm in den Sinn. Wie sollte er jetzt reagieren, wenn gar kein Geld in dem Koffer war? Verständnisvoll? Vielleicht ein bisschen flapsig? Lieber gar nicht. Es würde der Krimiexpertin auch ohne eine einzige Bemerkung schon peinlich genug sein. Da brauchte er nicht noch eins draufzusetzen.

Doch in dem Moment zog sie das letzte Oberhemd weg und präsentierte ihm wie eine Zauberin die Geldbündel. Blitzlicht flammte auf. Lea Weidenbach fotografierte und atmete heftig. Als sie fertig war, beugte er sich über die Scheine, die ihm echt erschienen, ließ die Bündel durch seine Hände gleiten, dann begann er sorgfältig zu zählen. Hundert Scheine à fünfhundert Euro. Das machte fünfzigtausend pro Bündel. Die anderen Bündel waren exakt gleich hoch, jedes von ihnen maß nur etwa einen Zentimeter.

»Sechzig, es sind sechzig Bündel!«, flüsterte Frau Campenhausen, und er glaubte ihr. Trotzdem zählte er nach.

Drei Millionen, wie sie gesagt hatte.

Niemand tätigte legale Geschäfte mit so viel Bargeld. Wenn das Geld aber für eine Straftat benutzt werden sollte, dann müsste er es sicherstellen. Dafür wiederum hatte er noch nicht genug Fakten.

»Nehmen Sie es!«, drängte Frau Campenhausen. »Ich kann es doch nicht hier lassen, und mit nach Hause nehmen will ich es auch nicht.«

Jetzt wurde es verzwickt. Er konnte das Geld nicht einfach so beschlagnahmen. Dafür musste er ein Ermittlungsverfahren einleiten, ganz offiziell. Aber gegen wen? Doch nicht gegen einen Toten. Und weswegen überhaupt? Mord? Betrug? Geldwäsche? Er müsste zumindest nachweisen, dass das Geld aus einer Straftat stammte. Hatte Wittemann es von seiner Bank bekommen, war nichts zu machen. Das konnte erst morgen geklärt werden, wenn er die Bank erreichte.

Gottlieb nahm eine Plastiktüte, die unten im Koffer lag, und stopfte die Scheine hinein, während er sich wunderte, wie wenig Platz so viel Geld brauchte. Es musste einen Safe im Hotel geben. Dort würde er das Geld deponieren und morgen entscheiden, wie er weiterverfahren wollte. Der Ordnung halber stellte er Frau Campenhausen eine Quittung aus.

Dann verabschiedeten sich die beiden Frauen, und er hatte Zeit, sich umzusehen. Im Papierkorb lag zerknülltes Geschenkpapier, im Bad eine aufgerissene Packung Aspirin. In der Tasche eines senfgelben Sakkos fand Gottlieb eine gesalzene Rechung aus dem Restaurant »Gagarin«. Offenbar hatte Wittemann in der vergangenen Nacht üppig gezecht. Gottlieb warf einen zweiten Blick auf die Rechnung. Vierzehn Bier, sechs Whisky, acht Wodka – das schaffte niemand allein. Das sah nach einer zünftigen Männerrunde aus, vielleicht mit möglichen Zeugen, vielleicht auch mit dem möglichen Mörder, wenn es denn Mord gewesen war.

Der Terminkalender des Toten ergab, dass Wittemann sich tatsächlich die ganze Woche über in Baden-Baden aufgehalten hatte. Montag war er angereist, Dienstag und Mittwoch hatte er den Gesundheits-Check durchführen lassen, für Donnerstag und Freitag hatte er Oldtimer-Ausflüge ins Elsass und in den Schwarzwald eingetragen, die Fahrt am Donnerstag aber durchgestrichen und »Werkstatt« dahinter gekritzelt. Am gleichen Tag hatte er sich um achtzehn Uhr im Schickimicki-Lokal »Medici« mit einem gewissen

Wladimir verabredet. Am Samstag hatte er sich für zehn Uhr morgens das Friedrichsbad eingetragen, für den Sonntagmittag das Treffen mit seiner Tante und für abends das Essen im Parkrestaurant des Hotels. Morgen wollte er wieder nach Frankfurt abreisen, und Dienstag hätte er den ersten Baustellentermin gehabt. Nichts Besonderes, bis auf diesen Wladimir.

Wladimir. Klang russisch. Russen gab es derzeit etliche in Baden-Baden. Sie überfluteten die Stadt seit ein paar Jahren und kauften alles, was ihnen in die Hände fiel, Pelzmäntel, Juwelen, die prächtigsten Villen und Hotels. Immobilien über zwei Millionen gingen in erster Linie an sie, sagte man. Arztpraxen, Kosmetikstudios, Nobelgeschäfte und Restaurants der Stadt hatten Schilder in ihren Auslagen, dass man Russisch sprach. Von außen betrachtet kamen diese Leute tatsächlich in erster Linie nach Baden-Baden, um sich verwöhnen und medizinisch versorgen zu lassen. Die Kollegen aus den Dezernaten Organisierte Kriminalität, Betrug und Geldwäsche hielten Augen und Ohren offen, doch ohne Ergebnis. Reich zu sein war kein Verbrechen. Aber er würde zu gern wissen, woher das Geld stammte, das sie mit vollen Händen ausgaben.

Hier nun lagen drei Millionen in bar, dazu kam eine Verabredung mit einem Russen. Gottliebs Jagdeifer erwachte. Stück für Stück, Millimeter für Millimeter ging er das Hotelzimmer durch. Schubladen, Schränke, Jackentaschen. Er sah unter dem Bett, unter der Matratze, in Lampenschirmen, hinter Vorhängen und unter den Teppichen nach. Das Einzige, was er fand, war ein Notizblock neben dem Telefon, auf dem sich ein Wort durchgedrückt hatte: »Pagenhardt«, daneben mehrere Ausrufezeichen. Aber stammte die Notiz von Wittemann oder vom Vorbewohner der Suite? Und was sollte der Name bedeuten?

Kurz vor Mitternacht verließ er das Zimmer. An der Rezeption half man ihm mit dem Safe, dann öffnete ihm ein blass aussehender Angestellter den Pool-Bereich. Hier war alles blank geputzt. Man hatte, wie er erfuhr, noch während man auf den Notarzt wartete, mit der Reinigung begonnen. Glasscherben mussten sofort beseitigt werden, hieß es. Wahrscheinlich war dem Mann ein Glas mit Champagner aus der Hand gerutscht. Oder ein Glas Whisky, den schien er ja zu lieben. Gottlieb hasste es, auf Vermutungen angewiesen zu sein.

»Wer hat das mit der Reinigung veranlasst?«, blaffte er verärgert.
Der Angestellte zog unsicher die Schultern hoch. »Der Kollege, der heute Dienst hatte. Sie können ihm keinen Vorwurf machen. Ein Gast kippt um, Scherben liegen im Poolbereich, wo man barfuß läuft. Das wäre nach Erster Hilfe und Alarmierung des Notarztes zwangsläufig das Nächste, was ich auch getan hätte.«
»Ich hätte gern den Namen.«
»Robert Oser. Eine Aushilfe. Sehr tüchtig.«
»Adresse und Telefonnummer?«
Der Mann sah zur Uhr und zog die Augenbrauen hoch, eilte aber davon und kam mit den gewünschten Informationen zurück, die er auf eine Karteikarte geschrieben hatte. »Sie können ihn morgen früh sprechen. Er hat ab sieben Dienst.«
Gottlieb ignorierte den Einwand, tippte die Telefonnummer in sein Handy und ließ es elfmal klingeln. Dann klappte er das Handy zu und steckte es missmutig in die Hosentasche zurück.
Der Angestellte sah ihm neugierig zu. »Meinen Sie, es steckt mehr dahinter als ein Herzanfall?«
»Genau das will ich herausfinden.«
Gottlieb musterte nachdenklich den Arbeitsplatz Osers, auf dem ein Monitor stand, mit dem man den gesamten Schwimmbadbereich im oberen Stockwerk überblicken konnte. Er ärgerte sich, dass er den Mann nicht erreichen konnte. Immerhin ein möglicher Augenzeuge, auch wenn Wittemann zum Zeitpunkt seines Todes angeblich allein gewesen war.
Er stieg die Treppe hoch, blieb auf der obersten Stufe stehen und blickte über die glatte Wasseroberfläche. Allmählich bekam er Zweifel, ob Abwarten wirklich richtig war. Diese drei Millionen ließen vermuten, dass Wittemann möglicherweise in eine Straftat verwickelt gewesen war. Sollte er besser doch die Ermittlungsmaschinerie anwerfen und das große Programm fahren? Machte er einen gewaltigen Fehler, wenn er es nicht tat? Oder hatten Notarzt und Krankenhaus recht, wenn sie auf natürlichen Tod tippten? Ärzte irrten sich beim Ausfüllen des Totenscheins häufig, viel zu oft eigentlich. Das wusste er doch. Warum also zögerte er? Er konnte es sich nicht erklären. Drei Millionen und ein Todesfall waren doch wahrlich sonderbar genug!
Er sah auf seine Armbanduhr. Nach Mitternacht. Hier in diesem

porentief reinen Poolbereich würde wahrscheinlich niemand mehr eine Spur finden. Er würde das Areal vorsorglich sperren lassen, und morgen, wenn er mit dem Poolangestellten, dem Notarzt und dem Facharzt persönlich gesprochen hatte, würde er neu entscheiden.

Er machte einen Schritt nach vorn, doch der Angestellte, der ihn begleitet hatte, hielt ihn zurück.

»Nicht mit Straßenschuhen, bitte. Moment, ich hole Ihnen etwas.«

Geduldig wartete er, bis der Mann mit rotem Kopf zurückkam.

»Tut mir leid, Herr Kommissar, ich habe die Überzieher nicht gefunden. Aber nehmen Sie bitte das hier.«

Grinsend streifte Gottlieb sich die Teile über und war froh, dass niemand ihn sah. Das wäre ein Fest für die Kollegen: der Chef mit Badehauben an den Füßen! Nur die Spurensicherer würden sich ehrlich darüber freuen.

»Veranlassen Sie bitte, dass bis morgen früh niemand mehr diesen Bereich oder Herrn Wittemanns Zimmer betritt«, ordnete er an.

Der Angestellte nahm Haltung an. »Brauchen Sie sonst noch etwas?«

Gottlieb schüttelte den Kopf und ging nach vorn an die Glasfront, an der mehrere Ruheliegen standen.

»Sie können das Licht ausmachen«, rief er dem jungen Mann nach. »Ich finde dann schon hinaus.«

Die Lampen erloschen, und er starrte in die Dunkelheit, bis sich seine Augen daran gewöhnt hatten. Es war Halbmond. Die Bäume der Lichtentaler Allee standen schwarz und mächtig vor ihm. Kein Blatt regte sich. Es war immer noch heiß draußen, und die Hitze kroch fast ungefiltert durch die riesigen Fensterscheiben in diese Halle hinein. Sein Poloshirt klebte ihm feucht und heiß am Rücken. Mit möglichst steifem Oberkörper setzte er sich auf eine der Liegen. Kein Laut war zu hören. Es roch nach Sauberkeit, Ozon und frisch gewaschenen Handtüchern. Das Wasser stand still im Becken, die Wände aus rötlichem Marmor schienen im Dämmerlicht fast zu glühen, die weißen Säulen ragten schimmernd empor wie in einem antiken römischen Bad. Ein schöner Ort, um zu sterben, wenn das Schicksal wirklich wollte, dass einem die Stunde schlug.

War es so gewesen? Schicksal? Ein Stolpern des Herzens, ein Erschrecken und Exitus? Fünfundfünfzig – das war doch kein Alter! Wittemann war nur ein Jahr älter gewesen als er selbst! Konnte es wirklich so schnell gehen? Gottlieb tastete nach den Zigaretten in seiner Hemdtasche. Verdammt, er sollte wirklich aufhören. Wie oft hatte er es sich schon vorgenommen. Vielleicht konnte er das Schicksal dadurch gnädiger stimmen? Sein Verstand sagte ihm schon lange, dass er sein Leben dringend ändern musste. Aber kein Nikotin, kein Rotwein und keine Hamburger, stattdessen Muskelkater, Körnerbrötchen und Schlaflosigkeit? Nicht sehr verlockend.

Energisch verdrängte er die Gedanken und zwang sich, noch einmal durchzugehen, was er über Wittemann und die Umstände seines Ablebens wusste, doch er kam nicht weit.

Drei Millionen, drei Millionen, hämmerte es in seinem Kopf.

Er rutschte tiefer in die Liege. Die Augen fielen ihm zu.

Und da war dieses Bild wieder: seine Mutter am Fuße der Kellertreppe, die Glieder verdreht, der Kopf in einer schwarzen Blutlache, Opfer eines unbekannten Einbrechers. Er hatte sie nach der Schule gefunden. Damals war er zehn gewesen. Entsetzen und Hilflosigkeit, aber auch Wut, weil die Polizei den Täter niemals fand, hatten sein weiteres Leben geprägt. Er hatte es besser machen wollen, hatte ein guter Polizist werden wollen. War es also richtig, dass er zögerte, ein Ermittlungsverfahren in Gang zu setzen, anstatt es den Experten zu überlassen, versteckte Hinweise und Spuren zu finden und zu deuten? Ach verdammt, die Sache hörte sich, bis auf das Geld, immer noch viel zu harmlos an. Aber um sein Gewissen zu beruhigen, holte er noch einmal sein Handy heraus.

FÜNF

»Sie werden sehen, Ihr Kommissar wird nichts unternehmen«, seufzte Marie-Luise Campenhausen und zog und zerrte an ihrem hübschen Taschentuch mit der Häkelumrandung. Es war gleich zwei Uhr morgens, und ihre Gedanken bewegten sich nur noch bleiern in ihrem Kopf. Ihre junge Freundin hatte bis jetzt tapfer durchgehalten, und es hatte tatsächlich gutgetan, schier endlos über Raphael reden zu dürfen, über die Erinnerungen, zu denen keine neuen mehr hinzukommen würden. Sie hatte ihrer Mieterin Fotos gezeigt, Bilder, die er für sie in der Schule gemalt hatte, die Hochzeitsanzeige, einen Zeitungsausschnitt mit Bild von seiner ersten Teilnahme am Oldtimer-Treffen, bei dem er stolz in ihrem Mercedes vorgefahren war. Irgendwann hatte sie nicht mehr weitermachen können, es kamen keine Tränen mehr und keine Worte.

Zum ersten Mal in ihrem Leben hatte sie daran gedacht, aufzugeben. Sich ins Bett zu legen und zu warten, bis die letzte Kraft sie verließ. Ihr war schwindelig geworden, und ein glühender Eisenring hatte sich um ihre Brust gelegt. Sie dachte daran, dass ausgerechnet heute Nachmittag in ihrer Abwesenheit die Seniorenresidenz Bellevue ihr auf dem Anrufbeantworter mitgeteilt hatte, dass soeben ein Zimmer frei geworden sei und sie auf der Warteliste ganz oben stehe. Sie könne sofort einziehen, wenn sie sich binnen zwei Wochen dazu entschließen könnte. Wie verlockend, alle Verantwortung abgeben zu können und sich ganz diesem unendlichen Schmerz über Raphaels Tod hingeben zu dürfen.

»Ganz bestimmt wird er ermitteln. Er ist ein guter Polizist!«, unterbrach Lea Weidenbach ihre Spirale in die Hoffnungslosigkeit.

»Ach Kind, wie denn, wenn die Ärzte sagen, es war das Herz? Ich mache ihm ja keinen Vorwurf.«

»Aber das Geld! Der Bruch der Verlobung! Wer weiß, was noch so alles ans Licht kommt.«

»Daran habe ich auch schon gedacht. Was aber wäre, wenn ich mich in meinem Neffen getäuscht habe? Wenn er gar nicht der Goldschatz war, den ich in ihm immer hatte sehen wollen? Er war ja wie ein Sohn für mich. Wissen Sie, dass er auf den Tag neun Monate nach unserer Hochzeit geboren wurde? Ich habe das immer als besonderes Zeichen genommen und hatte deshalb dieses innige Verhältnis zu ihm. Obwohl ich ihn eigentlich nicht den anderen Neffen und Nichten aus meiner Linie hätte vorziehen dürfen.«

Marie-Luise beobachtete, wie ihre Hand zitterte, als sie die Tasse mit dem inzwischen kalten Tee anhob. Wollte sie überhaupt, dass der Tod aufgeklärt wurde? Wäre es nicht besser, ihre gute Erinnerung an Raphael zu bewahren? Aber dann ermahnte sie sich, sich zusammenzureißen.

Es würde ihr doch keine Ruhe lassen, solange sie nicht wusste, warum er hatte sterben müssen. Wenn zweifelsfrei feststand, dass es ein überraschender Herzanfall gewesen war, würde sie es akzeptieren, auch wenn Raphael nie etwas über Gesundheitsprobleme hatte fallen lassen. Schließlich verriet sie auch niemandem, dass ihr Herz ihr in letzter Zeit manchmal Angst einjagte. Wahrscheinlich hatte er seinen Zustand aus dem gleichen Grund verschwiegen wie sie: aus Furcht, das gewohnte aktive Leben dann einen Gang zurückfahren zu müssen. Wenn allerdings ein Fremder an seinem Tod schuld war, dann sollte er dafür zur Rechenschaft gezogen werden. Und wenn die Polizei ihr nicht half, den Tod aufzuklären, musste es ihre Mieterin tun. Als Polizeireporterin hatte sie alle Möglichkeiten und den nötigen Sachverstand.

Marie-Luise ergriff die schmale, feste Hand ihrer Vertrauten. »Finden Sie heraus, was geschehen ist, bitte! Versprechen Sie mir das!«

Frau Weidenbachs Hand umschloss die ihre. »Gleich morgen früh fange ich an. Ich werde alles tun, um den Fall aufzuklären.«

Marie-Luise war beruhigt. Fall! Aufklären! Das hörte sich gut an. Wenn Lea Weidenbach die Sache übernahm, dann würde die Wahrheit herauskommen. Auch sie selbst würde natürlich ihr Möglichstes dazu beitragen. Aber erst einmal musste sie schlafen. Sie war unendlich müde!

Tief und traumlos war ihr Schlaf, eine Oase des Vergessens. Aber sobald die Sonne sie am frühen Morgen weckte, war das Wissen wieder da und kroch wie ein unheimliches Schattentier über die Bettdecke, immer näher, bis in ihr Herz: Raphael war tot.

Ein Brennen kratzte in ihren Augen. Sie stand auf, schlüpfte in ihren Morgenmantel und zwang sich, wie jeden Morgen die Zeitung aus dem Briefkasten zu holen, Teewasser aufzusetzen, Brot zu schneiden, den Tisch zu decken. Das Radio ließ sie heute aus. Sie wollte weder Musik noch einen gut gelaunten Moderator hören. Viel tröstlicher war es da schon, wie Mienchen ihr mit einem leisen Maunzen hinterhergeschlichen kam. Das Tier hatte gespürt, dass etwas nicht stimmte, hatte sich über alle Verbote hinweggesetzt und war heute Nacht in ihr Bett gekrochen und hatte ihr die Füße gewärmt, die trotz der draußen brütenden Hitze eiskalt gewesen waren.

»Gutes Mienchen«, summte Marie-Luise und füllte ihrer Katze das Schälchen.

Mit automatischen Bewegungen und ohne nachzudenken machte sie sich im Badezimmer zurecht und setzte sich dann an den Frühstückstisch. Vor ihren Augen verschwamm alles. Sie konnte nicht einmal die Überschriften in der Zeitung lesen. Krampfhaft versuchte sie, Haltung zu bewahren. Sie konnte jetzt den ganzen Tag heulen, doch davon würde Raphael nicht lebendig. Selbstmitleid wäre das, einer Campenhausen unwürdig.

Das Frühstücksbrot schmeckte wie Löschpapier, aber sie zwang sich, die ganze Scheibe zu essen. Routine hatte sie schon vor zweiundzwanzig Jahren davor bewahrt, in ein tiefes Loch zu fallen, als ihr geliebter Willi sie nach kurzer Krankheit verlassen hatte. Sie hatte seinen Tod überlebt, also würde sie auch Raphaels Dahinscheiden überstehen, obwohl das im Augenblick schwer vorstellbar war. Sie hatte an dem Jungen gehangen, auch wenn sie sich zuletzt sehr selten persönlich getroffen hatten.

Marie-Luise holte sich einen Schreibblock und begann aufzulisten, was heute zu erledigen war, was morgen, was übermorgen. Eine gute Übung, Trauer und mögliches Selbstmitleid in Schach zu halten, fand sie.

Wenig später ertappte sie sich, wie sie eine zweite Liste angefangen hatte. »Motive« lautete die Überschrift, und sie hatte »Geld«, »Neid«, »Rache«, »Eifersucht«, »Hass«, »Demütigung«, »Sex« aufgeschrieben. Nachdenklich besah sie sich die Aufzählung. Auf wen konnten solche Motive zutreffen? Was war Raphael eigentlich für ein Mensch gewesen? Hatte sie ihn überhaupt wirklich gekannt?

Jemand, der in der Baubranche in Frankfurt am Main so erfolgreich war wie er, musste doch ein unbeugsamer Geschäftsmann sein. Raphael hatte nie viel über seine Arbeit gesprochen. Manchmal hatte sie in der Zeitung gelesen, dass er wieder einen neuen Bürokomplex oder eine Wohnanlage fertiggestellt hatte. Konkurrenten könnten ihn aus dem Weg geräumt haben. Vielleicht hatte sich jemand betrogen gefühlt? Vielleicht hatte er jemandem ein großes Geschäft verdorben?

Vielleicht hatte sein Tod aber auch mit den drei Millionen Euro zu tun? Was hatte er mit der Geld in Baden-Baden anfangen wollen? Ein Objekt kaufen? Das ging nicht ohne Notar. Er hatte heute Mittag wieder abfahren wollen, dann hätte er also, da das Geld noch in seinem Besitz war, am Morgen einen Notartermin haben müssen. Das ließ sich nachprüfen! Wenn es einen solchen Termin gab, dann wäre sie wenigstens die Sorge los, er könne womöglich in eine illegale Transaktion verstrickt gewesen sein.

Aufgeregt suchte Marie-Luise die Telefonnummer des Grundbuchamts heraus.

»Herr Raphael Wittemann hatte heute Morgen einen Termin bei Ihnen, aber er wird ihn nicht einhalten können«, behauptete sie.

»Wittemann?«, hörte sie die Angestellte am anderen Ende des Telefons erstaunt sagen. »Moment.« Papier raschelte, ein Klicken war zu hören, dann wurde der Hörer abgedeckt, und nur noch gedämpftes Murmeln drang an ihr Ohr.

Sie wurde verbunden und musste noch einmal alles erklären. Dann stand fest, dass Raphael zumindest in Baden-Baden keinen Termin gehabt hatte. Marie-Luise sackte ein Stück in sich zusammen. Wofür sonst konnte er nur so viel Bargeld bei sich gehabt haben? Drei Millionen – da fielen ihr nur noch Schmiergeld oder Erpressung ein. Nein, nein, nein und noch mal nein. Sie las eindeutig zu viele Kriminalromane. Raphael war ein guter Junge. Er hatte Korruption nicht nötig, und er erpresste niemanden. So etwas tat er bestimmt nicht. Er hatte ein weiches Herz, auch wenn er sich nach außen manchmal grob und störrisch gab. Zuletzt hatte er es ja über sie persönlich bei Nicole bewiesen und noch nicht einmal zugelassen, dass die Arme wusste, wer dahintersteckte.

Bei dem Gedanken an Nicole fuhr Marie-Luise zusammen. Das arme Ding musste erfahren, was geschehen war, auch wenn sie seit

Jahren geschieden waren. Außerdem wartete sie bestimmt, dass der Rest der vereinbarten Lieferung abgeholt wurde. Sie hatte sich schon gestern Nachmittag auf dem Anrufbeantworter gemeldet, jedoch nur ihren Namen und den Anfang eines Satzes hinterlassen. Dann hatte sie es sich offenbar anders überlegt und aufgelegt. Wahrscheinlich rechnete sie mit einem Rückruf, aber am Telefon wollte Marie-Luise ihr die traurige Nachricht nicht überbringen.

Am liebsten wäre sie sofort nach Bühl gefahren, doch so einfach war das leider nicht. Wie hatte sie nur so kurzsichtig sein können, an ihrem siebzigsten Geburtstag ihren Führerschein abzugeben. Nur wegen dieser zwei kleinen Beulen im Auto, liebe Güte! Welche Einschränkungen sie damit auf sich nahm, hatte sie ja erst hinterher gemerkt. Jetzt zum Beispiel: Es fuhr zwar ein Bus nach Bühl, aber allein die Worte Fahrplan und Haltestelle waren mit Hitze, Ungeduld und Trauer unvereinbar.

Würde sie ein Taxi nehmen, würde sie Joseph beleidigen, der sich immer bereit erklärte, sie zu chauffieren. Doch diesmal wäre sie lieber allein gefahren, ohne sich verpflichtet zu fühlen, ihn nicht warten zu lassen. Ach, solche Überlegungen waren natürlich Unsinn. Joseph würde alles für sie tun, das wusste sie doch. Sie war die große Abwechslung in seinem langweiligen Leben. Es machte ihm bestimmt nichts aus, sich für eine Stunde in Bühl die Zeit zu vertreiben. Sie war es nur nicht gewohnt, jemanden um einen Gefallen zu bitten.

Sorgenvoll begann sie, sich auf den Trauerbesuch vorzubereiten. Vor allem steckte sie ein frisches Taschentuch ein. Wie Nicole die Nachricht wohl aufnehmen würde? Und wie würde es ihr selbst dabei ergehen, sie zu überbringen?

*

Morgens um sieben sah die Spa-Abteilung angesichts des tragischen Ereignisses immer noch unangebracht romantisch und einladend aus. Oberstaatsanwalt Pahlke hatte in ihrem nächtlichen Telefonat mit Gottlieb übereingestimmt, dass es vorerst reiche, den Leichnam Wittemanns umgehend in die Rechtsmedizin in Freiburg zu bringen. Dort würde man schon herausfinden, woran der Mann gestorben war. Bis dahin sollte Gottlieb im Alleingang mögliche Zeugen befragen und nach Anhaltspunkten für eine Straftat suchen.

Deshalb befand er sich also hier im Empfangsbereich des Untergeschosses, müde, ohne Frühstück, passend zum Notarzt, der gerade herbeieilte. Auch er sah übernächtigt und gehetzt aus, Bartstoppeln zeugten von einer langen Nacht und seinem Bedürfnis nach Kaffee und Schlaf. Der junge Mann, der für das Schwimmbad und die Reinigungsaktion am Vorabend verantwortlich gewesen war, stand ebenfalls bereit und wirkte nicht viel munterer.

Jetzt, wo er den müden Krieger vor sich sah, schluckte Gottlieb seinen Ärger herunter und nahm erst einmal die Personalien auf. Robert Oser, zwanzig Jahre, Ferienjob bis zum Studienbeginn.

»Ich habe versucht, Sie heute Nacht zu erreichen.«

Der junge Mann zappelte vor Verlegenheit und wich seinem Blick aus. An seinem Hals bildeten sich rote Flecken. Sofort kroch Gottlieb das berufsbedingte Misstrauen den Rücken herauf, gepaart allerdings mit Nachsicht, denn die Kleider des unrasierten Jungen rochen nach Kneipe, seine Haare nach sehr weiblichem blumigem Shampoo. Wahrscheinlich hatte er die Nacht bei einer Frau verbracht.

»Ich habe gerade erst gehört, dass der Gast von gestern Abend im Krankenhaus gestorben ist.«

Gottlieb betrachtete noch einmal den Monitor auf Osers Arbeitsplatz. Unbemerkt konnte hier wirklich niemand umgebracht werden.

»Was haben Sie gesehen? Wer war noch da oben?«

»Niemand. Der Gast war allein. Die Fensterfront war geschlossen, weil es draußen wesentlich heißer gewesen ist als innen. Die Fenster kann man von außen nicht öffnen.«

Gottlieb sah den kleinen Sherlock Holmes belustigt an. »Sehen Sie gern Krimis im Fernsehen?«

Der Junge nickte. »Ich ... ich werde Jura studieren.«

Jura, auch das noch. Gottlieb hatte eine leichte Aversion gegen Juristen. Die brachten Ärger, wo immer sie auftauchten: Staatsanwälte spielten sich als etwas Besseres auf, Rechtsanwälte versuchten, ihm Fallen zu stellen und ihn auszutricksen, und die Quereinsteiger, die an ihm vorbei in den höheren Dienst eintraten, waren die Schlimmsten, denn die wussten alles besser. Vorurteile, zugegeben, aber meistens trafen sie zu.

Jetzt also dieser unglückselige Bursche hier. Ein Streber noch dazu: Auf seinem Arbeitsplatz lag tatsächlich Fachlektüre über kriminalistisches Denken. Gottlieb schlug das Buch an einer x-beliebigen Stelle auf und musste gegen seinen Willen lachen. »Die Beseitigung von Spuren, irreführende erste Angaben über den Vorfall, aber auch die übertriebene Bereitwilligkeit, der Polizei zu helfen, sind verdächtig«, stand da.

Er beschloss, den Knaben vorerst in die positive Schublade zu stecken.

»Was haben Sie also beobachtet?«

»Der Gast hat sich eine Weile im Spiegel betrachtet. Dann, äh, dann habe ich ein paar Minuten nicht hingesehen, sondern, äh, einer Kollegin mit den Handtüchern geholfen. Als ich wieder auf den Monitor blickte, sah der Poolbereich für mich leer aus. Ich nahm an, dass der Gast unbemerkt gegangen war, aber dann habe ich seinen Bademantel auf der Bank entdeckt. Ich wollte ihn aufräumen und bin die Treppe hoch, und als ich halb oben war, habe ich gesehen, dass Glasscherben auf dem Boden lagen und sich unser Duschgel auf den Fliesen ausbreitete. Da habe ich Putzzeug geholt. Ich wollte nicht, dass das Zeug in den Pool kommt. Den Mann am Grund des Beckens habe ich bis dahin noch gar nicht gesehen.«

»Duschgel? Kein Champagner?«

»Spirit of Jaipur, aus unserer hauseigenen Kosmetikreihe. Dunkelrot, deshalb fiel es mir auf dem Marmorboden gleich auf. Ich habe mir vorgenommen, sofort Bericht zu machen, weil seit Kurzem Glas im Poolbereich verboten ist. Aber das Duschgel wird weiter in kleinen Flakons verkauft. Als ich oben war, habe ich erst gesehen, dass der Mann reglos im Pool lag. Ich habe ihn sofort herausgezogen und Wiederbelebungsversuche gemacht und meine Kollegin gerufen. Die hat gleich den Notarzt geholt, und der war im Handumdrehen da. Aber es war wohl doch zu spät. Wenn ich nur nicht ... Ich meine, das mit den Handtüchern hätte auch noch Zeit gehabt. Vielleicht würde er noch leben, wenn ich nicht ...«

Wieder diese roten Flecken am Hals. Allmählich vermutete Gottlieb, dass der junge Mann seiner Kollegin nicht ausschließlich bei den Handtüchern geholfen hatte.

»Der Name der Kollegin?«

Das Rot überschwemmte nun das gesamte Jungengesicht vom

Hals bis zu den Ohren. »Claudia. Claudia Wegmann.« Seine Stimme kiekste.

Oho! Gottlieb hätte seine Zigaretten darauf verwettet, dass diese Dame die Besitzerin des süßlichen Shampoos war.

»Ist sie hier?«

Ein kurzes Nicken. »Soll ich …?«

»Später.«

Der Junge sah immer noch kreuzunglücklich aus, und Gottlieb bekam Mitleid mit dem armen Kerl.

»Nun machen Sie sich keine Vorwürfe. Sie haben alles richtig gemacht. Sie sollen zwar ein Auge auf die Gäste haben, aber sie bestimmt nicht lückenlos überwachen. Was ist Ihnen aufgefallen, als Sie ihn herauszogen?«

»Ich … ich weiß nicht. Ich habe keinen Puls gefühlt, er hat auf meine Wiederbelebungsversuche nicht reagiert. Er hat die Augenlider nicht bewegt, aber ich hatte das Gefühl, er starrte mich an, als bekäme er alles mit, und sei nur gelähmt. Unheimlich war das. Ich habe heute Nacht richtig schlecht geschlafen.«

Gottlieb dachte sich seinen Teil und verkniff sich ein Grinsen. Eine Mitschuld an der unruhigen Nacht trug sicherlich auch Kollegin Claudia.

»Wo sind die Putzlappen?«

»Die habe ich zusammen mit den Gummihandschuhen weggeworfen. Das rote Zeug ging beim Ausspülen nicht mehr raus.«

»Wo sind die Mülltonnen?«

»Heute ist Montag, die Müllabfuhr ist schon durch.«

Gottlieb sträubten sich die Nackenhaare. Verdammt. Vielleicht hatte er mit seiner unerklärlichen Unschlüssigkeit doch einen Fehler gemacht!

»Ist Ihnen vorher etwas aufgefallen, als er in den Poolbereich ging?«

»Nun ja … ich musste ihn unterrichten, dass Sektgläser nicht mehr am Pool erlaubt sind. Er hat seinen Champagner deshalb hier unten ausgetrunken. Brauchen Sie das Glas? Ich habe es sichergestellt, als er ins Krankenhaus kam. Vorsichtshalber.« Oser zog eine Schublade auf und reichte Gottlieb stolz das Glas, das er in eine dieser Plastikhauben gewickelt hatte.

»Das war schon mal gut, Kollege«, lobte ihn Gottlieb und erntete einen dankbaren Blick und ein Geständnis: »Am liebsten würde ich zur Polizei gehen.«

»Tun Sie das! Tüchtige Männer können wir immer gebrauchen. Wie lange war der Bereich unbeaufsichtigt?«

Der Knabe wurde rot. »Äh, ich – ich habe meiner Kollegin kurz geholfen. Zwei Minuten. Vielleicht vier. Oder fünf.«

»Konnte jemand hereinkommen und Wittemann getötet haben?«

»Das hätte ich gehört. Ich war gleich da vorne.« Oser deutete auf eine Schwingtür und sah dabei aus, als würde er am liebsten im Boden versinken. Das bestärkte Gottliebs Vermutung, dass die beiden wahrlich nicht nur Handtücher gezählt hatten.

Der Notarzt mischte sich ein. »Getötet? Was soll das? Der Mann hatte weder ein Messer im Rücken noch Würgemale noch eine Schussverletzung noch Vergiftungserscheinungen. Brauchen Sie mich eigentlich noch? Ich habe in fünf Stunden wieder Dienst.«

»Woran ist er Ihrer Meinung nach gestorben?«

»Das sagte ich Ihnen gestern Abend doch schon. Plötzlicher Herztod. Jede Stunde sterben in Deutschland zehn Menschen daran. Ich habe sofort mit Defibrillation begonnen, aber … leider. Ich habe gehofft, er würde es in der Klinik schaffen.«

»Was ist die Ursache von Herzversagen? Eine Vorerkrankung? Ich habe unterschiedliche Aussagen von Zeugen. Die eine berichtet, der Mann sei vollkommen gesund gewesen, die andere sagt, er habe über Herzprobleme und Nachtschweiß geklagt. Können Sie damit etwas anfangen?«

»Warten Sie doch bis zur Obduktion.«

»Wer weiß, wann ich das Ergebnis bekomme.«

»Oh, na ja. Hm. Haben Sie sein Zimmer durchsucht? Hatte er Herzmedikamente dabei?«

»Nur eine Packung Aspirin.«

»Tja. Dann weiß ich auch nicht. Fragen Sie den Hausarzt.«

»Später. Jetzt möchte ich Ihre Meinung! Sie waren bei ihm!«

»Sorry, ich kann nichts anderes sagen, als dass es das Herz war. Kollaps, Bewusstlosigkeit, Apnoe, also Atemstillstand, unwirksame Reanimation – wollen Sie noch mehr Details? Ich tippe auf Kammerflimmern. Auf jeden Fall gab es für mich keinen Anhaltspunkt für eine unnatürliche Todesursache. Kann ich jetzt?«

Missmutig ließ Gottlieb den Mann ziehen, nahm die Personalien von Osers wirklich sehr hübschen, jungen Kollegin auf, doch auch sie konnte nicht weiterhelfen. Wittemann war ihr kurz vor seinem Tod streitlustig, aber kerngesund erschienen.

Frustriert begab er sich zum Frühstückssalon. Gleich acht; er starb vor Hunger, und vielleicht traf er dort seine wohl wichtigste Zeugin.

Das Wasser lief ihm im Mund zusammen, als er den Anschlag mit den Angeboten des Büfetts überflog: Bratwürstchen, Speck, Lachs, Leberwurst, Schinken, Käse, Müsli und Eier in jeder erdenklichen Zubereitungsart.

Dummerweise fiel ihm genau jetzt sein nächtlicher Vorsatz ein. Also gut, dann vielleicht ein kleines Brötchen ohne Butter, nur mit einer dünnen Scheibe Schwarzwälder Schinken – das war doch nicht zu viel, oder? Summend wippte er auf den Zehenspitzen und lächelte dem Frühstückskellner schon voller Vorfreude zu, als er sah, was der kleine Spaß kosten sollte: fünfundzwanzig Euro! Das waren ja fünfzig Mark! Fast so viel wie ein Kistchen Trollinger!

Also Nulldiät. Seine Hand tastete zur Brusttasche, und er warf lediglich einen kurzen, kostenlosen Blick in den Raum. Nein, Sina Kuhn war nicht da. Natürlich nicht. Schöne Frauen standen niemals früh auf und sie frühstückten auch nicht.

Er ging zur Rezeption und ließ auf ihrem Zimmer anrufen, aber sie nahm nicht ab.

»Hatten Sie Samstag Dienst?«, fragte er die Dame an der Rezeption.

Deren freundliches Gesicht verschloss sich automatisch.

Er wedelte mit seinem Dienstausweis, doch das machte die Sache nicht besser. Die Dame griff zum Telefon. Wahrscheinlich wollte sie den Hoteldirektor anrufen. Der war zwar in der Nacht ausgesprochen hilfsbereit gewesen, aber bestimmt würde er morgens um acht keine größeren Befragungen zulassen, wenn nicht einmal feststand, ob es überhaupt Mord gewesen war. Gottlieb versuchte es mit einem harmlosen Lächeln und der ganzen Dienstgewalt in seiner Stimme.

»Es gab gestern einen Todesfall im Haus, das haben Sie sicher schon gehört.«

Die Dame nickte, sichtlich verunsichert.

»Frau Kuhn war mit dem Todesopfer zusammen angereist.«

Wieder ein Nicken.
»Warum bewohnt sie jetzt ein eigenes Zimmer. Gab es Streit?«
»Ich hole Herrn Marrenbach.«
»Mich interessiert nur der Zeitpunkt des Zimmerwechsels.«
Die Dame tippte etwas in den Computer, sah angestrengt auf den Bildschirm, dann sagte sie: »Sie hat am Samstag um vierzehn Uhr zehn in ihrem neuen Zimmer eingecheckt.«
»Hat sie einen Grund genannt?«
Die junge Frau lächelte mit einer Spur Unbehaglichkeit. »Was soll ich sagen…«
»Die Wahrheit.«
»Nun, Herr Wittemann war kurz zuvor gekommen und hatte angeordnet, dass man ihr den Schlüssel der gemeinsamen Suite nicht aushändigen sollte. Eine sehr unangenehme Situation.«
»Hat er das Ersatzzimmer bestellt?«
»Nein. Frau Kuhn hat noch versucht, ihn durch die verschlossene Tür zur Rede zu stellen, bis der Etagenkellner eingriff. Dann kam sie mit ihrem Gepäck zur Rezeption und verlangte ein neues Zimmer.«
»Mit dem Gepäck? Bedeutet das, er hatte ihr die Koffer vor die Tür gestellt?«
Das Nicken war kaum mehr wahrnehmbar, als wäre es ihr Fehler gewesen.
»Geht das neue Zimmer auf eigene Rechnung?«
»Endgültig entscheidet sich das sowieso erst beim Auschecken. Manchmal gibt es private Spannungen, und oft erledigt sich das bis zur Abreise.«
Hinter Gottlieb räusperte sich jemand: ein bulliger Mann in einem schlecht sitzenden Anzug mit einer weiblichen Begleitung wie aus dem Mode- oder Kosmetikmagazin. Sie wechselten untereinander ein paar russisch klingende Worte, dann orderte der Mann in gebrochenem Deutsch einen Limousinenservice für sich und seine Frau. Die Rezeptionsdame erledigte es mit dem gleichen verbindlichen Lächeln, mit dem sie Gottlieb wenig später mit »Prevent«, der medizinischen Vorsorgeabteilung des Hauses in der gegenüberliegenden Residenz Turgenjew, verband und ihn bei Dr. Jaeger, dem zuständigen Arzt, anmeldete.

Gottlieb schätzte den Arzt auf Mitte fünfzig bis maximal Anfang sechzig; er war groß, schlank und kräftig und sah aus wie jemand, der durchtrainiert genug war, um direkt vom Schreibtisch aus zu einer Expedition an den Amazonas oder in den Himalaja aufzubrechen.

»Tot?«, wiederholte Dr. Jaeger betroffen und sah die Karteikarte des Patienten durch, die vor ihm lag, weil er gerade den ausführlichen Untersuchungsbericht geschrieben hatte.

Gottlieb ließ ihm Zeit, sich zu sammeln, und sah sich in dem luftigen hellen Sprechzimmer um. Auf dem Kirschholz-Schreibtisch stand das gerahmte Foto einer lustig wirkenden jungen Frau mit widerspenstigen blonden Locken und einem vielleicht vierjährigen blonden Lausbub.

»Tragisch«, sagte der Arzt langsam. »Dabei habe ich ihm letzte Woche noch geraten, in Frankfurt zu einem Kardiologen zu gehen.«

Er räusperte sich, stand auf und trat ans Fenster. »Ein Alptraum, wenn ein Patient kurz nach dem Check-up stirbt. Was immer die Todesursache war, ich habe sie letzte Woche bei der Vorsorge nicht erkannt. Keine lebensbedrohlichen Anzeichen. Nichts Akutes. Sonst hätte ich doch sofort geeignete Maßnahmen eingeleitet.« Er hob die Schultern. »Plötzlicher Herztod, sagen Sie? Tja. Da ist man machtlos. Nicht angenehm für den Arzt.«

Wieder schwieg er. Ganz offensichtlich machte er sich Vorwürfe, oder er ging den Fall im Geist noch einmal durch. Dann setzte er sich an den Schreibtisch und blätterte in den Unterlagen.

Schließlich zog er das Modell eines Herzens, das auf dem Schreibtisch stand, heran und drehte es zu Gottlieb.

»Normalerweise schlägt das Herz hundertmal in der Minute. Beim Kammerflattern bis dreihundertmal und beim Kammerflimmern noch häufiger. In so einem Fall kreist die elektrische Erregung ständig im Herzmuskel, sodass ihm keine Ruhepause gegönnt wird. Dann schlägt, eher müsste es heißen, zuckt das Herz teilweise mehr als fünfhundertmal in der Minute, unkoordiniert. Das Blut wird nicht mehr weitergepumpt. Man nennt diesen Zustand auch funktionellen Herzstillstand. Etwa hunderttausend Menschen sterben in Deutschland jährlich daran.«

Hunderttausend? Gottlieb merkte, wie auch sein Herz plötzlich aussetzte, dann umso schneller schlug. Er bekam Angst. »Was ist die Ursache?«

»Es gibt verschiedene Herzkrankheiten, die mit diesen Extraschlägen einhergehen, die jederzeit ein solches Kammerflimmern auslösen können. Herzinfarkt, Herzschwäche und Herzmuskelentzündung. Ich habe bei Herrn Wittemann aber nur eine leichte Herzrhythmus-Störung festgestellt, gepaart mit Bluthochdruck.«

Jaeger lehnte sich zurück und schwieg eine Weile. »Ich habe ihm ein Rezept mitgegeben«, sagte er eher zu sich selbst.

»Es gab kein Rezept auf seinem Zimmer und kein Herzmittel. Nur Aspirin.«

»So habe ich ihn eingeschätzt. Er hat es nicht ernst genommen. Er hat nur das Wort ›leicht‹ gehört, und damit war der Fall für ihn erledigt. Er kommt regelmäßig zu mir, und dieses Jahr habe ich das zum ersten Mal festgestellt. Er war nie krank und hätte sich das auch nie gestattet. Er hatte zwar einen üblen chronischen Hautausschlag, aber daran stirbt man nicht. Was hätte ich tun können? Ich habe ihm ins Gewissen geredet, es nicht auf die leichte Schulter zu nehmen. Entscheiden muss der Patient dann aber selbst, ob er ein Rezept einlöst, ob er die Pillen schluckt und ob er zum Spezialisten geht. Im Pool ist er gestorben? Meine Güte!« Jaeger blickte auf das Foto. »Meine Frau und ich gönnen uns manchmal einen Nachmittag dort. Ein schöner Ort …«

»Was geschieht, wenn dieses Kammerflimmern einsetzt?«

»Durch die ineffektive Herztätigkeit fällt man in eine Bewusstlosigkeit. Das Kammerflimmern verursacht ein Herz-Kreislauf-Versagen mit Atem- und Herzstillstand. Der Patient ist nicht ansprechbar, er reagiert nicht auf Schmerzreize. Seine Pupillen sind geweitet und starr. Wenn er nicht sofort behandelt wird, kommt es zum sogenannten plötzlichen Herztod.«

»Was kann man dagegen tun?«

»Man kann versuchen, ihm einen kräftigen Faustschlag auf die Brust zu versetzen. Oft hilft das. Wenn nicht, dann braucht der Patient sofort Elektroschock. Aber wirklich sofort. Daran hapert es meistens. In Deutschland überleben nur etwa drei bis acht Prozent der Betroffenen. In den USA sind es fünfzehn bis sechzig Prozent, dort sind an vielen Stellen Defibrillatoren öffentlich zugänglich. Das ist natürlich der Idealfall. Wenn im Poolbereich ein solches Gerät griffbereit gewesen wäre ...« Jaeger stockte. »Hier in der Praxis gibt es zwar eines. Aber das kann der Laie nicht bedienen. Wirklich tragisch.«

Gottlieb klappte seinen Notizblock zu. Wenn jetzt noch die Rechtsmedizin zum selben Ergebnis kam, war alles klar. Im Prinzip war der Fall schon halb bei den Akten. Wenn es da nicht die Sache mit den drei Millionen und die Verabredung mit dem Russen gäbe. Er stand auf und war froh, dass sich sein Herz wieder beruhigt hatte.

Jaeger blieb am Schreibtisch sitzen und sah grinsend zu ihm hoch. »Wie wäre es mit einem Termin bei mir? Ihnen zuliebe opfere ich auch ein Wochenende. Die Vorsorge sollte man alle zwei Jahre machen lassen, und bei Ihrem Beruf, gepaart mit Zigaretten, Wein und Fastfood ... da wäre das dringend zu empfehlen.«

Gottlieb erschrak. Zigaretten, Wein und Fastfood – woher wusste der Kerl das?

Jaegers Grinsen wurde breiter, und er erhob sich nun ebenfalls. »Herr Gottlieb, mir macht niemand was vor. Ich bin schon zu lange hier. Überlegen Sie es sich. Tut nicht weh. Und ich verbiete Ihnen nichts, was ich nicht unbedingt muss.«

Gottlieb musste ebenfalls lachen. »Okay, okay. Ich denk drüber nach. Vielleicht.«

Wieder auf der Straße, griff er automatisch zu den Zigaretten, zauderte jedoch, ob er sich wirklich eine anzünden sollte. Eigentlich war ihm die Lust am Rauchen schon halb vergangen. Aber dann verlor er den Kampf.

SECHS

Als sie vor dem Kräuterstübchen aus Josephs klimatisiertem Auto stieg, musste Marie-Luise erst einmal stehen bleiben, denn diese Hitze nahm ihr den Atem. Nicht einmal elf Uhr, und es war schon heißer als die letzten Tage. Noch dazu knallte die Sonne auf die Vorderfront des Anwesens. Nicole hatte zwar die leuchtend rote Markise ausgefahren, die sich hübsch von der dunklen Holzverkleidung und den grünen Fensterläden abhob. Aber der Schutz reichte nur für die Fenster, in denen Kräutersträußchen, Teepackungen, Seifen und Flakons mit diversen Ölen und Badezusätzen vor der Sonne geschützt werden mussten. Auf den Gehweg davor fiel der Schatten nicht.

Matt hob Marie-Luise den Arm, um Joseph zu verabschieden. Er würde in einem der Cafés am Johannesplatz in der Stadtmitte auf sie warten, hatten sie ausgemacht. Sie sah ihm nicht nach, sondern drückte gleich die Ladentür auf. Das Läuten eines Glockenspiels drang durch das kleine Haus, in dem Nicole mit ihrer Mutter Constanze nicht nur wohnte, sondern auch arbeitete. Seit Nicole wieder hier war, lebten die beiden sicherlich recht beengt. Im Erdgeschoss gab es den nicht sehr geräumigen Laden, dahinter die kleine Wohnküche, die gleichzeitig auch als Labor diente. Dann gab es ein Gäste-WC und eine winzige Kammer, in der früher die Vorräte aufbewahrt wurden. Eine steile Stiege führte nach oben unter die Dachschräge, dort gab es ein kleines Bad und das Mansardenzimmer, das sich Mutter und Tochter Rossnagel damals geteilt hatten, als Marie-Luise die beiden auf der Suche nach Linderung für Raphaels Ausschlag kennenlernte.

Raphael war damals manchmal mitgekommen und hatte so Nicole kennengelernt, und 1975 – Nicole war gerade einundzwanzig geworden – hatten die beiden geheiratet. Marie-Luise hatte nie so ganz verstanden, was die beiden zu diesem Schritt bewogen hatte. Es gab wohl kaum Menschen, die unterschiedlicher waren, und sie war stets davon ausgegangen, dass es doch eher Gemeinsamkeiten sind, die ein Paar zusammenschweißen. Aber dann hatte die Ehe ja doch fünfundzwanzig Jahre gehalten, immerhin.

»Ich komme«, hörte sie Nicole von irgendwo draußen rufen. Ihre Stimme klang unbefangen und fröhlich. Armes, ahnungsloses Wesen.

Um sich abzulenken, sah sich Marie-Luise in dem altmodisch-gemütlichen Laden um. Wie immer hatte Nicole einige wenige, dafür besonders geschmackvolle Kräutersträuße vorgebunden. In einer großen Vase standen Freilandrosen, Rittersporn, Eisenhut, Schafgarbe, Steppenkerzen, Wicken, Ringelblumen und Lupinen aus dem Garten. Außerdem waren auf einem langen schmalen alten Holztisch kleine Töpfe mit diversen Kräutern aufgereiht, daneben Trockensträußchen und wie schon im Schaufenster Seifen, Kräuterkissen, Kräuterextrakte, Öle, Parfüms, Schnäpse und Liköre, Salben, Tropfen und besonders schöne Flakons. In einem altmodischen Küchenbüfett hatte Nicole außerdem alles zum Thema Tee vereint bis hin zu einigen ausgefallenen Teekannen, -bechern, -tassen und sogar Papierservietten mit Kräutermotiven. Ein betörender Duft lag im Raum, den Marie-Luise nicht eindeutig einordnen konnte. Es war ein Potpourri der schönsten Wohlgerüche, die sie sich vorstellen konnte.

Schließlich öffnete sich die Tür zum Garten, und Nicole erschien mit einem dicken Bündel offenbar gerade abgeerntetem Lavendel. Wieder war sie barfuß, die Sonne schien durch die Türöffnung von hinten direkt auf ihre offenen Haare und ließ sie wie einen Heiligenschein aufleuchten. Sie trug ein mädchenhaftes veilchenblaues Leinenkleid und eine dünne Halskette mit einem ebenso veilchenblauen Anhänger. Arglos lächelte sie Marie-Luise entgegen.

»Der Rest der Lieferung ist abgefüllt«, sagte sie freundlich. Als sie näher kam, sah Marie-Luise, dass sie offenbar geweint hatte. Wusste sie es schon? Aber dann wäre sie nicht so arglos.

»Komm, Kind«, sagte Marie-Luise, »lass uns einen Augenblick in den Garten gehen.« Tränen schossen ihr in die Augen, obwohl sie verzweifelt blinzelte.

Nicole wurde weiß wie die Wand, und ihre blauen Augen füllten sich ebenfalls. Achtlos ließ sie den Lavendel fallen und breitete die Arme aus. »Was ist los? Warum weinst du?«

Mit Mühe bugsierte Marie-Luise sie ins Freie. Die Sonne schien unangemessen hell und tat in den Augen weh. Die Bank stand unter einem Dachvorsprung im Schatten. Ein Schmetterling flog auf, als sie sich setzten, dann umkreiste sie eine neugierige Hummel. Ein paar Schritte entfernt nahm eine Meise in einem mit Wasser gefüllten Blumenuntersetzer ein ausgiebiges Bad. Es war so friedlich hier! Marie-Luise seufzte laut auf. Es half ja nichts.

Das nackte Beet im hinteren Teil des Gartens war frisch geharkt worden, fiel ihr auf. Ein paar kleine Lavendeltöpfe standen auf der Erde und warteten darauf, eingepflanzt zu werden, daneben steckte eine Erdvase, wie man sie sonst eher auf Friedhöfen sah. Sie war üppig mit voll aufgeblühten Schnittrosen bestückt.

»Was hast du? Ist dir nicht gut?«, brachte Nicole sie mit leiser Stimme wieder in die Gegenwart.

»Ach Kind! Es geht um Raphael.«

Nicole rückte ein Stück ab und verschränkte die Arme. Sie schien alle Muskeln anzuspannen und grub ihre Fingernägel tief in die Haut. Die Lippen verzog sie zu einem dünnen Strich.

Marie-Luise legte eine Hand auf Nicoles Arm. Er war trotz der Hitze eiskalt und mit Gänsehaut überzogen. Sie ahnte etwas, ganz bestimmt.

»Nicole, es ist etwas Schlimmes passiert.«

»Mit Ralf?«

Marie-Luise hatte sich immer daran gestört, dass Nicole Raphaels schönen Namen so verkürzte. Aber »Ralf« war immer noch besser als »Ralfi«, wie seine Ex-Verlobte ihn penetrant nannte. Außerdem spielte es sowieso keine Rolle mehr.

»Das Herz.« Es kostete sie große Überwindung zu sprechen.

»Ist er krank?«

»Schlimmer. Er, er hatte einen Herzanfall, und man hat ihn ins Krankenhaus gebracht. Dort ist er … Er ist …«

Nein, sie bekam das Wort »gestorben« nicht heraus. Genauso wenig würden »tot« oder gar »Mord« über ihre Lippen kommen. Es war genug. Nicole musste es doch verstanden haben. Warum reagierte sie nicht? Sie sollte etwas sagen, sich bewegen, irgendetwas tun. Nicht einfach nur dasitzen, starr wie ein Stein und stumm wie ein Fisch. Sie hatte die Augen geschlossen und atmete tief ein und aus. Mehr nicht.

»Er ist tot«, sagte Nicole nach schier endlosen Minuten. Es war eine Feststellung wie von einem Mediziner: klinisch objektiv, ohne jede Emotion.

Marie-Luise seufzte wieder. Sie wusste nicht, wie sie sich verhalten sollte. Sie hatte sich die Situation irgendwie anders vorgestellt. Gefühlsbetonter, tränenreicher. Auch wenn die beiden seit sechs Jahren geschieden waren, so waren sie doch vorher immerhin fünfundzwanzig Jahre zusammen gewesen. Ein Vierteljahrhundert! Sie hatten zusammen das Geschäft aufgebaut, klein angefangen, groß aufgehört. Sie hatten Umzüge und Krankheiten gemeistert, Schicksalsschläge wie den Tod seiner Eltern und seiner Schwester durchgestanden. Konnte man das alles mit einer Unterschrift unter einem Scheidungsurteil wegwischen?

Wie in Zeitlupe zog Nicole endlich ihre Füße auf die Bank, umschlang ihre Knie und wiegte sich vor und zurück, während sie das Gesicht vergrub. »Oh mein Gott«, stöhnte sie. »Das darf nicht wahr sein.« Ihre Stimme klang erstickt.

Marie-Luise öffnete ihre Handtasche und holte ihr Taschentuch heraus. »Hier«, sagte sie leise.

Nicole schüttelte den Kopf. Wie ein kleines Mädchen wischte sie sich das Gesicht mit dem Kleid ab, lehnte sich an die Hauswand zurück, sah in den Himmel hinauf und zog die Nase hoch.

»Das kann doch nicht möglich sein. Er war doch erst Freitag in der Zeitung«, murmelte sie.

Eine unsinnige Äußerung, aber Marie-Luise fand sie rührend. Die Arme hatte nichts begriffen. Gar nichts. Noch nicht. Vorsichtig strich sie Nicole übers Haar. Es war verschwitzt und roch nach Kamille. »Es muss ganz schnell gegangen sein«, flüsterte sie. »Er hat nicht leiden müssen. Ganz bestimmt nicht.« Und damit rollten auch ihr die Tränen über das Gesicht, obwohl sie sich doch so fest vorgenommen hatte, tapfer zu sein.

»Wo ist es passiert?«

»Im Hotel. Im Pool. Er ist einfach hineingefallen und untergegangen.«

»Und diese Sina?«

»Schschsch ...«

Nicole setzte sich auf. »Tante Marie-Lu, ich will alles wissen! Ich muss. Ich will mir das vorstellen können. Sonst ... sonst ...« Eine dicke Träne rollte über ihre Wange, zur Nase und über die Oberlippe. Nicole fing sie mit ihrer kleinen Zunge auf.

»Aber Kind, das hat doch keinen Sinn.«

»Keinen Sinn? Vielleicht ... vielleicht hast du recht.« Sie schloss die Augen. Stille senkte sich zwischen sie, Minuten lang. Dann richtete Nicole sich mit der müden Bewegung einer sehr alten Frau auf und erhob sich.

»Ich mache uns etwas zu trinken. Melisse tut jetzt gut. Melisse und etwas Johanniskraut.«

Marie-Luise blieb sitzen und ließ sie in der Küche hantieren. Nicole brauchte Zeit, die Nachricht zu verarbeiten, und sie war selbst froh, verschnaufen zu können. Sie zitterte, so sehr hatten sie die letzten Minuten angestrengt. Neben ihren Füßen knisterte etwas leise. Eine Eidechse huschte unter der Bank hindurch zum gepflasterten Gartenweg, der in der Sonne lag, und verharrte dort. Marie-Luise konnte den Herzschlag des kleinen Lebewesens sehen. Sie war gerührt, wie urtümlich und schutzlos das Tier aussah. Es hob den Kopf, stützte sich auf die kurzen Beine und genoss die Wärme ganz offensichtlich.

Marie-Luise lächelte versonnen. Natur kann heilen, dachte sie und schloss die Augen. Als es neben ihr raschelte, dachte sie sich zunächst nichts. Dann raschelte es noch einmal und noch einmal, lauter diesmal, regelrecht bedrohlich. Sie schreckte hoch. Tommi, Nicoles schwarzer Kater, lag nun an der Stelle, an der sich eben noch die Eidechse gesonnt hatte. Er hatte etwas im Maul, spuckte es aus, fing es blitzschnell mit den Pfoten wieder ein und schnappte erneut zu. Entsetzt sprang Marie-Luise auf. Tommi sah zu ihr hoch. Der Schwanz der Eidechse hing ihm aus dem Maul und zuckte, dann verschwand er ganz. Marie-Luise schrie und fuchtelte mit den Armen. Am liebsten hätte sie das Tier gepackt und geschüttelt. Tommi sah nicht verhungert aus, das war kein Überlebenstrieb gewesen, sondern nur ein grausames Spiel. Noch einmal schrie sie, und der Kater machte einen empörten Satz. Ein paar Meter entfernt blieb er jedoch stehen und beobachtete regungslos eine niedrige Trockenmauer, in der seine nächsten potenziellen Opfer erschreckt in die Spalten wuselten.

Marie-Luise klatschte in die Hände, bis das Tier endgültig, wenn auch widerwillig, davonschlich. Dann ging sie in die Küche. Nicole saß an dem großen Tisch, auf dem ein Häufchen mit verschiedenen getrockneten Kräutern sowie kleine Tüten neben einer Apothekerwaage lagen. Offenbar hatte sie heute vorgehabt, Teemischungen abzufüllen.

Sie hob eine Kanne und schenkte zwei Tassen ein. »Den Rest bekommt Mutter, sie hatte eine schlechte Nacht.«

»Wie geht es Constanze überhaupt?« Marie-Luise hatte Nicoles Mutter seit Jahren nicht mehr gesehen. Früher hatten sie oft zusammen auf der Gartenbank gegessen, doch das war lange her. Sehr lange. Damals war Raphael noch Student gewesen, und sie hatten gemeinsam das beste Kraut gegen seinen Ausschlag gesucht.

»Es wird immer schlimmer. Sie soll möglichst nur noch liegen, sagen die Ärzte. Sie hat die Chemotherapie leidlich überstanden, aber jetzt hat man festgestellt, dass ein Wirbel angebrochen ist. Osteoporose. Eine falsche Regung, und sie muss für immer in den Rollstuhl. Dazu die Depressionen – es ist manchmal nicht leicht.«

»Kann ich sie sehen?«

Nicole machte eine Kopfbewegung zu der schmalen Kammertür, die von der Küche abging. »Ich war gerade bei ihr. Sie schläft.«

»Dann ein andermal. Sag ihr Grüße, ja?«

»Natürlich. Honig?«

Marie-Luise nickte. Sie mochte zwar keinen Honig im Tee, aber sie war froh, etwas tun zu können, und wenn es nur das war, den Löffel in das Glas zu tauchen, die bernsteinfarbene Masse darum zu wickeln, noch einmal zu wickeln und sie dann mit einer schnellen Bewegung in die Tasse zu transportieren. Selten hatte sie etwas aufmerksamer beobachtet als diesen Klumpen Honig, der sich trotz beständigen Rührens nicht richtig auflösen wollte.

An der anderen Tischseite begann Nicole wie ein kleines Mädchen zu schniefen.

Automatisch holte Marie-Luise das Taschentuch wieder hervor und hielt es ihr hin, aber Nicole stand auf, ging zum Spülbecken und riss sich dort ein Stück von der Küchenrolle ab. Marie-Luise gab sich Mühe, ihre Miene nicht zu verziehen. Eigentlich sollte man Küchenrolle oder Papierservietten nur in Notfällen zum Naseputzen benutzen! Aber es war jetzt nicht der richtige Zeitpunkt, über Etikette nachzudenken.

Die Ladenglocke ging, und Nicole schleppte sich müde nach draußen.

»Wir haben geschlossen«, hörte Marie-Luise sie mit belegter Stimme sagen. »Ein Trauerfall. Morgen wieder. Bitte!« Dann drehte sich ein Schlüssel im Schloss.

Es dauerte eine Weile, bis Nicole zurückkehrte. Inzwischen kostete Marie-Luise den Tee. Er schmeckte scheußlich. Sie nippte noch einmal, dann schob sie die Tasse weg.

Nicole lehnte sich an den Türrahmen. »Sechs Jahre ist die Scheidung her«, murmelte sie, »aber ich fühle mich trotzdem wie eine Witwe. Ich weiß nur nicht ... ich meine ... als Geschiedene, geht das? Darf man das? Trauern?«

Marie-Luise kämpfte schon wieder mit den Tränen. »Oh Kind, aber natürlich! Selbstverständlich!«

Mehr brachte sie nicht heraus, dann war es auch um ihre Fassung geschehen. Verzweifelt zwinkerte sie, aber es half nicht. Die Bilder der Hochzeit tauchten vor ihren Augen auf, das Lachen, das Glück, der Walzer ...

Schweigend saßen sie am Tisch, wischten sich über die Augen, tranken Tee und hingen ihren Gedanken nach. Fünf Minuten, zehn, fünfzehn.

Im Ort schlug eine Kirchturmuhr elfmal. Marie-Luise seufzte leise. Sie brachte es einfach nicht übers Herz, Nicole allein zu lassen, aber Joseph wartete, und außerdem musste sie sich um die Beerdigung kümmern. Raphael hatte ja nach dem Tod seiner Eltern, seiner Schwester und ihres lieben Willi keine Verwandten mehr außer ihr.

»Ich glaube, es geht wieder«, flüsterte Nicole endlich. »Weißt du schon, wann die Beerdigung ist?«

»Darum kümmere ich mich heute Nachmittag.«

»Du? Warum nicht diese Sina?«

»Die hat nichts zu entscheiden.«

»Aber in der Zeitung stand, sie wollten am zweiten Oktober heiraten. Hast du das Foto von den beiden nicht gesehen? Wie sie vor dem Mercedes standen und sich anhimmelten?«

»Sie haben sich Samstag getrennt.«

Nicole begann wieder zu weinen. Marie-Luise sah zur Küchenuhr, um sich zu fassen, aber Nicole deutete den Blick falsch.

»Du willst los, natürlich. Die Beerdigung muss arrangiert werden. Wusstest du übrigens, dass er verbrannt werden wollte?«

»Wir haben nie darüber geredet. Bist du sicher?«

»Er sagte es mir, als seine Schwester starb. Das würde ihm hundertmal lieber sein, als wie sie im Boden zu vermodern.« Nicole rollten die Tränen haltlos über die Wangen. »Das hört sich furchtbar an, ich weiß, aber genauso hat er es formuliert. Du kennst ihn ja. Er hat sich immer so hart ausgedrückt. Oh Gott, ich kann gar nicht glauben, dass er tot ist.«

Marie-Luise strich sich angestrengt über den schwarzen Rock. »Noch eine Frage: Hatte Raphael Feinde, hast du damals etwas mitbekommen? Traust du ihm zu, etwas Unrechtes zu tun?«

Nicole sprang hoch. »Niemals! Wie kommst du darauf. Was hat das mit … Was meinst du damit?«

Es war bestimmt zu früh, Nicole mit ihrer Theorie zu konfrontieren. Sie musste sich erst einmal fangen. Morgen war auch noch Zeit für Nachforschungen. Trotzdem quälte sie eine Frage so sehr, dass sie schließlich aus ihr herausschlüpfte. »Kannst du dir vorstellen, was Raphael mit drei Millionen Euro in bar machen wollte?«

Nicole ließ sich mit einem Plumps auf den Küchenstuhl fallen. »Drei Millionen? In bar?«, hauchte sie. Nein, sie konnte es sich offensichtlich nicht vorstellen.

»Kind, vergiss es. Ich komme morgen oder übermorgen wieder, ja? Vielleicht kannst du helfen, den Tod aufzuklären.«

»Aufzuklären?«

»Schon gut, reg dich nicht auf. Es ist wahrscheinlich nur eine fixe Idee von mir. Hat Raphael je über Herzbeschwerden geklagt?«

»Bei mir nicht. Aber frag doch seine junge Freundin.« Nicoles Mund wurde spitz.

»Ja, ja, das mache ich. Ich geh dann jetzt.«

»Moment. Ich versteh das alles nicht. Warum fragst du so etwas? Meinst du, es war gar kein Herzanfall? Was war es dann?«

»Nichts, das ist es ja. Bis jetzt gibt es keine Anhaltspunkte, es ist nur so ein Gefühl von mir. Entschuldige, Kind, ich hätte nicht fragen sollen. Das beunruhigt dich nur unnötig. Bis ich nach Baden-Baden zurückkomme, hat die Polizei sicher alles aufgeklärt.«

Nicole wurde noch blasser. »Polizei? Die Polizei ist eingeschaltet?« Sie drehte an dem kleinen Anhänger ihrer Halskette. »Kann ich irgendwie helfen?«

»Nein, nein, das war schon alles. Mach dir keine Sorgen. Ich könnte mich ohrfeigen, dass ich mich nicht beherrscht habe. Jetzt regst du dich auf. Es tut mir wirklich leid!« Unwillkürlich war Marie-Luise lauter geworden, als sie es gewollt hatte. Aus der kleinen Kammer nebenan war ein Klopfen zu hören.

Verschreckt machte Nicole eine kleine Kopfbewegung in Richtung der schmalen Tür und stand auf. »Ich sehe nach ihr, Tantchen. Du kannst den Laden ruhig offen lassen, wenn du gehst.«

Joseph war so lieb gewesen und hatte einen hübschen Schattenplatz ausgewählt. Dankbar ließ sie sich neben ihm in den Sitz sinken und betrachtete das Treiben auf dem Platz. Wie gut es tat, wieder normales Leben zu sehen. Es kam ihr vor, als sei sie aus einem dunklen traurigen Kinofilm wieder ins Tageslicht aufgetaucht.

Als Joseph seine Hand auf die ihre legte, wurde ihr allerdings bewusst, dass der Film noch lange nicht zu Ende war. Sie bestellte sich Kaffee und ein Stück Erdbeertorte, aber nichts schmeckte ihr. Sie musste an Raphael denken und zermarterte sich den Kopf, was er mit den drei Millionen Euro hatte anfangen wollen und was die wahre Ursache für seinen Tod gewesen war. Hatte ihm jemand einen Schlag versetzt? Ihn vergiftet? Unter Wasser gezogen? Aber warum, warum? Hatte sie erst ein Motiv, dann war sie auch dem Mörder ein Stück näher. Ob Kriminalhauptkommissar Gottlieb schon etwas herausgefunden hatte? Zum zweiten Mal innerhalb von vierundzwanzig Stunden bedauerte sie es, kein Handy zu besitzen.

*

Endlich machte das »Gagarin« auf. Gottlieb hatte schon viel über den stadtbekannten Promitreff am Augustaplatz gehört, war selbst jedoch nie Gast dort gewesen. Er wusste, dass der Wirt Pit Fiolka seit über vierzig Jahren für Stimmung in der Stadt sorgte, Anfang der sechziger Jahre mit seinem »Pit's Club«, in dem sich die großen deutschen Schlagerstars die Klinke in die Hand gaben, dann mit dem »Whisky a Gogo«, Deutschlands erster Diskothek, in der nach Schallplatten getanzt wurde. Seit 1978 betrieb er das »Gagarin« und seit sechzehn Jahren zusätzlich das »Augustaplatz-Meeting« während der Rennwochen. Im Herbst wollte er sich zur Ruhe setzen. Kollegin Sonja Schöller hatte dies vor ein paar Tagen am Rande einer Besprechung verkündet, und an dem Tag war mit den Kollegen dienstlich nicht mehr viel anzufangen gewesen. Er hatte noch mitbekommen, wie plötzlich alle nach der Uhr schielten und den Feierabend herbeisehnten, und am nächsten Morgen waren sie mit geröteten Augen und teilweise verräucherter Kleidung zum Dienst erschienen.

Jetzt hatte er einen beruflichen Grund, die Gaststätte aufzusuchen: die stattliche Rechnung Wittemanns vom Vorabend seines Todes.

Neugierig betrat er das berühmte Lokal. Es war ein großer, niedriger dunkler Raum, in dem es zwei Barbereiche gab. Besonders gemütlich erschien ihm die Theke gleich am Eingang, denn die Barhocker waren nur so hoch wie normale Stühle. Er hasste es, auf hohen Hockern zu balancieren, die man erst mit etlichen Verrenkungen erklomm, nur um dann dem Wirt beim Gläserspülen zuzusehen.

Eine Fotogalerie an den Wänden zeugte von den Glanzjahren des deutschen Schlagers: Udo Jürgens, Tony Marshall, Roy Black, Cindy und Bert, Harald Juhnke, Roberto Blanco – alle schienen in diesen Räumen glückselige Abende verbracht zu haben. Auch Konterfeis von Mitgliedern der europäischen Adelshäuser, sogar des einstmals berühmten Herzchirurgen Christian Barnard, konnte man bestaunen.

Der Wirt erschien, und Gottlieb registrierte amüsiert, dass er fast augenblicklich begann, sich zu entspannen. Der Mann besaß tatsächlich die Aura des perfekten Gastgebers. Er stellte sich vor, zeigte ein Foto von Wittemann und die Rechnung.

Fiolka konnte sich sofort erinnern. Wittemann war am späten Samstagabend zusammen mit einem Russen namens Wladimir in der Bar eingefallen. Die beiden hatten anscheinend schon vorher getrunken, aber noch nicht genug gehabt. Es war viel los gewesen, denn das Oldtimer-Treffen verlagerte sich von der Kurhauswiese ins Lokal, je später der Abend wurde. Wittemann war offenbar mieser Laune gewesen und hatte sich seinen Ärger von der Seele geredet und mit Whisky nachgespült. Sein Begleiter hatte ihm geduldig zugehört und einen Wodka nach dem anderen geordert. Zwischendurch hatten die beiden etwas zu essen bestellt, und als Fiolka servierte, hatte er aufgeschnappt, wie der Russe von untreuen Täubchen, Wittemann von einem Miststück sprach.

Die beiden hatten sich die Rechnung geteilt, Wittemann hatte die Getränke, der Russe das Essen gezahlt, und zwar mit Kreditkarte. Gottlieb konnte sein Glück kaum fassen. Es dauerte eine Weile, bis der Wirt die Papiere sortiert hatte, dann hatte Gottlieb den vollen Namen: Wladimir Sergejewitsch, und er wusste auch, dass beide denselben Heimweg gehabt hatten: ins Brenner's Parkhotel.

Eilig verließ er das Lokal. Draußen musste er sich durch eine gut gekleidete Gesellschaft drängen, die vor dem rosafarbenen Gebäude Aufstellung genommen hatte. Im ersten Stock befand sich das Standesamt der Stadt, das sich auch bei ausländischen Gästen großer Beliebtheit erfreute, weil es eines von vier Hauptstandesämtern in Deutschland war und sich somit auch Paare, die keinen Wohnsitz in Deutschland hatten, hier zur Eheschließung anmelden und natürlich auch in Baden-Baden heiraten konnten. Unwillkürlich zog er den Kopf ein, als bei Erscheinen des Brautpaares die ersten Reiskörner und Sektkorken flogen, und überlegte, welcher Nationalität die Gesellschaft wohl angehörte. Osteuropäisch, so viel stand fest, aber nicht russisch, denn an den Klang hatte er sich in den letzten Jahren bereits gewöhnt.

Im Brenner's versuchte er erneut, seine Hauptzeugin zu erreichen, aber entweder schlief die Dame immer noch, oder sie war bereits unterwegs. Er gab der Angestellten an der Rezeption seine Karte und schärfte ihr ein, ihn sofort zu verständigen, wenn Sina Kuhn auftauchen sollte. Wladimir Sergejewitsch zu finden war entschieden einfacher. Die Angestellte machte auf seine Nachfrage eine vielsagende Kopfbewegung, und er wusste sofort Bescheid: Die Oleander-Bar hatte inzwischen geöffnet, und dort saß nur ein einziger Gast vor einem Wodka. Er war teuer gekleidet, schwarze Hose, schwarzes Armani-T-Shirt, glänzend goldene Armbanduhr. Sein gesamter Halsbereich und auch die Arme bis zu den Handgelenken waren tätowiert. Gottlieb versuchte, alle aufsteigenden Vorurteile herunterzuschlucken, aber trotzdem sehnte er sich nach seiner Dienstwaffe, als er sich neben den Mann setzte.

Der Mann schob sein Glas beiseite und bestellte einen Kaffee. »Von der Polizei? Ich habe nichts getan«, antwortete er, nachdem Gottlieb sich vorgestellt und vergewissert hatte, dass dies der gesuchte Sergejewitsch war.

Sergejewitschs Deutsch war hervorragend, nur mit größter Anstrengung konnte man einen leichten Akzent heraushören, wenn er das »R« rollte und beim »Ch« und »H« einen eher fauchenden Laut ausstieß.

»Sie kannten Raphael Wittemann?«

»Natürlich! Warum?«

Gottlieb erklärte es ihm.

Sergejewitsch schien betroffen und überrascht zu sein. »Raphael tot? Ich habe ihn noch gestern gesehen, genau hier. Er hat Champagner geholt, im Bademantel. Das gibt es nicht. Ertrunken, sagen Sie?«

»Das wird noch untersucht«, antwortete Gottlieb und sah den Russen scharf an. Erschrak er bei der Vorstellung, dass eine Untersuchung des Todesfalls lief? Hatte er ein schlechtes Gewissen? Vielleicht hätte er den Namen des Mannes vorher durch den Fahndungscomputer laufen lassen sollen. Möglicherweise hatten die Kollegen von der Abteilung Organisierte Kriminalität etwas über ihn. Gottlieb ärgerte sich über sein Versäumnis, dann wiederum redete er sich ein, dass seine Polizistenfantasie nur verrückt spielte, weil er es hier mit einem russischen Staatsbürger zu tun hatte, einem reichen noch dazu.

Er wusste aus internen Berichten, dass derzeit mindestens zwanzig Milliarden Dollar im Jahr aus den ehemaligen Sowjetstaaten illegal in den Westen geschafft und dort investiert wurden, und ein nicht unerheblicher Teil davon eben in Baden-Baden. Stammten die drei Millionen in Wittemanns Zimmer aus einer solchen Quelle? Etwa von genau diesem Mann?

Gottlieb ließ ihn nicht aus den Augen, doch Sergejewitsch zog nur die Augenbrauen hoch und trank einen Schluck Kaffee.

»Wir waren gut bekannt«, begann der Russe dann. »Ich wollte ein Geschäft mit ihm machen, ein großes Projekt. Da ist dieses Grundstück mitten in der Stadt, unbebaut, beste Lage. Wir hätten ein Apartmenthaus der Spitzenklasse darauf bauen können, mit Dienstbotenflügel, Sicherheitsdienst, Arztpraxen, Dampfbädern, was weiß ich. Ich habe geredet und geredet, aber er wollte nicht. Keine Ahnung, warum.«

»Sie sind auch in der Baubranche?«

Sergejewitsch blinzelte. »Investitionsbranche würde ich das nennen. Alles legal, das interessiert die Polizei doch am meisten, oder? Schade, das wäre ein tolles Ding geworden. Aber Raphael wollte sich nicht in Baden-Baden engagieren, da war er nicht zu überreden. Nicht in dieser Stadt, sagte er. Sehr schade. Ich habe ihn letztes Jahr kennengelernt, wir waren beide zur selben Zeit hier im Hotel. Ein gutes Haus. Ich würde niemals irgendwo anders absteigen wollen als hier.«

Er rührte heftig in seiner Kaffeetasse. »Wir haben damals an der Bar gestanden und die halbe Nacht Luftschlösser gebaut, wie man das eben so macht nach ein paar Drinks. Seitdem ist mir die Idee mit dem Apartmenthaus nicht mehr aus dem Kopf gegangen. Baden-Baden ist für Russen ein gutes Pflaster zum Investieren.«

»Warum?«

»Tolstoi, Dostojewski, Turgenjew – ah, sie alle schwärmen uns in ihren wunderbaren Werken schon während unserer Schulzeit von der Glanzzeit Baden-Badens im neunzehnten Jahrhundert vor, als die Stadt Sommerhauptstadt Europas war. Jedes Kind in Russland kennt Ihre Stadt, Herr Gottlieb! Seit Boris Jelzin vor zehn Jahren in Baden-Baden war und das russische Fernsehen eine Woche von hier Berichte sandte, wollte ich unbedingt herkommen. Die Thermalquellen, das Friedrichsbad, das Spielkasino! Und jetzt auch noch die Auftritte des Petersburger Mariinsky-Theaters im Festspielhaus! Hier wird alles für uns Russen getan, hier sind wir willkommen. Einige meiner Landsleute kaufen sich hier große Villen, nur als Zukunftsinvestition. Sie wohnen gar nicht dort, sie wollen einfach nur eine Geldanlage in der Nähe der Schweiz und von Frankreich haben. Mit anderen Worten: höchste Qualität, die geht! Es gäbe also einen Markt für ein solches Apartmenthaus. Ich hätte es gern mit Raphael zusammen gebaut. Er ist ein anständiger Kerl. War, besser gesagt. Wann ist er gestorben?«

»Kurz vor neunzehn Uhr. Wo waren Sie zu der Zeit?«

»Hier. Mein Freund, der Barkeeper, kann das bezeugen, und der Bon-Computer bestimmt auch.«

»Woher können Sie so gut Deutsch?«

»Ich habe es studiert. Einmal den ›Faust‹ im Original lesen, das war mein größter Wunsch.«

Gottlieb nahm sich vor, demnächst mit seinen Vorurteilen etwas vorsichtiger zu sein. Dieser Mann war nicht nur gebildet, sondern auch, falls die Fahndungsakten nichts anderes ergaben, ausgesprochen angenehm.

»Ich habe in Wittemanns Kalender gesehen, dass Sie sich schon am Donnerstag mit ihm getroffen haben.«

»Das stimmt. Er konnte nicht an der Oldtimer-Ausfahrt teilnehmen, irgendetwas war mit den Bremsen, und der Wagen stand in der Werkstatt. Er war sehr verärgert, wollte aber nicht weiter darüber reden. Wir trafen uns im ›Medici‹. Ich hoffte, ich könnte ihn doch noch überreden. Nach unserem Gespräch vor einem Jahr hatte ich sogar Pläne dabei. Aber wie gesagt, es war nichts zu machen.«

»Gibt es Zeugen?«

»Er war mit der schönen Sina da! Haben Sie sie schon kennengelernt?«

Gottlieb nickte vorsichtig und versuchte, möglichst neutral auszusehen. »Ich dachte, die beiden hätten sich getrennt?« Vielleicht war Frau Campenhausen ja doch etwas durcheinander?

»Das war Samstag. Deshalb ist es so spät geworden. Wir haben gemeinsam den Ärger heruntergespült.«

»Kennen Sie den Grund für die Trennung?«

»Nicht genau. Raphael hatte schon getrunken, als ich ihn im Kurpark vor seinem Wagen traf. Ein wirklich prachtvoller alter Mercedes! Den sollten Sie sich ansehen. Großartig in Schuss! Glücklich, wer den Wagen nun bekommt! Ich würde ihn sofort kaufen, zu jedem Preis.«

»Wir sprachen über die Trennung.«

»Richtig. Im ›Gagarin‹ hat er zum Bier einige Whiskys gekippt, ehe er endlich anfing zu erzählen. Leider war er nur noch schwer zu verstehen, und ich bin nicht ganz schlau daraus geworden. Es muss mit dem Friedrichsbad zu tun gehabt haben, etwas, das er entdeckt hat.«

Sergejewitsch bestellte noch einen Kaffee, dann erhellte sich sein Gesicht. »Mir fällt gerade ein, er hat den Namen Urbanek erwähnt. Den Zusammenhang weiß ich nicht mehr. Es ging alles durcheinander. Außerdem redete er von einem Unfall. Für seine Sina hatte er nur Schimpfwörter. Ein Miststück sei sie, das gar nichts mit den Pagenhardts zu tun habe, sondern ihn hintergangen habe. Ich erinnere mich leider nur noch an diese Bruchstücke. Ich vertrage einiges, aber ich fürchte, am Ende hatten wir beide nicht mehr den richtigen Durchblick.«

Gottlieb schluckte seine Enttäuschung herunter. Viel war das nicht. Aber immerhin hatte er ein paar Namen, die er überprüfen konnte: Urbanek, schon wieder Pagenhardt und natürlich auch Sergejewitsch. Er verabschiedete sich und zog schon im Gehen das Handy aus der Hosentasche, um den Kollegen erste Anweisungen durchzugeben. Doch als er in die angrenzende Kaminhalle kam, wäre er, noch bevor er die Nummer eingegeben hatte, fast gestolpert vor Überraschung: Sina Kuhn saß dort an einem der kleinen Tischchen und ihr gegenüber Lea Weidenbach!

SIEBEN

Lea war davon überzeugt, dass sie in der Nacht vermutlich genauso wenig geschlafen hatte wie Frau Campenhausen. Sie war es nicht gewohnt, erst nach zwei Uhr ins Bett zu kommen, und als sie endlich gelegen hatte, drehten sich ihre Gedanken wie aufgezogen um alles, was die alte Dame ihr über Wittemann berichtet hatte.

Mehr als drei Stunden Schlaf hatte sie nicht gehabt, und kurz vor sechs war sie aufgestanden, um ihre Runden um die Klosterwiesen in der Lichtentaler Allee zu joggen. Das befreite normalerweise ihren Geist, aber diesmal klappte es nicht so recht mit dem Abschalten. Immer wieder gingen ihr Frau Campenhausens Worte durch den Kopf. Kerngesund sei ihr Neffe gewesen, und er hatte sich ausgerechnet am Tag vor seinem Tod von seiner Verlobten getrennt. Außerdem hatte ihre Vermieterin entgegen ihrer üblichen Zurückhaltung keinen Hehl aus ihrer Abneigung gegenüber dieser schrecklich affektierten Sina Kuhn gemacht. Da waren sie also schon zu zweit.

Bevor sie mit ihren Nachforschungen beginnen konnte, musste sie in der Redaktion Bescheid geben. Ihre regulären Termine mussten neu verteilt werden, und vor allem musste sie Chefredakteur Reinthaler davon überzeugen, sie für den Fall, der noch keiner war, freizustellen. Das war schwerer, als sie gedacht hatte. Reinthaler argwöhnte rein privates Interesse hinter dem Fall.

»Komm schon, Lea, wenn wir jedes Mal berichten wollten, wenn jemand in Baden-Baden an Herzversagen stirbt, dann hätten wir viel zu tun«, schnaubte er ärgerlich und stopfte sich mit kurzen Bewegungen seine Pfeife. Er zündete sie nicht an, und das bedeutete Gesprächsbereitschaft, wie Lea inzwischen wusste. Nach zähen Verhandlungen erkämpfte sie sich schließlich grünes Licht.

»Aber nur einen Tag! Wenn du nicht weiterkommst oder kein Ermittlungsverfahren eingeleitet wird, dann hörst du damit auf, während der Arbeitszeit herumzustochern, haben wir uns verstanden? Morgen nimmst du deine Termine wieder selbst wahr.«

Wohl oder übel musste sie einwilligen. Ein Tag? Es war nur noch ein halber, denn inzwischen war es fast elf Uhr geworden. Im Internet fand sie nicht viel über Wittemanns Firma Wittex, nur die Homepage mit den neuesten Angeboten. Wittemann hatte in den vergangenen drei Jahren in Frankfurt ein riesiges Areal mit etlichen Mehrfamilien-Luxus-Stadtvillen hochgezogen, las sie, und bis auf das Erdgeschoss waren alle Eigentumswohnungen verkauft. Als Lea die Preise sah, wurde ihr klar, dass der Mann die drei Millionen Euro in seinem Hotelzimmer ohne Weiteres von seinem Bankkonto abgehoben haben konnte. Sie klickte sich weiter durch die Seiten. Ganz hinten im Impressum stieß sie auf einen Eintrag. Die Geschäftsleitungsassistentin in dem Betrieb, die rechte Hand Wittemanns, war Sina Kuhn, seine inzwischen Ex-Verlobte. Lea hielt es nicht mehr an ihrem Schreibtisch. Sie wollte die Frau selbst befragen, am besten vor Ort, noch besser ohne dass sich ihre Gesprächspartnerin vorbereiten und Ausreden zurechtlegen konnte.

Sie ging den kurzen Weg zum Hotel zu Fuß. Am Augustaplatz stand eine elegante Hochzeitsgesellschaft mit Sektgläsern in der Hand vor dem »Gagarin« und warf Reis. Eine altmodische, mit weißen Rosen geschmückte Pferdekutsche wartete auf das Brautpaar, das strahlend in der Menge badete. Eine Szene wie im Film, der Bräutigam im Smoking, die Braut in einem Traum aus weißem Tüll. Das war typisch, Baden-Baden von seiner besten Seite. Lächelnd hastete Lea vorbei. Sie liebte die Stadt, und in solchen Augenblicken ganz besonders.

Die Rezeption im Brenner's entpuppte sich als eine uneinnehmbare Bastion der Diskretion. Man nannte ihr weder die Zimmernummer noch die Durchwahl, aber die freundliche Rezeptionsdame bot an, Sina Kuhn telefonisch zu verständigen.

»Frau Weidenbach vom Badischen Morgen möchte Sie sprechen«, sagte sie, lauschte, nickte und gab den Hörer an Lea weiter.

Sina Kuhn klang verschlafen und ungnädig.

»Was ist denn so dringend? Das Telefon klingelt schon den ganzen Morgen.«

»Ich habe Fragen zu Herrn Wittemann.«

»Dann fragen Sie seine Tante.«

»Stimmt es, dass er am Samstag die Verlobung gelöst hat?«

»Wollen Sie das veröffentlichen? Das ist doch wohl meine Privatsache, oder?«

»Bei Mord ...«

»Der Polizist gestern Abend hat etwas von Herzanfall gesagt.«

»Nun, das war gestern«, versuchte Lea es vage.

»Also Mord?« Die Frau hörte sich plötzlich hellwach an. »In einer halben Stunde, in der Kaminhalle.«

Lea suchte sich einen Platz mit dem Rücken zur angrenzenden Bar, von dem aus sie die Halle und die Eingangstür im Blick hatte. Sina Kuhn hatte die Entlobung eigentlich indirekt zugegeben, zumindest nicht bestritten. Wenn es also einen Eklat gegeben hatte, warum war sie dann nicht abgereist, sondern im Hotel geblieben? Ungeduldig wartete Lea auf die Frau, die ihr immer verdächtiger erschien, je länger sie über alles nachdachte. Und das hatte nichts, aber auch gar nichts damit zu tun, dass Maximilian Gottlieb gestern Abend Stielaugen bekommen hatte, kaum dass er die Dame erblickt hatte.

Endlich schwang die Glastür auf, und Sina Kuhn hatte ihren Auftritt. Sie trug ein hautenges weißes Kleid, das unterhalb der Knie mit einem glockigen Volant besetzt war. Während sie auf ihren Bleistiftabsätzen durch den Raum stöckelte, sahen ihr sämtliche Männer nach, und es war ihr anzumerken, dass sie es genoss. Als sie Leas Tisch erreichte, warf sie ihre eindeutig gefärbte schwarze Lockenpracht nach hinten, und ihre großen goldenen Ohrringe klirrten. Sie war stark geschminkt und in eine aufdringliche Duftwolke gehüllt. Lea konnte sich nicht vorstellen, wie eine solche Person ausgerechnet Maximilian Gottlieb in Aufruhr versetzt haben konnte.

Kaum hatte Sina Kuhn sich gesetzt, zündete sie sich eine dünne Zigarette an und beugte sich gespannt vor, während sie den Rauch ausstieß. »Er ist ermordet worden? Wie? Von wem?«

»Nun, das wird sich nach der Obduktion herausstellen.«

»Obduktion?« Sina Kuhns Augen wurden kugelrund, und ihr Mund formte ein O.

Lea musste sich zusammennehmen. Dieses übertriebene Gehabe ging ihr ganz erheblich auf die Nerven. »Mich würde Ihre Beziehung zu Herrn Wittemann interessieren.«

Sina Kuhn lehnte sich zurück. »Was geht Sie das an?«

»Sie behaupten doch, die Verlobung mit Herrn Wittemann sei nicht gelöst worden. Aber zum Geburtstagsessen waren Sie nicht eingeladen.«

»Ich war bei der Geschäftseröffnung einer jungen Modeschöpferin, wie ich gestern schon ...«

Sina Kuhns Handy klingelte. Sie sah auf das Display, runzelte die Stirn und nahm ab. Dabei wandte sie sich zur Seite, aber Lea verstand dank ihres guten Gehörs trotzdem jedes Wort.

»Nicht jetzt«, sagte Sina Kuhn leise, dann schwieg sie. »Pagenhardt? Leider nicht. – Ja, schon gut. – Ja, das ist nett. Kann ich gut gebrauchen. – Und ein Auto? – Mist. – Ach, du bist hier? – Ich? In der Kaminhalle. – Nein. Auf keinen Fall. Ich komme raus.«

Sie legte das Handy auf den niedrigen Couchtisch und drückte ihre Zigarette aus. »Sie entschuldigen mich kurz?«

Lea wollte sie nicht ausgerechnet jetzt gehen lassen. »Frau Campenhausen meint, Herr Wittemann sei kerngesund gewesen, und deshalb könne es kein natürlicher Tod gewesen sein. Was sagen Sie dazu? Als Verlobte?«

Die Frau zögerte, als wüsste sie nicht, ob sie nun gehen oder bleiben sollte. »Das habe ich alles schon der Polizei gesagt. Er hatte in letzter Zeit Probleme.« Ihre Worte dehnten sich, während sie die Glastür zur Lobby nicht aus den Augen ließ. Ein junger Mann erschien dort, eher unscheinbar, schlaksig, mittelgroß, mit beigem Anzug, braunen Sandalen und beigen Socken. Lea steckte ihn automatisch in die Kategorie Abteilungsleiter einer Behörde und kümmerte sich nicht weiter um ihn, doch er winkte ungelenk, stieß die Glastür auf und stürzte auf Sina Kuhn zu. Sein Lächeln entblößte ein paar Hasenzähne.

Sina Kuhn stand auf und machte ihm Zeichen, dass er warten sollte, doch schon war er bei ihr und küsste sie erst auf die Wangen, dann auf den Mund. Sina Kuhn wand sich. »Lass das, Axel.«

»Ich bin Lea Weidenbach vom Badischen Morgen«, mischte Lea sich ein.

»Springhoff, Axel Springhoff. Ich habe schon von Ihnen gelesen. Sie schreiben Polizei- und Gerichtsberichte, nicht wahr?« Wenn er lachte, hatte er Grübchen in den Wangen und sah gar nicht mehr langweilig aus. Aber etwas stimmte nicht mit ihm. Er drehte sich unablässig nach allen Seiten um, als würde er verfolgt, und trat von einem Bein aufs andere. Ein Nervenbündel.

Sina Kuhn packte ihn am Arm und zischte: »Idiot. Nicht hier! Komm nach draußen.«

Die beiden eilten durch die Glastür, und Lea machte einen langen Hals. Der Mann holte sein Portemonnaie aus der Gesäßtasche und zog ein Bündel Geldscheine heraus, das Sina Kuhn in ihre Handtasche stopfte. Interessant!

Springhoff! Den Namen notierte sie sich. Auch den Namen Pagenhardt, der in dem Telefonat gefallen war. Hieß nicht ein Haus in der Nähe des Theaters so? Im Archiv würde sie bestimmt mehr herausfinden.

Vor der Tür wechselten Sina Kuhn und ihr Begleiter noch ein paar Worte, dann entfernte sich der Mann, und Sina Kuhn kehrte zurück. Sie setzte sich halb auf die Sesselkante, als wollte sie gleich endgültig aufbrechen, und nahm ihr Handy auf.

»Noch etwas? Ich möchte …« Sie vollendete ihren Satz nicht. Ihre Augen verengten sich plötzlich und blickten angestrengt an Lea vorbei.

»Hier sind Sie also. Ich versuche den ganzen Morgen, Sie zu erreichen«, sagte in dem Moment eine bekannte Stimme in Leas Rücken. Gottlieb! Und er sah ziemlich verärgert aus.

Sina Kuhn klimperte mit den Wimpern. »Wie nett. Sie suchen mich? Das ist jetzt aber dumm. Ich habe einen dringenden Termin. Ich muss aufbrechen.«

Lea beobachtete, wie Gottlieb wieder einmal dahinschmolz, und es bohrte in ihr. Eifersucht? Quatsch. Sie doch nicht. Aber es war nicht in Ordnung, wenn sich ein Kriminalhauptkommissar bei den Ermittlungen in einem Mordfall von einer Verdächtigen dermaßen den Kopf verdrehen ließ. Er würde doch jetzt nicht nachgeben! Von einem dringenden Termin war bis jetzt nicht die Rede gewesen. Das waren doch Ausflüchte. Die Dame wollte ausfliegen.

Gottlieb reagierte anders als vermutet: »Dann bitte in zwei Stunden in meinem Büro. Ich habe etliche Fragen.«

»Das passt mir, ich werde da sein«, säuselte Sina Kuhn, dann stöckelte sie von dannen, und Gottlieb starrte ihr nach, direkt auf die Beine.

Lea blickte auf ihre superbequemen Jeans. Vielleicht sollte sie ab und zu mehr aus sich machen? Eigentlich hatte sie bislang den Eindruck gehabt, Gottlieb mochte sie genau so, wie sie war. Selbst gestern Abend noch, bis das Telefon klingelte. Und jetzt stand er hier und bemerkte sie nicht einmal.

»Gibt es etwas Neues in dem Mordfall, Herr Gottlieb?«

Er zuckte zusammen, dann setzte er sich zu ihr und zündete sich eine Zigarette an. »Noch gibt es keinen Mordfall. Der Leichnam wird gerade in Freiburg obduziert, danach wissen wir mehr. Im Augenblick laufen die Ermittlungen in viele Richtungen. Allerdings hatte er wohl tatsächlich Herzprobleme, und es gibt keine äußeren Anzeichen, die auf eine Gewalttat hindeuten würden. Tja, das sieht ganz nach Fehlalarm aus. Wenig Stoff für die Zeitung.«

Lea glaubte ihm nicht. Warum war er denn hier, wenn es keinen Mord gab? Weshalb wollte er Sina Kuhn auf der Dienststelle vernehmen?

»Mir sind in dem Fall einige Merkwürdigkeiten aufgefallen«, stieß sie trotzig hervor.

Gottlieb beugte sich vor und lächelte. »Die eifrige Reporterin«, sagte er leise, und in seinen Augen tanzten goldene Punkte. »Was haben Sie denn herausgefunden?«

»Sina Kuhn war mit ziemlicher Sicherheit nicht mehr mit Wittemann verlobt.«

»Das ist kein Verbrechen.«

»Haben Sie eben den Mann gesehen? Ein gewisser Axel Springhoff. Der hat sie geküsst und ihr Geld gegeben.«

»Schusswaffe oder Giftspritze wären erheblich interessanter für mich.«

Lea begann wütend zu werden. Dieser Mann amüsierte sich über sie. Und das alles wegen dieser ... dieser – Frau! »Ich dachte immer, Sie wären ein guter Polizist«, schnappte sie erbost.

Das saß. Gottlieb sah zur Seite und machte ein ernstes Gesicht.

»Sagt Ihnen der Name Pagenhardt etwas?«, bohrte Lea nach.

Jetzt wurde er aufmerksam. »Das ist das dritte Mal, dass er im Zusammenhang mit Wittemann auftaucht. Wie kommen Sie an den Namen?«

»Ihre Sina hat ihn eben erwähnt. Ich weiß, dass es eine Villa am Goetheplatz neben dem Theater gibt, die so heißt. Mehr nicht.«

Gottlieb sah sie wachsam an. Er schien zu überlegen, ob er sie in seine Ermittlungen einweihen sollte, und Lea tastete schon nach ihrem Kugelschreiber. Leider klingelte in diesem Augenblick sein Handy. Er ging dran und sprang fast im gleichen Moment auf, höchst alarmiert.

»Seit wann?«, fragte er knapp und mit dienstlicher Stimme. »Ich bin sofort da. Sagt den Kollegen von der Schutzpolizei Bescheid. Fahndung einleiten.«

Fahndung? Vielleicht nach einem Verdächtigen? Und da sollte es keinen Mordfall geben? Lächerlich. Gottlieb spielte nicht mit offenen Karten! Lea erhob sich, bereit, ihm nicht mehr von der Seite zu weichen.

Doch er machte eine beruhigende Handbewegung. »Ein Vermisstenfall, Frau Weidenbach. Kein Zusammenhang mit Wittemann, falls Sie das gerade denken. Ich sage Ihnen Bescheid, sobald es für Sie interessant werden könnte.« Er steckte sein Handy weg, dann beugte er sich ganz dicht zu ihr und lächelte. »Sie ist übrigens nicht *meine* Sina!«

※

Der Vermisste war ein gewisser Clemens Vogel, neununddreißig, verheiratet, vier Kinder. Besitzer einer Parkettfirma in der vierten Generation. Der Betrieb hatte letztes Jahr hundertjähriges Bestehen gefeiert, er hatte die Artikel und Anzeigen in der Zeitung gesehen. Die Ehefrau hatte ihren Mann gestern Abend bereits als vermisst gemeldet, aber man hatte bis zum Morgen warten wollen, ob er noch auftauchte. Bis jetzt war das nicht geschehen.

»Gefahr für Leib und Leben?«, fragte Gottlieb in die Runde, die im Besprechungsraum auf ihn wartete.

Hanno Appelt, sein Stellvertreter, machte sich bemerkbar: »Die Ehefrau fürchtet, er könnte sich etwas antun.«

»Hat sie Grund zu der Annahme?«

Appelt hob die Schultern. »Gestern hat sie nichts dergleichen zu Protokoll gegeben. Er sei nach dem Frühstück weggegangen und bis zum Abend nicht wiedergekommen.« Aufreizend sorgfältig blätterte er in den Papieren. »Sie hat sich bei uns gegen zweiundzwanzig Uhr gemeldet. Der Kollege hat sie beruhigt, dass so etwas schon mal vorkommt und die Polizei nicht einschreitet, wenn kein Verdacht auf Straftat, Unfall, Hilflosigkeit oder Selbstmordgefahr vorliegt. Erst heute Morgen kommt sie mit dem wenn auch vagen Suizidhinweis, verdammt. Wir könnten ihn schon gefunden haben, wenn sie das eher gesagt hätte.«

»Foto?«

»Ich wollte die Streife gerade losschicken.«

Gottlieb stand auf. »Ich kümmere mich um die Frau. Lukas, du kommst bitte mit.«

Lukas Decker stellte seine Cola-Flasche weg und sprang auf. »Sofort. Ich lass den Namen nur noch schnell durch den Computer.«

Sein Eifer rührte Gottlieb wie so oft. Er schätzte den jungen Kollegen nicht nur, weil er ein hervorragender Computerspezialist war, sondern weil er seinen Beruf so ernst nahm. Spätestens beim Beurteilungsgespräch nächsten Monat würde er ihm seinen Einsatz danken.

»Gib auch gleich die Namen Urbanek, Pagenhardt und Wladimir Sergejewitsch ein.«

»Pagenhardt? Was hat der alte Mordfall mit unserem Vermissten zu tun?«, mischte sich Appelt ein.

»Alter Mordfall? Davon weiß ich gar nichts. Such mir bitte die Akte heraus, die könnte in einem anderen Zusammenhang vielleicht interessant werden. Aber trotzdem alle Namen eingeben, auch Pagenhardt noch einmal, vorsichtshalber.«

Hanno hob die Hand und nickte brav. »Ich mache das. Fahrt ihr ruhig los.«

Die Familie Vogel wohnte auf dem Firmengelände, einem der seltenen weitläufigen, ebenen Grundstücke im Stadtteil Lichtental in der Nähe des Handwerkerhofs. Auf dem Areal standen eine Lagerhalle, ein Bürogebäude und auf dem Parkplatz zwei relativ neue Transporter. Ein Schild verwies auf eine zweite Lagerhalle außerhalb des Ortes, und Gottlieb erinnerte sich, dass er im Zuge der Jubiläumsartikel mehrere Stellenangebote der Firma in der Zeitung gesehen hatte. Auch das Wohnhaus der Vogels in einer Ecke des Areals war offensichtlich brandneu, einer dieser schnörkellosen Quader im derzeit modernen Industriestil. Die Fassade bestand aus quer liegenden Lärchenholzlamellen, der Rest war Glas, Beton und gebürsteter Edelstahl. Im Hof standen mehrere Autos, am Eingang lagen Kinderfahrräder, ein Roller und eine Puppe mit blondem Haar. Die Haustür öffnete sich, bevor er klingeln konnte. Ein Wirbelwind mit hellbraunen wirren Locken und einem rosafarbenen Kleidchen schoss an ihm vorbei. »Da ist ja meine Puppe!«, jubelte das kleine Mädchen.

Gottlieb machte lachend Platz. Er liebte Kinder! Schade, dass Klara und er auf Nachwuchs verzichtet hatten. Am liebsten hätte er den kleinen Floh auf den Arm genommen und durch die Luft geschwenkt. Als er sich umdrehte, stand eine Frau im Türrahmen und hielt sich fest, als würde sie gleich zusammensinken. Man sah ihr an, wie sehr sie sich bemühte, vor dem Kind Haltung zu bewahren. Sie war schlank, fast knochig, hatte blonde kurze Haare und blaue Augen. Eine kühle Eleganz.

»Ich bin Dagmar Vogel. Sie sind von der Polizei?«

Er stellte Decker und sich vor, und sie folgten der Frau hinein.

»Madeleine, kommst du bitte ins Haus? Und räum deine Sachen auf.«

Das Mädchen hüpfte an ihnen vorbei durch die Eingangshalle in den offenen Wohnbereich, an den sich eine Wohnküche mit einem großen Esstisch anschloss. Eine Wand bestand vollkommen aus Fenstern und gab den Blick auf einen schmalen, mit akkurat geschnittenen niedrigen Buchshecken formal angelegten Garten und ein riesiges Holzdeck frei.

Dagmar Vogel schickte ihre Tochter nach oben und bat Gottlieb und Decker, auf den großen Sofas Platz zu nehmen. Dann ging sie zu einem Regal und kam mit einem gerahmten Foto ihres Mannes zurück.

Clemens Vogel sah auf den ersten Blick dynamisch und verlässlich aus, er war drahtig, fast hager, und hatte kurze hellbraune Haare. Das Lächeln war jungenhaft, aber da seine Augen ernst geblieben waren, wirkte es angestrengt und künstlich.

»Er sagte, er wolle für eine Stunde ins Büro. Aber da war er nicht, als ich nachsah. Das Büro war abgeschlossen, der Schlüssel hing hier am Haken. Er war mit dem Wagen weggefahren. Das hatte ich gar nicht bemerkt.«

»Hätten Sie das nicht sehen müssen?«, fragte Decker und deutete auf die Fenster der Küchenzeile, die in den Hofbereich zeigten.

»Ich war im Keller, an der Waschmaschine. Wir haben vier Kinder. Da habe ich anderes zu tun, als aus dem Fenster zu schauen.«

»Ist Ihnen nicht aufgefallen, dass das Auto weg war?«

»Meistens parkte er ganz vorn an der Straße, auf dem Kundenparkplatz. Da kam er schneller weg, wenn es eilig war. Das kann man von hier aus nicht einsehen.«

Gottlieb notierte sich alles. »Gab es Familienprobleme?«

»Überhaupt nicht. Clemens und ich verstehen uns gut, und er liebt die Kinder abgöttisch. Und er kann sich nichts anderes vorstellen, als in diesem Betrieb zu arbeiten. Den hat sein Urgroßvater aufgebaut, seit 1905.«

Gottlieb nickte. »Habe ich in der Zeitung gelesen.«

»Sein Ziel war es, den Betrieb noch größer zu machen. Vier Kinder – denen wollte er etwas vererben, und er wollte den Namen seiner Familie erhalten. Das war ihm ganz wichtig. Aber in letzter Zeit war er schrecklich deprimiert und abwesend. Er hörte mir nicht zu, verwechselte die Namen der Kinder, war vollkommen zerstreut. Nachts hatte er Alpträume. Ich habe ihn gestern Morgen vor dem Frühstück gefragt, was los sei, aber er hat es mir nicht gesagt. Sorgen behält er für sich. Das war immer schon so, sogar als sein Vater so krank war. Krebs, das Sterben ging über ein Jahr. Selbst da hat er alles in sich reingefressen.«

»Können Sie sich vorstellen, was ihn bedrückte? Ist er vielleicht selbst krank?«

»Das habe ich unseren Hausarzt schon gefragt, doch er hat mich beruhigt. Clemens ist gesund, und er ist ein guter Sportler. Er joggt jeden Morgen, ganz früh. Das braucht er als Ausgleich.«

»Haben Sie Streit gehabt?«

»Überhaupt nicht! Freitagabend habe ich ihm Prospekte gezeigt. Wir wollen im August Urlaub machen, eine Woche. Rügen oder Mallorca, habe ich ihn gefragt. Wir haben geknobelt und richtig Spaß gehabt. Und dann saß er wieder den Rest der Nacht hier im dunklen Wohnzimmer und grübelte. Samstag allerdings kam er mir vor, als hätte er Hoffnung geschöpft. Er ging nach dem Abendessen ins Büro, blieb dort eine Weile und bestellte sich dann ein Taxi. Er war richtig aufgekratzt, wollte mir aber nicht verraten, was los war. Er hatte eine große Rolle unter dem Arm, als er wegfuhr, aber in der Nacht kam er in einem fürchterlichen Zustand zurück.«

»Hatte er berufliche Sorgen?«

»Kann ich mir nicht vorstellen. Seit drei Jahren haben wir einen Superauftrag. Er hat sich einem großen Investor angeschlossen und verlegt in dessen neu gebauten Wohnanlagen die Parkettböden. Mehr weiß ich allerdings nicht darüber. Wir haben die klassische Aufgabenteilung: Ich betreue Haus und Kinder, er die Firma.«

»Wie kommen Sie dann darauf, dass er sich etwas antun könnte?«

Dagmar Vogel schossen Tränen in die Augen. »Er hat sich gestern von uns allen einzeln verabschiedet, ganz sonderbar. Und er hat das große Familienfoto von letztem Weihnachten mitgenommen, das dort auf dem Regal stand. Das habe ich vorhin erst bemerkt.«

Das hörte sich nicht gut an. Gottlieb klappte seinen Block zu und stand auf. Er konnte einfach nicht mehr still sitzen. Selbst Decker, der nüchterne Computermensch, sah so verschreckt aus, wie er selbst sich fühlte.

»Wo könnte er sein? Hat er einen Lieblingsplatz, an dem er sich besonders wohlfühlt?« Gottlieb dachte an seine Bank am Rhein. Lieber Himmel, hoffentlich hatte der Mann sich nicht in den Fluss gestürzt!

Die Frau dachte nach. »Er ist gern auf dem Merkur. Der ist wie unser Familienberg. Schon sein Vater und sein Großvater waren immer dort, und nun wir. Zu Geburtstagen, am ersten Januar, oder wenn etwas zu bereden oder zu entscheiden war, dann sind wir auf den Merkur gefahren. Mir hat er oben auf dem Aussichtsturm den Heiratsantrag gemacht. Aber dort habe ich ihn gestern Abend schon gesucht. Sein Auto hätte auf den Parkplätzen an der Talstation stehen müssen, aber es war nicht da.«

»Wir werden die Gegend trotzdem durchkämmen. Hat er noch andere Vorlieben?«

Sie schüttelte den Kopf. »Ich habe das Gefühl, ich kenne meinen eigenen Mann überhaupt nicht.«

Im ersten Stock begann ein Baby zu weinen, und Dagmar Vogel stand auf.

Gottlieb gab Decker das Zeichen zum Aufbruch. »Ich lasse eine Hundertschaft der Bereitschaftspolizei kommen und das Merkurgelände abgrasen. Wenn er dort ist, dann finden wir ihn. Und wenn Ihnen noch ein Ort einfällt, an dem er sein könnte, oder Freunde, Bekannte, Verwandte, dann melden Sie sich bitte.«

Auf dem Weg zum Wagen erreichte ihn Hanno per Handy. »Ich habe was«, sagte er und klang euphorisch. »Wir haben etwas über Vogel im Neuigkeitsbogen gefunden. Er hat am Samstagabend während des Oldtimer-Treffens randaliert. Hat ein Plakat ausgerollt, auf dem stand – Moment, gleich habe ich es: ›Ich will mein Geld, du Schwein!‹ Er hat es nicht einrollen wollen, es gab Ärger und eine Rempelei mit den Ordnern, einer hat die Polizei gerufen und ihn wegen Körperverletzung angezeigt. Die Kollegen haben die Anzeige aufgenommen und ihn verwarnt, aber zwei Stunden später hat er wieder rumgepöbelt, diesmal ziemlich angetrunken. Er hat jemandem mehrfach angedroht, ihn umzubringen.«

»Wem?«

»Einem der Oldtimer-Besitzer. Aber der war zu dem Zeitpunkt selbst angetrunken, haben die Kollegen vermerkt. Sie haben seine Aussage deshalb nicht ernsthaft protokollieren können. Sie sind heute wieder im Dienst und werden sich gleich um die Sache kümmern. Hier steht der Name: Wittemann, Raphael Wittemann.«

Gottlieb fiel der Autoschlüssel aus der Hand. »Ich glaube, den Weg können sich die Kollegen sparen.«

ACHT

Nur mit Mühe passte der Dienstwagen in die Lücke vor der Inspektion. Dies waren die Momente, in denen Gottlieb seinen Vorgesetzten im Stillen und nicht mehr ganz so widerwillig recht gab, wenn sie ihm immer wieder zusetzten, das Morddezernat endlich in das geräumige Gebäude in Rastatt zu verlegen. Aber dann verscheuchte ein allzu bekanntes Gefühl diesen Anflug von Erkenntnis: Er hatte Hunger wie ein Wolf. Kein Frühstück, kein Mittag, niemand wusste, wie lang der Tag noch werden würde. Da musste es einfach noch einmal ein Hamburger sein. Gesunde Kost war etwas für ruhigere Zeiten. Außerdem befand sich die Quelle für seine Lieblingsspeise gerade mal fünfzig Schritte von der Dienststelle entfernt.

Decker erklärte sich bereit, schnell hinüberzulaufen und für Abhilfe zu sorgen. Er selbst stieg derweil nachdenklich die Treppe zu seinem Büro hoch. Hoffentlich fanden sie Vogel bald! Und hoffentlich lebte er noch. Welch eine aufregende Wende im Fall Wittemann. Die beiden Männer hatten Streit gehabt, und nun war der eine tot, der andere – ja, was? Verschwunden? Geflohen? Nach dem Mord untergetaucht? Dumm nur, dass er sich schon am Sonntagmorgen abgesetzt hatte, lange bevor Wittemann starb. Ebenso dumm, dass niemand in Wittemanns Nähe gewesen war, als er im Pool versank. Es würde schwierig werden, Vogel mit dem Todesfall in Verbindung zu bringen, wenn sie ihn überhaupt fanden.

Auf dem Gang stieß er fast mit Hanno Appelt zusammen, der ihm aufgeregt ein Papier vor die Nase hielt.

»Lies, lies!«

Gottlieb krampfte sich der leere Magen zusammen. So aus dem Häuschen kannte er den trockenen Musterschüler Appelt ja gar nicht. Ungeduldig schob er das Blatt beiseite. »Erzähl lieber.«

»Ein neuer Sachverhalt, Max. Ich habe gerade alle Namen durchlaufen lassen, die du genannt hast. Es taucht noch einer im Neuigkeitsbogen auf.«

Hanno machte eine seiner Kunstpausen, über die sich Gottlieb jedes Mal ärgerte. Warum redete Hanno nicht einfach weiter, sondern wartete auf eine Nachfrage?

»Raus damit!«

»Dr. Theo Urbanek, pensionierter Oberstudienrat aus Würzburg, Deutschlehrer. Du glaubst nicht, was er getan hat!«

Kunstpause.

»*Hanno!*«

»Stell dir vor, er hat in der Nacht zum Donnerstag in der Kurhausgarage den Bremsschlauch an Wittemanns Oldtimer durchgeschnitten.«

»Was? Aber das ist doch …«

»Genau! Mordversuch. Er wurde erwischt, und weißt du, was die Kollegen gemacht haben?«

Verzweifelt fasste Gottlieb an seine Brusttasche, um Hanno nicht am Kragen zu packen. Hanno verstand die Geste offenbar so, als habe Gottlieb nicht zum Zigarettenpäckchen, sondern zu einem Satz Duellpistolen gegriffen. Mit hochrotem Kopf sprach er weiter, so schnell, dass er sich verhaspelte.

»Sie haben eine Anzeige wegen Sachbeschädigung geschrieben und ihn laufen lassen. Ist das zu glauben?«

Gottlieb schüttelte den Kopf. Sachbeschädigung? Ein durchgeschnittener Bremsschlauch war zumindest ein gefährlicher Eingriff in den Straßenverkehr, eigentlich kam die Tat wirklich einem Mordversuch nahe, da hatte Hanno recht. Hatten sie jetzt schon zwei Verdächtige in einem Fall, der noch gar keiner war?

»Überprüft den Mann!«, befahl er. »Ich will wissen, wo er am Sonntag war.«

»Warum schreist du so?«

»Ich schreie nicht.«

»Meinst du, jemand hat beim Tod dieses Wittemanns nachgeholfen, von dem du vorhin am Telefon berichtet hast?«

Gottlieb schlug dem Kollegen auf die Schulter. »Hanno, manchmal kombinierst du wie Sherlock Holmes.«

»Hör auf. Eine Morddrohung, ein Mordversuch, und du sprichst von einem Toten in einem Hotelpool. Ich wäre kein Polizist, wenn ich das nicht zusammenzählen könnte. Also: Haben wir hier einen neuen Fall?«

»Erst wenn wir wissen, woran Wittemann gestorben ist. Bis dahin kein Wort nach draußen. Ich ruf Pahlke an.«
Der Oberstaatsanwalt war sofort am Apparat, als hätte er auf den Anruf gewartet.
»Wieso höre ich erst jetzt davon?«, schnarrte er ins Telefon, nachdem Gottlieb ihn über die merkwürdigen Zusammenhänge aufgeklärt hatte.
»Ich habe es eben erst erfahren.«
»Ich werde der Rechtsmedizin Dampf machen. Wir brauchen dringend die Todesursache. Und findet mir Vogel und Urbanek!«
Da war es wieder, dieses Gehabe. Meinte dieser Oberjurist etwa, sie würden tatenlos rumsitzen und däumchendrehend auf Anweisungen warten? Nur mit Mühe schluckte er seinen Ärger herunter und leitete alles Nötige in die Wege.

Es dauerte keine zwei Stunden, da hatte er dank Pahlke einen Durchsuchungsbeschluss für Vogels Privaträume und Büros. Hubschrauber mit Wärmebildkameras stiegen in die Luft, Suchhunde wurden angefordert, jeder Quadratmeter des Baden-Badener Hausbergs wurde abgegrast. In einer Pressekonferenz alarmierte er die Medien, ließ Fotos ausgeben und Suchmeldungen durch Zeitungen, Radio und Fernsehen schicken. Er war mit Pahlke übereingekommen, dass man zunächst noch jeden Zusammenhang mit dem mysteriösen Todesfall verschweigen wollte. Doch er sah Lea Weidenbach, die in der Pressekonferenz wie üblich in der ersten Reihe saß, an der Nasenspitze an, dass sie eine Verbindung witterte. Sie machte ihm Zeichen, dass sie ihn anschließend sprechen wollte, doch er tat so, als würde er sie nicht verstehen. Wenn er ihr gegenüber bestätigte, dass die Polizei inzwischen von einem möglichen Mord an Wittemann ausging, würde sie es veröffentlichen und damit die Ermittlungen erheblich behindern.
Vor allem würde dieser Urbanek gewarnt werden. Die Kollegen in Würzburg versuchten seit Stunden vergeblich, ihn zu erreichen. Bevor man ihn nicht gefunden hatte, durfte dieser Mann auf keinen Fall aus den Medien erfahren, dass man ihn in Verbindung mit Wittemanns Tod vernehmen wollte. Auch Vogel würde sich, falls er noch lebte, garantiert ins Ausland absetzen, sobald er erführe, dass er unter Mordverdacht stand.

Nein, er konnte ihr im Augenblick keine Tipps geben, selbst wenn er es wollte.

Es war kurz vor siebzehn Uhr, als er mit Decker ein zweites Mal nach Lichtental fuhr. Im Laufe des Tages hatte sich der Wind gelegt, der nun schon wochenlang für angenehmes Klima gesorgt hatte, und es war sofort drückend heiß geworden. So war es eine Wohltat, in das schattige Seitental einzubiegen. Ein paar Wagen verließen gerade das Gelände neben Vogels Grundstück, Maler, Dachdecker und Fliesenleger auf dem Weg nach Hause. Auch ein Lieferwagen mit dem Vogel-Aufdruck rangierte gerade aus einem Parkplatz. Die Tür zum modernen Wohnhaus stand weit auf.

Trotzdem drückte Gottlieb auf die Klingel. Zur gleichen Zeit nahm seine Nase Schnitzel und Blumenkohl wahr. Sein Magen rumpelte. Decker sah zu ihm hoch, grinste und hielt ihm eine Tüte Gummibärchen hin. Wie konnte dieser Hänfling sich nur so ungesund ernähren und dabei so dünn bleiben? Seit er bei ihnen auf der Dienststelle war, stopfte der Kollege Cola, Süßigkeiten und Pommes frites in sich hinein und war in den ganzen vier Jahren nicht eine Kleidergröße breiter geworden. Kam das wirklich nur vom Laufen?

»Ich mach auf«, rief eine Kinderstimme. Ein etwa zehnjähriger Junge mit einer umgedrehten Baseballkappe auf dem Kopf kam zur Tür und starrte sie mit großen Augen an. »Ich dachte, Papa wäre es. Aber der hätte ja nicht geklingelt«, seufzte er und trabte wieder zurück. »Mama, für dich!«

Dagmar Vogel erschien mit einem Säugling auf dem Arm. Als sie Gottlieb und Decker sah, verlangsamte sich ihr Schritt, und ihre Augen wurden groß.

»Nein, nein«, beeilte sich Gottlieb sofort zu entwarnen, »keine schlechten Nachrichten. Wir haben ihn noch nicht gefunden.«

Die Frau wiegte das Kind mit einem erleichterten Aufseufzen in ihren knochigen Armen. »Warum sind Sie hier?«

Gottlieb zeigte ihr den Durchsuchungsbeschluss. »Wir möchten uns bei Ihnen und drüben in der Firma umsehen.«

»Aber warum? Was suchen Sie?« Die Frau warf nur einen flüchtigen Blick auf das Papier, trat einen Schritt zur Seite und wandte ihnen den Rücken zu.

So, wie sie sich benahm, wollte sie es offenbar gar nicht wissen, und er war froh, dass er ihr im Augenblick noch nicht sagen musste, dass er gegen ihren Mann wegen Mordverdachts ermittelte. Dazu war später immer noch Zeit.

Schweigend folgten Gottlieb und Decker ihr durchs Wohnzimmer in die Wohnküche. Drei Kinder saßen um den Tisch und beäugten sie neugierig. »Moritz, Jule, seid ihr fertig? Dann räumt ihr bitte die Teller weg und macht eure Hausaufgaben. Madeleine, nimm deine Puppe und geh bitte in dein Zimmer. Ich komme gleich zu dir.«

Alle Kinder standen brav auf und rannten flüsternd und kichernd die Treppe nach oben. Dort herrschte plötzlich Stille, wie abgeschnitten. Gottlieb sah hoch. Da hockten die drei und beobachteten die Erwachsenen gespannt. Dagmar Vogel folgte seinem Blick und lächelte nachsichtig. Am liebsten wäre Gottlieb jetzt einfach nur ein Hausgast gewesen, einer, den der Junge gleich zu einem Fußballspiel herausfordern würde oder dem das größere Mädchen mit den glatten braunen Haaren und dem verträumten Gesichtsausdruck ein Bild malen würde. Woran hatte es eigentlich gelegen, dass Klara und er keine Kinder gehabt hatten? Wirklich nur an seinem aufreibenden Beruf, der ihn kaum zu Hause sein ließ? Hatten sie je darüber geredet? Er konnte sich nicht erinnern.

Das Papier in seinen Händen knisterte. Fast hätte er es zerknüllt. »Sagt Ihnen der Name Wittemann etwas?«, fragte Gottlieb möglichst neutral.

»Aber natürlich. Das ist der Geschäftspartner meines Mannes, seit drei Jahren. Ein Bauunternehmer in Frankfurt. Clemens stattet die von ihm gebauten Wohnungen mit Parkett aus. Er war überglücklich, als der Vertrag zustande kam, nicht nur beruflich. Der kleine Finn hier ... Wie soll ich es sagen ... Wir wollten immer vier Kinder, und nun konnten wir sie uns leisten.«

»Gingen die Geschäfte vorher nicht so gut?«

»Nicht besonders. Wir haben uns auf Vollholzparkett spezialisiert, seit Generationen schon. Mit diesem Laminat, das jetzt so Mode ist, wollte Clemens nichts zu tun haben. Aber die Leute sehen nur den Preis, nicht die Qualität. Er hat nie geklagt, vor allem wollte er mich nicht beunruhigen, denke ich. Wie groß der Druck wirklich gewesen war, habe ich erst beim Vertragsabschluss gemerkt. Da war er so glücklich und gelöst wie seit Jahren nicht. Ein riesiges Projekt mit unabsehbaren Folgeaufträgen. Er hat Champagner mitgebracht und mich zum Essen ins ›Stahlbad‹ eingeladen. Da haben schon seine Eltern gern gegessen, wenn es etwas zu feiern gab.«

Das Kind in ihren Armen wurde unruhig. Sie wechselte es auf den anderen Arm. »Entschuldigen Sie. Mehr weiß ich wirklich nicht. Ich sage drüben Herrn Hirth Bescheid, der zeigt Ihnen die Papiere und den Betrieb, in Ordnung?«

»Hat Ihr Mann hier im Wohnhaus einen Arbeitsplatz?«

»Nein. Wir haben nicht einmal einen Computer hier, obwohl Moritz schon anfängt zu quengeln. Es ist ja nur ein Katzensprung hinüber. Clemens war die Trennung von Beruf und privat sehr wichtig. Sie können hier gern alles durchsuchen, aber ich vermute, drüben kommen Sie weiter.«

Als sie die Tür erreichten, trappelten die Kinder die Treppe herunter. Der große Junge zupfte Gottlieb am Hemd.

»Sie sind doch Polizist?«

Gottlieb beugte sich nach unten. »Ja. Und ich heiße Max. Ist das nicht lustig? Max und Moritz?«

Aber dem Jungen war nicht zum Lachen zumute. »Wie viele Leute suchen Papa? Tausend?«

»Zweihundert im Moment.«

»Kann ich mitkommen? Ich finde ihn. Ganz bestimmt. Ich habe ...«

»Nicht nötig, Moritz. Wir schaffen das schon. Das verspreche ich dir.«

*

Lea arbeitete an ihrem Artikel über die Suche nach Clemens Vogel. Erst im letzten Jahr hatte der Badische Morgen vier Sonderseiten über das Jubiläum der Firma gebracht, inklusive einer Reportage über die jungen Inhaber. Die Fakten über das Verschwinden Vogels waren schnell geschrieben, aber sie waren ihr zu wenig. Sie hatte die Privatnummer der Vogels angerufen, denn sie hätte die Frau gern für einen Hintergrundbericht interviewt und vielleicht ein zweites Bild des Vermissten abgedruckt, doch Frau Vogel lehnte ab. Insgeheim konnte Lea sie sogar verstehen. Es würde ihr nicht anders gehen, wenn ihr Mann spurlos verschwunden war und sie fürchtete, er könnte sich das Leben nehmen. Aber es war eben ihr Job, es wenigstens zu versuchen.

So bemühte sie sich, eine Reportage über die Suchaktion anzuhängen, doch mehr als ein Foto von den Suchhunden und dem Polizeiaufgebot am Merkur wurde ihr nicht gestattet. Sie behindere die Ermittlungen, hieß es.

»Nehmen Sie mich auf einem Flug mit dem Hubschrauber mit«, bettelte sie. Doch Hanno Appelt, Gottliebs Stellvertreter, blockte alles ab. Natürlich versuchte sie, Gottlieb über sein Handy zu erreichen, doch auch er erklärte ihr, dass er ihr im Augenblick nicht helfen könne, außer dass man sie sofort verständigen würde, wenn Vogel gefunden war. Es war wie verhext.

Sie sah zur Uhr. Gleich siebzehn Uhr. Im Fall Vogel konnte sie also nur noch abwarten. Von dem Tag, den Reinthaler ihr für die Recherche über Wittemanns Tod zugebilligt hatte, war nicht mehr viel übrig. Schluss für heute? Nein, so schnell wollte sie nicht aufgeben.

Sie ging ihre Notizen durch. »Sina Kuhn« stand ganz dick auf der ersten Seite. Hatte jemand deren Alibi überprüft? Die Dame konnte doch nicht den ganzen Nachmittag und Abend bei der Eröffnung eines einzelnen Modesalons gewesen sein! Das ließ sich herausfinden. Lea wählte die Nummer und hatte schon bald die Modedesignerin am Apparat, deren Stimme sehr jung klang und voll glücklicher Begeisterung war.

»Es war so eine super Einweihung. Sie meinen Frau Kuhn, die in Brenner's Parkhotel logiert? Ja, die war den Nachmittag über hier, und um sechs, als die offizielle Feier vorüber war, blieb sie noch. Sie wollte unbedingt eines der Ausstellungskleider haben, noch für denselben Abend, und wir haben es umändern müssen. Sie wollte drauf warten, und so sind wir, als es abgesteckt war und meine Näherin loslegte, um die Ecke in die Tapas-Bar gegangen und haben eine Kleinigkeit gegessen und uns festgequatscht. Eine total nette Frau! Sie ist erst nach zehn Uhr gegangen. Das Kleid stand ihr großartig.«

Lea notierte alles mit leisem Bedauern. Sie hätte es Sina Kuhn gewünscht, kein so hieb- und stichfestes Alibi zu haben.

Die nächste Notiz. Pagenhardt. Verdammt! Sie hatte vergessen, dass das Zeitungsarchiv heute Abend wegen einer Fortbildung nicht besetzt war. Sie hatte das Rundschreiben und den Aushang gesehen, aber nicht geschaltet. Für das städtische Archiv war es definitiv zu spät, da herrschte längst beamteter Feierabend.

Zu dumm! Ärgerlich klickte sich Lea durchs Internet, wo sie nicht viel fand, nur einen Hinweis auf die Adelslinie der von Pagenhardts, die mindestens bis ins neunzehnte Jahrhundert zurückreichte. So kam sie nicht voran, jedenfalls nicht an ihrem einzigen genehmigten Recherchetag. Nachdenklich malte sie Kringel auf ihre Unterlagen. Sicher war, dass es diese Villa Pagenhardt am Goetheplatz gab. Sie hatte vorhin auf dem Weg in die Redaktion extra einen kleinen Umweg gemacht und war daran vorbeigelaufen. Wie kam sie jetzt weiter? Ihr Magen meldete ihr, dass auch für Journalistinnen irgendwann Feierabend war, und wollte sie zum Aufgeben überreden. Sie musste noch einkaufen, denn sie hatte kaum mehr etwas im Kühlschrank.

Und genau da fiel ihr ein, wer ihr bei ihren Erkundigungen über das alte Haus weiterhelfen konnte. Es war so naheliegend.

*

Gottlieb gab Moritz mit den traurigen Augen einen aufmunternden Stups an die Baseballkappe und folgte dann Lukas Decker, der bereits zur Werkstatt vorausgegangen war.

In der großen Halle sah es erstaunlich aufgeräumt aus. Er hatte erwartet, dass in einer Parkettfirma die Holzproben wie im Baumarkt aneinanderlehnten oder übereinandergestapelt waren, aber hier herrschte elegante Übersichtlichkeit. Der Boden der Halle war mit einem einheitlichen hellen Parkett ausgelegt, auf dem sich Inseln aus verschiedensten Hölzern befanden. Auf langen Tischen lagen Muster, in handlichem Format, die potenzielle Kunden offenbar zur Ansicht ausleihen durften. An den Wänden hingen statt Bildern ebenfalls Mustertafeln.

Gottlieb staunte, wie viele unterschiedliche Hölzer und Beizungen es gab. Bislang war Parkett für ihn gleichbedeutend gewesen mit Buche, Eiche, Kirsche, Ahorn oder diesem dunklen, fast schwarzen Modelholz Wenge. Er interessierte sich für Einrichtungen und Architektur, auch wenn sein Gehalt niemals für ein eigenes Haus reichen würde, schon gar nicht seit der Scheidung. Klara hatte zwar inzwischen wieder einen Beruf, aber die Abfindung, die er ihr damals aus Schuldbewusstsein freiwillig gezahlt hatte, würde er noch eine ganze Weile abstottern müssen.

Lukas hatte bereits Vogels Stellvertreter, Wolfgang Hirth, gefunden. Der Mann war groß und bullig; um seine Glatze legte sich ein dicker Haarkranz. Er hatte die Ärmel seines beige-hellgrün gestreiften Hemdes aufgekrempelt und die obersten Knöpfe geöffnet. Ein Teil des Hemds war aus der Hose gerutscht, die er mit beiden Händen nach oben zog, bevor er sie in sein Büro bat und sich an einen verkramten Schreibtisch setzte. Der zweite Arbeitsplatz ihm gegenüber war aufgeräumt, als wäre der Besitzer gerade in Urlaub oder Ruhestand gegangen.

»Ist das Clemens Vogels Arbeitsplatz?«

»Das ist er.«

»Haben Sie eine Idee, wo er sich aufhalten könnte?«

»Tut mir leid, keine Ahnung. Über private Sachen haben wir nie geredet. Komisch, nicht? Ich weiß eigentlich gar nichts Persönliches von ihm, dabei sitzen wir seit fünfzehn Jahren im selben Raum. Noch als sein Vater hier das Sagen hatte, haben wir uns schon dieses Büro geteilt. Das Chefbüro ist heute Besprechungsraum, eigentlich reine Vergeudung.«

»Wieso?«

»Weil Clemens seit ewigen Monaten nur noch für die Wittex-Bau unterwegs ist. Dabei hätten wir längst andere Aufträge hier in der Gegend an Land ziehen müssen, nachdem sich dieser Mist abzeichnete.«

Gottlieb wurde hellhörig. »Was für ein Mist?« Auch Lukas Decker hörte auf, Aktenordner aus den Regalen zu ziehen.

»Der Kerl hat nicht gezahlt. Wir haben super Arbeit abgeliefert, aber er hat einfach nicht gezahlt. Nicht mal die erste Abschlagsrate haben wir bekommen. Damals hat Clemens ihn nicht mahnen wollen, weil er den Auftrag behalten und den Mann nicht verärgern wollte. Wenn Sie mich fragen, hat der Kerl nur darauf spekuliert, dass wir so reagieren. Da wusste er, dass er mit uns Katz und Maus spielen konnte.«

»Langsam. Sie meinen, Wittemann hat die Rechnungen nicht bezahlt?«

»Seit über einem Jahr warten wir auf das Geld. Wir sind in Vorleistung gegangen, haben unseren Lieferanten das Material zahlen müssen, die Fahrzeuge und Maschinen, die Löhne für die Angestellten. Und dann zahlt der Mistkerl nicht. Hier fehlt eine Leiste, dort ist ein Brett lose, meckert er ständig. An den Haaren herbeigezogen ist das, reine Schikane. Keine Ahnung, warum er das macht. In der Branche hatte er schon immer einen schlechten Ruf. Geizig, Abzüge ohne Ende. Aber gar nicht zahlen – das ist neu.«

»Hat Herr Vogel keinen Anwalt genommen, um die Außenstände einzutreiben?«

»Er hat niemandem gesagt, in welcher Klemme er steckt. Ich glaube, er hat sich geschämt, dass er die Firma so stümperhaft aufs Spiel gesetzt hat. Er hat ja nicht mal mir etwas davon gesagt. Ich habe die Auszüge nicht zu Gesicht bekommen und die Verträge nicht einsehen dürfen. Die habe ich erst heute Vormittag aus seinen Unterlagen rausgesucht, als Frau Vogel mir sagte, dass Clemens verschwunden ist. Sehen Sie sich diese Verträge an! Ich bin kein Jurist, aber ich glaube nicht, dass ich so etwas unterschrieben hätte.«

Hirth wischte sich mit seiner fleischigen Hand den Schweiß von der Stirn und machte ein hilfloses Gesicht. »Clemens ist damals so euphorisch gewesen. Irgendwie kann ich ihn verstehen. Er hat dies alles doch geerbt, um es zu bewahren. Es ging der Firma nicht besonders gut. Und dann hatte er plötzlich die Gelegenheit, etwas Eigenes aufzubauen, etwas, das die Firma, wenn es gut gegangen wäre, in eine neue Dimension katapultiert hätte. Vom Familienunternehmen in die Neuzeit, hat er mal gesagt. Ich war skeptisch, und da hat er aufgehört, mit mir darüber zu diskutieren oder mich zu informieren. Wenn er sich etwas in den Kopf setzt, dann zieht er es durch.«

Hirth sah plötzlich erschrocken aus. »Ich meine das jetzt aber nicht auf sein Verschwinden bezogen, also dass er, ich meine … Das ist ja schrecklich. So habe ich das nicht gemeint.« Er holte ein großes, nicht mehr ganz frisches Tuch aus der Hosentasche und fuhr sich damit um den Hals. »Ich sollte Ihnen wohl alles sagen. Meine Frau hilft Clemens bei der Buchhaltung, und streng genommen ist sie zu absolutem Stillschweigen selbst mir gegenüber verpflichtet. Aber am Wochenende hat sie mir ihr Herz ausgeschüttet, weil sie sich Sorgen machte. Am Mittwoch müsste Clemens beim Amtgericht Insolvenz anmelden. Können Sie sich das vorstellen? Mein

Gott, was wohl in ihm vorgegangen ist! Vierte Generation, vier Kinder. Er hat nur für den Betrieb und die Familie gelebt. Und dann das. Kein Wunder, dass er abgehauen ist.«

Gottlieb stimmte ihm zu, aber für ihn kam noch ein weiterer Punkt dazu: Was er bisher gehört hatte, war nicht nur ein möglicher Grund für Selbstmord. Vogel musste Wittemann aufgrund der Vorkommnisse verzweifelt gehasst haben. Es stand fest, dass er am Samstag ein letztes Mal sein Geld eingefordert hatte und abgewimmelt worden war. Ein Mann ohne Hoffnung. Eigentlich ein klassisches Motiv für einen Mord. Aber wie hatte er Wittemann umgebracht? Wie hätte er überhaupt an ihn herankommen können? Wittemann war den ganzen Tag mit seiner Tante zusammen gewesen und hatte sich kurz vor seinem Tod im Poolbereich allein aufgehalten.

»Wann haben Sie Vogel das letzte Mal gesehen?«

»Freitag. Er hat mir ein schönes Wochenende gewünscht und gesagt, sie wollten am Abend grillen. Ich habe ja erst am Samstag von meiner Frau erfahren, was los war, sonst hätte ich mit ihm geredet. Vielleicht hätte es einen Ausweg gegeben. Zu zweit sieht man mehr, als wenn sich jemand ganz allein verrennt. Meine Güte! Ich bin neunundvierzig. Seit siebenundzwanzig Jahren im Betrieb. Wo soll ich denn hin? Mich nimmt doch keiner mehr.«

Der Mann redete, als sei Vogel schon tot und der Betrieb geschlossen.

»Jetzt sehen wir mal zu, dass wir Ihren Chef finden, und dann wird sich alles Weitere ergeben«, versuchte Gottlieb, ihn zu beruhigen, aber er rechnete inzwischen selbst jeden Augenblick damit, dass die Kollegen anriefen und einen Leichenfund meldeten. Verzweifelt genug musste Vogel gewesen sein. Er war ruiniert, wenn das mit Wittemanns Schikane stimmte, erledigt, gebrochen, mit dem Lebenswerk von Generationen gescheitert. Einem solchen Menschen war alles zuzutrauen.

*

Als Lea eintrat, duftete die Wohnung nach Knoblauch, Basilikum und fruchtigen Tomaten.

»Ich habe am Samstag zu viel auf dem Markt gekauft, das musste weg«, erklärte Frau Campenhausen, als sie am Esstisch saßen und die köstliche Tomatensuppe kosteten. »So ist es eben. Das Leben lässt einem nicht viel Zeit zum Trauern.«

Sie schob den Teller schon nach wenigen Löffeln weg. »Entschuldigen Sie, aber ich bin etwas erschöpft. Ich habe mich heute um Raphaels Beerdigung kümmern wollen und ganz fürchterliche Dinge erlebt, geradezu grotesk.«

»Was ist passiert?«

»Der Bestatter hat mir vorerst keinen Termin für die Beerdigung geben können. Er sagte, dass Raphael in der Rechtsmedizin in Freiburg obduziert wird. Wieso informiert mich eigentlich niemand darüber?«

Wenn Angehörige nicht als Nebenkläger zugelassen waren oder als Zeugen gebraucht wurden, zählten sie nicht für die Justiz. Lea hatte schon erlebt, dass jemand erst aus der Zeitung erfuhr, wann der Prozess gegen den mutmaßlichen Mörder seines Sohnes eröffnet wurde. Sie ärgerte sich über Hauptkommissar Gottlieb. Er hätte die arme Frau Campenhausen wirklich benachrichtigen können. Stumm aß sie die Suppe auf, die ihr plötzlich fad und wässrig vorkam.

Frau Campenhausen trug die Teller in die Küche und murmelte ihrer Katze dort beruhigende Worte zu.

»Was darf ich Ihnen zu trinken bringen?«, rief sie dabei.

Lea schmunzelte. Die perfekte Gastgeberin, selbst jetzt, in einer solchen Situation. »Mineralwasser reicht. Ich kann es mir selbst holen.«

»Kommt nicht in Frage. In die Küche lasse ich Sie nur zu unseren Kochstunden, sonst ist dieser Raum für meine Gäste tabu.«

Als die Getränke auf dem Tisch standen, hakte Lea nach. »Was ist beim Bestatter außerdem vorgefallen?«

»Als Erstes hatte ich Probleme, ihn überhaupt mit der Bestattung zu beauftragen, weil dieses Fräulein Kuhn bereits vor mir tätig geworden war und ein anderes Unternehmen aus Frankfurt ausgesucht hatte. So musste ich erst einmal beweisen, dass ich Raphaels leibliche Tante bin und dieses Fräulein keinerlei Beziehung zu ihm hat. Sie hatte allen Ernstes Raphaels Überführung nach Frankfurt anordnen wollen. Sie hätte mich zumindest fragen können, nicht wahr? Das ist doch ungehörig. Nun, ich habe es mit Josephs Hilfe geschafft, der den hiesigen Bestatter kennt. Raphael bleibt natürlich in Baden-Baden. Was soll er denn in Frankfurt? Wie soll ich dort hinkommen und sein Grab pflegen? Darum würde sich diese Person doch niemals kümmern. Ach, ich habe einen sehr schönen Platz für ihn gefunden. Mit Aussicht auf den Merkur.«

Sie nippte an dem Portwein, den sie sich eingeschenkt hatte, verzog aber das Gesicht und schob das Glas weg. »Leider wird es kein normales Begräbnis geben. Er wollte verbrannt werden, sagt Nicole, seine erste Frau. Was für eine absonderliche Vorstellung. Ich werde seinen Wunsch natürlich respektieren, auch wenn ich mehr als verwundert bin. Die Urngräber befinden sich noch nicht einmal im gleichen Abschnitt, in dem Willi liegt und in dem auch ich bald ...«

»Frau Campenhausen! Dafür ist noch lange Zeit!«

»Sie sehen ja, wie schnell es gehen kann.« Frau Campenhausen zog ein mit dunkler Spitze umsäumtes Taschentuch aus ihrer Rocktasche und tupfte sich über die Augen. Dabei versuchte sie ein tapferes Lächeln.

»Verzeihung, ich sollte Ihnen nichts vorjammern. Sie wollten doch etwas über den Fall Pagenhardt erfahren, haben Sie am Telefon gesagt! Merkwürdig, dass ausgerechnet jetzt der Name auftaucht, nicht wahr? Fräulein Kuhn hat ihn gegenüber einem anderen Mann benutzt, sagen Sie? Das ist höchst verdächtig!«

Lea gab ihr insgeheim recht, wollte jedoch nicht über Sina Kuhn spekulieren, sondern ihre Wissenslücke füllen.

Frau Campenhausen spürte ihre Ungeduld offenbar, denn sie fuhr mit erhobenem Zeigefinger fort: »Ich weiß es ganz genau! Es war der 24. November 1996. Ein Sonntag. Ich kann mich deshalb so gut daran erinnern, weil Anni an dem Tag im Kurhaus ganz groß ihren fünfundsechzigsten Geburtstag feierte. Auf dem Heimweg am späten Nachmittag kamen wir zwangsläufig am Goetheplatz vorbei. Die Polizei hatte alles abgesperrt. Ich wusste gleich, dass etwas Schlimmes passiert war. Eigentlich hätten Sie in Ihrem Archiv etliche Artikel finden müssen. Tagelang wurde ganz groß darüber berichtet.«

»Ich habe vorhin niemanden erreicht.«

»Nun, Freifrau Gerty von Pagenhardt war ermordet worden, so viel stand fest, als wir dazukamen. Die Umstehenden waren erschüttert. Sie war in Baden-Baden eine Berühmtheit gewesen. Jeder kannte sie, besonders die Leute vom Theater natürlich. Sie hatte eine Schwäche für das Theater gehabt. Und dramatisch waren auch ihre Auftritte. Immer mit großem Hut, großer Brille, Modellkleid, meistens von Ungaro, dazu Perlen, egal zu welchem Anlass und zu welcher Tageszeit. Etwas übertrieben, wenn Sie mich fragen. Noch dazu, wo sie eigentlich als sparsam galt. Aber ich will jetzt nicht all den Tratsch weitergeben, das gehört nicht hierher und geht auch niemanden etwas an.«

Frau Campenhausen nahm nun doch einen winzigen Schluck. Es tat ihr sichtlich gut, mit dieser Geschichte von ihrem eigenen Unglück abgelenkt zu werden. Lea nickte ihr auffordernd zu.

»Sie lebte im zweiten Stock der Villa, allein. An jenem Sonntag wurde sie kurz vor vierzehn Uhr von ihrer Tochter tot in ihrer Wohnung aufgefunden, blutüberströmt, zwischen Flur und Salon. Jemand hatte brutal auf ihren Kopf und ihren Oberkörper eingeschlagen. Mit bloßen Fäusten, können Sie sich das vorstellen? Es fehlte nichts aus der Wohnung, nicht mal ein Stück aus ihrer wertvollen Schmucksammlung, auch lagen mehrere tausend Mark in bar herum. Also kein Raubmord. Aber die Wohnung war eindeutig durchsucht worden. Weder an der Haus- noch an der Wohnungstür gab es Einbruchspuren, das machte die Sache so mysteriös. Sie galt als extrem ängstlich und vorsichtig, also war es unwahrscheinlich, dass sie einen Fremden in die Wohnung gelassen hatte.«

»Und wer war es?«, platzte es aus Lea heraus.

»Wenn ich das wüsste! Deshalb spricht man auch heute noch in der Stadt darüber! Man hat den Täter nie gefunden. Die Polizei hat Hunderte von Spuren verfolgt, hat sogar Verdächtige festgenommen, sie aber wieder laufen lassen müssen. Zehn Wochen hat eine sechzehnköpfige Soko ermittelt, danach ging eine dreiköpfige Ermittlergruppe weiteren hundertzwanzig Spuren nach. Nichts. Der Fall ist bis heute nicht aufgeklärt. Ein Jahr später wurde er zu den Akten gelegt. Man geht davon aus, dass es jemand aus dem näheren oder weiteren Bekanntenkreis gewesen sein muss. Und jetzt wird mein Neffe ermordet, und Sie sagen, Sina Kuhn hätte den Namen Pagenhardt erwähnt? Seltsam, seltsam. Was halten Sie von diesem Fräulein? Ich traue ihr nicht. Sie hätte nach der beendeten Verlobung ein Motiv gehabt, Raphael umzubringen, finden Sie nicht? Die Kriminalliteratur ist voll davon. Oder hatte sie vielleicht selbst etwas mit dem Fall Pagenhardt zu tun? Vielleicht hatte Raphael es herausgefunden? Und dann hat sie ihn aus dem Weg geräumt. Ja, so wird es gewesen sein.«

NEUN

Das dauerte ja endlos! Nervös spielte Lea mit ihrem Kugelschreiber und wartete darauf, verbunden zu werden. Sie war extra früher in die Redaktion gekommen, um noch vor Arbeitsbeginn im Wittemann-Fall zu recherchieren. Ihre Auszeit war um, das wusste sie, aber diese Chance wollte sie noch nutzen. Wittemanns Stellvertreter, Dr. Paul Bach, war ihre letzte Hoffnung. Sie wusste nicht, wo sie sonst nachhaken konnte, denn Gottlieb war mal wieder schweigsam wie eine Auster.

»Ich wusste es«, hatte er geseufzt, als sie ihn vor zehn Minuten angerufen hatte. »Sie lassen nie locker! Es ist noch nicht mal neun, und schon steht mir der Badische Morgen auf den Füßen! Über Wittemann gibt es nichts Neues, Frau Weidenbach. Wir warten dringend auf Ergebnisse aus Freiburg.«

»Und was ist mit dem Vermissten, Clemens Vogel?« Der Bericht über die Suche nach dem Mann war heute ihre Hauptaufgabe.

»Wir haben heute Nacht sein Auto gefunden, in der Zeppelinstraße unterhalb des Merkurs. Aber da oben haben wir alles durchforstet, da ist er nicht. Deshalb habe ich das Gebiet ausweiten lassen. Fremersberg, Altes Schloss, jetzt kommt gerade die Y-Burg dazu. Er soll ein Faible für Aussichtsorte in Richtung Rheinebene gehabt haben. Mehr Anhaltspunkte gibt es nicht. Wissen Sie mehr? Sie sind doch sonst immer so gut informiert?«

Lea lachte. »Das meinen Sie jetzt nicht ernst, oder?«

Er gluckste ebenfalls, und Lea stellte verwirrt fest, dass ihr dieses dunkle Lachen unter die Haut ging. Gottliebs Stimme klang amüsiert und weich, als er antwortete: »Nicht wirklich. Ich melde mich, wenn es für Sie spannend wird, Frau Weidenbach. Versprochen. Und danke, dass Sie bisher nichts über Wittemann gebracht haben. Das erleichtert mir die Arbeit. Ich muss wieder.«

Damit hatte er aufgelegt, und sie hatte sich eingestehen müssen, dass sie mit ihrem Latein am Ende war. Oder jedenfalls fast am Ende. Vielleicht gab es noch diese eine winzige Möglichkeit.

»Bach.«

Lea atmete auf. Sie hatte Angst gehabt, dass der Mann sich weigern würde, mit ihr zu reden. Bei seiner Sekretärin waren nämlich sofort alle Schranken heruntergegangen, als sie sagte, wer sie war und wen sie sprechen wollte.

Sie stellte sich vor.

Er klang kurz angebunden. »Um was geht es?«

»Herrn Wittemanns Tante hat mich gebeten, ein paar Sachen abzuklären.«

»Hören Sie, sein Tod ist ein Riesenschock für uns. Ich kann Ihnen gar nichts sagen. Die Polizei war gestern hier. Sie haben alles durchwühlt und wichtige Ordner mitgenommen. Als wäre unser Chef nicht tot, sondern ein gesuchter Schwerverbrecher! Darüber könnten Sie etwas schreiben. Das ist unerhört!«

»Ich brauche eher private Auskünfte.«

»Da kann ich überhaupt nicht helfen.«

»Es geht um Frau Kuhn, Herrn Wittemanns Assistentin und Verlobte.«

»Es gibt keine Verlobte, und sie ist auch keine persönliche Assistentin mehr.«

»Wie bitte?«

»Ich habe schon viel zu viel gesagt.« Bach schnaufte, und Lea wurde es heiß vor Unbehagen. Hoffentlich legte er nicht auf. Wie konnte sie ihn nur zum Reden bringen?

»Es ist wichtig, dass Sie mir bestätigen, dass Sie nichts von einer Verlobung wissen. Sie behauptet nämlich, dass es eine Verlobung gab, und sie leitet daraus gewisse Rechte ab.«

Lea konnte förmlich spüren, wie Bach am anderen Ende des Telefons vor Ärger fast platzte und darüber seine Vorsicht verlor.

»Rechte? Welche Rechte? Er hat mich am Samstag zu Hause angerufen und mir aufgetragen, ihre Kreditkarten sperren zu lassen. Das können Sie ihr mitteilen.«

Das war ja sensationell! Deshalb hatte Springhoff ihr also Geld gegeben! Lea bemühte sich, ruhig zu bleiben. »Was haben Sie mit ihren Kreditkarten zu tun?«

»Die liefen über die Firma. So ist das eben bei einer persönlichen Assistentin des Chefs.« Bachs Tonfall klang säuerlich. Ganz offensichtlich mochte er die Frau auch nicht.

»Kann sie als Assistentin nicht alles rückgängig machen?«

»Ja, das würde ihr gefallen. Aber er hat vorgesorgt. Er rief Sonntagmorgen noch einmal an, und ich habe ihren Zugangscode löschen müssen. Dazu musste extra unser EDV-Mann kommen. Der war vielleicht begeistert! Aber der Chef hat es dringend gemacht; er klang total wütend. Ja, das hat man davon, wenn man Geschäftliches mit Privatem verquickt. Das geht selten gut. Auf jeden Fall hat sie keinen Zutritt mehr.«

»Hat er gesagt, warum er die Verlobung gelöst hat?«

»Erstens weiß ich überhaupt nichts von einer Verlobung. Sie waren seit ihrem Praktikum, also seit sechs Jahren, zusammen. Nach ihrem Examen vor drei Jahren wurde sie sofort seine persönliche Assistentin. Keine Ausschreibung, kein Vertrag. Ach, das ging mich auch nichts an. Über Privates hat Herr Wittemann nie geredet, und ich möchte Sie bitten, das zu respektieren. Ich hätte Ihnen das mit den Kreditkarten gar nicht sagen dürfen. Aber Sie sagten, Sie wollten die Informationen nur für seine Tante, nicht wahr? Ich bin etwas durcheinander, muss ich gestehen. Wittemann tot, die Polizei im Haus, und keiner weiß, wie es hier mit der Firma weitergehen soll. Von seiner Tante in Baden-Baden hat der Chef manchmal gesprochen. Scheint seine einzige Verwandte gewesen zu sein, oder?«

»Sieht so aus.«

»Ob sie die Wittex-Bau übernehmen wird?«

»Kaum. Sagen Sie, wissen Sie, ob er dieser Tage in Baden-Baden ein größeres Geschäft abwickeln wollte?«

»In Baden-Baden? Auf keinen Fall. Er hatte zwar eine enge Beziehung zu der Stadt, weil er in seiner Jugend oft dort gewesen ist, außerdem hat einer unserer Subunternehmer dort seinen Firmensitz. Aber wir haben keine Ambitionen, unsere Fühler nach Baden-Baden auszustrecken. Der Markt dort ist absolut gesättigt durch ortsansässige Bauträger, die ihre Finger überall haben und sowieso an die besten Grundstücke herankommen. Allerdings weiß ich, dass Frau Kuhn ihm einmal privat ein Objekt schmackhaft machen wollte. Vielleicht haben sie sich darüber zerstritten.«

»Welches Objekt?

»Tut mir leid. Keine Ahnung.«

»Könnte es vielleicht drei Millionen wert gewesen sein? Hat er manchmal Grundstücksgeschäfte in bar getätigt?«

»Jetzt fangen Sie auch noch an«, schnaufte Bach. »Die Polizei hat das ebenfalls gefragt. Wollen Sie darüber berichten? Dazu möchte ich Ihnen keine Auskunft geben. Herr Wittemann ist doch nicht mit einem Koffer voller Geld durchs Land gereist. Wie stellen Sie sich das vor!«

»Ich habe das Geld gesehen. Und fotografiert. Jetzt frage ich mich, in was er wohl verwickelt gewesen sein konnte. Dann kann es ja nur etwas Illegales gewesen sein.«

»So ein Quatsch. Hören Sie, das Geld ist sauber. Das habe ich nachgeprüft. Aber ich weiß nicht, wofür es bestimmt war. Ein Grundstücksgeschäft in Baden-Baden, das mit der Wittex-Bau zusammenhängt, kann ich ausschließen. Da war nichts geplant.«

Das glaubte Lea ihm. Frau Campenhausen hatte ihr gestern Abend berichtet, dass es zumindest in Baden-Baden keinen Notartermin für Wittemann gegeben hatte. Wofür hatte er das Geld dann gebraucht? Drei Millionen! Lieber Himmel, für eine solche Summe musste es einen Grund geben.

»Wann hat er das Geld abgehoben?«

»Freitag. Das war ziemlich kompliziert, es gab Telefonate hin und her. Ich hätte es ihm ja anweisen können, aber er wollte es in bar, sofort. Also musste ich bezeugen, dass es wirklich der Chef war. Er war in Baden-Baden, und unsere Hausbank ist hier. Aber er hat das Geld bekommen, wie gewünscht. Ich habe es in den Auszügen gesehen.«

Freitag also, während des Oldtimer-Meetings! Vielleicht hatte er es in alte Autos investieren wollen? Diese Schätzchen waren jede Menge Geld wert. Hatte einer der Oldtimer-Besitzer sich mit Wittemann um den Preis gestritten und ihn deshalb umgebracht? Vielleicht wusste der Organisator des Meetings etwas darüber. Falls es Verkaufsgespräche gegeben hatte, ließe sich das doch herausfinden!

Lea fiel noch etwas ein.

»Sie haben einen Subunternehmer aus Baden-Baden erwähnt. Wer ist das?«

»Parkett-Vogel.«

Sie vergaß, mitzuschreiben. Das war unglaublich. Was war hier los? Der Chef des Bauunternehmens tot, sein Subunternehmer verschwunden. Das hörte sich nach einem großen Ding an. »Weiß die Polizei das?«

»Sie haben ausschließlich die Unterlagen über diese Firma gesucht. Im Nachhinein war das ein Glück! Das war nämlich eigentlich Chefsache, und nur durch die Sucherei habe ich mitbekommen, dass sämtliche Rechnungen noch nicht bezahlt worden sind. Eine große Summe. Ich habe angeordnet, dem armen Teufel das Geld noch heute zu überweisen. Sonst geht er tatsächlich Pleite, wie er in seinem letzten Schreiben befürchtet hatte. Er müsste Konkurs anmelden, wenn das Geld nicht käme, hat er geschrieben. Ich glaube, morgen wäre der Termin gewesen. Das wäre eine Katastrophe für uns. Hat gute Arbeit abgeliefert, aber der Chef hatte trotzdem ständig etwas zu beanstanden. Offenbar hat er sich über irgendetwas geärgert. Da konnte er nachtragend sein. So ist er eben. War er, vielmehr. Bestimmt hätte er das Geld auf den allerletzten Drücker losgeschickt, nur um dem armen Kerl einen Denkzettel zu verpassen und ihn zappeln zu lassen.«

Lea war sprachlos. Welch eine Wende in dem Vermisstenfall.

»Ging es dabei vielleicht um drei Millionen?«

»Nicht ganz. Aber hören Sie, Wittemann hätte ihm das Geld mit einem Federstrich anweisen können. Er brauchte es nicht extra bar abzuheben.«

Trotzdem. Sämtliche Rechnungen waren nicht bezahlt worden? Allmählich begann sie zu verstehen, warum Vogel vermisst wurde. Die Firma in der vierten Generation, und ausgerechnet unter ihm geriet sie in Schieflage. Und schon morgen müsste er eigentlich Konkurs anmelden? Dann musste der Mann doch vollkommen verzweifelt gewesen sein, bereit zum Äußersten. Hoffentlich fand man ihn bald, bevor er sich etwas antat. Dazu gab es jetzt erst recht keinen Grund mehr, denn das Geld würde rechtzeitig da sein. Wie grausam, wenn er deshalb aus dem Leben schied, nur weil er nichts davon erfahren hatte.

Nichts hielt Lea mehr in der Redaktion. Sie wollte den Mann finden und ihn von einer sinnlosen Tat abhalten.

Ihr Auto hatte sich auf dem schattenlosen Parkplatz in einen Glutofen verwandelt. Sie beglückwünschte sich im Stillen, dass der gute Justus sie beim Kauf des Wagens vor drei Jahren zu einer Klimaanlage überredet hatte. Sie war damals vor ihm und seiner erdrückenden Fürsorge regelrecht von Würzburg nach Baden-Baden geflohen und hatte viel zu viel Geld für Umzug, Kaution und neue Möbel ausgegeben. Als dann auch noch ein Autokauf nötig war, hatte er sich ein letztes Mal in ihr Leben eingemischt und ihr sein Geld aufdrängen wollen; als Germanistikprofessor an der Universität Würzburg verdiente er ja genug. Aber sie hatte lieber einen Kredit aufgenommen und ihn damit sehr beleidigt. Er hatte einfach nicht einsehen wollen, dass sie auch allein zurechtkam und dass sie Freiraum brauchte. Das alte Lied zwischen ihnen. Jetzt waren sie schon eineinhalb Jahre getrennt. Es war ein stiller, aber unwiderruflicher Rückzug gewesen. Hätte sie ausgerechnet bei ihm Schulden gehabt, wäre es sicher schwieriger geworden.

Die Fahrt nach Lichtental ging eigentlich flott. Am Klosterplatz war Dienstagsmarkt. Sie kannte die Marktbauern inzwischen gut und hielt meist freitags frühmorgens beim Einkauf vor Arbeitsbeginn ein fröhliches Schwätzchen mit ihnen. Automatisch bremste sie, als sie einen freien Parkplatz sah. Sie konnte doch schnell einen Apfel mitnehmen, es würde bestimmt ein langer Tag werden.

Als sie vor den Auslagen stand, konnte sie natürlich nicht widerstehen, und so kehrte sie wenig später nicht nur mit einer Tüte Äpfel, sondern auch mit Pfirsichen, Kirschen, Tomaten, einer Gurke, zwei Paprika und einer Knoblauchknolle zum Auto zurück. Von den Kirschen naschte sie beim Weiterfahren, zwei Äpfel steckte sie sich in den Rucksack.

Sie wusste, wo die Vogels wohnten. Auf dem Weg zu Wanderungen an der Schwarzwaldhochstraße war sie oft an dem Gelände vorbeigekommen, und dabei war ihr das Firmenschild ins Auge gesprungen.

Es dauerte eine Weile, bis Frau Vogel aufmachte. Sie kannte sie von den Fotos aus dem Archiv, aber von Nachwuchs war dort nicht die Rede gewesen. Lea stellte sich vor und streckte dem Säugling auf dem Arm der Frau ihren Zeigefinger hin. Er griff sofort zu und hielt fest.

»Wie heißt er denn?«

»Finn. Sie haben sich mit Ihrem Bericht über die Suche nach meinem Mann viel Mühe gegeben, danke. Gibt es etwas Neues? Wissen Sie etwas?«

Lea schüttelte den Kopf. »Das wollte ich eigentlich …«

»Es macht mich verrückt, hier zu Hause zu sitzen und zu warten. Aber mit Finn und Madeleine – das geht einfach nicht.«

»Mama?« Ein kleines Mädchen erschien hinter Frau Vogel und drückte sich an ihr vorbei. Lea beugte sich herunter.

»Bist du Madeleine? Ich bin von der Zeitung. Weiß du, was eine Zeitung ist?«

Die Kleine nickte ernst. »Papas Bild war heute drinnen.«
»Genau. Wir suchen ihn alle.«
»Moritz weiß doch, wo er ist.«
»Ja, ist gut, Madeleine. Geh zurück ins Haus. Du wolltest doch …«
Die Kleine fing lauthals an zu heulen. »Aber Moritz weiß es. Das stimmt. Das hat er mir selbst gesagt.«
»Madeleine, geh bitte ins Haus. Mama kommt gleich. Entschuldigung, Frau Weidenbach. Die Kleine liebt unseren Großen abgöttisch. Sie glaubt, er könnte ihr die Sterne vom Himmel holen. Süß, nicht? Kinder können in einer Situation wie dieser sehr tröstlich sein.« Sie fuhr sich über die kurzen blonden Haare und verlor mit dieser Geste etwas von ihrer strengen Kühle. »Warum sind Sie hier? Ich habe Ihnen doch schon gesagt, dass ich kein Interview gebe.«
Lea berichtete von den Geldnöten ihres Mannes und der geplanten Überweisung in letzter Sekunde. Frau Vogel wurde blass und schwankte. Lea hatte schon Angst, sie könnte mitsamt dem Baby umfallen, doch dann lehnte sie sich gegen den Türholm und drückte das Kind fest an sich.
»Oh mein Gott. Das habe ich nicht gewusst. Warum erzählt er mir das nicht? Das ist doch furchtbar. Was muss er sich für Sorgen gemacht haben!«
Langsam setzte sie sich mit dem Baby auf dem Arm auf die oberste Stufe der kleinen Treppe. Ihre Lippen waren weiß und zitterten. Stumm wiegte sie das Baby, das glucksende Geräusche von sich gab.
»Clemens hat sich allein um das Geschäftliche gekümmert. Er wollte das so. Vier Kinder können einen schlauchen. Ich war abends oft so müde, dass ich auch gar nichts hören wollte. Das war falsch, ich weiß. Ich hätte mich mehr für ihn und seine Arbeit interessieren sollen. Und jetzt, jetzt ist er da draußen und …« Sie schniefte. »Er … er …«
Lea setzte sich neben sie und streichelte ihr den Arm. »Die Polizei wird ihn finden«, tröstete sie sie, wenn auch nur halb überzeugt.
Frau Vogel stieß einen verzweifelten Laut aus und schüttelte den Kopf. »Wussten Sie, dass die Polizei bei uns eine Hausdurchsuchung gemacht hat? Als wenn mein Mann etwas verbrochen hätte.«

»Man hat bestimmt nur nach Anhaltspunkten geforscht, wo man ihn suchen soll.«

»In den Geschäftsunterlagen?«

Darauf wusste Lea auch keine Antwort. »Ihr Mann ist kein Verbrecher, Frau Vogel, er hat nichts Unrechtes getan. Alle wollen ihn nur vor etwas Unüberlegtem bewahren.«

Doch das war offensichtlich nicht das, was Frau Vogel hören wollte und was sie trösten konnte. Sie begann zu weinen.

»Aber er hat doch ... oh Gott!«

Leas Alarmglocken begannen zu schwingen.

»Was hat er?«

»Nichts, gar nichts. Vergessen Sie's.«

»Frau Vogel, vielleicht kann ich Ihnen helfen, wenn Sie mir sagen ...«

»Nein, nein, um Gottes willen!«

»Was immer es ist, es erschreckt und bedrückt Sie doch.«

Die Frau presste den Säugling fest an sich und schüttelte den Kopf. Das Kind strampelte und begann zu quäken.

»Gibt es etwas, das Sie der Polizei nicht gesagt haben? Etwas, das Ihnen selbst Angst macht?« Lea kam sich vor, als habe ihr jemand die Augen verbunden und als müsse sie sich nun auf ihre anderen Sinne verlassen. Je länger sie im Ungewissen stocherte, umso sicherer war sie sich, dass die Frau etwas verschwieg. »Ist es etwas, das Ihrem Mann schaden kann? Oder würde es helfen, ihn zu finden?«

Frau Vogel stöhnte. »Gehen Sie bitte!«

»Ich habe den Eindruck, Sie haben etwas ganz Wichtiges herausgefunden. Was ist es? Kann es gefährlich für ihn sein? Braucht er Medikamente?«

Die Frau schüttelte den Kopf, dann sackten ihre hochgezogenen Schultern nach unten, als gäbe sie auf. »Ich habe es vorhin erst bemerkt. Versprechen Sie, dass Sie der Polizei nichts davon sagen ...?«

»Das mit den Schulden wissen sie schon.«

»Nein, nein, das meine ich nicht. Es hat mir keine Ruhe gelassen, und ich habe gerade nachgesehen. Der Revolver ist weg.«

»Er besitzt einen Revolver?«

»Es ist nicht seiner. Wir haben das Ding gefunden, als sein Vater starb, und wussten nicht, wohin damit. Clemens hat ihn in den Safe gelegt, und jetzt ist er weg.«

»Das muss die Polizei erfahren.«
»Illegaler Waffenbesitz. Sie werden uns anzeigen.«
»Das ist doch unwichtig. Sie werden die Waffe so oder so finden. Die Beamten sind in Gefahr, wenn sie das nicht wissen und er womöglich durchdreht.«
»Daran habe ich noch gar nicht gedacht. Dann helfen Sie mir bitte. Finden Sie ihn vor der Polizei!«
»Aber wo? Haben Sie eine Ahnung? Haben Sie auch das der Polizei verschwiegen?«
Die Frau schüttelte den Kopf.
»Gibt es einen Ort, an dem Sie früher einmal gern gewesen sind, zum Beispiel als Sie sich gerade erst kennengelernt hatten?« Lea dachte an die Bank am Rhein, auf der sie ein paarmal mit Maximilian Gottlieb gesessen hatte. Obwohl es schon zwei Jahre her war, fielen ihr jedes Mal diese zauberhaften kleinen Momente ein, wenn sie nur von Weitem beim Joggen daran vorbeikam.
»Der Merkur«, sagte die Frau und schob die Unterlippe vor. »Der war unser Treffpunkt. Da hat er mir den Antrag gemacht. Da haben wir oft noch spätabends gesessen und in die Sterne und auf die Stadt geguckt. Er hatte doch gar keine Gelegenheit, sich einen anderen Platz zu suchen. Er hat ja immer nur gearbeitet oder war mit uns zusammen.«
Auch Lea fiel spontan kein vergleichbarer Aussichtsplatz ein, den die Polizei nicht schon abgehakt hatte. Das Alte Schloss wäre solch ein Ort gewesen. Eine romantische Ruine aus dem zwölften Jahrhundert, die Ende des sechzehnten Jahrhunderts durch einen Brand zerstört worden war. Der mächtige Turm aber war erhalten, und von dort hatte man einen grandiosen Rundblick. Die Polizei hatte allerdings auch dort bereits alles durchkämmt und Clemens Vogel nicht gefunden.
Die Worte des kleinen Mädchens fielen ihr ein.
»Könnte Ihre Tochter recht haben? Wäre es möglich, dass Moritz etwas weiß?«
Frau Vogel zögerte. »Eigentlich kann ich es mir nicht vorstellen, aber ...«
»Kann ich den Jungen sprechen?«
»Der ist in der Schule.«
»Ich versuche es, wenn Sie nichts dagegen haben.«

Frau Vogels Gesicht erhellte sich. »Oh ja! Bitte tun Sie etwas. Ich kann hier nicht weg, aber Sie …!«

Die Lichtentaler Grundschule befand sich inmitten der malerischen Klosteranlage. Als Lea das unscheinbare Holztor in der hohen Mauer aufstieß, blieb sie einen Augenblick stehen, um die Gebäude auf sich wirken zu lassen. Es war, als habe jemand die Zeit um Jahrhunderte zurückgedreht; die Zisterzienserinnen-Abtei war 1245 gegründet worden, und die Gebäude, die heute als Schule dienten, sahen trutzig und verspielt zugleich aus, mit roten Sandsteinverzierungen, Bleiglasfenstern, Türmchen, Giebeln und Wetterfahnen, deren Kupfer Grünspan angesetzt hatte. Hier wäre sie als Kind auch gern in den Unterricht gegangen. Irgendwo stimmte eine Klasse ein lustiges Lied an, das auf den stillen Schulhof schallte.

Im Direktorat wurde sie erwartet. Frau Vogel hatte bereits Bescheid gegeben.

Wenig später stand ein zehnjähriger Junge vor ihr. Er hatte eine Baseballkappe in der Hand und sah sie neugierig, aber mit traurigen Augen an. Seine Schultern hingen herunter, sein Kopf sackte nach der Begrüßung gleich wieder Richtung Brust.

»Bitte den Schulhof nicht verlassen«, wurde ihnen mitgegeben, als sie hinausgingen.

Moritz blinzelte und setzte seine Kappe schief auf den Kopf. »Meine Mutter schickt Sie, hat Frau Lutz gesagt?«

»Ich bin von der Zeitung und suche deinen Vater.«

»Darf ich mit?«

»Weißt du denn, wo er ist?«

Er druckste herum. »Ich … ich darf das nicht sagen.«

Ihr Handy begann zu klingeln. Sie sah, dass es die Redaktion war. Die Kollegen wollten bestimmt wissen, wie viele Zeilen sie einplanen konnten. Das hatte Zeit. Lea drückte das Gespräch weg.

Sie setzten sich auf eine Bank unter einem Baum. Moritz baumelte mit den Beinen und betrachtete angestrengt seine Schuhe.

»Madeleine hat gesagt, du wüsstest, wo dein Vater ist.«

»Madeleine ist eine blöde Petze.«

»Warum sagst du es mir nicht?«

»Weil es ein Geheimnis ist. Meine Mutter will nicht, dass mein Vater mit uns gefährliche Sachen macht.«

Verflixt. Was konnte gefährlich sein hier in der Gegend?
Ihr Handy klingelte wieder. Wieder die Redaktion, verdammt. Sie machte das Gerät ganz aus.

»Ist er auf dem Battert?« Das größte Klettergebiet im Schwarzwald, oberhalb von Baden-Baden, mit bis zu fünfundfünfzig Meter hohen Felsen. Gute Sicht, steil und gefährlich. Aber nein, da war die Polizei schon gewesen. Das Alte Schloss lag ganz in der Nähe.

»Nee. Klettern ist uncool«, bestätigte Moritz ihre Gedanken. »Da sind nur Leute mit Sturzhelmen. Die müssen sich anleinen, sonst stürzen sie ab. Wir waren Ostern da, alle zusammen. Wir haben zugeguckt, aber es ist ja keiner runtergefallen. Langweilig.« Er kickte ein Steinchen weg, dann noch eins.

Lea schwitzte, und das kam nicht von der Sonne, die den großen Asphaltplatz aufheizte. Sie war den Umgang mit Kindern nicht gewohnt. Im vergangenen Winter hatte sie zwar ein paarmal im Fernsehen die »Super-Nanny« gesehen, ansonsten waren Kinder an ihrem Leben vorbeigegangen. Leider, musste sie heute zugeben. Sie hatte sich zwar immer eingeredet, sie habe bewusst auf Kinder verzichtet, aber wenn sie ehrlich war, hatte es sich einfach nicht ergeben. In letzter Zeit träumte sie manchmal, ein süßes, nach Milch duftendes, weiches anschmiegsames Baby im Arm zu halten, und danach wachte sie oft mit leisem Bedauern auf, dass das Leben sie auf einen anderen Weg geschickt hatte.

Im Augenblick allerdings war sie von Baby-Fantasien meilenweit entfernt. Kinder waren zwar niedlich, konnten aber auch reichlich anstrengend sein.

»Und du kennst einen Platz, wo es nicht langweilig ist und von dem deine Mama nichts weiß?«

Der Junge sah hoch. Jetzt erst bemerkte Lea, dass er um die Nase lustige Sommersprossen hatte. Die Schulglocke ertönte, drinnen hörte man Stühle rücken und Kinderlärm.

»Wart nur ihr beide dort? Ganz allein?«
Er nickte.
»Wann?«
»Als Finn kam und Jule mit Madeleine bei Tante Helga war.«
Das machte Sinn. Die Mutter zur Entbindung im Krankenhaus, der Vater mit dem großen Sohn auf Abenteuertour. Ja, das war denkbar.
»Wo, Moritz, wo!«

Die ersten Schüler kamen johlend die Treppe heruntergerannt.
»Bei den Wasserfällen.«
Himmel! Davon gab es in der Gegend einige. »Welche?«
»Ich kann Ihnen zeigen, wo sie sind, glaube ich. Vielleicht.«
»Die in Geroldsau?«
»Die doch nicht!«
»Denk nach!«
»Als wir endlich oben waren, kamen wir an einen Parkplatz, den ich kannte. Da sind wir im Winter schon mal gewesen, zum Schlittschuhlaufen.«
»Der Wiedenfelsen! Ihr seid die Gertelbacher Wasserfälle hochgestiegen?« Aber dort wimmelte es von Touristen und Wanderern. Irgendjemand hätte Vogel längst entdeckt. Man konnte nicht vom Weg abkommen, das war eine steile, schmale Schlucht. Lea war zwei- oder dreimal dort gewesen. »Komm, Moritz, die sind doch gar nicht gefährlich.«
»Über der letzten Brücke gibt es einen Felsen. Es war ganz schwierig, da raufzuklettern. Einmal wäre ich fast ausgerutscht, aber mein Vater hat mich gehalten. Oben war es schön. Wir haben durch die Bäume ins Tal gucken können. Da sind wir ganz lange gesessen, nur wir beide. Wie in einem Adlernest. Opa hat ihn früher dorthin mitgenommen, als die Bäume noch nicht so hoch waren, hat er gesagt. Da ist er jetzt, ganz bestimmt.«
Es war zumindest eine Option. Besser, als untätig zu warten.
»Erklär mir bitte ganz genau, wo ihr abgebogen seid.«
Moritz versuchte es, aber sie konnte es sich nicht vorstellen. Sie bezweifelte, Vogel aufgrund dieser Beschreibung entdecken zu können. Wahrscheinlich wäre es vernünftiger, wenn sie die Polizei informierte. Doch dann dachte sie wieder, wie verzweifelt Frau Vogel gewesen war.
»Ich versuche, ihn zu finden.«
»Ich möchte mit, bitte!«
Eigentlich war es eine gute Idee. Er konnte bei der Suche helfen und seinen Vater beruhigen, wenn sie ihn fanden. Aber sie konnte ihn nicht einfach mitnehmen, dazu brauchte sie eine Erlaubnis.
Natürlich schüttelte die Lehrerin den Kopf, verständigte aber immerhin Frau Vogel und reichte Lea den Hörer. Moritz machte ein verzweifeltes Gesicht.

»Frau Vogel, ich vermute Ihren Mann bei den Gertelbacher Wasserfällen, in der Nähe vom Wiedenfelsen. Ich würde Moritz gern mitnehmen, damit er mir die Stelle zeigt.«

»Oh bitte, nein. Gehen Sie allein. Wer weiß, in welchem Zustand Clemens ist. Ich möchte nicht, dass Moritz ihn so sieht. Bitte!«

Daran hatte Lea nicht gedacht. Lebte Vogel überhaupt noch? War er verletzt? Ganz sicher brauchte er Hilfe, und genau hier meldete sich ihr schlechtes Gewissen. Gottlieb musste erfahren, was sie herausgefunden hatte, nagte es in ihrem Kopf, egal welche Bedenken Frau Vogel hatte.

»Ich muss trotzdem die Polizei verständigen«, sagte sie so energisch wie möglich.

»Bitte, Frau Weidenbach, Sie haben versprochen, es selbst zu versuchen.«

»Ich fürchte, ich schaffe es nicht allein.«

»Versuchen Sie es wenigstens! Finden Sie ihn vor der Polizei mit ihren Hunden und Hubschraubern. Reden Sie mit ihm, beruhigen Sie ihn, damit er keine Dummheit macht.«

»Aber die Polizei muss verständigt werden. Wenn ich erst anrufe, wenn ich ihn habe, bekomme ich Ärger.«

»Das übernehme ich, Frau Weidenbach. Ich rufe Herrn Gottlieb an. In einer halben Stunde. Bitte versuchen Sie, meinen Mann vor ihm zu finden. Bitte!«

Moritz sah sie aufmerksam an und drehte seine Mütze in der Hand. Im Telefonhörer hörte sie leises Schluchzen, dann das Krähen des Babys. Das war doch verrückt. Sie konnte sich doch nicht im Alleingang in die offizielle Suche nach einem Vermissten einmischen und noch dazu die einzige konkrete Spur verheimlichen. Gottlieb würde nie wieder ein Wort mit ihr wechseln, zu Recht. Es war unmöglich!

»Bitte!«, flüsterte der Junge vor ihr, obwohl er gar nicht wusste, was sie gerade mit seiner Mutter besprochen hatte. Seine traurigen Augen sahen sie so flehend an, dass sie nicht anders konnte.

※

Ungeduldig zog Maximilian Gottlieb an der Zigarette. Sie schmeckte, als habe er Stroh angezündet. Auch der Kaffee war bitter und die Brezel trocken. Stress. Eindeutig. Er wollte raus hier, durch den Wald laufen, im Hubschrauber sitzen, Suchhunde führen. Verdammt, wo war der Mann? *Vermutlich auf einem Aussichtspunkt.* Na toll. Der Schwarzwald war voll davon. Immer noch war er sich nicht sicher, ob sie nicht einen Fehler gemacht hatten, das Merkurgebiet als durchsucht abzuhaken. Vogels Auto war nur zehn Fußminuten von der Talstation entfernt aufgefunden worden, und seine Frau beharrte geradezu störrisch darauf, ihr Mann befände sich dort oben.

Sie hatten jeden Stein umgedreht, aber Vogel konnte inzwischen sonst wo sein, auf dem Dobel, der Teufelsmühle oder noch viel weiter. Seit Sonntagmorgen wurde er vermisst. Das waren rund fünfzig Stunden. Fünf Kilometer legte ein Wanderer üblicherweise in der Stunde zurück. Er konnte aber auch den Bus genommen haben. Du liebe Güte! Sie mussten den gesamten Schwarzwald absuchen.

Er machte einen Rundgang durch die Dienststelle. Überall fremde Leute von der Bereitschaftspolizei, Hektik, Telefone klingelten, Funkgeräte quakten, manchmal entlud sich die Spannung in nervösem Lachen über Kleinigkeiten.

»Max, Telefon!« Sonja wedelte mit dem Arm. »Frau Vogel. Sie will nur dich sprechen.«

Er hechtete zum Schreibtisch, erleichtert und gleichzeitig voller Angst. Dann hörte er sprachlos zu, was die Frau ihm berichtete. »Lea Weidenbach? Gertelbacher Wasserfälle?«, wiederholte er ungläubig.

Im Raum wurde es still. Alle sahen ihn an.

Wütend knallte er den Hörer auf. »Hundert Mann zum Wiedenfelsen. Ich komme mit.«

*

Die Fahrt dauerte nicht einmal zwanzig Minuten. Vom Wiedenfelsen hatte man eine fantastische Sicht, und vor allem wehte ein kühles Lüftchen, das es im Tal den ganzen Morgen nicht gegeben hatte.

Lea tauschte ihre Sandalen gegen die Joggingschuhe, die sie immer im Wagen hatte, nahm ihren Rucksack und marschierte los. Kühl und dämmrig lag die Schlucht unter ihr. Immer wieder blieb sie stehen und sah sich nach einem Felsvorsprung oder einem versteckten Pfad um. Wanderer kamen ihr entgegen, mit roten Gesichtern. Es war eigentlich viel zu heiß für beschwerliche Touren, obwohl es in der Schlucht schattig war und das herabrauschende Wasser normalerweise für ein angenehmes Klima sorgte. Lea vermisste ihre Wanderschuhe und tastete sich die rutschigen Steinstufen hinab bis zu einer Hütte. Das war nach Moritz' Beschreibung zu weit. Also kehrte sie um und stieg wieder nach oben. An der letzten Holztreppe stutzte sie. Ein Stück abseits, im Wurzelgeflecht eines Baumes, lag etwas. Sie verließ den ausgetretenen Steig, folgte einem kaum sichtbaren Pfad und hob das Papier auf. Eine Busfahrtkarte, einfach, von Bühl zum Wiesenfelsen, abgestempelt am Sonntagnachmittag. Die konnte Vogel verloren haben.

Aufgeregt kletterte sie ein paar Felsen hinauf. Ein paarmal musste sie sich im Gestrüpp festhalten, einmal wäre sie fast abgerutscht. Sie erreichte ein kleines Plateau. Eine Zigarettenkippe lag dort. Rauchte Vogel? Zu dumm, dass sie nicht gefragt hatte. Trotzdem war Lea sich sicher, dass dies der gesuchte Platz war. Es gab eine nur begrenzte Aussicht hier, aber durch die umstehenden Bäume fühlte man sich wirklich geborgen wie in einem riesigen Adlerhorst. Wahrscheinlich war dies eine wunderschöne Aussichtsstelle gewesen, als Vogel noch klein war. Jetzt waren die Bäume zu hoch.

Sie suchte den Felsen ab, aber es gab keine weitere Spur von dem Vermissten, und hier ging es auch nicht weiter. Die Felsen hinter dem großen Steinplateau waren zu hoch, glatt und steil. Endstation. Wer auch immer hier Rast gemacht hatte, war wieder gegangen.

Enttäuscht hangelte sie sich nach unten auf den Pfad und folgte ihm zurück Richtung Parkplatz. Hier konnte sich nicmand verstecken. Oben überquerte sie eine kleinere Brücke, die auf einen unbeschilderten Weg führte. Sie ging ihn vielleicht zweihundert Meter weiter bergauf.

»Herr Vogel?«

Keine Antwort. Sie hörte nur Sägen, die sich weiter oberhalb am Berg durch Holz fraßen.

Auf dem Rückweg fiel ihr eine verkrüppelte Fichte auf, an der, halb versteckt, ein uralter, von Hand beschriebener Wegweiser lehnte. Mit einiger Mühe konnte sie die abgeblätterte Schrift entziffern. »Sickenwalder Horn. Aussicht. Zwanzig Minuten«, stand darauf. Die Spitze des Schildes zeigte auf den Berg zu ihrer Linken. Und tatsächlich, wenn man genau hinsah, schlängelte sich hier ein vergessener Pfad hinauf, weg vom Trubel, hinein in die Einsamkeit.

ZEHN

Manchmal waren Wut und Jagdfieber nicht genug, um den inneren Schweinehund zu überwinden. Diese in den Fels gehauenen unregelmäßigen Stufen zum Beispiel, die sich in die Tiefe wanden, waren steil und sahen rutschig aus. Dem Geländer war nicht zu trauen. Man konnte sich glatt den Hals brechen, wenn man nicht aufpasste.

»Darf ich?«

»Entschuldigung!«

»Lassen Sie mich durch?«

Gottlieb trat zur Seite und machte den Kollegen Platz, froh, die Entscheidung mit der Treppe noch einen Moment hinauszögern zu können. Dass er hier stand, hatte er nur Lea Weidenbach zu verdanken! Er wusste nicht, ob er ihr dankbar sein oder sich über sie ärgern sollte. Wie war sie nur an diesen Hinweis mit dem Wiedenfelsen gekommen, der erheblich erfolgversprechender zu sein schien als das blinde Herumstochern der letzten Stunden! Sie hatten in Zusammenarbeit mit den Waldarbeitern bald jede Aussichtsstelle der Region abgegrast, ohne Erfolg. Und nun kam die Journalistin, fragte wen auch immer und hatte eine Spur, von der sogar die störrische Ehefrau des Vermissten überzeugt wirkte.

»Los, los!«, trieb er die Leute an, die an ihm vorbei die Stufen hinunterhasteten. Sie mussten Vogel vor der Presse finden. Der Mann war Verdächtiger Nummer eins in einem mutmaßlichen Mordfall. Ihn dingfest zu machen war Sache der Polizei, nicht der Zeitung!

Deshalb stand er nun hier, am Beginn der Wasserfälle. Das Adrenalin pumpte ihm das Blut in den Kopf, er stand regelrecht unter Strom, wie immer, wenn er eine Spur hatte. Aber da war diese steile Treppe, und sie führte hinab in eine düstere Schlucht. Unweigerlich kroch Unbehagen seinen Rücken empor, und das ärgerte ihn. Vor einer Treppe Angst zu haben war lächerlich. Es war doch schon so lange her. Damals hatte keiner der herbeigeholten Polizisten oben an der Kellertreppe gestanden und gemurmelt: »Da kann ich nicht runter, ich habe ein Trauma.«

Seufzend gab er sich einen Ruck, dann machte er die ersten vorsichtigen Schritte. Na also, so schlimm war es doch gar nicht.

Stufe für Stufe, Schritt für Schritt tastete er sich in die Tiefe, eine Hand fest am Geländer, die andere an der Brusttasche mit den Zigaretten. Die Kollegen waren verschwunden. Es ging immer tiefer. Wo war denn nun die Stelle? Hoffentlich nicht mehr weit. Hoffentlich hatten sie sich nicht alle getäuscht. Es gab doch gar keinen Rundblick hier, nur noch die nasse Tiefe, begleitet vom Gurgeln und Schäumen des kleinen Baches, der sich mit erstaunlicher Wucht über die Felsen nach unten stürzte. Er verzichtete vorsichtshalber darauf nachzusehen, wo diese Wasserfälle ein Ende haben konnten, und konzentrierte sich weiter auf den Weg. Stufe für Stufe.

*

Nachdenklich betrachtete Lea das verwitterte Schild. Am Sonntagnachmittag hatte es hier bestimmt wie üblich vor Wanderern nur so gewimmelt. Vogel suchte vermutlich eine einsame Stelle, also musste er abseits gehen, und da war ihm vielleicht dieser Wegweiser wie ein Wink des Himmels erschienen. Eine innere Stimme drängte sie, Gottlieb sofort und persönlich zu informieren. Aber was sollte sie ihm sagen? Dass sie eine Theorie hatte und ein Bauchgefühl? Bloß nicht! Damit machte sie sich nur lächerlich. Besser, sie würde zuerst selbst nachsehen. Hatte sie recht, konnte sie Gottlieb immer noch verständigen.

Entschlossen stieg sie bergan, musste sich unter halb umgestürzten Baumstämmen durchschlängeln, sah und hörte bald nichts mehr. Im Hang unter ihr raschelte ein Tier im Laub, dann knatterte ein Hubschrauber im Tiefflug über die Bäume. Die Polizei! Frau Vogel hatte also Wort gehalten. Gottlieb war somit ohnehin in der Nähe, sie brauchte kein schlechtes Gewissen mehr zu haben. Lea blieb kurz stehen und lauschte. Allmählich verstand sie, warum die Frau so in Sorge gewesen war. Man hörte entferntes Hundegebell, das Knattern kehrte zurück. Als würde ein Täter gesucht, nicht ein Vermisster.

Sie lief schneller. Sie musste ihn vor der Polizei finden. Ein Mann mit einem Revolver, verzweifelt, und dann kam die geballte Polizeimaschinerie auf ihn zu? Das konnte ihn wirklich zu einer Kurzschlusshandlung verleiten. Um Gottes willen! Es wäre so unendlich sinnlos! Selbstmord war ohnehin nie ein Ausweg, aber hier gab es schon gar keinen Grund, im Gegenteil. Hoffentlich schaffte sie es, ihn vor der Polizei zu finden, und vor allem, ihm die Waffe abzunehmen!

Nach zwanzig Minuten erreichte sie einen breiteren Weg, den Absperrbänder und eine Schranke sicherten. »Halt! Kein Durchgang. Baumarbeiten. Lebensgefahr. Betreten verboten«, lauteten die Hinweise. Wieder kreischten Sägen, diesmal deutlich näher als vorhin.

Murrend blieb sie stehen. Die angegebenen zwanzig Minuten waren um. Und wo war ihr Ziel? Sie war einer der typischen altmodischen Untertreibungen aufgesessen, die sie nicht leiden konnte. Viel lieber verließ sie sich auf Kilometerangaben, mit denen die Wege im Schwarzwald heutzutage beschriftet waren.

Sie kroch unter den Barrieren hindurch und ging über eine Lichtung. Die Sonne brannte vom Himmel. Der Rucksack wurde ihr schwer, und sie ärgerte sich, dass sie immer noch die Äpfel mit sich herumtrug. Eine Flasche Wasser wäre jetzt hilfreicher gewesen.

Ein weiterer Wegweiser. Noch achthundert Meter.

Der Hubschrauber kam näher. Sie hechtete unter eine Baumgruppe, da jagte er schon im Tiefflug über sie hinweg. Ein Knall ertönte. Was war das gewesen? Ein Schuss? Bitte nicht!

Ohne zu überlegen, rannte sie los. Ein ausgetretener Weg führte zu einer Felsformation mit in den Stein gehauenen Stufen, die weiter nach oben führten. Sie hetzte hinauf, als wären Bluthunde hinter ihr her. Schweiß lief ihr in die Augen.

»Herr Vogel?«

Nichts.

Der Weg wurde schmaler und schmiegte sich nun eng an die mit Moos und Flechten bewachsenen Felsen. Ein paar Stufen noch, dann erreichte sie ein hellgrün gestrichenes Geländer. Es war still geworden, nur ein paar Hummeln und Fliegen summten und brummten.

»Herr Vogel?«

Nichts. Einsam war es hier. Der Weg sah unbenutzt aus, und Lea verließ der Mut. Hier war doch niemand. Sie hatte sich getäuscht. Warum gestand sie es sich nicht einfach ein und kehrte um? Aber jetzt war sie so weit gegangen, jetzt konnte sie die letzten Schritte auf den Gipfel auch noch machen. Noch eine Kehre, ein letztes Klettern über ein paar dicke Felsen, dann ...

»Herr Vogel!«

Da lag er, mit bloßem Oberkörper, ausgesteckt auf nacktem Stein, der von einem überhängenden Brocken notdürftig beschattet wurde.

Er hatte nur wenig Ähnlichkeit mit dem Mann auf dem Foto, das die Polizei ausgegeben hatte, sondern sah eher wie ein verwirrter alter Mann aus, unrasiert, mit einem schlimmen Sonnenbrand im Gesicht, an den Armen und auf dem Oberkörper. Den rechten Fuß hatte er mit einem T-Shirt umwickelt. Es war durchgeblutet.

Sie ging in die Hocke und rüttelte den Mann. Er stöhnte, rührte sich aber nicht. Er roch durchdringend nach Schweiß und Schnaps.

»Herr Vogel!«

Endlos langsam öffnete er die Augen, blinzelte verstört und hob seinen Kopf ein paar Zentimeter, ließ ihn aber gleich wieder stöhnend auf den Felsen zurücksinken. Wie in Zeitlupe griff er sich an die Stirn.

»Mein Kopf!« Dann öffnete er die Augen wieder. »Wer sind Sie?«

Lea fasste ihn am Arm. »Alles in Ordnung?«

»Mein Bein!« Er verzog das Gesicht. »Selbst dazu bin ich nicht fähig. Erst wollte das Ding nicht, dann ging es doch los. In den Fuß. Typisch. Ich bin ein Versager auf der ganzen Linie. – Haben Sie etwas zu trinken?« Seine Zunge fuhr über die aufgesprungenen Lippen.

»Leider nein. Einen Apfel?«

Hungrig biss er hinein. Nach vier, fünf Bissen war nichts mehr da, selbst das Kerngehäuse hatte er verschluckt. Währenddessen schaltete Lea ihr Handy ein. Bis es Empfang hatte, konnte sie nicht anders, als für eine Sekunde innezuhalten. Die Aussicht von den turmhohen Felsen war atemberaubend: Unter ihr dehnte sich das liebliche lang gestreckte Bühlertal mit seinen sanften grünen Hügeln und den verstreuten roten Hausdächern aus, weiter hinten öffnete sich der Blick über die weite Rheinebene bis zu den Vogesen. Links lag Straßburg im Dunst, rechts auf der Bergkette das Hotel Bühlerhöhe, darunter in der Mitte der Wiedenfelsen mit dem unübersehbaren Tagungsgebäude, darüber in weiter Ferne der Turm der Badner Höhe. Was für ein Panorama!

Gottlieb meldete sich sofort. Er war richtig sauer. »Verdammt, wo sind Sie? Ihr Handy ist aus. Ihre Alleingänge gefährden die Ermittlungen in einem Mordfall. Und alles nur für eine exklusive Geschichte.«

Lea traute ihren Ohren nicht. Sie gefährdete die Ermittlungen in einem Mordfall, weil sie einen Vermissten suchte? Jetzt übertrieb Gottlieb aber.

»Ich habe ihn.«

»Wo? Alles okay?«

Sie beschrieb ihm, wo sie war.

»Wir sind in fünf Minuten da. Halten Sie ihn fest. Und seien Sie vorsichtig. Er ist gefährlich.«

»Herr Vogel kann nicht laufen. Er hat sich den Fuß verletzt.«

»Wir haben einen Rettungswagen dabei und bringen eine Trage mit. Passen Sie trotzdem auf.«

Verwirrt beendete sie das Gespräch. Was war mit Gottlieb los? Warum sollte sie sich vorsehen? Und welchen Mordfall hatte er gemeint? Es dauerte nur einen winzigen Augenblick, dann wusste sie es: Er hielt Vogel für den Mörder Wittemanns. Das war doch absurd. Oder? Oder?

Nun, Vogel war wegen der Außenstände immerhin so verzweifelt gewesen, dass er sich umbringen wollte. Hatte er sich vorher an Wittemann gerächt?

Ohne gesicherte Todesursache war doch alles nur Spekulation, und Wittemann hatte garantiert keine Kugel im Körper gehabt. Andererseits hatte Gottlieb unmissverständlich von Mord gesprochen. Gegen ihren Willen fuhr ihr nun auch der Schrecken in die Glieder. Wo war Vogels Revolver? Hatte er ihn noch bei sich? Griffbereit und geladen womöglich? War sie selbst in Gefahr?

*

Sina Kuhn war die impertinenteste Person, die ihr jemals unter die Augen gekommen war. Ärgerlich tupfte sich Marie-Luise ein paar Tropfen Kölnisch Wasser an die Schläfen, während sie versuchte, ihren Zorn über das vorangegangene Telefonat zu bändigen. Raphaels Zimmerschlüssel hatte dieses Fräulein verlangt, und das mit einer Dreistigkeit, die nicht zu überbieten gewesen war. Auf dem Gipfel der Auseinandersetzung hatte sie auch noch gedroht, einen Erbschein zu beantragen. Als hätte sie irgendwelche Rechte an Raphael oder seinem Vermögen. Es war höchste Zeit, diesem Fräulein in einem persönlichen Gespräch die Meinung zu sagen!

Zerstreut holte sie ein sauberes Taschentuch aus dem Schrank, überprüfte noch einmal ihr Aussehen und wollte schon loslaufen, da fiel ihr ein, dass es nicht schlecht wäre, bei dieser Zusammenkunft einen Zeugen dabeizuhaben. Joseph meldete sich benommen aus seinem Mittagsschlaf, war aber sofort zu allem bereit.

»Ich komme nach«, versprach er. »In einer halben Stunde kann ich da sein.«

So lange wollte Marie-Luise nicht warten. Sie verabredeten sich gleich im Hotel, und sie ging endlich los. Sie brauchte ja nur ein kurzes Stück die Fremersbergstraße hinunterzulaufen, die Allee und den Oosbach zu überqueren, dann war sie schon dort. Zu kurz für eine Fahrt mit dem Taxi, ein Katzensprung normalerweise. Wenn nur diese Hitze nicht wäre! Im Radio hatten sie etwas von vierzig Grad gesagt! Wie gut, dass sie am Vormittag schon alle Rollläden heruntergelassen und die Fenster geschlossen hatte. So würde sich wenigstens ihre Wohnung nicht zu sehr aufheizen.

Anders als sonst spendeten noch nicht einmal die uralten Bäume der Lichtentaler Allee Kühle zum Aufatmen. Im Tal stand die Luft, und Marie-Luises Gang wurde immer schleppender, als würde sie mit jedem Schritt ein Stück ihrer Energie verlieren. Schon kam die üppige Fassade des Brenner's mit den grün-weiß gestreiften Markisen ins Blickfeld. Das Grandhotel stand seit mehr als hundertfünfzig Jahren im Mittelpunkt der gesellschaftlichen Aktivitäten der Stadt. Erst war es die Pariser Eleganz gewesen, die hier abstieg, dann, nach dem deutsch-französischen Krieg, war der internationale Hochadel gekommen, und seitdem war der Strom der illustren Gäste mit kurzen Unterbrechungen nie abgerissen: Fürst Otto von Bismarck, der spätere englische König Eduard VII., der Fürst von Monaco und der Maharadscha von Kapurthala, Konrad Adenauer bis hin zu Boris Jelzin und Bill Clinton in der neuesten Zeit. Mit Wohlbehagen ging sie im Geiste all die Namen und Epochen durch. Ja, sie war als waschechte Baden-Badenerin auf dieses Hotel genauso stolz wie auf alle anderen Sehenswürdigkeiten der Stadt.

Aber heute hatte sie für solche Schwärmereien keine Zeit. Sie musste immer langsamer gehen, weil die Hitze ihr die Luft nahm. Vielleicht sollte sie heute Abend ihren Blutdruck messen. Sie hatte sich das Gerät letzte Woche gekauft, heimlich, und es wie eine Niederlage empfunden. Sie hatte sich noch niemals ernsthafte Gedanken um ihre Gesundheit gemacht, aber ihr Arzt hatte ihr vor ein paar Wochen merkwürdige Sorgen eingeflüstert. Vielleicht sollte sie sich einen anderen suchen, der ihr einfach nur bestätigte, dass sie gesund war. Gesünder jedenfalls, als sie sich in diesem Augenblick fühlte. Sie blieb einen Moment zum Verschnaufen stehen und fächelte sich mit der Hand notdürftig Luft zu, nicht ohne sich zu vergewissern, dass kein Bekannter in der Nähe war, der sie, womöglich besorgt, auf ihren Zustand ansprechen konnte.

Ach, was hatte sie denn nur für Gedanken! Daran war doch nur die Aufregung um diese Sina Kuhn schuld. Sie zwang sich, weiterzugehen, und sprach sich Mut zu. Sie würde sich von diesem jungen Ding nicht ungebührlich behandeln lassen. Sie würde ganz ruhig bleiben und die Oberhand behalten, jawohl!

Wenig später war sie schon wieder in der Lage, mit Bellcaptain Knittel ein paar Worte zu wechseln. Auch ihm war bestimmt heiß, denn unter dem dunkelroten Baldachin glühte die Luft wie im Backofen, und trotzdem stand er aufrecht vor dem Hoteleingang und begrüßte die ankommenden Gäste verbindlich und freundlich wie immer. Sie bewunderte ihn dafür, denn sie war mehr als heilfroh, als sie endlich die deutlich kühlere Eingangshalle betreten konnte.

Sina Kuhn saß in der Oleander-Bar, natürlich! Der unpassende Raum zur unpassenden Zeit. Nach siebzehn Uhr konnte man als Dame durchaus auch ohne Begleitung in einer Bar einen Aperitif nehmen, ja, aber doch nicht nachmittags um vierzehn Uhr ein Glas Schnaps vor sich haben und dazu eine Zigarette rauchen. Misstrauisch beäugte Marie-Luise die Barhocker. Es sah bestimmt nicht sehr elegant aus, wenn man dort Platz nahm. Diese Person thronte darauf wie eine Königin der Nacht, die Beine übereinandergeschlagen, der kurze Rock nach oben gerutscht und die Bluse für die Tageszeit zu weit ausgeschnitten. Aber hatte sie von einer Frau wie dieser etwas anderes erwartet?

»Ich würde gern in der Kaminhalle einen Tee nehmen«, sagte Marie-Luise zur Begrüßung.

Das Fräulein rutschte wortlos, aber mit einer kleinen herablassenden Grimasse vom Hocker, nahm ihr Glas und folgte ihr mit der brennenden Zigarette in der Hand. Marie-Luise hoffte inständig, dass kein Bekannter sie in dieser Begleitung sah.

Ein Jungpana Darjeeling war genau das Richtige für den Nachmittag. Sie gab ihre Bestellung auf, dann sah sie ihrer Gegnerin kampfeslustig ins viel zu stark geschminkte Gesicht.

»Warum wollen Sie wirklich in Raphaels Suite?«, begann sie.

Sina Kuhn drückte ihre Zigarette aus. »Na hören Sie mal! Wie spielen Sie sich auf! Ich bin Raphaels Verlobte …«

»… *Sie waren*, bitte!«

»Das stimmt nicht. Hören Sie, mit fünfundsiebzig ist es nicht schlimm, wenn wir manchmal etwas durcheinanderkommen. Aber wir dürfen uns nicht so an unseren Hirngespinsten festhalten.«

Marie-Luise presste ihre Lippen genauso fest aufeinander, wie ihre Hände das Handtäschchen auf ihrem Schoß umkrampften. Jetzt bloß kein unbedachtes Wort, sonst würde es einen weiteren Mord in diesem Fünfsternehotel geben.

Ohne um Zustimmung zu bitten, zündete sich die Person eine neue Zigarette an und blies den Rauch über den Tisch. »Ich möchte Ralfis Sachen ordnen und dann nach Frankfurt fahren. Ich brauche ein paar Unterlagen aus seiner Aktentasche, schließlich muss ich die Geschäfte weiterführen. Ich bin seine rechte Hand im Betrieb. Ohne mich läuft nichts.«

Für einen Augenblick war Marie-Luise verunsichert. Konnte es sein, dass sie Raphael falsch verstanden hatte? Vielleicht hatten sie sich kurz vor seinem Tod wieder versöhnt? Heutzutage ging das manchmal recht schnell. Aber dann wäre diese Frau doch zum Abendessen erschienen. Nein, nein, sie täuschte sich ganz bestimmt nicht.

»Können Sie beweisen, dass Sie zum Zeitpunkt des Todes noch verlobt waren? Dann gebe ich Ihnen gern den Schlüssel.«

»Sehen Sie!« Sina holte einen Zeitungsausschnitt aus ihrer flachen schwarzen Handtasche. »Hier steht es schwarz auf weiß: Raphael Wittemann und seine Verlobte Sina Kuhn, die am 2. Oktober dieses Jahres heiraten werden.«

»Das akzeptiere ich nicht. Dieser Artikel ist zwei Tage vor seinem Tod erschienen. Dazwischen muss etwas Schlimmes geschehen sein, und ich werde schon noch erfahren, was es war.«

Die Person wurde unter ihrer Schminke blass, das konnte Marie-Luise deutlich erkennen. Tausend Krimis purzelten ihr durch den Kopf. Was hatte Raphael wohl über diese Frau herausgefunden, das zu einem so abrupten Zerwürfnis geführt hatte? War vielleicht ein anderer Mann im Spiel? Ja, genau! Hatte Frau Weidenbach nicht etwas von einem Herrn erzählt? Wie hieß er noch gleich?

»Stingdorf? Stinhof?«, probierte sie halblaut.

Sina Kuhn setzte sich kerzengerade auf. Der Name machte sie offenbar nervös.

»Gab es einen anderen Mann, Fräulein Kuhn? So etwas lässt sich recherchieren.«

»Unsinn. Nichts dergleichen. Ich kenne Herrn Springhoff aus meiner Jugend.«

»Und warum hat er Ihnen gestern Geld gegeben?«

»Das geht Sie nichts an. Es hatte nichts mit Ralfis Tod zu tun.«

»Nichts? Ich nenne einen anderen Namen. Pagenhardt. Was sagen Sie dazu?«

Sina Kuhn sprang hoch, wie von einer Wespe gestochen. »Jetzt ist es gut. Den Schlüssel bitte.«

Marie-Luise spürte ihr Herz pochen und rumpeln und aussetzen und wieder anspringen. Detektivin zu sein war anstrengend. Vielleicht sollte sie es allmählich jemandem Jüngeren überlassen.

»Nennen Sie mir einen triftigen Grund, warum Sie in das Zimmer wollen. Ich finde Sie pietätlos, mein Fräulein. Raphael ist noch nicht unter der Erde, und Sie benehmen sich derart ungezogen.«

»Ich habe mich erkundigt. Zumindest juristisch habe ich das Recht, einen Monat lang in der gewohnten Umgebung zu bleiben. Und dazu gehört zweifelsohne auch die Suite. Wenn ich also um den Schlüssel bitten darf.«

Um Zeit zu gewinnen, spielte Marie-Luise mit dem Verschluss ihrer Handtasche. Es behagte ihr nicht, diese Frau in Raphaels Sachen stöbern zu lassen. Gab es denn keine Möglichkeit, sie daran zu hindern? Was wäre, wenn sie den Schlüssel einfach behielte? Vermutlich würde das Hotel der angeblichen Verlobten den Zweitschlüssel trotzdem aushändigen, und sie würde dann nicht einmal mehr kontrollieren können, was dieses Fräulein an sich nahm. Sie goss sich den Rest des überaus köstlichen Tees ein, nahm noch einen Schluck, dann hatte sie die Lösung.

»Ich komme mit. Ich schließe Ihnen auf, und Sie können in seinen Unterlagen nachschlagen, was Sie benötigen. Ich werde das Hotel bitten, den Rest zu verwahren, bis wir eine gerichtliche Entscheidung haben.«

Sina Kuhn legte den Kopf schief, als dächte sie über den Vorschlag nach. »Ich habe aber noch etwas Persönliches in der Suite«, sagte sie langsam.

»Und was wäre das bitte?«

»Eine dunkelblaue Sporttasche.«

Die Tasche, ausgerechnet! Wieder setzte Marie-Luises Herz aus. Sie war zu weit gegangen. Dieses Gespräch hätte sie wirklich der Polizei überlassen sollen. Das war eine Nummer zu groß für sie. Intensiv rang sie um Fassung, versuchte, langsam zu atmen, sich gerade zu halten, aber sie konnte sich nicht beruhigen. Sie wusste nur eines: Sie brauchte Hilfe.

ELF

»Der Mann muss ins Krankenhaus«, sagte der Sanitäter, nachdem er Vogel untersucht hatte. »Die Schussverletzung muss versorgt werden, außerdem ist er dehydriert. Morgen können Sie ihn haben.«

Gottlieb schnaubte ungeduldig. »Moment, Moment, nicht so schnell. Schussverletzung? Sie haben eine Waffe? Wo ist die? Herr Vogel, antworten Sie mir!«

Vogel drehte seinen Kopf in Richtung einer Felsspalte, und wenig später hielt einer der Beamten einen altmodischen Revolver wie eine Trophäe hoch.

Gottliebs Magen krampfte sich zusammen. Wittemann war zwar definitiv nicht erschossen worden, aber wer eine Waffe mit sich führte, war zu allem fähig. Er würde schon noch dahinterkommen, wie Vogel Wittemanns Tod herbeigeführt hatte, dem Kerl traute er jetzt alles zu.

»Wo waren Sie am Sonntagnachmittag und -abend?«

»Hier«, krächzte Vogel und leckte sich die Lippen. Jemand reichte ihm eine Wasserflasche. Er setzte sie an und trank und trank, ohne Luft zu holen, bis ihm der Sanitäter die Flasche mit einer ruhigen Bewegung wegnahm.

»Sie dürfen gleich weiter trinken. Aber langsam, okay?«

Wie ein durstiges Kind streckte Vogel die Hand aus.

»Wann sind Sie hier angekommen. Und wie? Ihr Auto haben wir inzwischen gefunden.«

»Es waren so viele Menschen am Merkur. Ich bin in den Bus gestiegen und nach Bühl gefahren und von dort die Schlucht hoch. Ich wollte zu dem alten Platz …«

»Was wollten Sie dort?«

Der Sanitäter schob Gottlieb ein Stück weit zur Seite, um Vogel mit einem Kollegen auf eine Trage zu heben.

Vogel stöhnte und schnitt eine schmerzverzerrte Grimasse.

»Sagen Sie es ihm«, mischte sich die Weidenbach ein, und Gottlieb platzte der Kragen. So gern er die Frau mochte, aber hier war sie im Augenblick vollkommen fehl am Platz. »Es reicht!«

Die Journalistin verzog das Gesicht. »Sehen Sie ihn sich doch an, der Mann ist völlig fertig. Ich wollte nur helfen. Er hat versucht sich umzubringen, und ich kann Ihnen auch sagen, warum. Die Firma Wittex …«

»Frau Weidenbach, es ist genug.«

»Herr Vogel, Wittex hat Ihre Rechnungen heute beglichen. Machen Sie sich keine Sorgen mehr …«

»Schluss jetzt. Dies ist eine polizeiliche Vernehmung. Verlassen Sie bitte das Gelände, Frau Weidenbach.« Demonstrativ drehte Gottlieb ihr den Rücken zu. »Herr Vogel, uns ist bekannt, dass die Firma Wittex hohe Außenstände bei Ihnen hatte und Sie deshalb fürchteten, Konkurs anmelden zu müssen. Sie haben Wittemann am Samstag mit Mord gedroht …«

»Wir können los«, vermeldete der Sanitäter ungerührt. »Verhaften Sie den jetzt, oder kann er in die Stadtklinik?«

»Stadtklinik, verdammt!« Gottlieb hätte am liebsten mit der Faust auf den Felsen gehauen, aber er beherrschte sich. Die Leute hatten recht, Vogel brauchte ärztliche Versorgung. Das sah er ja selbst.

Brummend lief er hinter der Gruppe her, gefolgt von der Weidenbach, die plötzlich begann, Fotos zu schießen. Er hob die Hand und stellte sich ihr in den Weg, bereit für ein Duell. Sie sah ihn ebenso streitlustig an.

»Sie haben vorhin am Telefon von einem Mordfall geredet – wie ist Wittemann nun umgebracht worden?«

Das war die falsche Frage. Es gab zwar ein Motiv, eine Drohung, und sogar einen zweiten Verdächtigen mit einem vereitelten Mordanschlag, aber solange Wittemanns Todesursache nicht eindeutig feststand, konnte er nicht weitermachen. Er wusste noch nicht einmal, welchen Alibizeitpunkt er untersuchen sollte.

Mit Mühe versuchte er, seinen Ärger herunterzuschlucken. In ein, zwei Stunden wusste er bestimmt mehr, und dann würde er loslegen. Bis dahin war es besser, die Ruhe zu bewahren. Er holte sich eine Zigarette aus der Brusttasche, auch wenn sich sofort sein schlechtes Gewissen meldete. Brauchte er den Glimmstängel überhaupt? Konnte er nicht eine Stunde ohne sein? Weg mit diesen Gedanken. Die hatten Zeit bis morgen.

»Was haben Sie erfahren? Wie kommen Sie überhaupt hierher? Und wer hat Ihnen von den Rechnungen erzählt?«, fuhr er sie an.

Ein dunkelgrüner Jeep des Forstamts hielt neben ihnen. »Waldbrandgefahr, bitte nicht rauchen«, rief der Fahrer kopfschüttelnd durch das geöffnete Fenster, dann holperte der Wagen weiter.

Knurrend steckte Gottlieb die Zigarette zurück und gab den Kollegen ein Zeichen, loszufahren. »Ich laufe zum Parkplatz«, rief er ihnen nach.

Lea Weidenbach steckte die Kamera ein und nahm ihren Rucksack auf.

»Sie meinen also, Vogel könnte etwas mit Wittemanns Tod zu tun haben?«, fragte sie, als sie allein waren.

Er beschloss, ihr einfach nicht zu antworten. Langsam setzte er sich in Bewegung, und schon merkte er, wie ihm diese paar Schritte guttaten. Wann war er das letzte Mal gewandert? Ostern? Warum hatte er nur eine so lange Pause gemacht? Er wanderte doch gern!

Die Sonne brannte, aber ein leichter Lufthauch machte es gerade noch erträglich.

Ihre Schritte fanden sich zum Gleichklang. Die Brise strich sanft durch die Blätter, es roch nach Sommer. Es machte Spaß, zu zweit zu laufen und miteinander zu schweigen. Vielleicht war er nur deswegen so lange nicht losgegangen, weil es allein langweilig war? Seinen einsamen Gedanken konnte er auch auf der Bank am Rhein, in seiner Dachwohnung oder beim Saxophonspielen nachhängen.

»Ist es nicht herrlich hier?«, murmelte die Weidenbach und lächelte, ohne ihn anzusehen.

Am liebsten wäre er mit ihr ans Ende der Welt weitergegangen.

Aber da kam schon ihre nächste Frage und erstickte seine sehnsüchtige Regung im Keim.

»Kennen Sie nun die Todesursache?«

»Ach Frau Weidenbach. Können Sie bitte für zehn Minuten Ihren Beruf vergessen?«

»Und dann sind wir am Auto, und Sie brausen mir davon, nein, nein. Ich kenne Sie.«

»Wie sind Sie auf Vogels Aufenthaltsort gekommen?«

»Erst Sie, dann ich.«

Er seufzte tief. Schade, da flog der Moment der Zweisamkeit davon. Allmählich sollte er sich an diese Stimmungsschwankungen mit Lea Weidenbach gewöhnt haben, aber er bedauerte es trotzdem immer wieder von Neuem. Wie schön wäre es, sich mit ihr einmal über dieses herrliche Fleckchen Natur und die Aussicht auszutauschen, aber sie hatte ja nur ihren Beruf im Kopf.

Ach, vielleicht war es auch besser so. Das konnte doch gar nicht gut gehen mit ihnen beiden.

Er überlegte, was er ihr mitteilen durfte.

»Vogel hat Samstag gedroht, Wittemann zu töten, und er verschwand ausgerechnet an dem Tag, an dem dieser Mann tatsächlich starb. Da ist ein gewisser Verdacht nicht von der Hand zu weisen.«

»Sie denken also auch an Mord. Aber Vogel als Täter? Ich weiß nicht, ich glaube ihm eigentlich, dass er zur Todeszeit bereits hier gewesen war. Haben Sie eigentlich schon überprüft, wo die schöne Sina Kuhn war?«

Gottlieb ärgerte sich über die Frage, denn er hatte keine befriedigende Antwort. Natürlich hatte die Weidenbach recht: Er hätte die Ermittlungen im Fall Wittemann mit viel größerem Nachdruck vorantreiben müssen, statt wie gelähmt auf den Bescheid aus Freiburg zu warten. Er kontrollierte sein Handy. Ja, es war eingeschaltet. Wo blieb der Anruf? Wieso brauchten die so lange? Wie sollte er weitermachen, wenn er kein Ergebnis hatte?

Das war wichtig, um herauszufinden, wie Vogel den Mann erledigt hatte, und vor allem, wann! Am frühen Abend nach dessen Zusammensein mit Frau Campenhausen? Es war höchst unwahrscheinlich, dass Wittemann sich überhaupt mit ihm abgegeben hatte. Hatte Vogel ihm Gift verabreicht? Welches? Wie? Im Champagnerglas? Aber das hatte Wittemann unter Zeugen aus der Bar mitgenommen.

Lea Weidenbach kickte einen Stein vor sich her. Ihr Haar glänzte in der Sonne wie goldene Seide, und automatisch fuhr seine Hand wieder zur Brusttasche. Gleich am Auto würde er sich eine anzünden. Er brauchte dringend Nikotin. Nur deswegen vibrierten seine Nerven. Das hatte nichts, aber auch gar nichts mit Lea Weidenbachs Nähe zu tun.

Sie blieb stehen und sah ihn ernst und gleichzeitig fragend an. Er merkte, wie ihm ein Schweißtropfen den Rücken hinunterlief. Wenn sie weiterfragte, würde er ihr alles sagen, was er wusste, fürchtete er. Wer konnte solchen Augen schon widerstehen?

»Könnten die drei Millionen auch mit dem Oldtimer-Treffen zusammenhängen?«, begann sie. »Kann es theoretisch möglich sein, dass Wittemann wertvolle alte Wagen kaufen wollte und mit den Eigentümern oder dem Eigentümer in Streit geriet?«

»Davon ist uns nichts bekannt. Das haben die Kollegen abgeklärt. Es gibt keine Anhaltspunkte für Auseinandersetzungen, nur den Auftritt Vogels und die Sache am Mittwoch.« Verdammt, warum war ihm das jetzt herausgerutscht? Das mit Urbanek und dem Anschlag ging die Weidenbach nichts an. Vorerst jedenfalls nicht, bis sie den Mann vernommen hatten. Bis jetzt sah es so aus, als sei er ein unbeschriebenes Blatt, ein seriöser pensionierter Gymnasiallehrer, dessen Frau vor Kurzem gestorben war. Mehr hatten sie nicht über ihn, aber die Ermittlungen liefen noch, so hoffte er wenigstens. Die Würzburger Kollegen hatten den Mann bislang nicht angetroffen oder sich vielleicht auch nicht richtig bemüht, weil es ja noch keinen Fall gab, nur diese »Sachbeschädigung«.

»Was für eine Sache?«, bohrte Lea Weidenbach sofort nach.

»Ich sage nichts mehr«, schnappte er, über sich selbst verärgert. »Sparen Sie sich weitere Fragen.« Dabei machte er ein so grimmiges Gesicht, dass sie ihm tatsächlich, wenn auch deutlich widerwillig, eine Atempause gönnte.

*

Ihr Flehen wurde erhört: Die Hilfe prangte in Form eines Polizeisiegels an Raphaels Hoteltür. Marie-Luise knickten die Knie ein vor Erleichterung, während ihre Begleiterin einen hässlichen Fluch ausstieß und mit der Faust gegen die Tür schlug. Unbeherrscht war sie auch noch!

Zurück in der Kaminhalle kramte ihre Widersacherin nervös in ihrer Handtasche und holte einen merkwürdig vertrauten Schlüsselbund und die schrecklichen langen Zigaretten hervor. Der richtige Zeitpunkt, sie zu überrumpeln, fand Marie-Luise und verdrängte, dass ihr ein Erinnerungsbruchstück durch den Kopf schoss, sich aber leider nicht festhalten ließ.

»Kriminalhauptkommissar Gottlieb hat den Inhalt der Sporttasche am Sonntag sichergestellt«, sagte sie und beobachtete ganz genau, wie Sina Kuhn darauf reagieren würde. Wusste sie etwas von dem Geld? War sie hinter den Millionen her? Warum sonst zeigte sie ausgerechnet an dieser Sporttasche solches Interesse?

Ihre Verdächtige ließ zwar die Zigarette fallen, ehe sie angezündet war, doch das war es auch schon. Mit unbewegtem Ausdruck schnippte sie das Feuerzeug an. »Und wann wird der Inhalt freigegeben?«, fragte sie ohne ein einziges leises Beben in der Stimme.

Abgebrüht, genau wie sie sie eingeschätzt hatte!

»Wenn der Mord aufgeklärt ist.«

»Es gibt keinen Mord, verdammt. Ich will nur die Tasche.«

»Geben Sie doch zu, dass Sie hinter dem Geld her sind, das in der Tasche war!«

Immer noch zuckte ihr Gegenüber nicht mit der Wimper. Ein deutliches Zeichen, dass sie Bescheid wusste. Langsam stieß Sina Kuhn den Rauch aus. »Dann ist das mein Geld.«

»Ihr Geld? So, so. Das wird die Polizei sehr interessieren. Woher stammt es denn?«

»Ich habe nicht gesagt, dass es mir gehört hat. Aber es steht mir zu. Wir werden schon sehen, wer Ralfis Erbe ist, Sie oder ich.« Hochnäsig setzte Sina Kuhn nach: »Und ich möchte noch einmal über die Beerdigung reden. Ich finde es falsch, ihn hier in Baden-Baden zu bestatten. Und dass er eingeäschert werden soll, sowieso. Das hätte er nie gewollt.«

Marie-Luises Selbstbewusstsein schrumpelte zusammen wie eine Schnecke in der Sonne. In diesem Punkt stimmte sie mit Sina Kuhn sogar überein, aber da er mit Nicole offenbar sehr konkret darüber gesprochen hatte, mussten sie den Wunsch respektieren.

Der andere Punkt aber brachte ihr die Sprache wieder. »Raphael bleibt hier«, sagte sie streng. »Er war hier bei uns immer sehr glücklich. Ich bin die einzige direkte Verwandte, die er hat, und die Einzige, die sich wohl um sein Grab kümmern wird.«

Ihre Gegnerin klopfte die Asche von ihrer Zigarette. »Wie Sie wollen. Wenn ich ein Testament finde, in dem etwas anderes steht, dann werde ich ihn auf Ihre Kosten umbetten lassen. Für die Trauerpost lasse ich Ihnen eine Liste seiner Freunde und Geschäftspartner zukommen. Das können Sie ja auch gleich erledigen.«

Marie-Luise wurde immer kleiner. Sie war es nicht gewohnt, dass jemand in diesem Ton mit ihr sprach.

Sina Kuhn spürte das natürlich und machte unerbittlich weiter: »Der Mercedes wird hoffentlich nicht auch in Polizeigewahrsam sein, oder?«

Das ging zu weit.

»Das ... das ist mein Wagen. Willi hat mich damit zur Hochzeit chauffiert.«

»Er gehört Ralfi seit drei Jahrzehnten. Er hat ihn restauriert, er hielt ihn in Schuss und – er hat ihn mir zur Verlobung geschenkt.«

Die Aufregung hob Marie-Luise aus dem Polster. Sie schaffte es halb hoch, dann sank sie kraftlos zurück.

»Das ist nicht wahr! Der Wagen hat mich mein ganzes Leben begleitet. Ich hänge an ihm. Raphael hat ihn genauso geliebt wie ich.« Tränen schossen ihr hoch, und sie nestelte ihr Taschentuch heraus, um sich die Augen abzutupfen. »Das Auto bekommen Sie nicht. Das werde ich verhindern!«

Sina Kuhn lachte spöttisch. »Was wollen Sie damit? Sie haben doch gar keinen Führerschein mehr.«

Marie-Luise spürte, wie ihr Tränen die Wange entlangkullerten, Tränen der Wut, um genau zu sein. Diese Frau war so niederträchtig!

In dem Moment erschien Joseph, endlich! Nie war er ihr willkommener gewesen als genau hier und jetzt! Wäre sie zehn Jahre jünger gewesen, wäre sie aufgesprungen und hätte ihm vor Erleichterung einen Kuss auf die Wange gedrückt. Aber sie konnte sich nicht rühren, nur dasitzen und zuhören, wie ihr Herz das Blut durch die Adern ihrer Ohren pumpte.

Joseph warf einen Blick auf Marie-Luise, dann herrschte er Sina Kuhn an: »Was machen Sie mit Frau Campenhausen? Marie-Luise, was ist los? Was hat diese Person dir angetan?«

Marie-Luise fächelte sich mit der Teekarte Luft zu und berichtete in groben Zügen von ihrem Streit, besonders über das Auto.

»Der Wagen bleibt hier, bis alles geklärt ist«, befand Joseph.

»Das haben Sie nicht zu bestimmen. Und nun entschuldigen Sie mich. Ich muss endlich nach Frankfurt. Das hätte ich gestern schon tun sollen, anstatt hier herumzusitzen und mich mit einer alten Tante zu streiten.«

Damit stand Sina Kuhn auf, nahm Handtasche und Schlüssel und tänzelte aus dem Raum, grußlos, wie nicht anders zu erwarten.

Marie-Luise blieb einen Augenblick verblüfft sitzen, dann rappelte sie sich hoch.

»Schnell, Joseph, hinterher!«

»Warum denn? Wohin denn?«

»In die Hotelgarage, das Auto sichern. Sie will mit meinem Mercedes wegfahren.«

»Hat sie denn den Schlüssel? Ich denke, Raphaels Zimmer ist versiegelt?«

»Am Schlüsselbund hing der Zweitschlüssel. Den kenne ich. Der hat früher mir gehört.«

Marie-Luise lief, so schnell es ihre Beine zuließen, also viel zu langsam. Joseph keuchte noch langsamer hinter ihr her.

»Marie-Luise, ich bitte dich. Überanstreng dich nicht!«

Sie beschleunigte noch, so gut es bei der Hitze eben ging. Die Tiefgarage war zum Glück nicht weit, nur aus der Hotelhalle hinaus und über die Anliegerstraße. Sie konnte den Motor anspringen hören. Das Tuckern und Blubbern gehörte eindeutig zu ihrem alten Wagen.

Schon kam das Motorengeräusch näher. Marie-Luise erreichte die Schranke und blieb schwer atmend stehen. Joseph stolperte und krümmte sich leicht. Hoffentlich ging es ihm gut. Er hatte es am Herzen, nicht sie!

Der Wagen bog um die Kurve und hielt an der Schranke. Das Verdeck war geöffnet, und Marie-Luise ging trotz all der Dramatik das Herz auf. So ein schöner Wagen! Sie breitete die Arme aus. »Das ist Diebstahl!«

»Lassen Sie mich durch.« Die Frau steckte eine Karte in die Schranke, und als diese sich hob, gab sie Gas und rollte näher. Marie-Luise wich keinen Zentimeter. Joseph stellte sich ebenfalls mit ausgebreiteten Armen neben sie. Ein Hotelangestellter eilte herbei.

»Rufen Sie die Polizei, junger Mann. Hier müssen Besitzverhältnisse geklärt werden«, rief Frau Campenhausen ihm zu.

Schließlich bremste Sina Kuhn und schaltete nach einem langen kräftemessenden Blickwechsel den Motor aus. Sie zündete sich eine Zigarette an und nahm ihr Handy ans Ohr.

»Axel, komm mich holen«, sagte sie und stieg aus dem Wagen. Dabei musterte sie Frau Campenhausen abschätzig von Kopf bis Fuß.

»Sie geben nicht auf mit Ihrer fixen Idee, was? Sagen Sie mir, wann die Beerdigung ist, und dann verschwinde ich.«

Marie-Luise schüttelte den Kopf. »Ich erfahre den Termin selbst erst, wenn die Obduktion beendet ist. Außerdem weiß ich nicht, ob es Raphael recht gewesen wäre, wenn ausgerechnet Sie ...«

»Jetzt hören Sie schon auf. Das mit der Trennung ist doch ein Hirngespinst von Ihnen. Hier haben Sie den blöden Schlüssel, ohne Anerkennung einer Rechtskraft. Der Wagen gehört mir, den hat Ralfi mir am Freitag geschenkt. Ich werde Ihnen Zeugen dafür nennen, wenn es sein muss. Und nun guten Tag und viel Spaß mit der alten Kiste.«

Sie drehte den Schlüssel vom Bund und drückte ihn Marie-Luise in die Hand, warf ihre Haare zurück und wollte davonlaufen, doch Joseph hielt sie am Ellbogen fest.

»Es wäre angebracht, wenn Sie hier mit uns auf die Polizei warten würden.«

»Lassen Sie mich sofort los. Was fällt Ihnen ein?«

»Sie wollten den Wagen stehlen.«

»Machen Sie sich nicht lächerlich! Ich gehe jetzt.«

Marie-Luise überlegte fieberhaft, wie sie die Frau zurückhalten konnte.

»Fräulein Kuhn, warum interessieren Sie sich so für den Mordfall Pagenhardt? Und woher wussten Sie von dem Geld?«

Zwei wichtige Fragen vor einem neutralen Zeugen. Das hätte Miss Marple nicht besser hinbekommen.

Sina Kuhn drehte sich langsam um. Ihre Augen waren schmal. »Erstens: Lassen Sie den Namen Pagenhardt aus dem Spiel. Der geht Sie gar nichts an, und er spielt keine Rolle. Zweitens: Sie haben doch gesagt, dass Geld in der Tasche war. Ich habe es nie gesehen. Wenn Sie etwas anderes behaupten, dann werde ich Sie verklagen.«

Joseph rückte ein Stückchen näher. »Habe ich Pagenhardt gehört?«, raunte er.

Bevor sie etwas erwidern konnte, fuhr ein Streifenwagen vor, und zwei Uniformierte stiegen aus. Marie-Luise winkte sie zu sich, aber Sina Kuhn war schneller und fing die beiden ab. Sie redete leise mit ihnen, deutete zu ihr und Joseph, fasste sich einmal sogar ungehörig an die Stirn und zeigte dann auf den Eingang des Hotels. Die Polizisten legten auch noch ihre Hände an die Dienstmützen, während sie ihr hinterhersahen und dabei auf ihre Beine starrten.

»Halten Sie die Frau fest. Sie ist eine Betrügerin, eine Diebin und eine Mörderin«, informierte Marie-Luise die Männer, aber sie merkte selbst, dass das reichlich wirr klang. Deshalb schob sie noch, wenn auch etwas kläglich, nach: »Herr Gottlieb wird Ihnen dankbar sein.«

Die beiden Uniformierten sahen sich bedeutungsvoll an. »Könnten wir bitte Ihre Papiere sehen?«

*

Viel zu schnell erreichten sie den Parkplatz an der Straße Richtung Bühlertal. Ein Bus brummte den Berg herauf, irgendwo drehte ein Motorrad auf, dann hörte man im Wald eine Säge kreischen und das Rufen von Wanderern, die offenbar den Aussichtspunkt auf der anderen Straßenseite erklettert hatten. Auf dem Rastplatz direkt innerhalb der Spitzkehre der Straße begann jemand, den Kiosk aufzuschließen, Rollläden fuhren nach oben, Fenster wurden geöffnet.

Ihre Schritte wurden langsamer.

Gottlieb blieb an seinem Volvo stehen und lehnte sich mit dem Rücken an die Fahrerseite, während er sich endlich die Zigarette anzündete. Zufrieden inhalierte er, aber als er Lea Weidenbachs ablehnende Miene sah, schmeckte es ihm nicht mehr. Sie hatte vor ein oder zwei Jahren aufgehört, und es schien ihr damit gut zu gehen. Warum schaffte er das nicht? Warum gab er sich haltlos diesen Süchten hin? Rauchen, schlampig essen, zu viel Wein am Abend ... Vielleicht störte sie genau das an ihm?

Das durchdringende Geräusch des Motorrads kam näher. Wieder so ein Verrückter, der die Fliehkraft in den kurvenreichen Straßen des Schwarzwalds austestete. Vier Unfälle hatte es in der Gegend dieses Jahr schon gegeben, nicht ein einziger war glimpflich ausgegangen.

Die Journalistin stand vor ihm und schenkte ihm mit schief gelegtem Kopf ein verführerisch natürliches Lächeln, das seine kurzfristigen, ohnehin unverständlichen Hormonwallungen bezüglich Sina Kuhn sofort vergessen ließ. »Sagen Sie mir wenigstens Bescheid, wenn Sie etwas Neues aus Freiburg hören? Pahlke verhängt garantiert eine Nachrichtensperre.«

»Recht hat er. Laufende Ermittlungen in einem Mordfall!«

»Nur ein Tipp, nichts Offizielles, Herr Gottlieb!«

»Das schon gar nicht, das wissen Sie doch. Das darf ich nicht, und das will ich nicht.«

»Ich habe Herrn Vogel für Sie gefunden, da habe ich doch etwas gut bei Ihnen.«

Er seufzte. »Frau Weidenbach, bitte!«

»Wenigstens Wittemanns Tante hat doch das Recht zu erfahren, wie der Stand der Ermittlungen ist, oder?«

Er lachte, warf die Zigarette auf den Boden und trat sie gründlich aus. »Wie schaffen Sie das nur immer?«

Sie verlagerte ihr Gewicht auf den anderen Fuß und kam damit ein kleines Stückchen näher, sodass ihm ihr leichtes, unverwechselbares Parfüm in die Nase stieg. Herbstwald, frisch geschlagenes Holz … Und schon war es zurückgekehrt, das leise Sehnen nach Zweisamkeit mit genau dieser Frau. Aber wo sollte das hinführen? Er ermittelte in einem Mordfall. Er musste Vogels Angaben überprüfen, die Sache mit Urbanek verfolgen und …

Aber war es nicht vollkommen egal? Konnte er nicht einfach diesen winzigen Moment des Glücks ausnutzen? Ja! Ja, ja, ja!

Das Motorrad hatte die Spitzkehre erreicht. Bremsen quietschten, Reifen rutschten auf Asphalt. Um Gottes willen, gleich würde es einen schrecklichen, tödlichen Knall geben. Ohne zu überlegen, setzte er sich in Bewegung, Lea Weidenbach dicht neben ihm. Es waren nur ein paar Meter. Das Motorrad hing in gefährlicher Schieflage. Wenn jetzt ein Stein oder ein paar Tropfen Öl auf der Straße lagen, war der Mann tot. Der Fahrer bremste weiter ab, und mitten in der Kurve gab er wieder Gas. Die Maschine ruckelte, dann glitt sie in aufrechte Position und raste aufheulend davon. Idiot! Angeber!

»Sie haben doch Frau Campenhausens Telefonnummer?«, fing sie wieder an.

Der Augenblick war vorbei. Sie war schon wieder beim Geschäft.

»Frau Weidenbach, Lea, bitte, ich …«

»Wann rechnen Sie mit einem Ergebnis? Meinen Sie, ich bekomme es noch in die morgige Ausgabe?«

Unwiederbringlich vorbei. Aus. Ein Eimer kaltes Wasser hätte die gleiche Wirkung gehabt. Er hob hilflos die Arme und konnte nichts sagen vor Enttäuschung, außer: »Ach schade!«

Sie senkte den Blick und malte mit dem Fuß einen Strich auf den Boden.

Sein Handy meldete sich. So sehr er auf den Anruf gewartet hatte, so gerne hätte er das blöde Ding jetzt in einen Abgrund geworfen.

Sonja wollte wissen, ob sie eine Pressekonferenz einberufen sollte, um die Meldung vom Auffinden des Vermissten bekannt zu geben, und er musste sich zusammenreißen, um sie nicht anzuschreien.

»Sechzehn Uhr. Und ruf bitte in Freiburg an und frag, warum die so lange brauchen. Ach ja, erkundige dich bitte auch, ob die Würzburger Kollegen diesen Urbanek inzwischen gefunden haben. Ich bin in einer halben Stunde zurück.«

Er sah dem Kioskbesitzer zu, wie er Tische und Bänke abwischte und Sonnenschirme aufspannte. Vielleicht hatte der Mann Vogel am Sonntag gesehen und konnte dessen Angaben bestätigen? Es waren nur wenige Schritte, dann hielt er dem Mann das Foto hin. Der tippte sofort auf das Bild.

»Der war am Sonntag hier. Gegen vier. Hat eine ganze Flasche Schnaps gekauft, unseren Blutwurz. Sonst geht mal ein Gläschen weg, aber gleich eine Flasche und das am Nachmittag? Er ist Richtung Wasserfälle gelaufen.«

Gottliebs Handy klingelte erneut. Diesmal war es die Rechtsmedizin, endlich. Er setzte sich an einen der Biertische, bereit mitzuschreiben. Aber sie hatten nichts gefunden. Keine Verletzungen, keine Spuren eines Stromschlags, kein Gift im Champagnerglas, keines im Mageninhalt, nur einen gewissen Promillegehalt, der aber keineswegs tödlich gewesen war.

»Der Tote hatte einen Hautausschlag unter den Achseln, lästig, aber ungefährlich. Seine Vorgeschichte ergab, dass er an leichten Herzrhythmusstörungen und Bluthochdruck litt. Das muss nicht, kann aber tödlich sein. Mehr haben wir nicht. Von uns aus können wir die Leiche freigeben. Das endgültige Ergebnis kommt natürlich erst, wenn die letzten Labortests abgeschlossen sind.«

Das war es also. Es gab keinen Mordfall. Komisch, jetzt, wo es amtlich war, wurden Gottliebs Zweifel stärker. Das Geld, die Morddrohung, der Anschlag auf Wittemanns Auto, die undurchsichtige Rolle der schönen Ex-Verlobten – so viele Merkwürdigkeiten. Nur mit großen Vorbehalten würde er die Akte schließen, aber es blieb ihm wohl nichts anderes übrig. Bei einem natürlichen Tod gab es nichts mehr zu ermitteln. Sie waren schlecht besetzt und hatten andere Fälle, die nun wieder dringender waren. Vielleicht konnte er wenigstens die Kollegen von der Organisierten Kriminalität auf die drei Millionen ansetzen. Aber ohne Anfangsverdacht?

»Was ist nun?«, brachte ihn Lea Weidenbach wieder in die Gegenwart. Sie saß neben ihm, natürlich, wie eine kleine Klette. Eine gute Journalistin, aber manchmal lästig, rein beruflich gesehen.

»Nichts. Es war kein Mord.«

»Das kann nicht wahr sein!«

»Ist aber so. Seine Herzerkrankung hat zum Tod geführt.«

»Und die drei Millionen?«

»Bekommen die Erben.«

»Und was ist mit dieser merkwürdigen Sina Kuhn?«

»Frau Kuhn und Frau Campenhausen werden sich vielleicht ums Erbe streiten, aber die Polizei hat mit der Sache nichts mehr zu tun.«

»Diese Frau steht in irgendeiner Verbindung mit dem immer noch nicht geklärten Mordfall Pagenhardt, sonst hätte sie ihn nicht erwähnt.«

»Nur weil sie den Namen fallen lässt, kann ich keine Ermittlungen aufnehmen, selbst wenn ich es wollte. Glauben Sie mir, mir kommt Wittemanns Tod inzwischen auch merkwürdig vor. Aber ich kann nichts mehr tun.«

Sie schüttelte den Kopf. »Sie vielleicht nicht. Aber Frau Campenhausen und ich, wir machen weiter. Sie hätten auf Vogel getippt. Weshalb? Nur wegen der Schulden?«

»Er hat am Samstag Morddrohungen gegen Wittemann ausgestoßen.«

»Wenn er aber am Sonntag hier war, kann er mit dem Tod Wittemanns schwerlich etwas zu tun haben. Habe ich Ihnen schon gesagt, dass Wittemann am Samstag und am Sonntag in der Firma angerufen und die Kreditkarten sowie den Firmenzugang für Sina Kuhn hat sperren lassen?«

Gottliebs Polizistenherz klopfte sofort einen Takt schneller, aber er verkniff sich eine Antwort. Es gab keinen Mord! Wenn eine Verlobung Knall auf Fall in die Brüche ging, waren diese Reaktionen durchaus im Rahmen des Normalen.

»Können Sie wenigstens diesen Axel Springhoff überprüfen?«

»Das haben wir längst getan. Architekt, sechsunddreißig Jahre alt, ledig. War einige Jahre in einem großen Büro angestellt und hat sich 2003 als Bausachverständiger selbständig gemacht. Am Sonntag war er den ganzen Tag im Elsass, hat in einer kleinen Ferme-Auberge übernachtet. Auch das haben wir überprüft.«

Die Weidenbach klopfte mit dem Kugelschreiber auf ihren Block. Sie wollte ganz offensichtlich nicht aufgeben. Urbanek fiel ihm ein. Es würde also bei Sachbeschädigung bleiben, schade. Er hätte den Mann gern vernehmen lassen. Ein pensionierter Deutschlehrer durchschnitt doch nicht ohne Grund einen Bremsschlauch. Da steckte doch mehr dahinter. Herrje, jetzt hatte ihn die Weidenbach schon angesteckt. Andererseits konnte es nicht schaden, wenn jemand trotzdem nachfragte. Was sprach eigentlich dagegen, wenn die Zeitung dies übernahm?

»Haben Sie nicht früher in Würzburg gewohnt?«, begann er.

Sie hob den Kopf wie ein Wachhund, der etwas wittert. »Würzburg? Sagten Sie nicht gerade am Telefon, Ihre Kollegen dort sollten jemanden finden? Wen? Und Warum?«

Gottlieb seufzte vor Vergnügen. Es war wirklich ein Genuss, mit jemandem zu tun zu haben, der engagiert war und in kurzen Wegen dachte!

ZWÖLF

Rastlos lief Lea in ihrer Wohnung auf und ab. Hatte er noch seine alten Gewohnheiten? Wohnte er allein? Oder hatte er endlich eine Frau, wie er sie sich immer gewünscht hatte, ganz nah bei ihm? Eine Frau, die nur für ihn da war, Tag und Nacht, die ihren Beruf aufgab, für ihn kochte und putzte, sich mit ihm unterhielt, wenn er gerade mal Zeit hatte, die seine Vorträge abtippte und sich seine Vorlesungen anhörte?

Schon nach zweiundzwanzig Uhr. Sie musste endlich anrufen! Was sollte sie ihm sagen, wenn er den Hörer abhob? Er war ihre letzte Hoffnung. Sie hatte probiert, mit diesem Dr. Urbanek Kontakt aufzunehmen, aber er ging nicht ans Telefon. Hatte die Würzburger Polizei nicht auch vergeblich versucht, ihn zu erreichen? Er hatte noch nicht einmal den Uniformierten die Tür geöffnet, hatte Gottlieb ihr gesagt.

Wenn ihr jetzt noch jemand helfen konnte, bevor sie morgen aufs Geratewohl losfahren müsste, dann war es Justus. Er als Germanistikprofessor würde garantiert einen pensionierten Oberstudienrat im Fach Deutsch aus derselben Stadt kennen. Justus war mit vielen Leuten befreundet, sie liebten ihn, weil er gut zuhören konnte. Man erzählte ihm unwillkürlich viel mehr aus seinem Leben, als man wollte. Justus würde mit dem Namen Urbanek bestimmt etwas anfangen können. Sie musste nur endlich seine Nummer wählen.

Seit Stunden drückte sie sich schon davor. Natürlich hatte sie erst ihre Arbeit erledigt, aber ihr Artikel über Vogels Auffinden mitsamt den Bildern war ihr leicht und schnell von der Hand gegangen, auch wenn sie sich dabei ertappte, Zusammenhänge zum Mord im Brenner's Parkhotel herzustellen. Liebend gern hätte sie auch von diesen Vorkommnissen endlich berichtet, aber es gab offiziell keinen Mord. Eine knifflige Angelegenheit, die sie mit ihrem Chefredakteur besprochen hatte.

Reinthaler hatte eine seiner langen Denkpausen mit würzigem Pfeifenrauch gefüllt, hatte jedes Für und Wider abgewogen und dann entschieden: »Noch nicht, Lea. Wenn die Rechtsmedizin sagt, es war höchstwahrscheinlich ein natürlicher Tod, dann können wir nichts machen. Es gibt kein öffentliches Interesse an dem Fall, niemand hat ihn sterben sehen, es gab kein Aufsehen, als man ihn wegbrachte. Nur weil seine Tante meint, es sei Mord, können wir darüber nicht berichten. Auch nicht über den Geldfund.«

Wenigstens hatte er ihr für den nächsten Tag Urlaub gegeben, ohne näher nachzufragen. Nie und nimmer hätte er ihren Trip nach Würzburg als Dienstfahrt gelten lassen, das musste sie schon in ihrer Freizeit machen, und das war in Ordnung so. Es war ihr ein persönliches Anliegen, für Frau Campenhausen den Mörder ihres Neffen zu finden, wenn es denn einen gab.

Sie war entgegen ihrer Gewohnheit ausnahmsweise erst in den Abendstunden um die Klosterwiesen in der Allee gejoggt, aber es hatte ihr keinen Spaß gemacht. Es war viel zu heiß und schwül gewesen, und wenn sie ehrlich war, war sie nur unterwegs gewesen, um sich vor dem Anruf zu drücken, den sie als immer drohender empfunden hatte. Wie froh war sie gewesen, als Frau Campenhausen sie im Treppenhaus abgepasst und eingeladen hatte, die neuesten Erkenntnisse auszutauschen.

Aber auch das hatte einmal ein Ende gehabt, und das Telefonat stand immer noch aus.

Jetzt oder nie!

Der Hörer wurde nach dem vierten Mal abgehoben, gerade, als Lea auflegen wollte. Früher war Justus beim ersten Klingeln am Apparat gewesen, er hatte ja am Schreibtisch auf ihren Anruf gewartet. Jetzt war es noch nicht einmal seine Stimme, die ein lang gezogenes »Jaaa?« in den Hörer hauchte. Es war eindeutig eine Frau. Um zehn nach zehn!

Lea hätte am liebsten aufgelegt.

»Ist Professor Randebrock da?«, presste sie mit angestrengt fester Stimme heraus.

»Mit wem spreche ich bitte?«

»Mein Name ist Weidenbach. Ich bin von der Zeitung.«

»Justus, die Main-Post will dich sprechen. So spät noch«, hörte sie die Frau tuscheln. Zehn Uhr war für Justus nicht spät! Er blieb immer bis Mitternacht auf. Was raschelte da so leise im Hintergrund? Etwa Bettwäsche? Oh nein, bitte nicht!

Als sie seine Stimme hörte, brachte sie für einen Augenblick keinen Ton heraus.

»Hallo?«, fragte er ein zweites Mal und dann: »Lea, bist du das?« Wieder dieses raschelnde Geräusch.

Lea fühlte sich schlecht. Wieso wusste er, dass sie es war? Das bedeutete doch, dass er immer noch an sie dachte.

»Hast du Probleme, Kleines? Kann ich dir helfen? Soll ich zu dir kommen? Ich kann in zwei Stunden bei dir sein, wenn du mich brauchst.«

Der gute alte Justus. Genau das hatte sie irgendwann nicht mehr ausgehalten, denn diese Fürsorglichkeit gab nicht nur, sie forderte auch viel, bis hin zur Aufgabe jeglicher Privatsphäre. Er hatte sie bis zum Schluss belagert, eingeengt, hatte alles von ihr wissen wollen, sie mit regelmäßigen Anrufen kontrolliert, und es war ihm immer noch nicht ausreichend gewesen. Es war richtig gewesen, die Sache zu beenden. Aber es war auch richtig gewesen, heute anzurufen. Sie war nicht sein Kleines, sie waren vielleicht gute Freunde heute, ebenbürtig. Und sie hatte einen triftigen Grund, anzurufen.

»Es ist anders, als du denkst«, sagte sie lahm.

»Von wo aus rufst du an? Was ist passiert? Warte, ich geh mit dem Telefon ins Arbeitszimmer. So, jetzt sind wir beide allein. Wie geht es dir? Alles in Ordnung bei dir? Fühlst du dich einsam? Magst du zu uns kommen?«

»Ich recherchiere in einem Mordfall, und du könntest mir vielleicht helfen.«

Es entstand eine lange Pause, die sie auch nicht unterbrechen wollte. Justus musste endlich verstehen, dass es aus war und dass sie lediglich eine berufliche Frage an ihn hatte. Sie konnte sich genau vorstellen, wie er jetzt in dem grünen Lederlehnstuhl saß, inmitten seiner Bücherwände, die Beine auf den mit Papieren übersäten Schreibtisch legte und zur Decke sah, um sich zu sammeln.

»Oh Lea, das ist wieder mal typisch«, meldete er sich schließlich und versuchte ein leises Lachen, aber es klang hölzern.

Er tat ihr leid.

»Hoffentlich bekommst du jetzt keinen Ärger mit deiner Freundin.«

»Aber nein, Elke versteht das. Ich habe ihr viel von dir erzählt. Sie weiß, welchen Platz du bei mir einnimmst. Also, was ist los?«

Lea berichtete von ihrer Suche nach dem pensionierten Oberstudienrat Urbanek.

»Theo? Natürlich kenne ich ihn. Wir haben uns letztes Jahr vorgenommen, die ersten Würzburger Literaturtage auf die Beine zu stellen. Leider kam der Unfall dazwischen, und allein konnte ich das Vorhaben nicht stemmen. Ich wollte eigentlich diesen Herbst einen neuen Anlauf nehmen. Das könnte vielversprechend werden, ich plane nämlich …«

Wenn Justus erst in Fahrt war, würde es ewig dauern, bis sie einhaken konnte. Lea holte tief Luft und tat etwas, das früher undenkbar gewesen wäre.

»Ich will dich zu Urbanek befragen, keine Reportage über Literaturtage schreiben«, unterbrach sie ihn.

»Wie bitte? Aber ich wollte dir doch … Ach, natürlich hast du recht. Ich schweife ab. Elke sagt mir das auch manchmal.«

»Was war das für ein Unfall?«

»Ich dachte, deswegen rufst du an? Der Unfall ist doch bei euch in Baden-Baden passiert, vor ziemlich genau einem Jahr. Theo war mit seiner Frau für drei Tage zum Oldtimer-Meeting gefahren, und dort geschah es. Seitdem habe ich ihn nicht mehr gesehen. Seine Frau ist bei dem Unfall sehr schwer verletzt worden, und er musste sich um sie kümmern. Heike war ein zähes Mädchen, aber es sollte nicht sein … Vor zwei Monaten ist sie gestorben. Furchtbar, ganz tragisch. Die Nachricht hat mich sehr betroffen gemacht. Er hat die Todesanzeige leider erst in die Zeitung gesetzt, nachdem sie bereits beerdigt war. Ich habe ein paarmal vergeblich versucht, ihn anzurufen, aber er nimmt nicht ab. Auch auf meine Kondolenzkarte hat er sich nicht gemeldet.«

Lea sank der Mut. »Wenn du es nicht schaffst, wie kann ich ihn dann erreichen?«

»Erreichen? Kommst du nach Würzburg? Wann? Dann musst du uns unbedingt besuchen kommen. Elke backt uns einen Kuchen. Ihr Apfelkuchen ist großartig.«

Lea lag schon eine der früher üblichen Ausreden auf der Zunge, doch dann gab sie sich einen Ruck. »Wenn ich ihn erreiche und er Zeit hat, komme ich morgen schon. Aber ich werde euch nicht besuchen. Hilf mir bitte, Justus. Ich muss ihn treffen.«

Justus schnaufte missbilligend, dann hörte sie ihn in Papieren blättern, und wenig später hatte sie endlich, was sie wollte: »Sie hatten zwei Anschlüsse. Hier ist die Telefonnummer seiner verstorbenen Frau. Die hatte ich bislang nicht benutzt, weil es mir irgendwie pietätlos erschien. Aber das ist jetzt etwas anderes. Vielleicht hast du Glück und er hat den Anschluss noch nicht gekündigt und nimmt dort ab. Einen Versuch könnte es wert sein. Morgen? Ich habe am Nachmittag keine Vorlesung. Wie wäre es mit drei Uhr? Dann hast du noch Zeit, um bequem zurückzufahren. Stell dich nicht so an.«

»Nein.«

Als sie am nächsten Vormittag von der Autobahn abbog und ihren Mini hinunter ins Maintal steuerte, durchfuhr sie ein brennendes Verlangen, auszusteigen und den Blick auf Würzburg zu genießen. Links lag die Festung Marienberg in der Sonne, vor sich hatte sie den kompletten Blick über die Stadt mit ihren Türmen und Kirchenkuppeln. Dort kannte sie jeden Weg, jeden Stein. So sehr sie Baden-Baden inzwischen liebte, so sehr war Würzburg immer noch Heimat für sie. Wahrscheinlich brauchte sie nur die Koffer zu packen und zurückzukommen, und das Leben würde genau so weitergehen, wie es bis zu ihrem Wegzug vor drei Jahren verlaufen war. Sie würde bei denselben Marktfrauen vor der Marienkirche einkaufen, bei Toni eine Pizza essen, die ehemaligen Freundinnen im Backöfele treffen, im Dallenbergbad schwimmen, am Main spazieren gehen, vom Käppele über die Stadt blicken, im Juliusspital Wein kaufen, im Hofgarten promenieren, im Sternbäck mit den Kollegen ein Bier trinken …

Ganz in Gedanken blinkte sie, bog ab und merkte plötzlich, dass sie den falschen Weg genommen hatte, den, der sie früher am Mainkai entlang zum Gerichtsgebäude geführt hatte. An der Löwenbrücke machte sie ihren Fehler wieder gut und fuhr auf der anderen Flussseite zurück, bis sie zur Einmündung ins enge Steinbachtal kam. Hier an der Kirche St. Bruno hatte sie immer das Auto abgestellt, wenn sie Joggen gegangen war.

Bis zur angegebenen Hausnummer war es ein Stück zu fahren, die Straße war lang. Sie hatte noch Zeit, und so konnte sie in aller Ruhe einen Parkplatz suchen und sich beruhigen. Es war nicht gut, ausgerechnet in Würzburg über Heimat, Freundschaften und Geborgenheit nachzudenken. Sie hatte sich mit vierzig für ein neues Leben entschieden, und das hatte sie sich nun genau so eingerichtet, wie sie es sich vorgestellt hatte: unabhängig, autark, sorgenfrei. Sie konnte ungestört ihrer Arbeit nachgehen, ohne jemandem Rechenschaft abzulegen, und ihrer heimlichen Leidenschaft, dem Romanschreiben frönen, ohne Angst haben zu müssen, es könnte sich jemand deswegen über sie lustig machen. Sie war nach Würzburg gekommen, um einer Spur in einem möglichen Mordfall nachzugehen. Nur das zählte.

Schwungvoll stieg sie aus und knallte die Autotür zu.

Urbaneks Grundstückseingang war eine große Baustelle. Schutt, Ziegel, Erdreich, alte Verblechungen und Eisenteile lagerten vor dem Tor, der lange Treppenaufgang war aufgerissen, wo früher einmal eine Garage gewesen sein musste, war ein hoher Betonturm errichtet worden, der nicht fertig war. Was plante der Mann hier? Das sah nach einem Fahrstuhlschacht aus. Wie teuer war so etwas?

Sie musste zweimal klingeln, bis der Öffner des eisernen Gartentores summte. Vorsichtig nahm sie die wenigen wackligen Stufen, die noch nicht der Baumaßnahme zum Opfer gefallen waren, balancierte dann die steilen, unbefestigten Partien des Weges nach oben. Das Haus hatte man von der Straße aus nicht richtig sehen können, denn es lag auf halber Höhe zwischen alten Nadelbäumen versteckt. Sie hatte sich früher auf ihren täglichen Joggingrunden gefragt, warum ausgerechnet diese Straße als besonders begehrte Wohnlage galt. Kaum ein Sonnenstrahl verirrte sich hierher, es war kühl und feucht. An ein paar Tagen im Hochsommer mochte das vielleicht angenehm sein, aber sie persönlich würde wahrscheinlich Depressionen bekommen, wenn sie hier leben müsste. Es sei denn, das Haus stünde ganz oben am Hangrücken, dort, wo man die Sonne in vollen Zügen genießen konnte. Aber das war bei Urbanek nicht der Fall.

Auch der Vorhof seines Hauses war aufgerissen. An der Stufe zur Eingangstür lag eine Rampe aus Holz, der Eingang selbst war offenbar erst kürzlich verbreitert worden, und die Zargen waren noch nicht eingeputzt.

Urbanek hatte die Tür geöffnet und kam ihr schwankend entgegen. Er war klein und hager. Seine grauen Haare waren zu lang für einen pensionierten Oberschullehrer, er war unrasiert und trug, obwohl es fast Mittag war, einen Morgenmantel. Geduscht hatte er allem Anschein nach auch nicht, aber er roch wenigstens nicht nach Alkohol. Seine Augen allerdings waren trüb und seine Bewegungen verlangsamt, als stünde er unter Tabletteneinfluss. Er begrüßte sie mit schleppendem Tonfall, dann ging er voran. Im Flur mussten sie über große schwarze Kübel mit Bauschutt steigen. Offenbar sollten auch im Innern die Wände für neue Türöffnungen verbreitert und Türschwellen herausgerissen werden. Es war jedoch kein Handwerker zu sehen oder zu hören.

Das Wohnzimmer wirkte mit den dunklen Eichenmöbeln und vollgestopften Bücherregalen wie eine Höhle. Urbanek taumelte ein paarmal, und Lea hatte Angst, er würde ohnmächtig werden. Aber er hielt durch, auch wenn sie ihm ansah, wie schwer es ihm fiel, die Augen offen zu halten und ihr geistig zu folgen.

»Nachmittags geht es mir besser«, sagte er entschuldigend. »Ich kann nachts nicht schlafen und nehme dann etwas. Normalerweise …« Er machte eine unbestimmte Handbewegung und verstummte.

»Sie bauen gerade um?«

»Ach …« Wieder diese Handbewegung, dann starrte er zu Boden.

»Soll ich Ihnen einen Kaffee kochen? Wenn Sie mir sagen, wo die Küche ist …«

»Dort entlang. Ich habe die Maschine gerade eingeschaltet. In der Zwischenzeit werde ich duschen gehen. Danach werde ich mich sicher besser fühlen. Entschuldigen Sie bitte mein Aussehen. Ich habe mir den Wecker gestellt, ihn jedoch nicht gehört.« Er rappelte sich hoch. Schweiß stand auf seiner Stirn.

»Geht es Ihnen gut? Soll ich einen Arzt rufen?«

»Nein, nein, nur eine Viertelstunde bitte, dann werde ich gesellschaftsfähig sein.«

Lea begab sich in die rustikale Küche, in der sich schmutziges Geschirr stapelte. Die Kaffeemaschine war tatsächlich in Betrieb, die Kanne fast voll. Der Kaffee roch stark und bitter. Sie fand zwei saubere Becher, füllte sie und nahm sie mit ins Wohnzimmer. Vom Fenster aus hatte man einen Blick in einen deprimierend verwahrlosten Garten.

Die Bücherregale waren ähnlich bestückt wie die bei Justus. Auf einer Anrichte standen Fotos. Urbanek mit einer kleinen molligen Frau, die herzlich in die Kamera lachte. Die beiden standen neben einem alten hellblauen Sportwagen, im Hintergrund war die Trinkhalle von Baden-Baden zu sehen. Vier Aufnahmen, die sich sehr ähnelten, aber offenbar im Abstand von ein paar Jahren geschossen worden waren. Daneben ein größeres Porträt der Frau, eine gestellte Aufnahme, auf der sie ein Buch in der Hand hielt und angestrengt lächelte. Dann ein Schnappschuss beim Wäscheaufhängen im damals noch schmucken Garten hinter dem Haus, auf den man vom Wohnzimmer blicken konnte, eine andere Aufnahme, auf der sie den hellblauen Wagen unten auf der Straße polierte, und eine, auf der sie selbst etwas unglücklich auf dem Fahrersitz saß, als gehöre sie eigentlich nicht hinters Steuer.

Es gab keine anderen Motive als die Ehefrau und den hellblauen Wagen. Lea kannte sich mit den alten Modellen nicht aus. Vermutlich war dies hier ein Relikt aus den fünfziger oder sechziger Jahren, mit vielen blitzenden Chromteilen. Der Wagen musste der ganze Stolz der Eheleute gewesen sein, vielleicht sogar ihr Lebensinhalt. Bilder von Kindern gab es jedenfalls nicht, auch keine Urlaubssouvenirs.

Eine Tür klappte, dann hörte sie Urbanek heranschlurfen. Es schien ihm erheblich besser zu gehen. Er hatte sich rasiert, die nassen Haare nach hinten gekämmt, eine eckige Brille mit dünnem Goldrahmen aufgesetzt und trug eine braune Anzughose, ein weißes Hemd und eine breite, kurze braun-grün gestreifte Krawatte. Er hatte große Ähnlichkeit mit Leas korrektem altem Lateinlehrer.

Sie gab ihm den Becher mit Kaffee. Er trank und verzog das Gesicht. »Offenbar habe ich zu viel Pulver genommen. Ich möchte mich noch einmal bei Ihnen entschuldigen. Morgens geht es mir nicht gut; das hätte ich Ihnen gestern Abend am Telefon mitteilen sollen. Sie haben gewiss keinen guten Eindruck von mir.«

Ob er über Wittemanns Tod Bescheid wusste? Oder musste sie ihm diese Nachricht überbringen? Jetzt war jedenfalls noch nicht der richtige Zeitpunkt, das Thema anzusprechen.

»Ich bin Ihnen dankbar, dass Sie überhaupt Zeit für mich haben«, murmelte sie stattdessen.

»Hätte ich gewusst, dass Sie eine Reportage über den Unfall planen, hätte ich Sie vergangene Woche in Ihrer Redaktion aufsuchen

und Ihnen den beschwerlichen Weg ersparen können. Obwohl ...«
Er unterbrach sich und presste seine schmalen Lippen zusammen, faltete die Hände und blickte auf das Muster des Webteppichs.

Auch jetzt brachte es Lea nicht über sich, mit der Tür ins Haus zu fallen. Vielleicht sollte sie ihn erst einmal reden lassen. »Hoffentlich nimmt Sie die Erinnerung an den Unfall nicht zu sehr mit«, sagte sie reichlich hilflos.

»Ach, einmal muss es doch raus. Aber wieso wollen Sie ausgerechnet jetzt darüber schreiben? Vor einem Jahr war der Unfall Ihrer Zeitung nur eine kleine Meldung wert, gerade einmal sieben Zeilen. Eine Person schwer verletzt. Schwer verletzt – das ist für eine Zeitung wohl nichts Spektakuläres. Haben Sie eigentlich eine Ahnung, was dahintersteckt, hinter diesem Ausdruck? Heike lag Monate im Krankenhaus, ich habe lange nicht gewusst, ob sie überleben würde. Sie kam durch, aber dann begann die eigentliche Hölle erst. Querschnittsgelähmt war für Heike gleichbedeutend mit lebendig eingemauert zu sein. Sie war so eine quirlige Frau, konnte keinen Augenblick still sitzen. Und dann das.«

Urbanek schob seine Brille hoch und wischte sich über die Augen. »Mein Anwalt hat Klage gegen die Krankenversicherung eingereicht. Einen Rollstuhl haben sie genehmigt und die Pflegestufe. Aber dass das Haus umgebaut werden musste, war ihnen egal. Dafür sei die Unfallversicherung zuständig, sagen sie. Nur hatten wir leider keine. In eine behindertengerechte Wohnung wollte Heike nicht umziehen. Sie wollte hierbleiben, wenigstens etwas sollte noch so sein wie vorher. Ich habe unsere Ersparnisse aufgelöst. Der Wagen war zwar Vollkasko versichert, aber fünfundzwanzigtausend Euro sind nicht viel. Sie brauchte viel mehr als breite Türen und einen Rollstuhl. Ein komplett neues Bad zum Beispiel, denn das alte war viel zu eng. Und dann vor allem einen Lift. Wie hätte sie sonst jemals auf die Straße gelangen sollen? Ich konnte sie doch nicht tragen. Sie war gefangen hier und wurde immer depressiver. Es war entsetzlich. Jeden Tag starb ein weiterer Funke Leben in ihr.«

Schwerfällig stand er auf, ging zur Schrankwand und holte einen Stapel Fotoalben heraus, die er auf dem Tisch ausbreitete. »Schauen Sie, so war sie!«

Seite für Seite drehte er um und wischte sich zwischendurch über das Gesicht. »Irgendwann merkten wir, dass wir uns wegen des Lifts verkalkuliert hatten, auch wenn wir nicht offen darüber sprachen. Vieles lief plötzlich anders ab als früher. Sie lachte nicht mehr, sie redete nicht mehr. Vor zwei Monaten hat sie mich dann doch losgeschickt, Heimplätze anzusehen. Sie hatte sich Prospekte kommen lassen und für mich Besichtigungstermine ausgemacht.«

Wieder wischte er sich über das Gesicht. Sein Kinn bebte, und seine Stimme klang rostig, als er weitersprach.

»Sie hat alles genau geplant. Sie wusste, ich würde den ganzen Tag unterwegs sein. Ich hatte schon ein ungutes Gefühl, als ich losging. Nun, als ich schließlich zurückkam, war sie schon tot. Sie hat Tabletten genommen und sich die Pulsadern aufgeschnitten. Sie wusste, wie sie es tun musste. Sie war Krankenschwester gewesen, bevor wir uns kennenlernten.«

Er blätterte immer weiter, nahm das nächste Album, dann wieder ein anderes. Lea ließ ihn gewähren. Sie versuchte sich vorzustellen, wie dieses Ehepaar sich sein Leben auf unzertrennlicher Gemeinsamkeit aufgebaut und gehofft hatte, zusammen alt zu werden. Und dann war plötzlich einer der beiden nicht mehr da.

»Unsere Hochzeit.«

Urbanek löste ein großes Foto aus dem Album und legte es vor Lea auf den Tisch. Die Braut saß auf einem zierlichen weiß lackierten Eisenstuhl und hatte einen Strauß Nelken im Arm. Sie trug ein schmales weißes Minikleid, hatte einen schräg geschnittenen Bubikopf, ihre Augen waren mit langen falschen Wimpern und dickem Lidstrich umrahmt, die Lippen blass geschminkt. Theo Urbanek stand daneben, im dunklen Anzug, mit einer breiten eckigen Kassengestellbrille. Seine Hand ruhte auf ihrer Schulter, und sie sahen feierlich ernst in die Kamera.

»Fünfzehnter Juli 1966. Waren Sie damals überhaupt schon auf der Welt?«

»Da war ich drei.«

»Wir hätten vergangene Woche unseren vierzigsten Hochzeitstag gefeiert, aber jetzt…« Die letzten Worte verklangen fast unhörbar, und er klappte sorgfältig und mit Nachdruck die Alben zu, als gäbe es nichts Wichtigeres auf der Welt. Dann sackte er langsam zurück ins Sofa wie eine Marionette, die der Puppenspieler gerade nicht braucht.

Der Mann tat Lea unendlich leid. Leise stand sie auf und brachte die Kaffeebecher zurück in die Küche, stellte das Geschirr zusammen und konnte sich gerade noch beherrschen, Abwaschwasser einzulassen oder im Kühlschrank nachzusehen, ob Urbanek genügend Lebensmittel im Haus hatte. Er brauchte dringend Hilfe, aber das ging sie eigentlich nichts an. Sie war hier, um herauszufinden, ob und warum er Wittemann in der vergangenen Woche hatte umbringen wollen. Falls Wittemann in irgendeiner Weise mit dem Unfall seiner Frau in Verbindung stand, hatte sie das Motiv gefunden.

Sie ging ins Wohnzimmer zurück und machte sich bemerkbar.

»Wie ist es zu dem Unfall gekommen?«

Urbanek tauchte nur widerwillig aus seiner Gedankenwelt auf. Wieder stand ihm Schweiß auf der Stirn. Seine Augen waren zwar klarer geworden, als ließe die Wirkung der Beruhigungstabletten nach, doch er kauerte immer noch kraftlos auf der Couch.

»Heike und ich haben den Wagen 1975 gesehen, aus erster Hand und schlichtweg unerschwinglich. Wir hatten kurz zuvor dieses Haus gekauft und konnten die Raten kaum zahlen. Aber dieser Wagen hatte es uns angetan. Ein Triumph TR4, *der* englische Roadster schlechthin, Baujahr 1964. Kerniger Motor, bulliges Drehmoment, direkte Lenkung. In jeder freien Minute putzte und polierte Heike an ihm herum, während ich mich um den technischen Zustand kümmerte. Anfangs half mir ein Freund dabei, dann konnte ich immer mehr Arbeiten selbst übernehmen. Man wächst mit der Aufgabe, das sagte ich auch meinen Schülern immer. Aber ich bin natürlich kein Kfz-Meister.«

Wieder bebte sein Kinn verdächtig. Lea wollte ihn trösten, aber er hob die Hand und schüttelte den Kopf.

»Wir begannen, an Wochenenden zu Oldtimer-Treffen zu fahren. Ab 1977 haben wir zu jedem Hochzeitstag ein paar Tage in Baden-Baden verbracht, denn in diese Zeit fiel regelmäßig das Meeting. Das Ambiente vor dem Kurhaus, die netten Teilnehmer – zauberhaft, eine einmalige Atmosphäre. Wir trafen uns regelmäßig, eine eingefleischte Runde.«

»Gehörte Raphael Wittemann dazu?«

Er fuhr hoch. »Warum erwähnen Sie ausgerechnet ihn? Schickt er Sie?« Ehe Lea etwas antworten konnte, sackte Urbanek wieder zusammen, nahm langsam die Hände vor das Gesicht und flüsterte:

»Wären wir ihm nur niemals begegnet, diesem, diesem, diesem … Mörder!«

»Hatte er etwas mit dem Unfall zu tun?«

Urbanek nickte.

»Er ist tot«, sagte Lea leise.

Urbanek zeigte keine Reaktion, und sie dachte schon, er hätte sie gar nicht gehört. Da ließ er langsam die Hände sinken und sah sie verständnislos an. Tränen liefen ihm über das Gesicht, ohne dass er sich darum kümmerte.

»Tot? Wie ist das passiert?«

»Das Herz, sagen die Ärzte.«

Er beugte sich über den Couchtisch und stierte sie an. »Das Herz? Sie meinen, er ist friedlich im Bett gestorben? Ein kleines Zucken des Herzens – und aus? Das ist nicht gerecht. Das geht nicht. Das habe ich mir anders vorgestellt.«

»Laut Aussage der Ärzte bekam er einen Herzinfarkt und stürzte in einen Swimmingpool.«

»Hoffentlich ist er langsam und jämmerlich ertrunken. Vielleicht wollte er Luft holen und hat stattdessen nur Wasser geschluckt, vielleicht hat er gemerkt, dass er sich nicht mehr helfen kann und dass er sterben wird. Ging es langsam genug, dass er an unseren Unfall denken konnte?«

»Was hatte er mit Ihrem Unfall zu tun?«, fragte Lea eindringlich.

»Er war schuld.« Urbanek fuhr sich mit beiden Händen durch die Haare und verfiel in brütendes Schweigen.

»Erklären Sie es mir«, bat Lea.

Urbanek zuckte zusammen, als habe er vollkommen vergessen, dass er Besuch hatte. Er überlegte kurz, dann sagte er: »Mir war gleich bei unserer Ankunft beim Rangieren in der Kurhausgarage der Achsschenkel gebrochen. Mein Fehler, wie ich inzwischen weiß: Ich hatte ihn beim Einbau mit Fett geschmiert statt mit Öl. Fett darf man nicht nehmen, das Teil rostet dann und kann brechen. Das habe ich leider erst erfahren, als es zu spät war.«

Lea spürte eine leichte Ungeduld aufsteigen. Technische Details interessierten sie nicht. Außerdem starb niemand beim Rangieren in einer Garage. »Sie wollten über den Unfall sprechen«, unterbrach sie den Mann deshalb.

»Ich komme gleich darauf, das ist wichtig. Schreiben Sie nur al-

les mit! Eigentlich war der Wagen nicht mehr fahrbereit, und wir hätten ihn nach Würzburg oder in eine Werkstatt schleppen lassen müssen. Aber meine Güte, das Treffen lief, so viele begeisterte Freizeitmechaniker sieht man selten zusammen. Heike hatte sich sehr auf die Schwarzwaldausfahrt an unserem Hochzeitstag gefreut, und ich beschloss, den Wagen zu reparieren.«
»Ging das so einfach?«
»Unter anderen Umständen – nein. Ich brauchte ja ein Originalteil, und das findet man in der Regel schwer, vielleicht auf einer Messe, per Inserat, in den spezialisierten Fachbetrieben.«
»Oder bei Ebay?«
»Um Gottes willen, nein. Da wäre ich nicht sicher, ein Original zu bekommen, sondern womöglich etwas Nachgemachtes. Bei einem Achsschenkel wäre mir das zu riskant gewesen. Aber ich war ja in Baden-Baden beim Treffen von Oldtimer-Freunden. Es gibt immer Gleichgesinnte, die vernarrt in englische Autos sind, sich irgendwann von ihnen trennen, aber noch einige ursprüngliche Ersatzteile besitzen. Die verkaufen sie häufig bei solchen Gelegenheiten. Wittemann erfuhr von meinem Pech und bot mir genau den Achsschenkel an, den ich brauchte. In Wachspapier eingewickelt wie das Original, zu einem horrenden Preis. Dieser Verbrecher hat mich in dem Glauben gelassen, es sei neuwertig und er habe es zufällig dabei, weil er selbst einmal einen TR4 besessen hatte. Letzte Woche erst habe ich erfahren, dass er damals, nur weil er ein Geschäft witterte, den Achsschenkel jemandem günstig abgekauft hatte, der ihn wiederum im Internet ersteigert hatte. Hätte ich diese Vorgeschichte gekannt, hätte ich das Teil nie und nimmer genommen. Es kann zu leicht vorkommen, dass es nicht einwandfrei ist. Es genügt ja schon ein winziger Haarriss ...«
Er verstummte. Um ihm Zeit zu geben, stand Lea auf und ging ans Wohnzimmerfenster. Es hatte eine breite Blumenbank, auf der die wenigen Kakteen vertrocknet waren. Trostlosigkeit, Hoffnungslosigkeit, Verzweiflung. Das ganze Haus schien mit seinem Besitzer zu leiden.
Urbanek schnappte nach Luft, und sie drehte sich zu ihm um. Er sah angestrengt auf seine Hände und fuhr leise fort: »Er hat mir wiederholt versichert, dass es ein Originalteil sei, und ich habe es ihm geglaubt. Wir hätten das Meeting sonst abbrechen müs-

sen, das wollte ich Heike nicht antun. Ausgerechnet am Hochzeitstag.«

Urbanek verzog den Mund. »Ich habe Wittemann nie wirklich leiden mögen«, sagte er leise. »Er hat seine Frau nicht gut behandelt. Wie ein Möbelstück, kalt und verächtlich. Heike hat sich mit Nicole gut verstanden, deshalb haben wir überhaupt miteinander zu tun gehabt. Hätte ich doch nur ...«

Lea kehrte zum Couchtisch zurück und nahm den Block auf. »Sie haben also das Teil eingebaut«, half sie nach.

Er nickte. »Eine ziemlich schmutzige Angelegenheit. Ich durfte die kleine Werkstatt von Thomas Krieg benutzen, eines Oldtimer-Freundes, übrigens ein sehr talentierter, kreativer Architekt. Bevor wir starteten, kam Wittemann zu uns. Spätestens da hätte er doch etwas sagen müssen!«

»Wie kommen Sie darauf, dass das Teil defekt war?«

»Warum soll ein einwandfreies Teil nach ein paar Kilometern brechen?«

»Was ist genau passiert?«

»Alles war so – so harmlos. Es war ein herrlicher Tag. Wir fuhren ohne Verdeck. Heike liebte das. Sie fuhr an dem Tag selbst, ausnahmsweise, weil ich von der nächtlichen Werkstattarbeit müde war. Sie sang mir ein Lied vor. Sie konnte traumhaft gut singen. Ich habe mir immer gewünscht, dass sie Gesangsstunden nimmt, aber sie wollte nicht.«

»Was ist dann geschehen?«

»Wir hatten Tempo gemacht, weil wir etwas in Verzug geraten waren. Der Fahrtwind, Heikes Gesang, der Wagen lag gut in den Kurven, herrlich! Aber am Schwanenwasen war plötzlich alles vorbei. Ein Ruck, dann war der Wagen nicht mehr zu lenken. Wir durchbrachen die Leitplanke, die an der Stelle ohnehin demoliert war, und stürzten einen Abhang hinunter. Der Wagen kippte, und dann schrie Heike und schrie und schrie. Gott! Dieses Schreien verfolgt mich bis in den Schlaf!«

Wieder rang er nach Luft. »Genauso wie die Träume, in denen sie mit mir tanzt und mich im Arm hält«, flüsterte er dann.

Lea konnte sich ausmalen, wie es in seinem Innern aussah, nachts oder auch schon nachher, wenn sie wieder weg war und er hier allein in dieser Düsternis saß und von seinen Erinnerungen aufgefressen wurde. Am liebsten hätte sie das Gespräch abgebrochen und wäre nach Hause gefahren, so ging ihr diese Geschichte an die Nieren. Aber sie war hier, um etwas zu erfahren. War Urbanek Wittemanns Mörder?

»Wurden Sie auch verletzt?«

»Nicht der Rede wert. Ich dachte zuerst, auch Heike hätte sich nur das Knie aufgeschrammt. Aber so war es nicht. Wissen Sie, dass es nach einem Unfall vollkommen still ist, bis der Rettungswagen eintrifft? Heike hatte aufgehört zu schreien und rührte sich nicht, sie sah mich an, als würde sie nicht begreifen, was geschehen war.« Er nahm seine Brille ab, dann setzte er sie wieder auf. »Angeblich war nicht mehr festzustellen, ob das Teil vor oder nach dem Unfall defekt gewesen ist. Da Heike ja ›nur‹ schwer verletzt war und es keine weiteren Beteiligten gab, wurde meines Erachtens nicht so intensiv geforscht, als wenn es ein Todesopfer gegeben hätte, womöglich noch durch die Schuld eines anderen Autofahrers. Dass Heike durch die Schuld dieses geldgierigen Lumpen verletzt worden war, interessierte niemanden, bis heute nicht. Selbst mein Anwalt hat mir abgeraten, gegen Wittemann zu klagen. Niemand versteht mich. Ich glaube, alle halten mich für einen verrückten Rechthaber. Einen Spinner.«

Lea versuchte, sich in seine Lage zu versetzen. Er musste sich immer weiter in die Idee hineingesteigert haben, dass Frau Campenhausens Neffe an dem Unfall eine Mitschuld trug, aber es gab keine Aussicht auf Genugtuung.

»Haben Sie versucht, ihn zur Rede zu stellen?«

»Sehr oft sogar, in seiner Firma in Frankfurt. Aber er hat sich über seine Assistentin verleugnen lassen. Es war demütigend. Erst ließ sie sich alles ganz genau schildern, und dann wimmelte sie mich ab. Wittemann sei nicht da, Wittemann sei in einer Besprechung und so weiter. Mir blieb nur übrig, ihn beim nächsten Oldtimer-Meeting in Baden-Baden abzupassen. Ich fand heraus, dass er am Mittwoch am Galakonzert im Festspielhaus teilnehmen wollte, und wartete in der Eingangshalle im Alten Bahnhof auf ihn. Wenn er wenigstens sein Mitgefühl ausgesprochen hätte! Stattdessen hat er mich angeschrien, weil ich ihn angeblich erpressen würde. So ein Unsinn! Er hörte mir gar nicht zu, sondern ließ mich hinauswerfen wie einen Hund.«

»Und dann?«

»Ich will ehrlich sein. Dann habe ich eine Eselei begangen. Ich habe in der Kurhausgarage seinen Wagen gesucht und ihm den Bremsschlauch durchgeschnitten. Ich war verzweifelt. Zwei Tage vor unserem vierzigsten Hochzeitstag, zwei Monate nach ihrem Tod – und er beschimpfte mich nur und ließ mich wegschicken anstatt sich wenigstens zu entschuldigen. Wenigstens das!«

»Wollten Sie ihn umbringen?«

»Umbringen? Nein. Er sollte einen Schrecken bekommen, mehr nicht. Ich war nicht ganz nüchtern, als ich mir das ausdachte. Ich habe ihm gleich am nächsten Morgen vor Antritt der Fahrt Bescheid geben wollen, aber man hatte mich beobachtet und die Polizei gerufen. Die nahm eine Anzeige gegen mich auf, denn man glaubte mir nicht, dass ich das Ganze nur als Denkzettel gemeint hatte. Er sollte beim Ausparken einfach nur eine kräftige Beule in sein Auto fahren.«

»Was hat Wittemann dazu gesagt?«

»Das weiß ich nicht. Er war noch im Konzert und danach nicht auffindbar. Man wird ihm mitgeteilt haben, dass sein Wagen in die Werkstatt musste. Ach, ich gebe ja zu, nicht richtig gehandelt zu haben. Aber mildernde Umstände wird der Richter mir wohl geben, oder?«

Lea hob die Hände, aber er erwartete keine Antwort. »Jeden Tag sehe ich Heike vor mir, alles ist voller Blut, und sie liegt da, tot. Aber sie ist nicht tot. Sie lebt in meinem Kopf weiter, mit ihrem Gesang, ihrer wunderbaren Stimme. Ich hatte sie vor ein paar Jahren gebeten, mir Kassetten mit ihren Lieblingsliedern aufzunehmen. Manchmal höre ich sie mir jetzt nachts an, wenn ich sowieso nicht schlafe. Darf ich? Wollen Sie?«

»Oh nein, bitte nicht. Ich glaube, das ist nichts für fremde Ohren. Was geschieht nun weiter mit Ihnen?«

Urbanek grunzte bitter. »Sehen Sie sich um: Das Haus ist eine Ruine. Ich kann es nicht mal verkaufen. Also werde ich wohl hier hausen müssen bis an mein Ende. Anfangs, als ich alles in Auftrag gab, nahm ich Dummkopf an, Wittemann würde einen Teil tragen. Bis zuletzt, bis zu Heikes Tod, hatte ich mich von dieser Assistentin vertrösten lassen und mir Hoffnung gemacht, er würde zur Vernunft kommen und uns helfen. Und jetzt ist er auch tot, der Mörder.«

Siedendheiß kroch Lea der Gedanke den Rücken herauf, dass es wohl kaum einen anderen Menschen auf der Welt gab, der ein stärkeres Mordmotiv hatte.

»Wo waren Sie am Sonntag? In Baden-Baden?«

Urbanek schüttelte heftig den Kopf. »Am Donnerstag bin ich erst in den Schwarzwald gefahren, an die Stelle, an der der Unfall geschah. Ich habe dort ein Eisenkreuz in den Boden geschlagen und Blumen davorgelegt. Dann bin ich nach Würzburg gefahren. Ich wollte Wittemann nicht mehr über den Weg laufen. Ich hätte für nichts garantieren können.« Er schwieg eine Weile, bevor er flüsterte: »Nun hat ein Höherer mir das abgenommen. So geht das im Leben.«

»Sie waren also am Sonntag in Würzburg?«

»Das sagte ich gerade. Warum fragen Sie? Sie hören sich an, als seien Sie von der Polizei. Kann ich Ihren Presseausweis bitte noch einmal sehen? Vorhin war ich wohl nicht ganz bei mir.«

Lea gab ihm das Papier, und er studierte es lange und drehte es dann in seinen Händen. »Ich glaube, das ist keine Geschichte, die man drucken sollte. Wen interessiert das schon? Jetzt, wo Wittemann tot ist, macht es doch keinen Sinn mehr.«

Er machte wieder diese flüchtige, ungeschickte Handbewegung. »Schicksal. Alles Schicksal. Und ich bin erst siebenundsechzig. So viele Jahre liegen noch vor mir, bis ich endlich zu meiner Heike darf. Sie fehlt mir schrecklich.«

Er schluckte tapfer und sah Lea flehentlich an. »Ich glaube, es wäre besser, wir lassen es ruhen. Lassen Sie mir meinen Frieden. Ich muss lernen, damit fertig zu werden und ich warte jeden Tag, dass es weniger schmerzt. Es ist schon alles schlimm genug mit den Unterlagen des Sachverständigen und dem Abschlussbericht der Polizei und den Krankenakten. Manchmal möchte ich alles zum Altpapier geben, um endlich Ruhe zu finden. Ich habe wirklich schon genug aufzuarbeiten. Bitte nicht auch noch einen Zeitungsartikel!«

»Justus hat mir erzählt, Sie wollten zusammen mit ihm Literaturtage ins Leben rufen. Vielleicht würde Sie das ablenken? Er hat Sie öfter zu erreichen versucht, aber Sie gehen wohl nicht ans Telefon.«

»Seit Wochen nicht mehr. Sie waren gestern die Ausnahme, weil Sie Heikes Nummer gewählt hatten. Ihr Telefon hat seit Monaten nicht geklingelt. Da konnte ich nicht anders.« Urbanek streckte seine Hand aus und strich Lea mit seinem knotigen Zeigefinger sacht über den Arm. »Sie sind ein guter Mensch«, sagte er. »Danke schön. Es ist sehr nett von Ihnen, mir helfen zu wollen. Ich werde ihn anrufen, sobald es mir besser geht. Sagen Sie ihm, er solle sich keine Sorgen machen.«

»Haben Sie Freunde?«

»Nein. Heike und ich waren uns immer genug.«

»Hat Sie jemand am Sonntag gesehen?«

Er seufzte. »Am Sonntag habe ich mich gezwungen, hinauszugehen. Ich war oben auf dem Schützenhof. Dafür gibt es Zeugen. Ich bin mit einer Gruppe von Studenten in Streit geraten, weil sie den helllichten Nachmittag damit verbrachten, Beerenwein zu trinken, anstatt zu lernen. Fragen Sie die Wirtsleute. Sie haben mir ein Taxi gerufen. Das kann ich beweisen, wenn Sie es wollen. Soll ich die Quittung heraussuchen?«

Lea schüttelte verlegen den Kopf. »So war das nicht gemeint. Ich glaube Ihnen. Es war ja auch kein Mord. Es war ja nur das Herz.«

Und dieses eine Mal war sie wirklich versucht, es zu glauben.

DREIZEHN

Mit heftigen Bewegungen bürstete sich Marie-Luise Mienchens Haare vom Rock ihres liebsten Sommerkostüms, das angenehm leicht war und nicht knitterte. Man konnte es sogar mehrmals hintereinander tragen und sah immer noch aus wie aus dem Ei gepellt.

Unten hörte sie Josephs Wagen und schluckte ihre bissigen Gedanken hinunter. Joseph konnte nichts dafür, er meinte es nur gut. Sie war ungerecht, und das lag bestimmt nur daran, dass sie nicht hatte einschlafen können, nachdem Lea Weidenbach ihr gestern berichtet hatte, dass der Fall für die Polizei als natürlicher Tod zu den Akten gelegt werden sollte. Ihr Herz hatte die halbe Nacht gepocht und ausgesetzt und war gestolpert und gehüpft, dass es ihr ganz angst und bange geworden war. Nächste Woche würde sie zum Arzt gehen, ganz bestimmt, und bis dahin würde sie die Pillen schlucken, die er ihr beim letzten Mal mitgegeben hatte. Sie machten nur leider schrecklich müde, und so hatte sie den Vormittag ganz unüblich mehr oder weniger vertrödelt. Jetzt ging es ihr besser.

Die Pflicht rief! Ein letzter Blick zu Mienchen, die es sich bereits auf dem verbotenen Sessel gemütlich gemacht und die Augen zugekniffen hatte, um das strenge Frauchen nicht ansehen zu müssen, dann nahm Marie-Luise ihre Handtasche, steckte wie üblich ein frisches Taschentuch ein und zog die Tür zu. Keine leichte Aufgabe, mit Nicole über den Blumenschmuck der Trauerfeier zu sprechen, aber es half der Ärmsten bestimmt, seelisch wie auch finanziell.

Mit einem Mal bedauerte Marie-Luise, dass sie aus falscher Zurückhaltung mit Raphael nie über die Scheidung geredet hatte. Die Trennung war ein Schock für sie gewesen, war aus heiterem Himmel eingeschlagen, etwas, über das man nicht sprach. Da war es bequem gewesen, dass Raphael das Thema seinerseits ebenfalls nie angeschnitten hatte.

Nicole gegenüber war es allerdings alles andere als fair gewesen, dass sie nicht einmal versucht hatte, näheren Kontakt aufzunehmen. Nun, vielleicht war daran auch Nicoles Art schuld gewesen. Sie war so unscheinbar, fast unsichtbar. Ein Mäuschen in der Deckung. Einmal hatten sie sie tatsächlich beim Geburtstagsdinner vergessen. Erst während der Vorspeise war Nicole unauffällig an den Tisch gehuscht und hatte sich auch noch dafür entschuldigt. Dabei hatten Raphael und sie ein so angeregtes Gespräch geführt, dass sie gar nicht gemerkt hatten, dass Nicole noch nicht da gewesen war.

Raphael hatte sich ohnehin nie sonderlich liebevoll um Nicole gekümmert. Das hatte sie immer ein bisschen gestört, aber sie hatte sich eingeredet, dass er bei den gemeinsamen Treffen eben seine alte Tante auf den Ehrenplatz gehoben hatte. Das war schmeichelhaft gewesen, und Nicole hatte nie protestiert oder sich in irgendeiner Weise anmerken lassen, dass sie deswegen unglücklich war oder dass gar in der Ehe etwas nicht gestimmt hätte. Und dann plötzlich die Scheidung.

Selbst wenn sie es gewollt hätte, sie hätte Nicole gar nicht dazu befragen können, weil Raphael ihr einen Blumenladen in Frankfurt eingerichtet hatte und sie einfach darin untergetaucht war. Ja, untergetaucht, anders konnte man das nicht nennen. Sie war weg und diese vorlaute Sina Kuhn da gewesen.

Allerdings hatte sich für Raphael mit der neuen Situation ein kleines Problem ergeben. Sein Ausschlag war schlimmer geworden, und die Scheidung hatte ihn von Constanzes lindernder Tinktur abgeschnitten. Es wäre in seinen Augen einfach unmöglich gewesen, sie weiterhin von seiner Ex-Schwiegermutter zu beziehen, mit der er ohnehin kein besonders gutes Verhältnis gehabt hatte. Lieber konsultierte er Ärzte und probierte neue Heilmethoden. Im zweiten Jahr hatte sie es nicht mehr mitansehen können, wie er sich quälte, war in Constanzes Kräuterstübchen gefahren, hatte die Tinktur wieder herstellen lassen und sie ihm seitdem immer zum Geburtstag geschenkt.

Constanze hatte damals genauso wie sie selbst tunlichst vermieden, Nicole und die Scheidung zu erwähnen. Sie waren sich stillschweigend einig gewesen, dass so etwas heutzutage gesellschaftsfähig war, aber immer noch einen unangenehmen Beigeschmack hatte. Stets fragte man sich doch insgeheim nach den Gründen, und das gehörte sich nicht, das kam Indiskretion und Klatsch nahe.

Jetzt aber kamen ihr Bedenken, ob es richtig gewesen war, das Thema auch vor Raphael totzuschweigen. Sie kannte die Schwäche ihres Neffen nur zu gut, und wenn sie die ärmlichen Verhältnisse sah, in denen Nicole und Constanze nun in Bühl zur Miete lebten, dann fragte sie sich schon, ob er seine ehemalige Ehefrau gut versorgt hatte. Einmal eine Operation für die Schwiegermutter zu begleichen war eigentlich nicht genug. Hoffentlich hatte er wenigstens für den Fall seines Todes eine Regelung getroffen, damit Nicole versorgt war. Marie-Luise nahm sich vor, mit Nicole darüber zu reden, später, nächste Woche, nach der Beisetzung.

Als sie aus der Haustür trat, lief sie gegen die Hitze wie gegen eine Mauer. Aber sie begann allmählich, sich auf den Besuch in Bühl zu freuen. Es tat bestimmt gut, mit jemandem über Raphael reden zu können, der ihn gekannt und geliebt hatte. So viele Erinnerungen steckten noch in ihr, die geteilt werden wollten.

Joseph hielt ihr mit einer lächelnden Verbeugung die Beifahrertür auf, und gleich ging es ihr besser. Sie schlüpfte auf den kühlen Ledersitz des klimatisierten Autos und war dankbar, Joseph neben sich zu haben.

»Was ist mit der Verbindung zwischen Sina Kuhn und den Pagenhardts? Hast du etwas herausgefunden?«, bestürmte sie ihn. Joseph war Mitglied in der »Vereinigung des Adels in Baden«. Im Telefonbuch waren Grafen, Freiherren und Barone nur schwer zu finden, das hatte sie in ihrer Ungeduld selbst schon gemerkt. Deshalb hatte sie Joseph beauftragt, sich umzuhören. Es war doch wirklich merkwürdig: Die Adelsherrschaft war schon so lange abgeschafft, aber immer noch schienen diese Kreise in einer eigenen Welt mit eigenen Regeln und geheimen Telefonnummern zu leben.

Doch Joseph bedauerte. »Vielleicht heute Nachmittag, eventuell habe ich bei einem meiner Bekannten mehr Glück«, vertröstete er sie, aber schon an seinem Tonfall merkte sie, dass sie darauf lieber nicht setzen sollte.

Diskret wie er war, ließ er sie wie üblich allein ins Kräuterstübchen gehen und versprach, wieder am Johannesplatz auf sie zu warten.

Die Türglocke schlug leise an, als Marie-Luise den Laden betrat. Der große Verkaufsraum kam ihr heute düsterer vor als beim letzten Besuch, vielleicht weil die Sonne die Schaufenster noch nicht erreicht hatte. Täuschte sie sich, oder roch es nach Weihrauch?

Nicole kam lautlos herein, wie üblich barfuß. Sie trug einen langen, schmalen schwarzen Rock und ein dünnes Top, das sie noch magerer und zerbrechlicher erscheinen ließ als ihre abgetragenen Jungmädchenkleider. Sie sah viel angemessener nach Trauer aus als diese blühende Sina Kuhn gestern, stellte Marie-Luise fest, und schon schossen ihr die Tränen in die Augen. Es war doch schrecklich, dass Raphael so unversöhnt gestorben war. Die beiden hatten in den vergangenen Jahren kein Wort miteinander gewechselt, obwohl Nicole dies wohl ab und zu versucht hatte. Einmal hatte sie sogar selbst zu vermitteln versucht, aber Raphael hatte sie mitten im Satz mit einer schroffen Handbewegung unterbrochen.

»Aus ist aus«, hatte er klargestellt, und sie war von der Wucht dieser Feststellung ganz eingeschüchtert worden. Raphael konnte manchmal sehr dominant sein und selbst seine alte Tante in Verlegenheit bringen. Ob es Nicole in der Ehe ähnlich ergangen war? Sie versuchte, ihre durcheinanderwirbelnden Gedanken wieder zu ordnen, während sie die zarte Frau vorsichtig umarmte. Nicole roch nach Pfefferminze und Kernseife, frisch und sauber.

»Ich möchte mit dir über die Trauerfeier reden«, begann Marie-Luise und sah sich nach einer Sitzgelegenheit um.

»Ich mache uns einen Tee, komm mit nach hinten. Ich schließe den Laden solange ab. Es ist den Leuten sowieso zu heiß für einen Bummel durch die Innenstadt.«

»Nicole!«

Nicole blieb stehen und sah unschlüssig in Richtung Kammer. »Ja, Mutter, ich komm gleich!«, rief sie, dann huschte ein kleines Lächeln über ihr Gesicht. »Sie ist mal wieder etwas schwierig, entschuldige bitte.«

»Kein Problem. Kümmere du dich um den Tee. Ich gehe nach ihr sehen. Ich habe Constanze ja eine halbe Ewigkeit nicht mehr gesprochen.«

»Nein, nein, warte. Es wäre ihr nicht recht, wenn du sie so sehen würdest. Eine Minute. Ich kämme sie schnell. Du kennst sie doch.«

Das stimmte. Marie-Luise ließ sich auf einem Küchenstuhl nieder und lächelte. Constanze war immer eitel gewesen, eine gut aussehende, starke, unbeugsame Frau. Sie kannte sie seit siebenunddreißig Jahren und wusste mehr von ihr, als ihr wahrscheinlich lieb war. Vor allem ihr kleines Geheimnis, nämlich dass Nicole ein uneheliches Kind war und dass sie deshalb aus dem kleinen Dorf bei

Regensburg weggezogen und in Bühl gelandet war. Sie hatte sich mit starkem Willen hochgearbeitet und ihr Wissen in jungen Jahren an ihre Tochter weitergegeben. Vor drei Jahren hatte man bei Constanze Magenkrebs diagnostiziert, und Nicole hatte zur gleichen Zeit den Blumenladen in Frankfurt aufgegeben. So hatte sich eines zum anderen gefügt, und die Produktion von Raphaels Tinktur war nahtlos weitergegangen. Ja, Nicole war ein gutes Mädchen, sinnierte Marie-Luise, aber sie hatte es mit der Pflege der Mutter bestimmt nicht leicht.

Die Tür zur Kammer ging auf, und Nicole winkte sie zu sich. Erwartungsvoll erhob sich Marie-Luise und betrat den kleinen Raum, der nur spärlich möbliert war. Ein schmales Bett, ein niedriger Tisch, auf dem eine Blumenvase, eine Teetasse, ein Notizblock, Tablettenschachteln und Papiertaschentücher lagen, dann gab es noch einen Stuhl, eine Garderobenleiste und ein Waschbecken. Die sonnengelben Vorhänge waren zugezogen und tauchten das Zimmer in ein warmes, freundliches Licht, aber das Fenster dahinter war geöffnet und ließ nur heiße, abgestandene Luft hinein.

Erst jetzt sah sie Constanze genauer an und konnte ein Schaudern kaum unterdrücken. Nicoles Mutter war stark abgemagert und kahl, die Wangen waren eingefallen, ihre Augen irrten im Zimmer umher. Als sie Marie-Luise sah, versuchte Constanze sich halb zu erheben, aber es ging nicht. Sie hob die Hand und machte ihr ein Zeichen, näher zu kommen. Marie-Luise sah betroffen zu Nicole, deren Lächeln eingefroren war und die schnell ihrer Mutter über die Wange strich. Constanze zuckte zurück, als wollte Nicole sie schlagen.

Marie-Luise fiel ein, dass Constanze knapp fünf Jahre jünger war als sie selbst. Gütiger Himmel, sie sah aus wie neunzig.

Sie zog ihre Kostümjacke aus und setzte sich auf den Stuhl. Mitfühlend strich sie der Kranken über die Hand. »Was machst du denn für Sachen, Conny«, murmelte sie.

»Weg«, wisperte Constanze. »Nicole soll weg.«

»Komm, Tante Marie-Lu, wir gehen wieder in die Küche. Mutter, ich bringe dir gleich deinen Tee, dann geht es dir besser, in Ordnung?«

Aber Constanze schüttelte heftig den Kopf. »Marie-Lu«, krächzte sie.

Marie-Luise zögerte. Sie wurde das Gefühl nicht los, dass Constanze ihr etwas mitteilen wollte.

»Was sagen die Ärzte denn?«, flüsterte sie Nicole zu.

»Ach, Ärzte. Es war kein Geld mehr mit uns zu verdienen. Sie war vor Jahren aus der Krankenversicherung ausgetreten, und wir können uns die Behandlung und die teuren Medikamente nicht mehr leisten. Sie haben sie vor einem Jahr heimgeschickt. Austherapiert, nennen sie das. Hoffnungslos.«

»Nicht so laut.«

»Mutter weiß es. Wir reden oft darüber, nicht wahr? Ich versuche alles, damit die Schmerzen auszuhalten sind. Hast du Schmerzen, Mutter?«

Constanze schüttelte den Kopf, dann wandte sie sich wieder an Marie-Luise. »Bleib hier!«

Nicole nahm Marie-Luise am Ellbogen. »Mutter, wir haben etwas zu besprechen. Sie besucht dich ein andermal, in Ordnung?«

Constanze schüttelte den Kopf. »Jetzt!«

»Wie schon gesagt, heute ist es wieder schlimm. Komm doch in den nächsten Tagen noch einmal wieder, manchmal ist sie wie früher, lustig und lieb und vollkommen klar.«

Damit schob Nicole Marie-Luise in die Küche. »Du wolltest mit mir über die Trauerfeier reden. Ist diese Frau Kuhn nun mit Baden-Baden einverstanden?«

Schon bei der Erwähnung dieses Namens wallte in Marie-Luise der ganze Ärger wieder hoch. Eigentlich sollte man ja nichts Schlechtes über Abwesende reden, aber bei diesem Fräulein durfte man getrost eine Ausnahme machen.

Nicole hörte ihr geduldig zu, mit einem Gesichtsausdruck, als hätte sie alles längst kommen sehen. »Was willst du von einer Person erwarten, die sich in eine Ehe drängt«, kommentierte sie Marie-Luises Bericht spitz, und das brachte Marie-Luise wieder zu sich.

»Das muss dich aufregen, entschuldige.«

»Im Gegenteil. Wenn diese Frau ein Engel wäre, dann hätte ich mich bestimmt schlecht gefühlt und mir überlegt, ob ich mich vielleicht nicht genug angestrengt habe. Aber gegen so einen gefühllosen, intriganten Vamp hatte ich eben keine Chance.«

Marie-Luise holte ihr Taschentuch heraus und tupfte sich die Schläfen ab. »Stimmt das mit der Feuerbestattung, Nicole? Fräulein

Kuhn tat sehr erstaunt, als ich erwähnte, dass dies sein Wunsch gewesen sei. Habe ich in der Aufregung etwas falsch verstanden?«

»Nein, nein, genauso ist es. Ralf hat es ausdrücklich gesagt. Warum sollte ich mir das ausdenken?«

Erleichtert begann Marie-Luise, endlich über den Grund ihres Besuchs zu reden.

»Weiße Rosen«, entschied Nicole spontan. »Ich bestelle sie gleich. Wir werden große Bouquets machen, riesige Vasen füllen. Keine Kränze. Wie viele Trauergäste erwartest du? Wo wird der Leichenschmaus stattfinden? Im Waldcafé?«

Marie-Luise bewunderte die zierliche Frau für ihre Entschlossenheit. »Fräulein Kuhn will mir eine Liste von Raphaels Geschäftsfreunden zukommen lassen. Wer weiß, ob die überhaupt nach Baden-Baden reisen. Ach, am liebsten würde ich ihn in aller Stille beisetzen.«

»Dann mach das doch. Es wäre ihm bestimmt lieber. Du weißt doch, wie er war. Unnötiges Geld, so viele Menschen durchzufüttern und keine Gegenleistung erwarten zu können.« Ein Lächeln huschte über ihr schmales Gesicht, und Marie-Luise musste ihr zustimmen. Bei aller Liebe – Großzügigkeit war nicht seine Stärke gewesen. Schon stiegen ihr wieder Tränen hoch.

Nicole berührte ihren Arm. »Tantchen, folge dem, was das Herz dir rät. Schick diesen Geschäftspartnern später eine Trauerkarte. Wahrscheinlich sind sie dankbar, weil sie auf diese Weise ihre wichtigen Terminpläne nicht umwerfen mussten. Einige kenne ich ja selbst noch von früher. Das willst du dir nicht antun, dass die in ihren protzigen Wagen vorfahren und während der Aussegnung ihre Handys klingeln, weil sie so furchtbar wichtig sind.«

»Du hast recht. Aber meiner Verwandtschaft werde ich Bescheid geben. Sie hatten mit Raphael zwar nie viel zu tun gehabt, weil er aus Willis Linie stammte, aber vielleicht kommt ja der eine oder andere. Schade, dass man heutzutage die verwandtschaftlichen Bande nicht mehr pflegt, nicht wahr? Als ich jung war, haben wir uns alle mindestens einmal im Jahr getroffen. Das war immer ein lautes, fröhliches Durcheinander. Es würde mir guttun, an einem solchen Tag auch das Lachen und Rufen von Kindern zu hören, nicht nur Bittgesänge und Gebete. Meinst du, es kommt jemand für einen entfernten Cousin? Und das auch noch ohne Aussicht auf eine Erbschaft?«

Nicole lächelte. »Versuch es einfach, dann weißt du es.« Dabei schenkte sie Tee nach. Er duftete nach Zitrone und Melisse und einem Hauch Lavendel und schmeckte ganz zart nach Honig. »Ich zum Beispiel, habe überhaupt keine Ahnung, wie ich ... Ich meine, was soll ich tun? Meinst du, ich kann auch zur Beisetzung kommen?«

»Aber warum denn nicht?«

»Na ja, wir waren geschieden. Ich weiß gar nicht, ob ihm das recht sein würde. Und was diese Sina fühlt, wenn sie mich sieht.«

»Aber Kind, ihr wart fünfundzwanzig Jahre zusammen. Selbstverständlich sollst du kommen. Du musst doch Abschied nehmen können. Außerdem brauche ich Unterstützung. Oder meinst du, ich sitze mit dieser Frau gemeinsam in einer Bankreihe?«

Nicole schien erleichtert zu sein, und Marie-Luise nahm einen letzten Schluck, dann erhob sie sich. »Joseph wartet. Ich würde mich gern noch von deiner Mutter verabschieden.«

Nicole ging zu der kleinen Tür und öffnete sie leise und vorsichtig. Dann schüttelte sie den Kopf. »Sie schläft«, flüsterte sie. »Ein andermal vielleicht.«

»Aber meine Jacke«, wisperte Marie-Luise zurück. Auf Zehenspitzen schlich Nicole in das Zimmer und kam mit dem Stück zurück.

Marie-Luise nahm die Jacke nur über den Arm und machte sich bedrückt auf den Weg. Constanze war so eine starke, lebenslustige Frau gewesen, die gern lachte, musizierte und die sich nach einer nur für sie hörbaren Melodie zu bewegen schien. Wie furchtbar, was nun mit ihr geschah. Hoffentlich war es ihr selbst einmal bestimmt, wie Raphael sterben zu dürfen: von einer Sekunde auf die andere umfallen und nichts mehr spüren. Für Angehörige mochte dies schlimm sein, weil sie keinen Abschied nehmen konnten, aber für den Betroffenen war es sicherlich ein angenehmer Tod, wenn er denn schon unausweichlich war.

Und damit war sie wieder beim Kern angelangt, und ihre Gedanken drehten sich im Kreis. Sie wollte nicht akzeptieren, dass es das Herz gewesen war. Und sie sehnte sich danach, mit Lea Weidenbach darüber zu reden. Die Journalistin war heute in Würzburg, um einen weiteren Verdächtigen zu vernehmen, das hatte sie ihr gestern Abend mitgeteilt. Ob sie Erfolg gehabt hatte? Gab es längst Neuigkeiten, und sie wusste es nicht, weil sie ohne Handy unerreichbar war?

Sobald sie wieder in ihrer Wohnung war, versuchte sie, ihre junge Freundin zu erreichen, vergebens. Kurz bevor sie ins Bett ging, war der Parkplatz ihrer netten Mieterin immer noch leer. So heftete sie ihr wie öfter schon eine Einladung für den nächsten Abend an die Tür. Eingemachtes Kalbfleisch würde sie kochen, nahm sie sich vor. Das würde sie auf andere Gedanken bringen, und die junge Frau kannte diese badische Spezialität garantiert noch nicht. Dann gönnte sie sich ein winziges Gläschen Portwein und verzichtete ausnahmsweise darauf, einen neuen Krimi anzufangen, sondern schmökerte noch einschläfernde fünf Minuten in einem Kochbuch, das sie auswendig kannte. Sonst hätte sie wieder nicht schlafen können, diesmal aus Sorge, wo Lea Weidenbach blieb.

*

Es war ein wundervoller, warmer Abend. Selbst jetzt, nach Geschäftsschluss, wimmelte die Stadt von Menschen wie an einem verkaufsoffenen Sonntag oder Vorweihnachtssamstag. Der mit Efeu und wildem Wein bewachsene Innenhof der Gaststätte Baldreit war angenehm kühl aber nur mäßig besetzt, der ideale Treffpunkt für Leute, die in Ruhe etwas zu besprechen hatten. Einheimische kamen nur selten hierher, und so würde ihr gemeinsamer Abend hoffentlich von neugierigen Lästermäulern verschont bleiben.

Lea balancierte auf einem wegen des Kopfsteinpflasters wackeligen Stuhl und vertiefte sich in die Speisekarte. Vielleicht war dieses ewige Versteckspiel vor der Öffentlichkeit falsch. Warum sollten eine Journalistin und ein Kripochef nicht zusammen essen gehen?

Nein, schon der Gedanke fühlte sich falsch an. Sie hatte gelernt, dass die Presse die vierte Gewalt im Staat sein sollte, kritisches Kontrollorgan von Legislative, Exekutive und Judikative. Private Kontakte mit Abgeordneten, Richtern oder eben Polizisten waren nach ihrem Selbstverständnis tabu. So hatte sie es als Volontärin gelernt, und das war unter die Haut gefahren und dort stecken geblieben. Sie wusste selbst, dass diese Auffassung etwas antiquiert war. Außerdem war dies heute eine andere Situation, redete sie sich ein, während sie zuhörte, wie ihr Herz hämmerte. Heute hatte sie in

Würzburg Gottliebs Aufgabe übernommen und musste ihm das Ergebnis ja irgendwo und irgendwie mitteilen. Rein dienstlich. Warum also nicht hier?

Krabbencocktail, Flammkuchen, Wurstsalat, Schweineschnitzel – die Auswahl der Speisen war üppig, wenn auch nicht mehr ganz zeitgemäß, und sie hatte gehört, dass es nicht unbedingt die kritischsten Feinschmecker waren, die hier auf ihre Kosten kamen. Man saß in diesem Innenhof wegen der Atmosphäre, außerdem war der Wirt nett. Nächstes Jahr würde er das Restaurant aufgeben, hatten die Kollegen der Lokalredaktion vor Kurzem geschrieben. Hoffentlich griff ein jüngerer Wirt mit Ambitionen zu und küsste das Lokal aus seinem Dornröschenschlaf. Es konnte eine Goldgrube werden.

Ohne aufzublicken, erkannte sie Gottlieb an seinen ruhigen Schritten, dann an der Wolke von Zigarettenduft, die ihn umgab, obwohl er letztes Jahr geschworen hatte, mit dem Rauchen aufzuhören. Sie wusste, wie schwer das war, deshalb mochte sie ihm keinen Vorwurf machen. Gitanes gehörten zu ihm wie der Rotwein und bequeme Freizeitkleidung. Als er neben ihr Platz nahm, roch sie sein frisches Aftershave, mit dem er sich seit Neuestem den gepflegten, kurz geschorenen Vollbart einrieb. In seinen Augen tanzten wieder goldene Pünktchen.

Sie vermieden es, sich die Hand zu geben, als könnten sie sich verbrennen. Lea bestellte Salat und Flammkuchen. Gottlieb schloss sich an und orderte Rotwein. Die Pause, bis die Getränke kamen, versuchten sie mit Smalltalk zu überbrücken, der ihnen allerdings nur mäßig gelang. Bald verstummten sie und warteten auf die Erlösung durch den Wirt.

Dann nahm Gottlieb einen Schluck Wein und beugte sich weit über den Tisch, ohne den Blick von ihr zu lösen. Vor ihren Augen begann etwas zu flimmern, sie konnte es nicht verscheuchen, weil ihre Hände ihr nicht gehorchten. Mit rauer Stimme begann er: »Ich glaube, wir sollten aufhören ...«

Ihr Herz sprang ihr in den Hals. Um Himmels willen, was hatte er vor? Er würde doch nicht ... Nein, nicht hier, nicht so, nicht jetzt, dachte sie verzweifelt, während sie eigentlich das Gegenteil erhoffte. Unruhig rutschte sie auf ihrem Stuhl hin und her, bis der zu kippen begann und sie sich rudernd wieder in Position bringen musste.

Er lachte leise. »Schon gut. Entschuldigung. Ich dachte nur, wir könnten uns vielleicht irgendwann beim Vornamen nennen, das würde einiges vereinfachen. Aber vielleicht passt es ein andermal besser. Was haben Sie in Würzburg herausgefunden?«

Ihr fiel ein Stein vom Herzen, und gleichzeitig hatte sie zu kämpfen, ihrer heimlichen Enttäuschung Herr zu werden. Es war eine Situation wie am Sonntag in seiner Wohnung oder vor einem Jahr auf der Rennbahn oder an jenem Abend, als sie ihn zu sich zum Essen eingeladen hatte. Immer wieder flogen diese kleinen, prickelnden Momente, in denen die Welt stillzustehen schien, wie Glühwürmchen herbei, und im nächsten Augenblick zerstoben sie schon wieder wie Seifenblasen.

Sie musste sich ein paarmal räuspern, ehe sie den Kloß aus ihrer Kehle entfernt hatte und reden konnte. Dann schilderte sie ihm ihre Eindrücke und Erlebnisse in Urbaneks Haus. Dass sie anschließend doch noch Justus und dessen Elke auf einen Kaffee besucht hatte, verschwieg sie ihm. Es war kein großer Umweg gewesen, und sie hatte Justus nicht vor den Kopf stoßen wollen. Er hatte sich ehrlich gefreut, sie zu sehen, und Elke war eine patente Frau, die zu ihm passte. Ihr persönlich war es nach dem Besuch erheblich wohler. Justus und Elke wollten Weihnachten heiraten, und sie wünschte ihnen von Herzen alles Gute.

Gottlieb zündete sich mit dienstlicher Miene eine Zigarette an und inhalierte. »Ich fasse zusammen«, murmelte er, »Urbanek hatte ein starkes Motiv, Wittemann umzubringen. Es sieht aber so aus, als habe er ein Alibi. Das lässt sich nachprüfen. Was ist Ihre Meinung?«

»Ein verzweifelter Mensch. Er tut mir leid. Schwer vorzustellen, dass er einen Mord begeht. Wir haben ja immer noch keine Ahnung, ob und wie Wittemann umgebracht wurde. Es muss also eine raffinierte Mordart sein, eigentlich der perfekte Mord, nicht wahr? Einen Oberstudienrat, noch dazu jemanden wie Urbanek, kann ich mir in dem Zusammenhang beim besten Willen nicht vorstellen.«

Gottlieb lächelte. »Das ehrt Sie. Aber bei Mord ist alles möglich. Wenn ich mir vorstelle, was der Mann durchgemacht hat und dass er nun überhaupt keine Perspektive mehr hat, dann würde ich ihn trotzdem auf die Liste der Verdächtigen setzen. Ich lasse den Vorfall im Lokal Schützenhof überprüfen. Wenn das stimmt, weiß ich auch nicht weiter.«

»Sie wollen aufgeben?«

»Manchmal geht es nicht anders. Manchmal muss man gegen die eigene Überzeugung eine Akte schließen. Wir haben alles getan ...«

»Das stimmt doch gar nicht. Sina Kuhn haben wir noch und diesen Springhoff. Die beiden könnten gemeinsame Sache gemacht haben. Warum hat er Frau Kuhn Geld gegeben. Wofür? Woher kennen sich die beiden?«

»Das kann ich nicht beantworten. Die polizeilichen Ermittlungen sind abgeschlossen. Das müssen Sie schon selbst herausfinden.«

»Und dann der Name Pagenhardt. Immerhin noch ein ungeklärter Mord in der Stadt.«

»Der uns nicht weiterbringt.«

»Ich habe im Internet gesehen, dass die Villa vor zwei Jahren verkauft wurde. Vielleicht steht sie wieder vor einem Besitzerwechsel? Aber das kann ich nicht herausbekommen, leider. Immobilienhändler sind ja noch schlimmer als Polizisten, wenn es um die Herausgabe von Informationen geht.«

Ihr Essen kam. Der Flammkuchen war dünn und knusprig, aber den Belag hatte sie sich etwas anders vorgestellt. Auch Gottlieb pickte ratlos auf dem großen Teigfladen herum, dann langte er jedoch herzhaft zu.

»Mal etwas anderes als diese ewigen Burger«, gestand er. »Als ich Sonntag für Sie gekocht habe, habe ich mich schon als neuen Stern am Köchehimmel gesehen. Aber jeden Tag? Ich weiß nicht.«

»Für mich allein muss es auch schnell gehen. Da bewundere ich ja unsere Frau Campenhausen. Sie kocht jeden Tag, und zwar richtig aufwendig.«

»Können Sie Rouladen?«, fragte Gottlieb verträumt.

Lea kicherte. »Die liebt jeder Mann, sagt Frau Campenhausen.«

»Stimmt.«

Lea biss sich auf die Zunge. Nur keine Einladung aussprechen! Beherrschung! »Ich hätte Sie am Sonntag zu gern Saxophon spielen gehört«, fiel ihr ein.

»Ich kenne da ein paar Leute, mit denen ich neuerdings ab und zu Musik mache. Wir werden in ein, zwei Monaten in Bühl eine Session veranstalten. Mögen Sie Jazz?«

»Oh, ähm, vielleicht verstehe ich nicht genug davon.«

»Kein Freestyle, allerdings etwas anderes als Ihr geschätzter Phil Collins.«

Er wusste noch, welche CD sie vor einem Jahr aufgelegt hatte! Er grinste. »Was macht eigentlich Ihr Buch?«

Das war eindeutig das falsche Thema. An diesem Mammutwerk biss sie sich gerade Abend für Abend die Zähne aus. Es gab nichts zu erzählen, rein gar nichts. Sie bedauerte, dass Gottlieb vor einem Jahr hinter ihr kleines Geheimnis gekommen war. Frau Campenhausen wusste zwar auch davon, aber die fragte wenigstens nicht.

»Nicht so einfach, wie man sich das vorstellt«, sagte sie und hoffte, er würde am Tonfall merken, dass sie das Thema nicht vertiefen wollte.

Er nickte freundlich. »Ein Kollege in Stuttgart versucht sich auch seit Jahren am Schreiben. Muss verdammt schwierig sein. Er stöhnt jedes Mal, wenn wir uns treffen. Ich habe großen Respekt vor ihm und natürlich auch vor Ihnen. Es ist bestimmt nicht leicht, nach einem harten Tag in der Redaktion abends noch einmal an den Schreibtisch zu gehen und weiterzuschreiben. Wie motivieren Sie sich eigentlich? Woher nehmen Sie die Zeit? Und wenn man dann fertig ist, geht ja erst die eigentliche Arbeit los, nicht wahr? Ich weiß nicht, ob ich Verlage abklappern und mich anpreisen könnte.«

»Ein Roman war immer mein Traum, und jetzt will ich ausprobieren, ob ich es schaffe.«

»Noch einen Wein bitte«, rief Gottlieb und lehnte sich über den Tisch. »Schade, dass Sie keine Polizistin sind oder Finanzbeamtin oder sonst einen Beruf haben, der nicht mit meinem kollidiert. Es macht Spaß, mit Ihnen zu reden.«

»Meinen Sie, Sie könnten trotzdem versuchen, mehr über die Villa Pagenhardt herauszubekommen?«

»Nun schütten Sie nicht ständig Eimer mit kaltem Wasser über mir aus, Frau Weidenbach. Ich werde mich schon benehmen, keine Sorge. Ich brauche bestimmt genauso viel Freiraum wie Sie. Trotzdem darf ich Ihnen doch sagen, dass Sie eine attraktive Frau sind, oder?«

Themenwechsel, dachte Lea verzweifelt, schnell, sonst wirst du noch rot.

»Könnte Wittemann die drei Millionen nicht doch dabei gehabt haben, um sich Oldtimer zu kaufen? Wickelt man so etwas in bar ab?«

Gottlieb lachte lauthals. »Okay, okay, ich habe ja verstanden.

Ich höre schon auf. Nach unserem Gespräch habe ich ein zweites Mal ermitteln lassen. Der Organisator und sein Sohn waren jeden Tag und Abend vor Ort. Sie hätten etwas mitbekommen müssen, gerade von Käufen in großem Stil. Da war aber nichts. Außer den beiden Zwischenfällen mit Vogel und Urbanek lief alles ruhig und friedlich ab, wie jedes Jahr. Das mit dem Geld müssen wir wohl als unerklärlich abhaken.«

Die Worte Geld und Urbanek schmolzen in Leas Kopf zusammen und explodierten regelrecht.

»Erpressung!«, rief sie. »Wittemann wurde erpresst, wusste aber nicht, von wem. Er hat Urbanek verdächtigt, doch der war es nicht!«

Gottlieb schreckte ebenso auf wie die Touristen am Nachbartisch. Sie beugte sich zu ihm und berichtete leise, was der Lehrer ihr gesagt hatte.

Gottlieb fasste sich an die Brusttasche. »Erpressung? Denkbar. Er hat das Geld am Freitag von der Bank abgehoben und sich über den Verwendungszweck ausgeschwiegen. Die Bank hatte große Schwierigkeiten, so viel Bargeld in so kurzer Zeit aufzutreiben, da haben sie genau nachgefragt. Kidnapping und Lösegeld liegen eigentlich auf der Hand. Sie haben ihn direkt darauf angesprochen, aber Wittemann stritt alles ab. Scheint ein recht unangenehmer Zeitgenosse gewesen zu sein, mit dem man besser nicht diskutierte. Er behauptete jedenfalls, er brauche das Geld privat, und mehr würde die Bank nicht angehen. Hm, tut mir leid, so kommen wir auch nicht weiter. Es gibt einfach keinen konkreten Anfangsverdacht.«

»Sie reden mir alles kaputt! Unter guter Polizeiarbeit habe ich mir eigentlich etwas anderes vorgestellt.«

Unvermittelt legte er seine Hand auf die ihre, und sie zuckte überrascht zusammen.

»Ich gestehe Ihnen etwas«, sagte er ernst. »Nichts auf der Welt möchte ich mehr als ein guter Polizist sein. Es gibt einen ganz konkreten persönlichen Grund dafür, und irgendwann erzähle ich Ihnen davon. Bis dahin glauben Sie mir bitte, dass ich alles tun werde, um diesen Fall, sofern er einer ist, aufzuklären. Vielleicht sollten wir weiter zusammenarbeiten. Wegen Ihrer Frage zur Villa Pagenhardt rufe ich Sie morgen früh an, in Ordnung?«

Seine Hand war warm und angenehm. Am liebsten wäre es ihr gewesen, er hätte die ihre nie mehr losgelassen. Ja, sie war bereit, in einem Gefühlsstrudel zu ertrinken. Sie würde sich nicht dagegen wehren, egal was daraus würde. Es war ein herrlicher Abend, eine warme Sommernacht, ein romantischer Ort und ein ... Oh nein, es war nicht möglich. Nichts sollte sich in ihrem Leben ändern, alles sollte so geordnet und kontrolliert bleiben, wie es war.

Zum Glück kam in diesem Augenblick der Wein, und sie schafften es, zu unverfänglicheren Themen überzugehen.

Aber in den Träumen dieser Nacht kochte Lea Rouladen, legte Phil-Collins-CDs auf und blickte in Augen, die so weich und dunkel waren wie Tannenhonig.

VIERZEHN

Honig! Phil Collins! Rouladen! So ein sentimentaler Unfug! Nichts als Ärger hatte man, wenn Gefühle ins Spiel kamen! Seit acht Uhr wartete sie nun auf seinen Anruf. Jetzt war es nach zehn, und immer noch rührte sich das Telefon nicht. Reinthaler hatte schon gefragt, warum sie die erste Gerichtsverhandlung des Tages einem freien Mitarbeiter überlassen hatte und stattdessen immer noch am Schreibtisch saß. Wenn sie nicht bald ein Lebenszeichen von Gottlieb erhielt, würde sie zur zweiten Verhandlung selbst gehen müssen. Zehn Minuten noch, dann müsste sie los. Ladendiebstahl, was für eine Alternative zu einem Mordfall! Der Angeklagte war einundachtzig und hatte eine Packung Legosteine mitgehen lassen. Für die Enkel? Für sich selbst? Bestimmt eine interessante Geschichte – an jedem anderen Tag, nur nicht heute.

Endlich! Das Handy!

Gottlieb nuschelte etwas, als telefoniere er heimlich, und den Nebengeräuschen nach zu urteilen hielt er sich irgendwo im Freien auf.

»Ich habe etwas herausgefunden, Frau Weidenbach, aber diese Information kann ich Ihnen nicht offiziell geben. Sie müssen eine andere Quelle nennen, okay?«

»Versprochen.« Allein beim Klang seiner Stimme hob sich ihre Laune. Alles würde sie ihm versprechen, wenn er sie nur mit Neuigkeiten versorgte!

»Die Villa Pagenhardt steht vermutlich zum Verkauf. Am Montag wollte sich angeblich ein Interessent das Objekt ansehen. Es ging schätzungsweise um eine Kaufsumme von 2,9 Millionen Euro. Den Namen des Mannes habe ich nicht herausgefunden, dazu hätte ich dienstlich werden müssen, und dafür fehlt mir jegliche rechtliche Handhabe, außerdem ist er gar nicht erschienen. Aber Folgendes: Ihr Freund Springhoff trat als Vermittler auf.«

Lea pfiff anerkennend. »Das ist ja ein Ding!«

»Moment, langsam. Ich fürchte, Sie können daraus, dass der Interessent nicht erschien und es um fast drei Millionen ging, nicht den Schluss ziehen, dass es sich um Wittemann gehandelt haben könnte. Es war lediglich ein Besichtigungstermin. Dafür hätte er kein Bargeld gebraucht.«

»Trotzdem ist das ein erstaunlicher Zufall, finden Sie nicht? Ein Mann, der nicht erscheint, ein Vermittler, der dessen Verlobte kennt – und drei Millionen, die plötzlich Sinn ergeben.«

»Kein Kommentar! Übrigens, danke für den netten Abend. Wie geht es Ihnen heute?«

Ihre Wangen wurden heiß. Bestimmt wurde sie gerade feuerrot. Der junge Kollege Franz Abraham am Schreibtisch gegenüber machte schon einen langen Hals.

»In Ordnung. Danke für die Information«, bemühte sie sich, einen beruflichen Ton zu treffen.

»Frau Weidenbach und ihre Wassereimer«, lachte Gottlieb ins Telefon. »Ich hoffe, ich habe Ihnen helfen können und Sie jetzt nicht in Verlegenheit gebracht. Vielleicht können wir den Abend wiederholen?«

Sie schwieg verwirrt. Eine Stimme in ihr schrie: Ja! Ja! Aber das war doch eine Schnapsidee, zu nah. Zu privat.

Gottliebs Lachen ertönte wieder, leise und dunkel. »Wie wäre es mit September 2007? 2008?«

Jetzt konnte auch Lea nur mit Mühe ernst bleiben. »Ich glaube, das lässt sich einrichten. Rufen Sie mich dann am besten noch einmal an.« Kopfschüttelnd legte sie auf.

»War das dein Kommissar?«

»Franz, bitte, zum hundertsten Mal, ich dachte, das wäre geklärt: Es ist nicht mein Kommissar.«

»Ho, ho, reg dich ab. Was ist das überhaupt für ein komischer Fall, an dem du dran bist?«

»Du bist zu neugierig, Franz! Würdest du bitte den Termin mit dem Ladendieb übernehmen? Dahinter steckt bestimmt eine sehr menschliche Geschichte.«

»Bin schon weg.«

Lea wartete, bis er an der Tür war, dann versuchte sie, Sina Kuhn in Frankfurt ausfindig zu machen. Alle Fäden liefen bei ihr zusammen, die Frau sollte ihr endlich sagen, was es mit der Villa Pagenhardt auf sich hatte. Lea hatte allerdings keine Telefonnummer, deshalb versuchte sie es als Erstes in der Firma Wittex. Dr. Bach versorgte sie, wenn auch kurz angebunden, mit einer Handynummer, aber unter der hieß es, der Teilnehmer sei im Moment nicht erreichbar. Nicht einmal eine Nachricht konnte sie hinterlassen. Lea seufzte ungeduldig. Sie brauchte die Frau.

Vielleicht war sie in Wittemanns Wohnung erreichbar? Dort hatte sie ja laut Frau Campenhausen bislang gelebt. Die Auskunft hatte die Nummer nicht, Dr. Bach war inzwischen in einer Besprechung, seine Sekretärin zugeknöpft, und bei Frau Campenhausen war erst besetzt, dann klingelte der Rufton ins Leere, wie bei Joseph von Termühlen auch. Wenn die beiden doch nur ein Handy hätten! Andererseits beneidete Lea sie insgeheim. Diese Dinger klingelten doch viel zu oft im falschen Moment. Sie hatte ja schon ein schlechtes Gewissen, wenn sie beim Joggen eine Stunde nicht erreichbar war. War das nicht viel fragwürdiger als die Weigerung der beiden alten Leute, sich vom Zeitgeist versklaven zu lassen?

Blieb Springhoff. Warum nicht? Mehr als eine Abfuhr konnte sie nicht ernten. »Expertisen alter Villen«, stand im Telefonbuch, das passte doch. Der Bausachverständige meldete sich sofort, und Lea erklärte, wann und wo sie sich getroffen hatten.

»Natürlich erinnere ich mich«, unterbrach der Mann sie. »Um was geht es? Kann ich Ihnen helfen?«

»Ich habe Sie und Frau Kuhn über die Villa Pagenhardt reden hören. Jetzt habe ich gehört, dass das Haus am Montag verkauft werden sollte. Können Sie das bestätigen?«

Springhoff antwortete nicht. Sie hörte ein Glas klirren, dann Papier knistern.

»Rufen Sie nächste Woche wieder an. Wir können gern einen Termin vereinbaren.«

»Es geht nur um eine kleine Auskunft. Für die morgige Ausgabe.«

»Das soll in die Zeitung? Aber warum?«

»War Raphael Wittemann der Interessent, der die Villa kaufen wollte?«

Wieder entstand eine Pause. Ungeduldig malte Lea Kringel auf ihren Notizblock. Springhoff reagierte eigenartig, fand sie. Als müsse er in den Pausen um Fassung ringen. Aber warum? Menschen alte Villen zu zeigen war doch sein Beruf.

»Das lässt sich nicht so schnell am Telefon beantworten. Ich muss zu einer Ortsbesichtigung und bin schon zu spät. Mein Terminkalender ist für die nächsten Tage randvoll.«

»Aber es dauert nur eine Minute.«

Wieder machte Springhoff eine Pause und schnaufte. Es klang, als sei er ungeduldig. Dann räusperte er sich.

»Wenn es so eilig ist, dann müssen Sie eben mit mir mitkommen.«

»Geht das wirklich nicht am Telefon?«

»Nein, unmöglich. Also? Sind Sie in der Redaktion? Ich hole Sie ab, sagen wir in zehn Minuten vor dem Haupteingang? Der Badische Morgen liegt auf meinem Weg.«

Natürlich wollte sie so schnell wie möglich an sämtliche Informationen gelangen. Aber wie lange brauchte ein Experte, um ein altes Haus zu prüfen? Stunden vermutlich. So viel Zeit hatte sie nicht.

»In Ordnung. Sagen Sie mir die Adresse. Ich komme mit dem eigenen Wagen.«

»Nein, nein, das würden Sie nie finden. Ich hole Sie ab, meinetwegen können Sie mir mit Ihrem Wagen nachfahren.«

Er war pünktlich, fuhr allerdings schnell und unkonzentriert, und Lea hatte einige Mühe, ihm zu folgen. In Lichtental bogen sie in der Ortsmitte nach rechts Richtung Schwarzwaldhochstraße und gleich wieder nach links in die Seelachstraße den Berg hinauf.

Warum hatte er behauptet, sie würde die Adresse nicht finden? Seelachstraße – das war doch einfach. Von dort gingen keine schwierigen Wegverflechtungen ab, es gab nur die eine Straße, die ganz oben im Wald an der Bußackerhütte endete und von dort als Anliegerweg zum Ausflugslokal Scherrhof weiterführte.

Sie kamen an einer vollkommen baufälligen ehemaligen Pizzeria vorbei, dann erreichten sie den Bauzaun, der das verfallene Schloss Seelach notdürftig absicherte. Man konnte die Mauerreste des 1862 von einem Diplomaten des russischen Zaren errichteten Anwesens durch die Bäume des riesigen Parks fast nicht erkennen, wohl aber das frühere Gärtnerhaus, das nahe dem Bauzaun stand. Der letzte Besitzer hatte das Gemäuer zu einer romantischen Villa im Toscana-Stil herrichten lassen, dann aber, vermutlich ruiniert, Stadt und Land Hals über Kopf verlassen. Es ging das Gerücht, dass der Aufbruch so überstürzt gewesen war, dass man auf der neuen Terrasse am Rand eines Schwimmbades noch eine halb ausgetrunkene Sektflasche und gebrauchtes Frühstücksgeschirr gefunden hatte.

Springhoff fuhr weiter, ohne zu bremsen. Kurz nach dem Grundstück kam rechterhand ein hübsch renovierter Hof, dann hörte die Bebauung auf. Noch ein Stück, dann bogen sie nach rechts ab. Der Weg wurde einsamer. Schließlich hielten sie vor einem verschnörkelten, rostigen Eisentor. Die Zufahrt führte in den Wald.

Springhoff stieg aus und öffnete das Tor, machte ihr ein Zeichen durchzufahren und folgte ihr. Der Weg war ungepflegt, als seien hier das letzte Mal noch Pferdekutschen entlanggerumpelt. Links und rechts standen riesige Rhododendronbüsche, deren Zweige gegen das Auto schlugen. Die Spurrinnen wurden immer tiefer, und Lea hatte schon Angst, mit ihrem Mini aufzusitzen. Dann öffnete sich das Areal zu einer großen Lichtung, und vor ihr lag, auf einer Wiese mit hohem Gras, ein riesiges, verschachteltes Haus, dessen malerische grün-weiße Fachwerk-Holzfassade durch viele Verzierungen und Schnitzereien unterbrochen war. Das Anwesen unterteilte sich in zwei spitzgiebelige Trakte links und rechts, die mit einem quer stehenden lang gestreckten Mittelgebäude verbunden waren. Die Eingangstür mit buntem Jugendstilglas lag in der Mitte unter einem der filigranen Holzbalkone.

Neben dem Haus befand sich eine Art Carport, der über und über mit wildem Wein überwuchert war. Die langen Triebe hingen wie ein Vorhang vom Dach herunter. Springhoff hielt hinter ihr und machte ihr Zeichen, den Wagen hineinzufahren. Sie kurbelte das Fenster hinunter.

»Ich fahre ja gleich wieder, ich lasse den Wagen lieber vor der Tür stehen.«

»Aber ich muss Fotos machen. Da würde Ihr Auto stören.«

Notgedrungen rangierte sie den Mini in den Platz. Springhoff stellte seinen Beetle dahinter ab, stieg aus und zeigte sein sympathisches Hasenlächeln. »Was sagen Sie? Ist doch gigantisch, oder?«

Lea wehrte eine Mücke ab, die dicht an ihrem Ohr sirrte, und war sich nicht sicher, ob sie seine Meinung teilen sollte. Es war dampfig hier, keine Erholung nach der Hitze, die sich im Talkessel der Stadt aufgestaut hatte. Es roch nach frischer Erde und Honig, warmem Heu und späten Holunderblüten. Man hörte Bienen und Vögel. Nicht weit entfernt gluckerte irgendwo im Wald ein Wasserlauf. Lea leckte sich die Lippen. Sie hatte seit einem Espresso beim Frühstück bis jetzt nichts getrunken. Irgendwie hatte sie es am Schreibtisch einfach vergessen. Jetzt meldete sich der Durst. Nachher in der Stadt würde sie sich als Erstes eine große Apfelsaftschorle bestellen. Eisgekühlt, am besten gleich einen halben Liter.

Eine Amsel raschelte im Unterholz und flog schließlich keckernd davon. Lea liebte die Einsamkeit, aber hier in der Senke, umschlossen vom viel zu engen Wald, fühlte sie sich nicht wohl.

»Etwas abgelegen«, stieß sie aus, weil Springhoff sie immer noch erwartungsvoll ansah.

»Dreitausend Quadratmeter Grund mit kleinem Bach. Himmlische Ruhe. Natur, so weit das Auge reicht, und doch stadtnah. Wie lange haben wir vom Augustaplatz bis hierher gebraucht? Keine zehn Minuten, oder? Das Haus wurde 1851 erbaut und vor ein paar Jahren generalsaniert, mit allem Komfort wie Kanalisation, Strom und Gasanschluss. Sogar ein DSL-Anschluss liegt angeblich. Ich bin gespannt.«

Springhoff trat ein paar Schritte zurück und legte den Kopf schief. »Benazet soll hier gewohnt haben, können Sie sich das vorstellen? Ah, das war eine glückliche Zeit für Baden-Baden, als Russen und Franzosen gemeinsam die Stadt zur Sommerhauptstadt Europas machten. Man sieht die großen Feste und klingenden Namen regelrecht vor sich, nicht wahr? Hier kamen des Abends bestimmt große Kutschen die Auffahrt hoch, Dienstboten standen Spalier, Kerzenschein, Stimmengewirr, ein Orchester spielte zum Tanz. Wenn ich solche prächtigen alten Villen das erste Mal sehe, bin ich aufgeregt wie ein Kind. Kommen Sie, sehen Sie nur!«

»Herr Springhoff, ich wollte nur ein paar Informationen zum Haus Pagenhardt …«

»Sofort. Halten Sie das bitte kurz?« Er drückte ihr seine Aktentasche in die Hand und hob seine Kamera hoch. »Fantastisch, nicht wahr? Diese Holzverzierungen sind tipptopp in Schuss. Ich hatte befürchtet, sie wären verrottet. Das wäre ja kein Wunder bei der schattigen Waldrandlage.« Er zog ein kleines Messer aus der Hosentasche und schabte an einem Balken. »Tadellos«, murmelte er wie zu sich selbst.

»Können Sie mir bestätigen, dass Raphael Wittemann der Interessent gewesen ist?«

»Die Klappläden und die Fenster, das sind noch die Originale. Hervorragend renoviert, finden Sie nicht auch?«

Wie ein Junge an Weihnachten fingerte er an den Verschlüssen der hellgrünen Holzläden. Seine Augen leuchteten, aber Lea verlor die Geduld.

»Wollen Sie mir jetzt Auskunft geben oder nicht? Ich habe nicht die Absicht, mit Ihnen den ganzen Tag lang eine alte Villa anzusehen. Ich möchte nur ein paar kurze Antworten auf ein paar kurze Fragen. Wenn Sie dazu nicht bereit sind, fahre ich in die Stadt zurück.«

»Aber ja doch. Die Sache mit dem Haus Pagenhardt ist komplex, das kann ich nicht so einfach mit einem Satz beantworten. Wussten Sie, dass in dem Anwesen vor etwa zehn Jahren ein Mord geschah? Damals war Sina neunzehn, die Ärmste. Es war ein riesiger Schock für sie, schon allein wegen ihrer Mutter. Erst der Schwur, und dann ist die Mutter in derselben Nacht bei einem Unfall ums Leben gekommen. Sie hat mir schrecklich leidgetan. Ich habe alles versucht, um sie zu trösten und ihr zu helfen. Sie war ja plötzlich ganz allein.« Er schlug die Hand vor den Mund. »Herrje, ich weiß gar nicht, ob sie damit einverstanden wäre, wenn ich mit Ihnen darüber spreche. Ich glaube, ich sollte sie fragen.«

Springhoff holte sein Handy heraus und klopfte nebenbei mit den Fingernägeln gegen das verzierte Holzgeländer. Dann blickte er kopfschüttelnd auf sein Display. »Ah«, murmelte er, »der erste Minuspunkt. Kein Empfang. Wie ist das bei Ihnen?«

Lea holte ihr Gerät heraus und drückte ein paar Knöpfe. »Dasselbe.« Im Funkloch zu sitzen war so steinzeitlich. Ein komisches Gefühl, wie in einem fremden Land, auf unsicherem Terrain.

Aber Springhoff lächelte glücklich und breitete die Arme aus. »Davon abgesehen ist es doch herrlich, nicht wahr? Bei meinen Vorbesichtigungen bin ich meistens allein, und in solchen Momenten stelle ich mir vor, das Haus würde mir gehören. Das wäre großartig, nicht wahr?«

»Ich dachte, Sie sind hier mit einem Kaufinteressenten verabredet?«

»Ja, natürlich. Der hat mich vorhin im Auto erreicht. Er schafft es nicht pünktlich, sagte er. Ich soll schon anfangen, und er kommt in etwa einer Viertelstunde nach. Gehen wir doch solange hinein.«

Er holte einen Schlüsselbund aus der Aktentasche, probierte, dann schwang die Tür geräuschlos auf. Er trat ein und hielt ihr die Tür auf. Lea zögerte. Das leichte Rauschen der Blätter in den Bäumen verstummte. So sehr sie sich anstrengte, sie hörte keinen Ton mehr, kein Krächzen von Krähen, keinen Motorenlärm, nicht einmal das Sirren der Mücken. Oben am Türrahmen baumelte ein vertrocknetes Insektengespinst. Etwas sträubte sich in ihr, das Haus zu betreten. Es war dunkel und abweisend, direkt unheimlich.

»Die Villa Pagenhardt war Sinas großer Lebenstraum«, begann Springhoff und ging weiter in die riesige Eingangshalle, die von einer gewaltigen Treppe und einem überdimensionalen Kronleuchter beherrscht wurde.

Lea schüttelte ihren lächerlichen inneren Widerstand ab und folgte ihm. Kaum hatte sie das Haus betreten, bekam sie eine Gänsehaut, obwohl die Halle entgegen ihrer Erwartungen nicht kühl war, sondern im Gegenteil beklemmend warm und stickig, wie eine Hütte, die einen ganzen Sommertag lang Hitze gespeichert hatte.

Das T-Shirt klebte ihr am Rücken, der Rucksack wurde ihr schwer. Sie verfluchte sich insgeheim, dass sie heute Morgen gedankenlos drei Äpfel hineingestopft und sie vorhin in der Redaktion nicht ausgepackt hatte.

Außer dem Kronleuchter war das Haus offenbar unmöbliert. Die Holzdecken, Sprossenfenster und Türen waren weiß lackiert, durch die Eingangstür schien die Sonne und malte goldene Muster auf das Parkett, und schon verstand Lea ihr anfängliches Unbehagen nicht mehr. Dies war ein wunderschönes, trotz der Größe behagliches Haus. Ein paar Türen standen offen und ließen geräumige Zimmerfluchten erahnen.

Springhoff machte sich mit zusammengezogenen Augenbrauen Notizen. Dann stellte er seine Aktenmappe ab und holte ein kleines Gerät heraus, mit dem er elektronisch Deckenhöhe, Flurlänge und Wandabstände maß. Sorgfältig trug er die Werte in einen Plan und nickte, weil die Maße offenbar mit seinen Unterlagen übereinstimmten.

Lea sah auf die Uhr. Gleich halb zwei, und sie war noch keinen Schritt weitergekommen. Sie vertrödelte den Mittag in einem alten Gemäuer, statt in einem mutmaßlichen Mordfall voranzukommen. Springhoffs dürftige Andeutungen reichten bei Weitem nicht, um den Namen Pagenhardt in der Zeitung zu erwähnen. Die Angehörigen würden sich zu Recht beschweren, wenn die alte Sache ohne Not aufgewärmt würde und sie an ihre ermordete Verwandte erinnert würden. Deshalb brauchte sie dringend weitere Informationen. Ein Versuch noch, dann würde sie aufgeben und zurückfahren.

»Was hat Frau Kuhn mit dem Haus Pagenhardt zu tun?«

»Eins nach dem anderen.«

»Herr Springhoff, ich habe keine Zeit. Haben Sie das Haus vermittelt?«

»So kann man das nicht sagen. Ich habe es bewertet.«

»Wie hoch?«

»Es ist alt, die Treppen sind abgetreten, die Heizkörper antiquiert. Renovierungsstau. Wer will solch einen Aufwand schon zahlen, abgesehen von jemandem, der verrückt nach dem Haus ist. Außerdem ist die Villa voll vermietet, man könnte auf absehbare Zeit nicht einmal selbst einziehen.«

»Wie viel?«

»Mehr als drei Millionen auf keinen Fall.«

Da war sie wieder, die magische Zahl! Lea entschloss sich zum Frontalangriff: »Herr Springhoff, nun hören Sie auf, um den heißen Brei herumzureden. Ich weiß sowieso alles.«

Seine Augen verengten sich. »Wie meinen Sie das?«

»Na, weshalb Wittemann die drei Millionen bei sich hatte. Die Spur führt eindeutig zu Ihnen und Sina Kuhn. Noch einmal: Lassen wir das. Sie müssen nicht mehr Verstecken spielen.«

»Meine Güte. Die Sache sollte doch nur ein Scherz sein.«

Lea blinzelte verwirrt. Jetzt verstand sie überhaupt nichts mehr. Scherz? Sache? Damit konnte sie gar nichts anfangen. Sprachen sie beide von derselben Villa?

»Scherz finde ich in dem Zusammenhang nicht ganz passend«, sagte sie etwas unsicher.

Aufgeregt fuhr er sich durch die Haare. »Herrgott, ich habe Sina gleich gesagt, dass es rauskommt. Wie sind Sie dahintergekommen? Hat er sich seiner Tante anvertraut? Das war der einzige Schwachpunkt in dem Plan.«

Lea begriff, dass sie bluffen musste, auch wenn sie keine Ahnung hatte, wovon Springhoff sprach. Was hatten Springhoff und Sina Kuhn mit Wittemanns Geld zu tun, wenn es nicht um den Hauskauf ging?

»Sie war nicht der einzige Schwachpunkt«, warf sie blindlings ein. »Überlegen Sie nur einmal gründlich.«

Springhoff sah sie überrascht an. »Nicht? Was meinen Sie? Ah, das Personal im Friedrichsbad. Aber wir konnten doch nicht ahnen, dass er uns auf die Schliche gekommen war. Woher sollten wir das wissen? Und woher wissen Sie das eigentlich? Das können Sie nicht von der vertrottelten Tante haben. Die wusste von nichts, die wäre sonst sofort zur Polizei gelaufen und hätte es vereitelt. Wer hat noch davon gewusst, hm?«

Lea hätte sich fast verschluckt. In was für ein Wespennest hatte sie hier gestochen? Ein Komplott gegen Wittemann? Hatte er deshalb sterben müssen? Dann hatte Frau Campenhausen also recht gehabt, dass es einen Zusammenhang zwischen seinem Tod und dem Geld gegeben hatte.

»Können Sie sich das nicht denken?«, erwiderte sie so barsch und selbstbewusst, wie sie nur konnte.

Springhoff sah sie erstaunt an. »Keine Ahnung. Wirklich nicht. Sagen Sie es mir. Jetzt ist ja sowieso alles aus. Die Polizei schickt Sie, nicht wahr? Die stehen schon draußen und haben alles mitgehört, oder?«

»Nein, nein, ich bin nur hinter der Geschichte her. Ich will wissen, was dahintersteckt, mehr nicht.«

Springhoff stockte, dann lachte er herzlich und hob die Arme hoch. »Was reden wir hier eigentlich? Hört sich ja an wie in einem ›Tatort‹-Krimi, oder? Dabei ist doch alles ganz harmlos. Kommen Sie, den Keller noch, dann sind wir hier fertig. Der Interessent müsste gleich da sein. Da will ich mir vorher die Heizung genau angesehen haben. Und vielleicht ist das Mauerwerk feucht. So nahe an einem Bachlauf in einer Senke wäre das durchaus möglich.«

Mit langen Schritten eilte er in einen der beiden Seitentrakte und lief eine Steintreppe herunter. Lea musste ihm wohl oder übel folgen, wenn sie mehr erfahren wollte. Mit jeder Stufe wurde es kühler und klammer.

»Ich muss sagen, dass mir jetzt die Pointe fehlt«, versuchte sie zu witzeln.

Springhoff antwortete nicht, sondern hantierte mit dem Schlüsselbund und schloss eine weitere Kellertür auf. Es ging noch einmal Stufen hinab, in einen kleinen Gewölbekeller. »Sieh mal an, der Weinkeller. Kommen Sie, hier sind wir richtig«, sagte Springhoff.

Lea blieb stehen. Keine zehn Pferde brachten sie in dieses dunkle Loch.

Springhoff hantierte mit einem Feuerzeug, das jedoch gleich wieder erlosch. »Da hängt eine Lampe. Sehen Sie bitte nach, ob der Lichtschalter außen ist?«, rief er.

Lea tastete die Wand neben der Tür ab und fand den Schalter. Als das Licht anging, sah der Raum einladend aus, ein großartiger Ort für ausgelassene Feste. Ein paar Weinfässer lagerten übereinandergestapelt, vermutlich genauso leer wie das kleine Weinregal, das an einer Wand lehnte. Lea machte ein paar Schritte nach unten. Kühl war es, sehr angenehmes Klima.

»Lehmboden«, rief Springhoff. »Oh, na so etwas, kommen Sie, das müssen Sie gesehen haben.«

Neugierig ging Lea näher. Springhoff drehte sich lächelnd zu ihr um und sah in seiner Begeisterung jungenhaft sympathisch aus.

Trotzdem war es wieder da, wie ein dumpfer Schlag in die Magengrube, dieses Gefühl, dass hier etwas nicht stimmte. Vorsichtshalber blieb sie stehen, ganz nah an der Treppe, bereit zu einem schnellen Rückzug, wenn es sein musste.

Springhoff kümmerte sich nicht um sie, sondern beugte sich über ein kleines Pult neben den Weinfässern und untersuchte etwas, das seine ganze Aufmerksamkeit erforderte.

»Sehen Sie sich das an!«, rief er überrascht.

Trotz ihres Unbehagens stieg in Lea berufsbedingte Neugier auf. Was sollte ihr hier schon passieren? Gegen diesen schmächtigen Kerl konnte sie sich allemal wehren, wenn er ihr zu nahe treten wollte. Nicht umsonst hielt sie sich seit Jahren in diversen Sportarten fit. Sky-Boxen war ihr das liebste, also sollte er nur kommen, der Herr Architekt.

Springhoff trat einen Schritt zur Seite und machte ihr Platz. »Das müssen Sie gesehen haben!«

Er schlängelte sich an ihr vorbei, und sie machte zögernd einen Schritt vorwärts. Einerseits wollte sie trotz ihrer inneren Beschwichtigungsversuche am liebsten nach draußen an die frische Luft, andererseits war es unwiderstehlich, vielleicht etwas Historisches zu entdecken. Das Haus war immerhin 1851 erbaut worden, da konnte es doch etwas aus der glanzvollen Vergangenheit der Stadt verbergen. Neugierig beugte sie sich über das Pult und griff gleichzeitig nach hinten an ihren Rucksack mit dem Fotoapparat. Merkwürdig, ein paar in das Holz geritzte Buchstaben und Zahlen waren zu erkennen, mehr nicht.

Enttäuscht hob sie den Kopf. »Da ist doch gar nichts«, sagte sie zu Springhoff, doch der Platz hinter ihr war leer.

Aus dem Augenwinkel sah sie seinen Schatten die Treppe hochhuschen. Blitzschnell setzte sie ihm mit langen Sätzen nach, in höchster Alarmbereitschaft. Springhoff hatte einen zu großen Vorsprung, gleich war er oben, während sie gerade erst die unterste Stufe erreicht hatte.

»Warten Sie! Das können Sie nicht tun!«, schrie sie.

Die Tür knallte zu, ein Schlüssel drehte sich im Schloss. Sie stolperte, erreichte die oberste Stufe, rüttelte am Griff. Nichts bewegte sich. »Aufmachen!«, schrie sie und trat gegen die Tür. Von außen war nur eine dumpfe Antwort zu hören, die sie nicht verstand. Dann verlosch das Licht.

FÜNFZEHN

Ein Thermometer nahe dem Augustaplatz stand bei achtunddreißig Grad, und es war noch nicht mal Mittag. Sehnsüchtig beobachtete Marie-Luise ein paar Kinder, die sich lachend im Becken des großen Springbrunnens tummelten. Wie gern würde sie sich auch die Schuhe ausziehen und die Füße ins Wasser hängen. Aber das ging nicht; sie war schließlich kein Teenager mehr.

Ermattet schleppte sie sich auf dem grünen Markt von Stand zu Stand. Besonders der Käsewagen und das Angebot des elsässischen Bäckers hatten es ihr angetan. Bei Gemüse war sie etwas pingelig, das sah ihr jetzt um die Mittagszeit nicht mehr so taufrisch aus, wie sie es sich wünschte. Da ging sie lieber ein paar Schritte weiter zu den Fachgeschäften in der Fußgängerzone. Auch für das Kalbfleisch kam nur eine Quelle in Frage, selbst wenn das einen längeren Fußmarsch bedeutete. Nicht gerade das reine Vergnügen bei dieser Hitze. Aber sie hatte ja Joseph dabei, der würde ihr beim Tragen helfen, dann würde es schon gehen. Und vielleicht würden sie noch irgendwo im Schatten einen kleinen Kaffee nehmen, dann waren die Strapazen gleich wieder vergessen.

Sie waren erst spät losgekommen, weil sie versucht hatte, mehr über Sina Kuhn herauszufinden. Das Fräulein stammte aus Baden-Baden, da musste doch jemand etwas über sie, ihre Familienverhältnisse oder ihre Beziehung zu diesem Herrn Springhoff wissen, von dem Lea Weidenbach ihr berichtet hatte. Aber ihre Bridge- und Französisch-Damen hatten ihr nicht weiterhelfen können. Blieb wieder einmal ihre Freundin Anni als letzte Hoffnung. Sie kannte jeden in der Stadt, wenn nicht persönlich, dann über drei Ecken. Aber Anni hatte donnerstagmorgens Bastelgruppe. Langweilig, aber unverschiebbar. Schlimmer noch: Sie war während dieser Zeit telefonisch nicht erreichbar.

Allmählich begann Marie-Luise sich zu wundern, warum sich ihre Generation so dagegen sträubte, sich ein Handy anzuschaffen. Im Grunde war dies doch eine im höchsten Maße praktische Erfindung. Allein in den vergangenen Tagen hätte es ihr einige Male gute Dienste erweisen können. Und wenn Anni eines besäße, wären wahrscheinlich schon alle Fragen beantwortet, und sie könnte Lea Weidenbach neue Fakten liefern. Aber Anni hatte kein Handy, genauso wenig, wie sie selbst eines besaß. Ja, warum eigentlich nicht? Diese Geräte gab es doch an jeder Straßenecke zu kaufen. Sie wollte ja nicht wie die Schüler dort auf der Bank Nachrichten eintippen oder das Gerät gar als Fotoapparat oder als Radio benutzen. Einfach nur telefonieren und leichter erreichbar sein, das konnte doch nicht so schwer sein!

»Komm, Joseph, wir wagen es«, sagte sie zu ihrem verdutzten Begleiter und bugsierte ihn in den nächstbesten Telefonladen am Leopoldsplatz.

Das Geschäft war übersichtlich, sehr hell und angenehm klimatisiert. An mehreren Säulen waren Telefongehäuse in den unterschiedlichsten Farben, Formen und Preisklassen ausgestellt. Schon meldeten sich Zweifel. War es eigentlich egal, bei welchem Anbieter sie das Gerät kaufte? Ob sie sich heute Abend besser mit Lea Weidenbach beratschlagen sollte? Ach Unfug. Sie hatte den Krieg überlebt! Da würde sie doch wohl in der Lage sein, sich so einen kleinen Allerweltsgegenstand zu kaufen!

»Luise«, flüsterte Joseph, »was willst du hier?«

Manchmal lebte dieser Mann doch sehr in der Vergangenheit. »Ich will mit der Zeit gehen«, rief sie. »Junger Mann! Sind Sie frei? Dann verkaufen Sie mir bitte ein Handy.«

Der schwarz gekleidete Verkäufer mit den kurz geschorenen Haaren, der gerade angestrengt in seinen Computer starrte, sah auf und lächelte nachsichtig, als habe er zwei hilflose Lämmer vor sich. Deshalb ärgerte sich Marie-Luise schon, bevor er überhaupt den Mund aufmachte.

»Karte, Vertrag, Foto, Sim-Lock? Wie viel Pixel soll die Kamera haben? WAP oder WWW? GPRS, HSCSD oder UMTS? Infrarot, Kabel oder Bluetooth? Dualband oder Triband? Wie viel Stand-by brauchen Sie? Wie viele Nummern sollen auf der SIM-Karte gespeichert werden können? Schreibhilfe wie Tegic T9? Logo? Animation? Countdown? Währungsumrechner? Sprachspeicher?«, schnurrte er herunter und schnippte sich dabei einen unsichtbaren Fussel vom Hemd.

Als er fertig war, schnappte Marie-Luise nach Luft und muster-

te ihn langsam von oben bis unten. »Junger Mann, das war ungezogen«, sagte sie dann mit aller Würde, zu der sie fähig war, nahm Joseph am Arm und zog ihn aus dem Laden.
»Luise, was sollte das? Du willst doch nicht allen Ernstes ...? Damit muss man sich auskennen!«
»Dieser junge Mann wusste garantiert vor drei Jahren genauso wenig über Handys wie ich. Aber ich weiß bestimmt mehr über die Welt, als er sich jemals träumen lassen kann. Mit welchem Recht behandelt er mich so? Das ist unerhört«, schimpfte Marie-Luise sich den Ärger von der Seele. »Komm, da ist ein anderer Laden. Es können nicht alle so sein.«
»Luischen, bitte, wir können doch heute Abend mit Frau Weidenbach besprechen, was du gerne hättest und was praktisch und günstig für dich ist. Und dann können wir ...«
»Das kommt nicht in Frage. Ich habe das gleiche Recht wie eine Vierzehnjährige, ordentlich beraten zu werden. Ich bin vollkommen klar im Kopf, ich kann alles verstehen. Sie sollen mir bloß keine Fachbegriffe an den Kopf werfen, das ist alles. Ist das zu viel verlangt?«
Joseph schwieg, so klug war er, dass er inzwischen genau wusste, dass Widerstand zwecklos war, wenn sie ihr Kinn vorstreckte. Er seufzte ergeben und betrat an ihrer Seite den nächsten Laden. Diesmal überließ er Marie-Luise vollkommen das Feld und deckte sich mit kleinen Prospekten ein, die er nahe dem großen Fenster aufmerksam studierte, bis Marie-Luise ihn wieder am Ärmel aus dem Geschäft zog.
Im vierten Laden bat er leise: »Würde es dir etwas ausmachen, wenn ich es versuche?«
»Du meinst, einen Mann nehmen diese jungen Leute ernster, ja?« Marie-Luise fächelte sich empört mit einem der Prospekte Luft zu, von denen Joseph nun schon eine stattliche Anzahl herumschleppte. Im selben Augenblick taten ihr ihre Worte schon leid. Sie durfte doch ihren Ärger nicht an dem lieben Joseph auslassen. Sie benahm sich ja wie eine launische Diva. »Entschuldige bitte, Lieber, aber die Hitze ...«
Joseph legte seine Hand auf ihren Arm. »Schon gut. Darf ich? Bitte?«
Resigniert trat sie einen Schritt zurück, um die Szene aus sicherer

Entfernung zu beobachten, bereit zu einem geharnischten Schlussakkord.

Joseph legte einige der Faltblätter auf den Tisch. »Ich gestehe, das ist Neuland für uns. Aber vielleicht haben Sie ein wenig Geduld, uns aufzuklären. Wir hätten gern ein Handy, das leicht ist und vor allem einfach zu bedienen, mit großen Tasten, gut lesbarem Display und einem guten Klang des Lautsprechers. Wir brauchen es nicht zum Fotografieren oder für sonstigen Firlefanz, sondern um mobil zu sein und eventuell in Notlagen einfach anrufen zu können. Haben Sie so etwas?«

»Ein Seniorenhandy mit Notruffunktion? Natürlich. Ich zeige Ihnen einen Prospekt. Sehen Sie hier, so sähe das aus. Es hat allerdings seinen Preis, das muss ich Ihnen sagen. Ich kann es bestellen und Sie können es sich in Ruhe ansehen. Ohne Vertrag, natürlich, nur mit einer Telefonkarte. Da sind die Einheiten zwar teurer, aber Sie brauchen keine monatliche Grundgebühr zu bezahlen.«

Marie-Luise staunte einmal mehr über Joseph. Erst tat er so, als könne er kein Wässerchen trüben, und nun entpuppte er sich als Lotse im Meer der Technik. Sie strahlte.

»Fantastisch. Das nehme ich.«

»Wenn ich es sofort bestelle, ist es Samstag hier. In letzter Zeit kommen so viele Anfragen danach.«

Marie-Luise fragte sich, warum der freundliche junge Mann dann nicht längst eines auf Lager hatte. Außerdem war nicht ganz einleuchtend, warum ein Gerät, das nichts anderes als ein Telefon war, mehr kosten sollte als diese aufwendigen Vielzweck-Apparate hier. Aber das hatte der junge Mann sicher nicht zu verantworten. Es würde schon Gründe geben. Ergeben willigte sie in alles ein.

»Du hast dir einen Kaffee verdient«, sagte sie lächelnd, als sie wieder auf der Straße standen.

Joseph stimmte begeistert zu. »Und ein Stück Schwarzwälderkirschtorte!«

Das Abendessen fiel ihr wieder ein. »Himmel, hier ist die Liste. Ich muss doch noch einkaufen. Es soll eingemachtes Kalbfleisch geben, das kennt Frau Weidenbach bestimmt noch nicht.«

Joseph zog ganz leicht die Oberlippe nach oben. »Ich glaube, dann lasse ich die beiden Damen heute Abend allein und gehe früh zu Bett.«

Marie-Luise lachte. »Also magst du kein eingemachtes Kalbfleisch? Gut, das merke ich mir fürs nächste Mal.« Dann steuerte sie das Café Capri an. »Sieh mal, ein freier Platz. Nichts wie hin! Hier gibt es den besten Kuchen der Stadt. Und du bist mir noch Informationen über das Haus Pagenhardt schuldig. Ich bin schon ganz gespannt.«

Doch da musste ihr Begleiter passen. Das Haus, so hatte er erfahren, hatte mit der einstigen Besitzerin nur noch den Namen gemein, inzwischen war es verkauft worden und hatte keinerlei Verbindung mehr zu dem Mordfall. Auch der Name Sina Kuhn war in den Adelskreisen, die er befragt hatte, gänzlich unbekannt.

Enttäuscht rührte Marie-Luise ihren Espresso um, aber dann beruhigte sie sich: Eine Quelle hatte sie ja noch.

✻

Es war nicht zu fassen. Dieser Mann hatte sie in einem unbewohnten, abgelegenen Haus eingesperrt! Das war Freiheitsberaubung. Kidnapping. Entführung. Das war strafbar!

»Lassen Sie mich raus, sofort!«, schrie Lea und hämmerte mit den Fäusten gegen die Tür. Sie hörte erst auf, als ihr die Hände wehtaten, dann begann sie nachzudenken.

Das mit dem Interessenten, der gleich kommen würde, war garantiert gelogen gewesen, und selbst wenn es wahr gewesen wäre – warum sollte der Mann ausgerechnet in einen Tiefkeller im zweiten Untergeschoss steigen? Wie hatte sie nur so dumm sein können! Hatte Springhoff das von Anfang an geplant? Hätte sie etwas merken müssen? Oder war es eine spontane Aktion von ihm gewesen? Aber warum?

Wenn es nur nicht so schrecklich dunkel wäre! Hunger und Durst quälten sie noch zusätzlich. Mühsam hielt sie aufsteigende Tränen zurück. Zum Heulen war später noch Zeit genug. Jetzt musste sie ihren Verstand benutzen, erstens um sich zu befreien und zweitens um hinter Springhoffs Motiv zu kommen, sie verschwinden zu lassen.

Erst eins, dann zwei!

Mit einer Hand an der unverputzten Wand stieg sie fröstelnd die Treppenstufen hinunter. Es war kalt hier und feucht. Sie versuchte, sich das Gewölbe vorzustellen. Wahrscheinlich zog es sich unter dem gesamten Seitengebäude hindurch. Welche Räume lagen über ihr? Der Heizungskeller, den hatte sie im Vorbeigehen gesehen. Ein Vorratskeller, dort hatte es nach alten Äpfeln gerochen. Vorsichtig tastete sie sich an der Wand weiter. Eventuell gab es irgendwo ein Rohr, gegen das sie schlagen konnte. Möglicherweise hörte sie jemand, jemand, der nach dem Haus sah, vielleicht? Es hatte nicht heruntergekommen gewirkt. Unbewohnt, aber nicht vernachlässigt. Zumindest war es nicht übermäßig staubig gewesen. Das bedeutete, dass jemand regelmäßig nach dem Rechten sah. Aber wann? War er oder sie gerade hier gewesen und würde erst in vier Wochen wiederkommen? Selbst wenn morgen jemand käme, sie würde sich nicht bemerkbar machen können, weil es hier nur dicke Ziegelmauern gab.

Gab es Wandleuchter, aus denen sie sich ein Werkzeug biegen konnte, um das Türschloss zu knacken? Sie konnte sich nicht erinnern. Also fuhr sie weiter mit den Händen die Wände entlang. Vor lauter Spannung schloss sie dabei die Augen, bis ihr die Widersinnigkeit auffiel. Es war dunkel genug, nicht einmal durch das Schlüsselloch oben fiel Licht. Früher hatte man Folteropfer so gehalten, ohne Licht, ohne Luft, ohne Nahrung.

Ihr fielen die drei Äpfel im Rucksack ein. Ein, zwei Tage würde sie es aushalten, das war doch ein Trost. Bis dahin würde man nach ihr suchen. Frau Campenhausen würde sich wundern, dass sie die Essenseinladung nicht wahrnahm, Reinthaler würde seine Chefreporterin vermissen, und Gottlieb … An den wollte sie jetzt lieber nicht denken.

Wie entsetzlich dumm war es gewesen, die Redaktion ohne die geringste Andeutung zu verlassen, wo und mit wem sie sich treffen würde. Noch nicht einmal der findige Franz würde kombinieren können, wo sie steckte. Ihn hatte sie weggeschickt, bevor sie mit Springhoff telefoniert hatte.

Gottlieb wusste zwar, dass sie an Springhoff dran war, aber niemand hatte sie mit ihm zusammen gesehen. Ihr Auto war gut versteckt, das Handy außer Funkweite. Bravo!

Es musste einen Ausweg geben. Es gab doch immer einen!

Sie versuchte sich zu erinnern, was sie in diesem Keller gesehen hatte: ein leeres Weinregal, gestapelte Weinfässer und dieses Stehpult. Daraus konnte sie nichts bauen, um die Tür zu knacken. Sie setzte sich auf den kalten Boden und begann, ihren Rucksack nach etwas Brauchbarem zu durchwühlen: diverse Kugelschreiber, Schlüsselbund, Kamm, Lippenstift, Brieftasche, Stenoblock, Äpfel, Papiertaschentücher ... Nichts, was man als Schraubenzieher benutzen konnte. Vorsichtig stieg sie die kurze Treppe wieder hoch und untersuchte das Schloss. Die Schrauben waren vor Rost festgefressen, die würde sie auch mit Werkzeug nicht aufbekommen.

Im Kino hatten die Helden in solchen Fällen eine Scheckkarte zur Hand und knackten jedes Schloss mit einer kurzen Bewegung. Ob sie es auch versuchen sollte? Hinten in der Brieftasche steckten die Kundenkarten von Kaufhäusern und Parfümerien, von denen konnte sie eine opfern. Dann fiel ihr ein, dass Springhoff den Schlüssel herumgedreht hatte. Da war auch eine Scheckkarte zwecklos.

Zähneknirschend nahm sie sich die andere Seite der Tür vor. Auch die Angeln fühlten sich von Rost angefressen an, aber sie waren dick und stabil. Der Weinkeller war dem ursprünglichen Hausherrn offenbar so wichtig gewesen wie eine Schatzkammer. Verdammt, sie wollte hier raus! Wütend hieb Lea noch einmal gegen die Tür, aber es nutzte nichts. Sie war gefangen. In absoluter Dunkelheit.

Ihr Alptraum fiel ihr ein, der sie seit vielen Jahren plagte. Darin drohte sie zu ertrinken, und sie hatte sich im Laufe der Zeit dagegen gewappnet, mit viel Sport und Tauchlehrgängen. Wie hatte sie sich jemals vor diesem Traum fürchten können! Was war in dieser Situation schon Wasser gegen diese schwarze Leere, die sie vollkommen hilflos machte!

Am Rande der Panik setzte sie ihre Suche an den Wänden fort. Mehrmals fasste sie in etwas Weiches, Klebriges und musste sich sehr zusammennehmen, um nicht vor Angst und Ekel laut zu schreien. Bestimmt waren das nur Spinnweben, redete sie sich ein, von denen gab es hier wahrlich genug. Immer wieder wickelten sich die erstaunlich festen Fäden um ihre Finger, schwebten in ihr Gesicht, legten sich auf ihre Haare.

Sie hatte eine Ecke erreicht. Wie viele Schritte waren es bis hierher gewesen? Sie hatte nicht gezählt, aber dazu war später noch genug Zeit. Sie würde vermutlich noch Stunden hier aushalten und sich beschäftigen müssen, um nicht durchzudrehen.

Hier begann die Schmalseite des Kellers. Die runden Decken wölbten sich nicht mehr nahtlos nach oben, sondern liefen spitz auf die Wand zu. Hier lebte offenbar ein ganzer Spinnenstaat. Lea ging in die Hocke, um Kraft fürs Weitermachen zu sammeln. Sie hatte nie etwas gegen Spinnen gehabt, aber die Erwartung, bei jedem Vortasten in etwas Nachgiebiges, Unbekanntes zu greifen, war entsetzlich. Doch es half nichts, sie musste ihr Gefängnis kennenlernen, um eine Idee zu bekommen, wie sie sich befreien konnte. Sie hatte erst vor Kurzem einen Bericht über eingeschlossene Entführungsopfer gesehen und hatte sich nie vorstellen können, jemals so tapfer sein zu können wie diese Mädchen. Sie brauchte die Weite, den Himmel, Platz, Luft, Laufen, Freiheit.

Ihr Stöhnen hallte durch den Raum. Und als wäre dies ein Startsignal gewesen, begannen ihre Tränen zu fließen. Sie krümmte sich zusammen, wehrte ein Krabbeltier ab, das über ihr Gesicht laufen wollte, schlang die Arme um sich und weinte wie ein kleines Kind.

*

Der Mittagsschlaf hatte gutgetan. Erfrischt schlug Marie-Luise die Augen auf und schubste Mienchen liebevoll von der Couch. Bei dieser Hitze brauchte sie wirklich keine Wärmflasche an den Füßen! Sanftes Sonnenlicht fiel durch die Lamellen der Fensterläden, zeichnete ein Streifenmuster auf den Boden und zauberte eine Sommerstimmung in die Wohnung, wie sie sie aus französischen Filmen kannte: Heiter und absolut still. Niemand in dem großen Mietshaus schien sich in der Mittagszeit zu bewegen, nicht einmal Wasserspülungen wurden betätigt. Die hörte sie manchmal, wenn sie ihre Badezimmertür nicht geschlossen hatte.

Jetzt noch eine Tasse gekühlten Tee, dann ein letzter Anruf, und danach würde sie mit den Vorbereitungen für das Essen beginnen. Sie hatte neunzehn Uhr auf den Einladungszettel geschrieben, und Frau Weidenbach hatte bis jetzt nicht abgesagt. Es war zwar etwas ungewöhnlich, dass sie sich gar nicht gemeldet hatte, aber vielleicht hatte sie es am Vormittag versucht und sie nicht erreicht. Wenn das Handy am Samstag kam, würde sie es sofort in Betrieb nehmen. Wie hatte sie jemals ohne auskommen können? Gerade als Detektivin brauchte man so etwas doch!

Sie setzte sich neben das Telefontischchen und rief endlich Anni an. Ihre Freundin meldete sich nach dem siebten oder achten Klingeln, hörte sich allerdings verschlafen an, obwohl es inzwischen nach fünfzehn Uhr war.

»Die Hitze macht mir zu schaffen«, jammerte sie. »Sonst liebe ich ja mein sonniges, lichtdurchflutetes Haus, aber zurzeit beneide ich dich sehr um deine Schattenlage.«

Marie-Luise protestierte. »Die Quettigstraße ist überhaupt nicht schattig. Das ist ein Vorurteil.« An anderen Tagen würden sie sich jetzt eine Weile hin und her kabbeln, aber dazu war ihr heute nicht zumute. »Was hast du über Sina Kuhn herausgefunden?«

Anni schwieg, dann hörte Marie-Luise ein genüssliches Schnalzen. Garantiert hatte Anni sich gerade eine Praline in den Mund geschoben. Sie war so haltlos! Also wirklich, sie brauchte sich wahrlich nicht über ihr Gewicht zu beklagen.

»Moment, ich nehme das Telefon mit aufs Sofa, da ist es bequemer«, meldete Anni sich wieder. Das war natürlich eine Lüge. Annis Telefon stand immer auf dem Couchtisch. Sie brauchte nur Zeit, um ihre Sünde heimlich herunterzuschlucken. Trüffel wahrscheinlich. Champagnertrüffel. Marie-Luise verzog das Gesicht. Sie machte sich nicht viel aus diesen süßen, klebrigen Versuchungen, die einem nur die Zähne verdarben.

»Nun lass dich doch nicht zweimal bitten!«, drängte sie. Manchmal vergaß Anni, dass jemand am anderen Ende auf Antwort wartete. Das war ab und an lustig, aber heute merkte Marie-Luise, wie es sie nervös machte.

»Ich wusste doch, dass mir der Name Kuhn etwas sagt«, nuschelte Anni endlich. »Ich kannte natürlich Brigitte, die Mutter, weil sie 1976 mit meiner Tochter in der Tanzstunde gewesen war. Schön, aber nicht sehr intelligent. Kurz vor dem Abschlussball ging sie von der Schule ab, angeblich musste sie in Kur. Wie originell! Den Rest kannst du dir denken, oder?«

»Kannst du bitte ein kleines bisschen schneller zur Sache kommen?«

»Erst ein Jahr später tauchte sie wieder auf, mit einem Baby und einem billigen Verlobungsring am Finger. Die offizielle Version war, dass Sinas Vater – über den man zunächst nichts erfuhr – kurz vor der Hochzeit bei einem Unfall ums Leben gekommen war. Was man sich damals nicht alles ausdachte, um ein uneheliches Kind zu erklären.«

Im letzten Augenblick konnte sich Marie-Luise noch auf die Zunge beißen, sonst wäre sie Anni scharf über den Mund gefahren. 1977, als Sina Kuhn geboren wurde, wurde längst die »freie Liebe« propagiert. Schmach wegen eines unehelichen Kindes gab es damals gar nicht mehr. Eine solche Vorstellung hatte nur noch in so konservativen Köpfen wie dem ihrer Freundin Anni eine Überlebenschance. Sie konnte ihre Freundin förmlich die Nase rümpfen sehen.

Unwillkürlich musste sie an Constanze Rossnagel denken, die in den fünfziger Jahren wirklich Spießruten hatte laufen müssen. Damals hatten nicht nur die Mütter, sondern vor allem auch deren Kinder unter einer solchen sogenannten »Schande« gelitten. Sie konnte sich gut vorstellen, wie die Schulkameraden die sensible Nicole gehänselt hatten oder gar nicht erst mit ihr spielen durften, nur weil sie »so eine« gewesen war. Constanze hatte dem Mädchen nicht viel beistehen können, musste sie sich doch darum kümmern, sie beide über Wasser zu halten. Zu allem lächeln, das war ihre Devise gewesen, und es war eigentlich kein Wunder, dass Nicole so geworden war: Unscheinbar, still, ja unsichtbar.

Anni unterbrach ihre Gedanken mit einem Schnauben. »Brigitte war mit Nadel und Faden geschickt und erhielt eine Anstellung im Theater, natürlich, da passte sie mit ihrer leichtlebigen Art auch hin. Sina war immer dabei. Ich habe vor ein paar Tagen ein Bild von ihr mit deinem Neffen in der Zeitung gesehen, eine richtig rassige Schönheit, nicht wahr? Ganz die Mutter. Na ja, oder auch nicht. Hoffen wir einmal, dass sie nicht ganz so ist.«

Wieder machte Anni eine Pause, und Marie-Luise räusperte sich ungeduldig.

»Schon gut, Marie-Luise, nun sei doch nicht so zappelig! Hast du heute noch etwas vor, oder warum treibst du mich so?« Anni erwartete aber keine Antwort. »Brigitte schuf sich eine richtige Scheinwelt. Sinas Erzeuger war plötzlich angeblich ein Adliger gewesen, behauptete sie. Das war ein regelrechter Tick von ihr, über den die Leute erst heimlich lachten, dann nur noch den Kopf schüttelten. Sie schnitt sich alle Zeitungsartikel über die Adelswelt aus, versuchte, Sina Benimm beizubringen und auf ihre künftige große Rolle vorzubereiten, falls der erfundene Vater auf einem weißen Pferd herbeitraben sollte. Ziemlich wunderlich, findest du nicht?«

»Es wäre doch möglich gewesen, oder?«

»Unsinn. Sie war ein bisschen verrückt, und sie hat, glaube ich, gerne einen gepichelt, um es einmal vornehm auszudrücken. Irgendwann sah man sie mit kleinen Krönchen und unechten Diademen im Haar in der Stadt. Bist du ihr nie begegnet? Du müsstest dich doch an sie erinnern. Krönchen, ich bitte dich!«

Bei Marie-Luise regte sich ein Funke Erinnerung, aber sie bekam kein Gesicht zu ihrer Vision von einer schwarzhaarigen Schönheit mit einem Krönchen auf dem Haar. Was ging sie überhaupt Sina Kuhns Mutter an!

»Ich dachte eigentlich, du würdest mir mit der Tochter weiterhelfen.«

»So warte doch! Du musst den ganzen Zusammenhang kennen. Also: Den Theaterleuten war es ja egal, wie Brigitte herumlief. Die sind Marotten gewohnt. Aber Sina muss das sehr peinlich gewesen sein. Sie überkompensierte das, indem sie nichts außer der Schule wahrnahm. Keine Freundinnen, keine Interessen, nur Schule, darüber hat sich Brigitte oft beklagt. Wusstest du, dass Sina einen Preis für das beste Abitur ihres Jahrgangs in ganz Baden bekommen hat?«

»Das ist mir neu. Ebenso, dass man versucht hat, dieser Person Benimm beizubringen. Das ist jedenfalls gänzlich schiefgelaufen«, bemerkte Marie-Luise trocken.

»Ich habe die beiden gesehen, als der Pagenhardt-Mord geschah. Das musst du doch noch wissen! Mein fünfundsechzigster Geburtstag, den wir im Kurhaus gefeiert haben. Sektempfang, Mittagessen. Als wir am Nachmittag herauskamen, haben wir auf dem Goetheplatz das Großaufgebot an Blaulicht und Streifenwagen gesehen und sind stehen geblieben. Ich weiß noch, wie du mich weiterziehen wolltest, weil man das nicht tut: Gaffen! Aber gib zu, es hat dich genauso brennend interessiert, was geschehen war.«

»Du hast Brigitte Kuhn und Sina am Tatort gesehen?«

»Brigitte Kuhn stand mit ihrem Krönchen und in einem weiten dunkelroten Samtkleid ganz vorn in der ersten Reihe. Sina neben ihr krümmte sich vor Verlegenheit, als Brigitte lautstark verkündete, genau dieses Haus gehöre eigentlich ihr. Jetzt sei die Gelegenheit gekommen, das frühere Unrecht gutzumachen und ihren Anteil einzufordern. Du musst dich daran erinnern! Wir haben alle gelacht und uns mit Blicken verständigt, dass die Frau mal wieder einen im Tee hatte.«

»Das wäre mir bestimmt aufgefallen. Wenn es um Ungerechtigkeiten in Verbindung mit einem Mordfall geht, dann bin ich doch normalerweise diejenige, die die Ohren spitzt. Komisch.«

»Ich glaube, du hast dich in dem Augenblick mit einem Streifenbeamten unterhalten. Wusstest du, dass die Freifrau von Pagenhardt ebenfalls ein Faible fürs Theater hatte? In gewisser Weise waren sie und Brigitte Kuhn sich nicht unähnlich. Auch die Freifrau liebte auffallende Kleider, große Hüte, dicke Klunker, mit dem Unterschied, dass an ihr alles echt war, während die andere eben lediglich etwas – nun ja, sonderlich war. Man hat übrigens lange geglaubt, jemand aus der Theaterszene habe Gerty von Pagenhardt umgebracht.«

»Man hat den Fall zu den Akten gelegt, Anni, ich kenne die Gerüchte auch. Sag mir, was du noch über Sina Kuhn weißt.«

»Jetzt wird es interessant. Ich habe damals auf dem Goetheplatz ganz deutlich gehört, wie Brigitte Kuhn ihrer Tochter eingebläut hat, eines Tages müsse das Haus Pagenhardt ihr gehören und sie solle alles im Leben daran setzen, dass es wahr werden möge. Sina musste sogar vor allen Leuten die Hand heben, um das zu schwören. Ich hatte den Eindruck, sie wäre am liebsten in einem Mauseloch verschwunden, weil alle um sie herum gelacht und getuschelt haben. Aber sie hat den Eid abgelegt. In feierlichem Ernst. Eine richtig unheimliche Szene. Dämmerung setzte ein, es nieselte, und genau in diesem Augenblick gingen die Straßenlichter an. Gruselig. In derselben Nacht ist Brigitte Kuhn ums Leben gekommen. Sie ist in der Dunkelheit über die Straße gelaufen, der Autofahrer hatte keine Chance, auszuweichen. Sie ist noch an der Unfallstelle gestorben.«

»Wie schrecklich!«

»Ein halbes Jahr später hat Sina Abitur gemacht und ist sofort nach Frankfurt gegangen, um zu studieren. Betriebswirtschaft, habe ich gehört.«

Marie-Luise legte nachdenklich auf. Zwei Jahre später hatte Sina Kuhn Raphael kennengelernt. Das musste für sie doch die Chance gewesen sein, an viel Geld und somit auch an das Haus zu kommen. Jetzt war Raphael tot, hatte drei Millionen bei sich gehabt, und der Name Pagenhardt war mehrmals gefallen. Das konnte kein Zufall sein!

Marie-Luise wagte nicht, weiter zu denken. Das musste Lea Weidenbach wissen! Am liebsten hätte sie sie auf der Stelle informiert, aber sie konnte die Journalistin weder in der Redaktion noch auf ihrem Handy erreichen. Also musste sie wohl oder übel bis zum Abend warten. Eine schwere Geduldsprobe.

SECHZEHN

Wie lange war sie schon in diesem Loch gefangen? Einen halben Tag? Zum ersten Mal bereute sie es, mit dem Rauchen aufgehört zu haben. Raucher hatten immer Feuer in der Tasche, und es hätte unendlich gutgetan, wenigstens ab und zu ein Streichholz anzuzünden, um auf die Uhr zu sehen oder die Wände zu inspizieren. Das Handy fiel ihr ein, aber der Akku hatte sich inzwischen entladen. Es blieb stumm und schwarz. So war sie ausschließlich auf ihren Tastsinn angewiesen, und das war mühselig und erschreckend.

Wieder fuhren ihre Finger eine Wand entlang, mit angespannten Nerven. An die Insektengespinste hatte sie sich schon halb gewöhnt, aber hier! Mit einem kleinen, entsetzten Aufschrei sprang sie zurück. Was war das? Es hatte sich nass angefühlt. Rau und nass, zum Glück. Bei etwas Glitschig-Nassem wäre ihr wahrscheinlich das Herz stehen geblieben. Lea nahm allen Mut zusammen und streckte ihre Hand erneut aus. Tropfen, die an der Wand entlang zu Boden perlten. Dort hatte sich eine kaum spürbare Pfütze gebildet, der Großteil des Wassers versickerte im Lehm. Nichts, um Durst zu stillen, an den sie lieber nicht denken wollte. Schon allein das Wort ließ ihre Zunge am Gaumen kleben.

Um sich abzulenken, tastete sie sich weiter. Die Weinfässer hörten sich hohl an und rochen modrig und schimmlig. Das Weinregal war ebenfalls leer und staubig. In Filmen bauten die Helden daraus Klettergerüste, um ein hoch gelegenes Fenster zu erreichen. Aber hier gab es nichts, keine Luke, keine Deckenöffnung und keinen Kamin, durch den sie fliehen konnte. Dieser feuchte, kühle Keller war das ideale Versteck. Sie versuchte, sich an die tapfere kleine Österreicherin zu erinnern, die sich vor einige Zeit von ihrem Entführer hatte befreien können. Die Zeitungen und Nachrichtensendungen waren voll davon gewesen. Acht Jahre hatte sie in einem fensterlosen Verließ zugebracht. Acht Jahre, Gott! Sie würde es keine acht Tage aushalten.

Wenigstens war das Mädchen mit Nahrung versorgt worden. Sie

hingegen hatte nur diese drei Äpfel im Rucksack. Ihr Magen meldete sich, aber sie weigerte sich, nachzugeben. Äpfel machten nicht satt. Sie löschten vielleicht den Durst, der ihre Kehle allmählich zu Sandpapier werden ließ, aber wie sollte es weitergehen, wenn sie aufgegessen waren? Nein, sie musste sie sich einteilen. Nur wenn es gar nicht mehr anders ging, würde sie den ersten opfern.

Clemens Vogel fiel ihr ein. Der hatte es weit länger als einen ganzen Tag in sengender Hitze ausgehalten und bestimmt viel schlimmeren Durst gehabt als sie hier im Kühlen, Feuchten. Allerdings war er an der frischen Luft gewesen, konnte in den Himmel sehen, ins Tal hinab, hatte Bienen summen, Vögel singen, Sägen kreischen hören. Hier unten war nichts, nur ihr eigener Atem, das Knurren ihres Magens, ihr Herzschlag und ab und an ein kleines, undefinierbares Rascheln, von einer Maus vielleicht – hoffentlich.

Lea setzte sich auf eine Treppenstufe und versuchte es mit autogenem Training, um nicht hysterisch zu werden, aber es funktionierte nicht. Ihre Gedanken kamen nicht zur Ruhe. Allmählich musste sie doch vermisst werden. Wie spät war es wohl? Gegen vierzehn Uhr hatte Springhoff sie hier eingeschlossen. Ihrem Magen nach zu urteilen musste es jetzt achtzehn Uhr sein. Bald erwartete Frau Campenhausen sie zum Abendessen. Wenn sie sich ohne Entschuldigung verspätete, würde sie sich Sorgen machen, aber sicherlich nicht sofort die Polizei verständigen, sondern abwarten. Wie lange wohl? Die ganze Nacht? Und dann? Würde man überhaupt auf die Idee kommen, dass Springhoff hinter ihrem Verschwinden stecken konnte? Verdammt, warum hatte sie keine Notiz hinterlassen? Sie hatte den Mann falsch eingeschätzt, und das ärgerte sie. Wäre sie misstrauisch gewesen, säße sie nicht hier. Aber wer hatte denn ahnen können, dass Springhoff und Sina Kuhn in ein Komplott gegen Wittemann verwickelt waren?

Was hatten die beiden überhaupt geplant? Sie wollten an das Geld kommen, das schien eindeutig zu sein. Nur warum und wie? Als Verlobte und spätere Ehefrau hätte Sina Kuhn doch ungehindert am Reichtum ihres Mannes teilhaben können. Und weiter: Offenbar war der Versuch, an die Millionen zu gelangen, gescheitert. Vermutlich hatten die beiden ihn deshalb beseitigt. Aber es gab doch angeblich keinen Hinweis auf Fremdeinwirkung. Ach, es war zum Verzweifeln. Sie wusste überhaupt nichts! Und deshalb gab es auch überhaupt keinen Grund, sterben zu müssen.

*

Das Kalbfleisch war in mundgerechte Würfel geschnitten und blanchiert, Fleischbrühe und Gewürze, Sahne und Eigelb standen bereit, der Salat war geputzt, ein weißer Burgunder vom Kaiserstuhl lag im Kühlschrank. Fehlte nur noch Lea Weidenbach, aber sie musste jeden Augenblick kommen. Bei größeren Verspätungen würde sie Bescheid geben, das war so zwischen ihnen abgemacht. Also spähte Marie-Luise ungeduldig vom Küchenfenster auf den Parkplatz, doch die Minuten tropften dahin, und kein rot-weißer Mini erschien.

Um halb acht briet sie leicht beunruhigt das Fleisch an, ließ es Saft ziehen und fügte nach einer Viertelstunde Fleischbrühe hinzu. Dann rührte sie die Salatsoße an und öffnete den Wein. Sie hätte mit ihrer Mieterin gern über diesen Tropfen vom Weingut Michel gefachsimpelt. Sie hatte ihn auf Empfehlung eines Weinführers bestellt, in dem sein frischer Duft und seine Aromen von Birnen, Melonen und Estragon angepriesen worden waren. Das hörte sich doch nach einem vorzüglichen Begleiter für dieses Essen an und nach einer noch besseren Ablenkung von ihrem Kummer über Raphaels Tod. So wie es aussah, würde sie ihn jedoch nach dem ersten Versuchsglas zukorken, das Kalbfleisch zu Ende schmurgeln und in den Kühlschrank stellen und sich dann mit einer dieser langweiligen Sendungen im Fernsehen ablenken müssen. Alles in ihr rebellierte gegen die unvorhergesehene Programmänderung.

Nach einer weiteren Stunde rief sie in der Redaktion des Badischen Morgens an, aber niemand dort wusste, wo die Kollegin abgeblieben war. Sie war um die Mittagszeit zu einer Recherche aufgebrochen und nicht mehr zurückgekommen. Da sie ohnehin keinen Artikel für die morgige Ausgabe angekündigt hatte, machte sich niemand Sorgen um sie. Ihre Interviews dauerten häufig so lange, dass sie anschließend nicht mehr vorbeikam, dafür aber am nächsten Tag einen wahren Knüller offerierte. Wenig beruhigt legte Marie-Luise auf. Sie rätselte noch eine Weile, wo ihre Mieterin stecken konnte und warum sie nicht Bescheid gab und sogar das Handy abgeschaltet hatte.

Kurz vor Mitternacht sprang ihr inneres Alarmsignal auf Rot. Frau Weidenbach war nie unzuverlässig, sie war eigentlich immer erreichbar, und sie trieb sich nachts nicht herum. Es war ihr etwas passiert, ganz bestimmt. Marie-Luise holte tief Luft, um sich gegen jeden Zweifel zu wappnen und wählte den Notruf der Polizei.

Die Stimme des Beamten klang souverän, ruhig und wachsam.

»Machen Sie sich keine Sorgen. Ich kenne Frau Weidenbach. Sie ist eine erwachsene Frau, die das Recht hat, eine Nacht aushäusig zu verbringen«, sagte er, und dabei schwang ein Lächeln in seiner Stimme mit, als würde er sie nicht ganz für voll nehmen.

Marie-Luise ging in Verteidigungshaltung. »Hören Sie, so einfach ist das nicht. Frau Weidenbach hatte eine feste Verabredung mit mir, die sie nicht absagte, obwohl sie hundertprozentig zuverlässig ist. Sie recherchiert in einem aktuellen Mordfall, und nun ist sie seit zwölf Stunden verschwunden. Sie wollen mir doch nicht allen Ernstes einreden wollen, sie habe einfach nur eine kleine Affäre? Geben Sie mir die Telefonnummer von Kriminalhauptkommissar Gottlieb!«

»Das darf ich nicht. Ich habe alles Notwendige aufgenommen, Frau Campenhausen«, beruhigte der Beamte sie, immer noch amüsiert. »Außerdem gibt es zurzeit keinen ungeklärten Mordfall im Revier. Wenn sie morgen immer noch verschwunden ist, werden wir eine Suche veranlassen. Warten wir doch einmal ab. Bestimmt klärt sich alles auf. Versuchen Sie zu schlafen.«

Empört legte sie auf. Schlafen! Was konnte ihrer Lieblingsmieterin nicht alles zugestoßen sein. Da konnte sie doch nicht schlafen! Und was hatte er gesagt? Kein ungeklärter Mordfall im Revier? Wenn der wüsste! Ihr kriminalistischer Spürsinn sagte ihr ganz deutlich, dass bei Raphaels Tod etwas nicht mit rechten Dingen zugegangen war und dass Lea Weidenbachs Verschwinden etwas damit zu tun hatte. Aber ihr waren die Hände gebunden. Wohl oder übel musste sie bis zum Morgen warten. Ein letzter Gang zum Küchenfenster, ein letzter Blick auf den leeren Parkplatz, dann sank Marie-Luise ins Bett in der festen Gewissheit, keine Sekunde schlafen zu können.

Als sie am nächsten Morgen die Augen aufschlug, schien die Sonne so ungewöhnlich hell in ihr Schlafzimmer, dass sie nur verschlafen haben konnte. Tatsächlich, es war schon nach acht Uhr. Erschrocken stieß sie Mienchen vom Bett, schlüpfte in Hausschuhe und Morgenrock und eilte ans Fenster. Kein rot-weißer Mini. War Frau Weidenbach hier gewesen und bereits wieder bei der Arbeit? Oder hatte der Platz die ganze Nacht leer gestanden?

Sie huschte durchs Treppenhaus nach unten zum Briefkasten und hoffte inständig, dass niemand sie am helllichten Tag in Morgentoilette sah. Das war nur frühmorgens gestattet. Doch schon als sie die Briefkästen von Weitem sah, verflog jeder Gedanke an Etikette: In Lea Weidenbachs Fach steckte noch der große Briefumschlag, den der Postbote gestern Mittag gebracht hatte, und die heutige Zeitung hatte sich dazugesellt. Sie war also in der Nacht nicht zu Hause gewesen. Jetzt musste sie etwas unternehmen, und diesmal würde sie sich nicht abwimmeln lassen.

*

Maximilian Gottlieb hasste es, Berichte zu schreiben, aber in diesem Fall kam er nicht umhin. Er hatte sich die Wittemann-Suppe selbst eingebrockt, jetzt musste er sie auch auslöffeln. Es widerstrebte ihm, sein Papier Abschluss-Bericht zu nennen, denn noch gab es für ihn keinen Abschluss. Lea Weidenbachs private Recherche fehlte ihm noch. Leider hatte sie sich gestern nicht mehr gemeldet. Aber er wollte ihr keinen Vorwurf machen, denn er war abends gar nicht erreichbar gewesen, sondern hatte in Bühl mit seinen Freunden Musik gemacht. War das ein Spaß gewesen, nach Herzenslust das Letzte aus dem Saxophon herauszukitzeln und einen typisch »schmutzigen« Ton nach dem anderen zu produzieren. Nächsten Mittwoch wollten sie sich wieder treffen.

Jetzt erst einmal der Bericht. Missmutig suchte er die Unterlagen zusammen, kramte die vorläufigen Obduktionsunterlagen hervor, ließ noch einmal die Ereignisse des Sonntagabends Revue passieren. Der Beginn mit Lea Weidenbach in seiner Wohnung fiel ihm natürlich als Erstes ein, und in diesen Erinnerungen verharrte er ein paar Minuten. Ihr Parfüm stieg ihm wieder in die Nase, ihr träumerischer Ausdruck, als sie am Giebelfenster stand und über das Tal hinweg bis zur Rheinebene blickte. Und dann erst ihr gesunder Appetit! Niemals würde er sich mit einer Frau zum Essen treffen wollen, die allein von grünem Salat satt wurde. Aber dann hatte das Telefon alles zerstört.

Wie auf Bestellung begann sein Apparat zu klingeln. Frau Campenhausen wolle ihn dringend sprechen, es gehe um Lea Weidenbach, sagte die Vermittlung.

»So stellen Sie schon durch!«, rief er aufgeregt. Sein Herz hüpfte einen Takt schneller. Lea hatte sich immer noch nicht gemeldet, und deshalb hatte er vermutet, dass sie nichts Neues herausgefunden hatte.

Jetzt erfuhr er, dass sie seit gestern Mittag verschwunden war! Zwei Stunden nach dem Gespräch mit ihm war sie aus der Redaktion gegangen und seitdem nicht mehr aufgetaucht, auch über Handy war sie nicht erreichbar. Er sprang hoch und rief seine Kollegen zusammen. Wenige Minuten später drückten sich alle in sein kleines Büro, Lukas Decker, Hanno Appelt und Sonja Schöller. Es war beruhigend, sie um sich zu haben. Doch als er sie auf den neuesten Stand gebracht hatte, erntete er ungläubige Mienen.

»Du meinst, wir sollen nach Frau Weidenbach fahnden, weil sie eine Nacht nicht nach Hause gekommen ist?«, wiederholte Hanno Appelt verwirrt, und Sonja Schöller zwinkerte wissend.

»Sie ist eine attraktive Frau, nicht wahr?«, säuselte sie.

Gottlieb stand auf, um Luft zu bekommen. »Hört mal, das ist eine ernste Angelegenheit.«

»Aber es gibt keinen Mord«, beharrte Appelt. »Und somit gibt es keinen Grund, warum wir nach Frau Weidenbach suchen sollten. Oder hat sie Selbstmordabsichten geäußert? Wohl kaum, oder? Die strotzt doch nur so vor guter Laune.«

»Ich fasse zusammen«, murmelte er automatisch, eher zu sich selbst. »Wir haben immer noch nicht geklärt, warum Wittemann so viel Geld bei sich hatte. Ich habe herausgefunden, dass ein Bekannter seiner Ex-Verlobten, ein gewisser Axel Springhoff, am Montag das Haus Pagenhardt vermitteln wollte. Das Haus soll einen Verkehrswert von 2,9 Millionen Euro haben. Der Name Pagenhardt fiel mehrfach im Umfeld von Sina Kuhn, und er stand auf einem Notizzettel, den ich im Hotelzimmer des Toten gesichert hatte. Lea Weidenbach wollte nachhaken, und nun ist sie verschwunden.«

»Woher hatte die Weidenbach all die Erkenntnisse? Wieso wusste sie von dem Verkauf des Hauses?«, bohrte Hanno nach.

Gottlieb schluckte. Wie würde er dastehen, wenn herauskam, dass er höchstpersönlich die Frau mit diesen Informationen versorgt hatte? »Das ist uninteressant. Fest steht, dass sie, als wir gestern Vormittag telefonierten, andeutete, dass sie diesen Fragen nachgehen wollte.«

»Du willst ein Ermittlungsverfahren gegen einen Toten aufnehmen? Nur weil er Bargeld bei sich hatte, das er nachweislich ganz legal von der Bank geholt hatte?«

Hanno war manchmal nur schwer zu ertragen mit seiner peniblen Art.

»Ich weiß selbst, dass das nicht geht«, fauchte Gottlieb ungewollt barsch zurück. »Aber diese Frau verschwindet nicht einfach so. Sie ist seit fast vierundzwanzig Stunden abgängig, ohne sich irgendwo gemeldet zu haben. Verdammt, da stimmt was nicht!«

»Ich rufe die Redaktion an, vielleicht weiß dort jemand etwas über ihre Pläne«, bot Sonja an, aber er schüttelte den Kopf, mittlerweile leicht ernüchtert.

»Ich kümmere mich selbst darum. Vielleicht habt ihr ja recht, und es klärt sich alles auf.«

Sonjas verschwörerisches Lächeln ging ihm auf die Nerven.

»Das ist rein dienstlich!«, blaffte er sie an und ärgerte sich, weil nun auch Lukas und Hanno zu feixen begannen.

Etwas ratlos schickte er sie hinaus und zündete sich eine Zigarette an. Silvester würde damit Schluss sein. Ganz sicher! Diesmal würde es klappen. Wenn er ehrlich war, quälte ihn doch schon seit Monaten morgens ein hartnäckiger Husten, der sich erst nach der ersten Zigarette löste. Das war nicht gut. Außerdem hatte er gestern Abend gemerkt, wie ihm an einer Stelle fast die Puste ausgegangen wäre. Ja, ja, es gab viele Gründe, aufzuhören. Aber erst musste er Lea Weidenbach finden.

Leider wussten ihre Kollegen rein gar nichts. Sie wunderten sich nur, wo sie blieb, teilten sie ihm mit, als er sich telefonisch durchfragte. Wenn sie keinen Gerichtstermin hatte, nahm sie immer an der Morgenkonferenz teil, aber nicht heute. Ein gewisser Franz Abraham hatte zuletzt mit ihr gesprochen, kurz nachdem sie mit ihm, Gottlieb, telefoniert hatte. Danach hatte sie ihren Kollegen gebeten, für sie einen Termin bei Gericht zu übernehmen, hatte einige Telefonate geführt und war schließlich überstürzt aufgebrochen, ohne Bescheid zu geben, wohin sie wollte.

Das war nicht viel und ließ Platz für Spekulationen aller Art. Er musste herausfinden, mit wem sie zuletzt telefoniert hatte. Mit Springhoff vermutlich, das lag eigentlich auf der Hand. Er brauchte allerdings den Beweis, um offiziell tätig werden zu können.

Oder hatte ihr Verschwinden nichts mit dem Fall zu tun? War sie entführt worden? Russenmafia, organisierte Kriminalität, Geldwäsche – alles flog plötzlich in seinem Kopf durcheinander.

Er ließ sich zum Chefredakteur durchstellen und verabredete sich mit ihm. Wieder war er über sein Büro in der Stadtmitte, nur einen Katzensprung vom Leopoldsplatz und der Zeitungsredaktion entfernt, froh. Er überquerte den Platz und schielte nicht zu der McDonald's-Filiale. Komisch, seit ein paar Tagen war der Gedanke an weiche Hamburger, die immer gleich schmeckten, überhaupt nicht mehr attraktiv für ihn. Es gab wahrlich schmackhaftere Alternativen, er musste nur seine eingefahrenen Wege verlassen! Morgen. Jetzt gab es Wichtigeres. Er passierte den Zeitungs- und Zigarettenkiosk und hatte nach wenigen Metern den Badischen Morgen erreicht.

Der Chefredakteur empfing ihn im Foyer. Gottlieb hatte bislang nicht oft mit ihm zu tun gehabt, hatte aber den Eindruck, es mit einem engagierten, auf Unabhängigkeit bedachten Vollblutjournalisten zu tun zu haben. Der Mann sah mit seinen unpassend halblangen Haaren allerdings wie ein Relikt aus den späten Sechzigern aus, und Gottlieb wollte lieber nicht so genau wissen, ob er in seiner unvermeidlichen Pfeife wirklich reinen Tabak rauchte.

Reinthaler zeigte sich ehrlich besorgt über das Fernbleiben seiner Chefreporterin und erlaubte Gottlieb, mit ihm zusammen ihren Schreibtisch zu inspizieren. Außer einem Gerichtstermin, hinter dem der Name »Franz« stand, gab es für den gestrigen Tag keinen weiteren Eintrag. Auf dem Schreibtisch lagen Archivunterlagen über den Mordfall Pagenhardt und den Verkauf des Hauses vor zwei Jahren, außerdem über das Oldtimer-Treffen vom Wochenende und das Brenner's Parkhotel.

Im Internet hatte sie sich über Herzerkrankungen und Kammerflimmern schlaugemacht, ebenfalls nach dem Namen Pagenhardt gesucht und die Websites von Wittemanns Firma Wittex-Bau sowie der Parkettfirma Vogel aufgerufen. Nichts, was ihn weiterbrachte.

»Benutzt Frau Weidenbach ihr Telefon allein?«

»Im Prinzip ja. Sie mag es nicht, wenn andere an ihrem Schreibtisch arbeiten, und die Kollegen respektieren das in der Regel.«

Reinthaler machte sich am Apparat zu schaffen, und Gottlieb notierte sich die Nummern, die aufleuchteten. Die letzte interessierte ihn am meisten, und sie war von einem Anschluss in Baden-Baden. Das Klingeln ging ins Leere, und Gottliebs Herz begann zu klopfen. Als er schon auflegen wollte, um den Inhaber des Anschlusses von Amts wegen ausfindig machen zu lassen, sprang ein Anrufbeantworter an. »Hier ist das Büro Springhoff, Baugutachten aller Art. Das Büro ist zurzeit nicht besetzt. Sie können aber eine Nachricht hinterlassen …«

Gottlieb knallte den Hörer auf. Springhoff. Also doch!

*

Lea wusste nicht mehr, ob es Tag oder Nacht, morgen oder übermorgen war. Ihr war kalt, sie hatte ihren ersten Apfel gegessen und immer noch Hunger und quälenden Durst, gepaart mit einer tiefen, unfassbaren, aber allgegenwärtigen Angst. Wohl zum hundertsten Mal hockte sie vor der Tür und kratzte am Schloss herum, mit dem eigenen Schlüsselbund, der Nagelfeile, ihren Kugelschreibern, aber sie kam nicht weiter.

»Hilfe, Axel Springhoff hat mich hier eingesperrt«, kritzelte sie im Dunkeln auf ihren Schreibblock und hoffte, eine unbeschriebene Seite erwischt zu haben. Mit äußerst mulmigem Gefühl vermerkte sie noch ihren Namen und das Datum, auch wenn ihr der Zettel damit vorkam wie ihre eigene Todesanzeige. Sie versuchte, ihn unter der Tür durchzuschieben, doch es gelang ihr nicht, weil die Tür nach innen aufging und außen offenbar eine hohe Schwelle lag. So versuchte sie es von der Seite, bis sie ihn nicht mehr spüren konnte. Hoffentlich sah man ihn, wenn man vor der Tür stand. Hoffentlich kam überhaupt jemand vor die Tür! Sie wagte nicht, sich auszumalen, was sonst mit ihr geschehen würde.

Kampflos allerdings wollte sie nicht untergehen. Sie behielt den Block auf dem Schoß und begann, trotz der Dunkelheit drauflos zu schreiben. Sie wusste nicht, ob die Zeilen sich überschnitten, aber sie wollte unbedingt alles loswerden, was sie über den Fall Wittemann zusammengetragen hatte. Wer immer sie oder ihre Leiche finden würde, musste Beweise an die Hand bekommen, um Springhoff das Handwerk legen zu können. Allerdings war ihr das Motiv nicht klar. Was hatten er und Sina Kuhn mit Wittemanns Millionen zu tun? Was für eine »Sache« hatten sie ausgeheckt? Warum war sie hier eingesperrt worden?

»Was ich mir wünsche«, begann sie eine neue Seite, aber dann wusste sie nicht weiter. Natürlich wünschte sie sich im Augenblick nichts sehnlicher auf der Welt, als dass jemand sie befreite und sie weiterleben durfte.

Und wenn nicht?

Das Leben hätte so schön sein können. Vielleicht hätte sie ihr Buch irgendwann veröffentlicht. Oder mit Maximilian Gottlieb auf einer Wiese gelegen und durch hohe Grashalme in den blauen Himmel geblickt. Immer schneller drehten sich ihre Gedanken, immer abgehackter tauchten Stichworte auf. Meisengezwitscher im Frühling. Der Geruch von Tannenharz, Orangenschalen und Lebkuchen zu Weihnachten. Der Duft von Rosen im Sommer oder der eines Laubwaldes nach einem Herbstregen. Das Knirschen von Neuschnee unter den Füßen. Blätterspiel einer Linde im Sommerwind. Die ersten Krokusse und Tulpen im Jahr. Forsythienblüte. Lachen und Kreischen von Kindern im Schwimmbad. Spaghetti mit frischen Tomaten und Basilikum. Einmal in einem Opernhaus La Traviata erleben. Eine letzte Zigarette. Ein großes Glas Wasser. Ein weiches, warmes Bett.

Ihr bitteres Lachen verlor sich in der Dunkelheit. Was war dies nur für eine absonderliche Liste von Dingen, die ihr plötzlich als Inbegriff des Lebens vorkamen? Vielleicht war es vernünftiger, eine Art Testament zu hinterlassen. Zum Beispiel: Frau Campenhausen soll die Diskette mit meinem unfertigen Romanentwurf vernichten. Franz soll sich bei seinen Artikeln immer fragen, ob er es nicht noch prägnanter formulieren kann. Ich freue mich, dass Justus eine Frau gefunden hat, die zu ihm passt. Und: Ich hätte Gottlieb so gern Saxophon spielen gehört.

Sie opferte ihren zweiten Apfel, wohl wissend, dass es ihr vorletzter war und sie sich danach aufs Schlimmste einrichten musste. Wider alle Vernunft schlang sie ihn herunter, mit Stiel und Kerngehäuse. Am liebsten hätte sie auch gleich den letzten Apfel vertilgt. Hunger war etwas Schreckliches. Sie hatte einmal gelesen, dass manche Models ihn mit feuchten Papiertaschentüchern oder Wattebäuschen bekämpften, und sie umklammerte ihre Packung Tempos wie eine Lebensverlängerung.

Wer sollte eigentlich ihre Wohnung ausräumen, wer entscheiden, welche Kleidungstücke vernichtet und welche weiterverkauft werden sollten? Wer würde ihren Laptop übernehmen und all die schrecklichen Romanversuche lesen können, die noch gründlicher Überarbeitung bedurft hätten, ehe sie sie jemandem hätte zeigen wollen? Was würde aus den alten Familienfotos werden? Sie würden im Müll landen, achtlos, ohne Wert für denjenigen, der den Haushalt auflöste.

Für wen hatte sie, Lea Weidenbach, eigentlich eine Bedeutung? Im Grunde interessierte sich niemand wirklich für sie. Frau Campenhausen vielleicht, aber die hatte seit knapp einem Jahr ihren Joseph und war mit ihm eine rührende Symbiose eingegangen. Justus hatte seine Elke gefunden. Und wen hatte sie? Die Sache mit Gottlieb hatte sie mehrmals im Keim erstickt. Der junge Kollege Franz Abraham redete ab und an mit ihr, oder sie trafen sich auf ein Bier nach Feierabend. Unverbindliche Sätze, meistens kam sie sich wie eine Mutter vor, weil sie ihm immer Ratschläge erteilte.

Echte Freunde hatte sie nicht. Diese Erkenntnis traf sie wie ein Blitz. Sie war einsam, und sie sollte es sich endlich eingestehen, spätestens jetzt. Unabhängigkeit, Freiheit – waren das wirklich Ziele, nach denen man streben sollte? Oder waren es nichtssagende Worthülsen?

Ihr fiel ein, wie Frau Vogel und ihre Kinder sich danach gesehnt hatten, Clemens Vogel lebend wieder zu sehen. Natürlich machte sich auch Frau Campenhausen inzwischen bestimmt Sorgen um sie, vielleicht auch Maximilian Gottlieb. Aber dieses Sehnen, dieses Dazugehören, Teil einer Familie zu sein – das kannte sie nicht. Doch war es nicht genau das, für das es sich wirklich lohnte zu leben? Natürlich spürte man kurze Glücksmomente auch allein, in der Natur zum Beispiel, wenn man stehen blieb, schnupperte, hinsah, die Luft einatmete und den Augenblick genoss. Aber der Natur war es herzlich egal, ob eine Lea Weidenbach lebte oder tot war.

Gottlieb hatte ihr mehr als einmal deutlich zu verstehen gegeben, dass er an ihr interessiert war. Warum hatte sie ihn bloß zurückgewiesen? Nur wegen »Freiheit« und »Unabhängigkeit«?

Wie von selbst ordneten sich ihre Gedanken und Gefühle: Wenn sie jemals hier herauskäme, würde sie ihm eine Chance geben. Er war das Alleinsein doch genauso gewohnt wie sie. Konnte es nicht wundervoll sein, gemeinsame Abende zu verleben, zusammen am Herd zu stehen und bei einem Glas Wein den Tag Revue passieren zu lassen, zärtliche Finger auf der Haut zu spüren, sich geborgen zu fühlen und sicher zu sein, dass es da einen Menschen gab, der einen liebte?

Lea hörte sich schluchzen und versuchte, sich zur Ordnung zu rufen. Dies war nur ein Anfall von Selbstmitleid. Das kam nur von dieser unerträglichen Dunkelheit! Sie musste nur herauskommen, und schon würde sie wieder ganz normal sein. Alles, was sie brauchte, war ein Brötchen mit Leberkäse oder ein Schnitzel oder cremiges Erdbeereis mit Sahne oder ein Schwimmbad voll Wasser, Wasser, Wasser …

*

Das Büro des Sachverständigen lag in einem schlichten Zweifamilienhaus aus den siebziger Jahren fast am Ende der stillen, schattigen Zeppelinstraße am Annaberg, einer reinen Wohngegend. Clemens Vogels Auto war hier gefunden worden. Zufall? Er rief Vogel an, aber dem war der Name Springhoff angeblich unbekannt. Gottlieb nahm dies erst einmal zur Kenntnis. Später konnte er Vogel immer noch auf den Zahn fühlen.

Es gab zwei Klingeln mit Springhoffs Namen. Gottlieb drückte beide. Nach einer Weile wurde der Summer betätigt, und er betrat das Treppenhaus. Eine Frau um die sechzig stand im ersten Stock. Sie war mollig, trug eine weiße Kittelschürze und hatte einen Staublappen in der Hand. Neugierig beugte sie sich über das Geländer und strich sich eine graue Strähne aus dem Gesicht.

Gottlieb hob seinen Ausweis hoch und stellte sich vor. »Ist Axel Springhoff Ihr Sohn?«

Die Frau schwankte und wurde bleich. »Polizei? Ich habe es geahnt. Er kam heute Nacht nicht nach Hause«, flüsterte sie und hielt sich am Geländer fest. »Ein Unfall, nicht wahr? Ist er …? Kann ich …?«

»Nein, nein, es ist nichts passiert, soweit mir bekannt ist.«

»Sind Sie sicher? Er sagt immer Bescheid, wenn er übernachtet und nimmt wenigstens frische Wäsche mit.«

»Wann habe Sie ihn zum letzten Mal gesehen?«

»Gestern Mittag. Ich hatte gekocht, aber er wollte nichts essen. Er war nervös und hatte es eilig. Ein kurzfristig anberaumter Besichtigungstermin, sagte er. Danach kam er nicht wieder. Ich habe mit dem Kaffee auf ihn gewartet, mit dem Abendessen und dann die ganze Nacht.«

Gottlieb schlug eine unsichtbare Faust in die Magengrube. Lea Weidenbach verschwunden, Axel Springhoff untergetaucht?

»Die ganze Nacht? Wohnt er hier?«

»Ja, hier oben bei mir. Das Erdgeschoss ist nur Büro. Wo ist er nur? So kenne ich ihn gar nicht. Da, hören Sie, das Telefon in seinem Büro, es klingelt ständig. Ich will nicht abnehmen. Ich weiß ja nicht Bescheid mit seinen Geschäften. Und was soll ich den Leuten sagen? Dass ich nicht weiß, wo mein eigener Sohn ist? Dabei ist er sonst so zuverlässig. Ich verstehe das nicht. Ob ich im Krankenhaus anrufen sollte? Aber wenn er dort eingeliefert worden wäre, hätte man mir doch Bescheid gegeben, oder?«

»Hat er Mitarbeiter?«

»Eine Sekretärin, aber die ist zurzeit in Urlaub. Drei Wochen Dominikanische Republik. Dabei ist sie erst fünfundzwanzig. Mit fünfundzwanzig bin ich gerade mal nach Oberkirch gekommen, für ein verlängertes Wochenende.«

»Hat er Ihnen gegenüber den Namen Lea Weidenbach erwähnt?«

»Das ist doch die Reporterin vom Badischen Morgen. Was hat die mit Axel zu tun?«

»Das würde ich gern von Ihnen wissen.«

»Mir hat er nichts von ihr erzählt, aber das heißt nicht viel. In letzter Zeit war er sehr verschlossen und geheimnisvoll. Nicht einmal mehr in sein Büro durfte ich, auch nicht zum Saubermachen. Das würde er künftig selbst machen, hat er mir mitgeteilt. Er benimmt sich plötzlich wie in seiner Studentenzeit, als er diese schreckliche Freundin mit der verrückten Mutter hatte.«

»Haben Sie ein Foto von Ihrem Sohn?«

Die Frau wich ein paar Stufen nach oben zurück. »Sie wollen ein Foto? Wollen Sie nach ihm fahnden? Ich bin mir sicher, es klärt sich alles auf. Mein Sohn ist ein aufrechter Kerl. Ehrlich und gewissenhaft. Vielleicht ist nur sein Handy kaputt.«

»Das wäre meine nächste Frage gewesen. Geben Sie mir bitte seine Nummer?«

»Moment, die ist hier oben, neben dem Telefon. Aber kommen Sie doch herein.«

Langsam folgte Maximilian Gottlieb der Frau die Treppe hinauf. In der Wohnung roch es nach Kaffee und frisch gebackenem Brot. Wie auf Knopfdruck machte sich sein Magen bemerkbar.

Der schmale Flur war mit dicken, handgeknüpften Wollteppichen belegt, auf der Kommode mit dem Telefon lag ein gehäkeltes Deckchen.

Frau Springhoff reichte ihm den Zettel mit der Nummer. Er zog sein Handy heraus und wählte. Nichts. Keine Mailbox, keine Ansage, dass der Teilnehmer nicht erreichbar sei. Gar nichts.

Ratlos steckte er sein Handy weg. Er wusste nicht einmal, ob Lea Weidenbach sich tatsächlich mit Springhoff getroffen hatte. Es gab daher keinen Grund, eine Hausdurchsuchung zu beantragen, obwohl er sich liebend gern umgesehen hätte.

»Wollen Sie mir ein Foto zeigen?«

Sie bat ihn ins Wohnzimmer, in dem Gottlieb unwillkürlich den Kopf einzog. Dunkle Holzdecke, wuchtige Eichenschrankwand, wulstige braune Ledermöbel mit Eichenholzarmlehnen. An den Wänden Fotos eines kleinen Jungen, eines Heranwachsenden, eines Erwachsenen. In der Schrankwand ein großes Foto mit Vater, Mutter und Kind.

»Mein Mann ist vor zehn Jahren gestorben. Eine schlimme Zeit. Aber ich habe ja Axel.« Sie zeigte auf das Bild des kleinen Jungen. »Da wurde er eingeschult. Und dort, das war seine Trotzphase, und dort, da war er Student in Karlsruhe. Er war jedes Wochenende zu Hause, schon allein damit er dieses uneheliche Weibsbild treffen konnte.«

Gottlieb bemühte sich, sachlich zu bleiben. »Wie alt ist Ihr Sohn jetzt?«

»Sechsunddreißig. Das Bild hier ist zwei Jahre alt, geht das?«

Der Mann auf dem großen Farbfoto sah ziemlich langweilig aus. Glatt nach hinten gekämmte dunkelblonde Haare, spießige Goldrandbrille, beiges Hemd, braune Krawatte. Auf einem der anderen Bilder an der Wohnzimmerwand hatte er gelächelt und Hasenzähne entblößt und ein sympathisches Grübchen in der Wange gehabt. Ein Mann, an dem man auf der Straße vorbeigeht ohne ihn wahrzunehmen.

»Er ist ledig?«

»Aber ja doch. Ein sehr anständiger, tüchtiger junger Mann, Herr Kommissar. Hilfsbereit, arbeitsam, und seit er sich selbständig gemacht hat, auch recht erfolgreich. Wollen Sie sein Zimmer sehen?«

Frau Springhoff dirigierte ihn den Gang entlang und öffnete eine Tür. Er blieb wie angewurzelt stehen. Dieses Zimmer war wie das Tor zu einer anderen Welt. Kletterausrüstungen für Hochgebirgstouren hingen an der Wand, Fotos von Springhoff in Motorradkluft, dann in Klettermontur neben einem Gipfelkreuz in den Bergen, dort mit einem Gleitschirm, immer mit einem glücklichen Hasenlächeln im Gesicht. Springhoff Nummer zwei, Springhoff ohne Mutter.

Gottlieb unterdrückte ein Grinsen. Ein weites Feld, wäre er Psychologe. Aber er war Polizist, und er hatte genau diesen zerrissenen Mann unter Verdacht, Lea Weidenbach entführt zu haben. Mit Schrecken dachte er an den Psychopathen vor zwei Jahren, der die Journalistin in seiner Wohnung fast erstickt hätte, wenn er nicht in letzter Minute dazugekommen wäre. Wiederholten sich die Ereignisse?

»Kann ich das Büro sehen? Ich habe allerdings keinen Durchsuchungsbeschluss.«

»Natürlich. Wir haben nichts zu verbergen. Aber bitte bringen Sie nichts durcheinander. Axel merkt sofort, wenn etwas nicht an seinem Platz liegt.«

Eifrig führte Frau Springhoff ihn ins Erdgeschoss und schloss auf. Das Telefon klingelte wieder, ein Fax kam an. Das Fenster mit der grobmaschigen Gardine war zwar gekippt, aber in den Räumen roch es miefig. Abgetretener beiger Linoleumboden, schwere Eichenmöbel auch hier, ein großer Schreibtisch, im Nebenraum ein riesiges Zeichenbrett, Fotos von Baustellen und alten Gebäuden an der Wand, Aktenordner säuberlich nummeriert aufgereiht, Gesetzestexte, Bauvorschriften.

»Darf ich seinen Terminkalender sehen?«

»Hier!«

Die Seite des gestrigen Tages war leer. »Haben Sie nicht gesagt, er habe eine Verabredung gehabt?«

»Komisch. Ja, das hat er gesagt. Er war sehr nervös: Der Auftrag kam überraschend. Er musste ja sofort weg.« Frau Springhoff bückte sich ächzend und hob den Papierkorb hoch. »Den leere ich jetzt aus, ob er es will oder nicht. Das geht doch nicht, der ist doch übervoll. Was ist nur mit dem Jungen los?«

»Moment. Darf ich?« Papierkörbe waren für einen Polizisten immer interessant. Vor allem wenn der Terminkalender so unschuldig leer war.

Verwundert hielt Frau Springhoff ihm den Korb hin und er griff hinein. Grundrisspläne, Exposés, Entwürfe für Gutachten, zwei Fachzeitschriften. Er leerte den ganzen Korb aus, als Ersatz für all die Schubladen, die er gern durchsucht hätte. Leere Briefumschläge, ein paar Zeitungen, zerschnittene Zeitungsseiten und ganz unten ein paar zerknüllte Briefbögen. Gottlieb faltete sie auseinander und – das war doch nicht möglich! Ihm blieb die Luft weg.

»Es war kein Unfall! Es gibt Beweise. Drei Millionen. Samstag zehn Uhr Friedrichsbad. Sonst Mordanzeige«, stand auf den Papieren, jeweils mit geringfügigen Änderungen.

Gottlieb zwinkerte. Am liebsten hätte er sich in den Arm gekniffen. Er konnte nicht glauben, was er hier in Händen hielt.

Langsam setzte er sich auf den alten Bürostuhl. Alles drehte sich. Endlich sah er klar. Samstag, zehn Uhr Friedrichsbad, drei Millionen – das konnte nur Wittemann gegolten haben! Es ging gar nicht um das Haus Pagenhardt! Springhoff hatte Wittemann erpresst!

Und Lea? Die war ihm gestern offenbar zufällig auf die Spur gekommen, und er hatte sie verschwinden lassen. Nun war er selbst untergetaucht. Was bedeutete das? Hatte er die Journalistin womöglich gar nicht entführt, sondern … getötet?

Weiter dachte er nicht. Hektisch gab er Alarm. »Gefahr in Verzug, Fahndung nach Sina Kuhn und Axel Springhoff wegen zweifachen Mordverdachts«, brüllte er ins Telefon. Weiter kam er nicht, denn er musste den Hörer fallen lassen, um Frau Springhoff aufzufangen, die ohnmächtig zu Boden sank.

SIEBZEHN

Der letzte Apfel. Lea zwang sich, langsam zu kauen. Sie hatte schon ein Papiertaschentuch an die feuchte Wand gedrückt, geduldig gewartet und es gierig ausgelutscht. Aber es war zu wenig. Niemals hätte sie für möglich gehalten, wie unerträglich es ist, Durst zu haben. Am liebsten hätte sie ihre Zunge an die feuchte Wand gepresst, in der Hoffnung, die Wand würde sich öffnen und einen Wasserstrahl freigeben. Doch es war und blieb nur eine feuchte Wand. Nicht nass genug, um überleben zu können.

Wie viele Tage war sie schon hier? Sie war ein paarmal eingenickt, hatte jegliches Zeitgefühl verloren. Wie lange konnte man ohne trinken überleben?

Frank Sinatras berühmtes »My Way« kreiste in ihrem Kopf, und sie wunderte sich darüber. Sie war kein besonderer Sinatra-Freund, hatte in ihrem Leben viel zu viele Stücke von ihm gehört. Aber am Sonntag hatten seine Evergreens das Essen in Gottliebs Wohnung leise untermalt, und nun war er hier, dieser abgegriffene Song, und ließ sie nicht mehr los.

Besonders der Satz »*I've lived a life that's full*« ging ihr nahe. Immer quälender bahnte sich eine ebenso ehrliche wie erschütternde Erkenntnis in ihr Bewusstsein: Ihre Lebensbilanz sah anders aus. Sie hatte bislang wahrlich kein erfülltes Leben gelebt. Sie hatte keine Freunde in Baden-Baden, und die aus Würzburg waren ihr nach ihrem Umzug abhanden gekommen. Sie hatte ihren Beruf, den Sport, das nächtliche Schreiben, ab und an einen netten Abend mit Frau Campenhausen. Aber das war kein volles Leben, auch wenn sie bislang zufrieden gewesen war. Es war vielmehr ein erbärmlicher Versuch, sich möglichst angstfrei durchs Leben zu lavieren. Sie hatte Justus weggestoßen und ihm wehgetan. Sie hatte Gottliebs vorsichtige Annäherungsversuche ignoriert. Und warum? Nur aus Angst, jemand würde sie einengen oder gar verletzen. Was waren das für lächerliche Ausflüchte. Sie hatte es ja nie versucht, sich wirklich auf jemanden einzulassen. Gerade Max war doch ein ähnlicher Einzelgänger wie sie. Es war doch möglich, dass er sie nicht wie Justus mit seinen Gefühlen an die Wand drückte, sondern ihr den Raum ließ, den sie in einer Partnerschaft brauchte, schon weil er ihn gleichermaßen benötigte. Ihn zurückzuweisen war ein großer Fehler gewesen. Was hatte sie jetzt davon? Ihr sicheres Festungsleben neigte sich höchstwahrscheinlich gerade dem Ende zu, und es war zwar ohne Tiefen gewesen, aber eben auch ohne Höhen. Eine Verschwendung.

Wieder kauerte sie sich auf den kalten Boden und drückte das Papiertuch an die feuchte Stelle an der Wand. Mit der anderen eiskalten Hand kritzelte sie Vorsätze für ein neues Leben auf ihren Block, oder sie versuchte es zumindest, so gut es ging. Ihre Energie schwand. Wozu sollte das gut sein? Alles erschien so sinnlos. Es würde sie ja doch niemand finden.

So ging es nicht weiter. Sie durfte sich nicht aufgeben. Sie musste etwas unternehmen.

Zum wiederholten Mal kletterte sie im Dunkeln die Stufen hinauf und klopfte an die Tür. Hoffnungslos. Diese Tür hatte mindestens ein Jahrhundert überlebt, warum sollte sie sich nun plötzlich auftun wie Sesam im Märchen von Ali Baba und den vierzig Räubern?

Erschöpft lehnte sich Lea gegen das kühle Holz und begann eher aus Verzweiflung, die Beschläge an den Türbändern entlangzufahren. Auch ihnen hatte die Feuchtigkeit zugesetzt, der Rost fühlte sich rau an unter ihren Fingern, die unruhig weitersuchten. Hier! An der Spitze gab es einen winzigen Spalt zwischen Beschlag und Holz! Sofort waren Müdigkeit und Verzweiflung vergessen. Sie versuchte, sich die alte Tür im Hellen vorzustellen. Die beiden Angeln wurden von zwei Eisenbändern am Holz gehalten und waren nach innen, zum Keller hin aufgegangen. Wenn sie die Bänder weghebeln könnte, würde ihr die Tür entgegenfallen, und sie wäre frei. Nur – wie konnte sie die Eisen ohne Werkzeug lösen?

Es fiel ihr schon jetzt immer schwerer, einen klaren Gedanken zu fassen. In ein paar Stunden würde sie zu schwach sein, um überhaupt noch logisch denken oder gar handeln zu können.

Der Spalt! Hier! Hier war er, ganz vorn fehlte der erste Nagel, und das Band stand vielleicht zwei oder drei Millimeter ab, nicht mehr. Sie versuchte, ihn mit den Fingerspitzen zu erweitern, aber es ging nicht. Ein Fingernagel brach ab. Nein, sie gab nicht auf! Es musste etwas geben, das sie unter dem Eisen hindurchschieben konnte, um es dann aufzuziehen! Aber hier war nichts.

Mutlos krabbelte sie zurück zu der Stelle, an der ihr Rucksack liegen musste. Es tat gut, ihre Habseligkeiten in den Arm zu nehmen. Fieberhaft kramte sie in seinem Innern auf der Suche nach irgendetwas, das ihr helfen konnte.

*

Gottlieb rauchte Kette, schwitzte und fror zugleich und lief leise fluchend in dem Besprechungsraum auf und ab, in dem er mit den Kollegen die nächsten Schritte abstimmen wollte. Da auch Sina Kuhn nicht erreichbar war, hatte man beide zur Fahndung ausgeschrieben. Ebenso suchten alle Streifenwagen und zwei Hubschrauber nicht nur nach Springhoffs geckogrünem Wagen sondern auch nach Lea Weidenbachs rot-weißem Mini. Er war wie vom Erdboden verschluckt, weder in den städtischen Parkgaragen noch auf den Straßen der Stadt zu sehen, und auch aus dem Umland kamen nur negative Meldungen herein. Parkte sie in einer privaten Garage, konnte man natürlich nichts machen. Hatte sie die Stadt verlassen? Warum ging ihr Handy nicht? Saß sie in einem Funkloch? In einer Höhle? Hatte Springhoff ihr das Handy abgenommen?

Die Warterei machte ihn verrückt.

Irgendwann erbarmte sich Sonja seiner. »Wir könnten alle etwas zu essen vertragen, Max. Ich nehme ausnahmsweise einen Cheeseburger.«

Die anderen kicherten nervös, und Gottliebs Magen sprang wie eine Maschine an. »Ich könnte auch vom Metzger oder vom Fischhändler etwas mitbringen«, sagte er lahm, und das Grinsen der Kollegen wurde noch breiter.

»Du weißt doch gar nicht, wo die sind«, prustete Lukas schließlich los. »Ich nehme Pommes frites und Cola.«

So konnte er wenigstens für ein paar Minuten hinaus an die Luft. Es gab allerdings keine Erfrischung vor der Tür, im Gegenteil, er hatte es gar nicht mitbekommen, wie heiß es schon wieder geworden war, weil er nur daran denken konnte, dass er Lea finden musste.

Er hatte Springhoffs Mutter nach allen Regeln der Kunst nach möglichen Aufenthaltsorten ihres Sohnes vernommen, er hatte die Frankfurter Kollegen ausschwärmen lassen, um Sina Kuhn zu finden. Er hatte mit Frau Campenhausen telefoniert, die einen der wichtigsten Hinweise gegeben hatte: Sie hatte inzwischen herausgefunden, dass Springhoff und Sina Kuhn in der Jugend miteinander befreundet gewesen waren. Beide Mütter hatten die Beziehung jedoch nicht gutgeheißen und sie hintertrieben. Außerdem hatte Sina Kuhn tatsächlich ein, wenn auch rein subjektives, Interesse daran, das Haus Pagenhardt in Besitz zu nehmen. Gottlieb speicherte alles im Hinterkopf ab, schob es aber weg bis zu dem Zeitpunkt, an dem sich Lea endlich in Sicherheit befinden würde. Nur das zählte im Augenblick. Erst danach würde er sich mit den Verdächtigen näher befassen.

Er schickte Kollegen zu Nachforschungen ins Friedrichsbad, doch dort hatte am Samstag niemand etwas Verdächtiges bemerkt. Am liebsten wäre er selbst losgegangen und hätte jeden einzelnen Bademeister und Masseur persönlich vernommen, aber dann zwang er sich, ruhig zu bleiben. Die Kollegen hatten garantiert ihr Bestes getan. Sie hatten sich aus dem Badischen Morgen das Bild von Wittemann und Sina Kuhn besorgt, es den Angestellten zusammen mit dem Foto Springhoffs gezeigt, die Sporttasche erwähnt – mehr hätte auch er nicht tun können. Also mischte er sich immer wieder in die Fahndung ein, bis er von den Kollegen schräge Blicke erntete und merkte, dass er nur noch aus dem Bauch heraus handelte und kaum mehr mit kühlem kriminalistischem Verstand.

Um vierzehn Uhr zweiunddreißig kam die erlösende Nachricht, dass man Springhoffs auffälligen Wagen auf der A5 in Höhe von Heidelberg ausgemacht hatte. Eine halbe Stunde später ging die Meldung ein, dass man den Wagen angehalten und Springhoff und Sina Kuhn festgenommen und in zwei getrennte Streifenwagen verfrachtet hatte. Um sechzehn Uhr trafen die beiden auf der Dienststelle ein. Gottlieb hätte sie am liebsten geschüttelt, um herauszufinden, was sie mit Lea Weidenbach gemacht hatten.

Sina Kuhn sah für ihn überhaupt nicht mehr attraktiv, sondern mit ihrer dicken Schminkschicht, der zu weit geöffneten Bluse, dem zehn Zentimeter zu kurzen Rock und den zwei Zentimeter zu hohen Absätzen affektiert und billig aus.

»Du sagst nichts ohne Anwalt«, zischte sie Springhoff zu, und der nickte wie ein kleiner Schulbub und stolperte, während er ihr nachsah.

Gottlieb nahm ihn sich zusammen mit Lukas Decker vor und überließ Sonja und Hanno die Frau. Die war für seinen Geschmack zu kühl und beherrscht, und er fürchtete, es würde zu lange dauern, sie zu einem Geständnis zu bewegen. Springhoff war bereits jetzt ein Nervenbündel, er würde vielleicht eher reden.

»Was wollen Sie denn von uns?«, plusterte er sich zwar auf, als er Platz nahm, doch als er hörte, dass man ihm zweifachen Mord vorwarf, wurde er kreidebleich.

»Ich habe niemanden umgebracht«, stotterte er, und sein Blick irrte über den Boden.

Gottlieb merkte sofort, dass etwas nicht stimmte. Der Mann hatte Angst oder ein schlechtes Gewissen. Kleine Schweißtropfen bildeten einen Film auf seiner Stirn. Fahrig wischte Springhoff sie ab und starrte dann ausdruckslos auf den zerschrammten Tisch des Besprechungszimmers.

Gottlieb beschloss, mit der Tür ins Haus zu fallen. Er hatte keine Zeit für raffinierte Verhörmethoden, er musste Lea Weidenbach finden.

»Sie haben Raphael Wittemann um drei Millionen Euro erpresst. Die Übergabe sollte im Friedrichsbad stattfinden, hat aber aus irgendeinem Grund nicht geklappt. Daraufhin haben Sie und Ihre Komplizin Sina Kuhn den Mann getötet. Als Ihnen Lea Weidenbach auf die Spur kam, haben Sie auch sie beseitigt. Gestehen Sie, Mann! Was haben Sie mit der Frau gemacht? Oder lebt sie noch?«

»Nein, nein, nein, ich habe gar nichts getan. Es war doch alles nur ein Spaß. Wir haben es doch nicht ernst gemeint. Das war keine Erpressung. Sina wäre im Oktober sowieso Wittemanns Frau geworden und hätte alles Geld der Welt haben können. Es war nur ein Denkzettel, weil er sie mit der Villa Pagenhardt geärgert hatte. Das war harmlos. Das Geld wäre ja praktisch in der Familie geblieben.« Nervös zerrte Springhoff am Hemdkragen und öffnete den obersten Knopf. Dabei entblößte er seine Hasenzähne, was ihm in Gottliebs Augen einen grotesk harmlosen Anblick verlieh.

»Wie haben Sie Wittemann getötet?«
»Ich habe niemanden getötet!«

»Was ist mit Lea Weidenbach? Reden Sie schon, Mann!«

Springhoff schüttelte den Kopf und inspizierte mit zitterndem Kinn angelegentlich seine Hände.

Lukas Decker rutschte von der Tischkante, auf die er sich gesetzt hatte. »Wollen Sie einen Anwalt anrufen?«

Gottlieb warf ihm einen bösen Blick zu, sagte aber nichts, denn der junge Kollege hatte recht. Sie mussten es ihm anbieten, und er war heilfroh, als Springhoff weiter den Kopf schüttelte. Sie würden viel zu viel Zeit verlieren, wenn sie auch noch auf einen Verteidiger warten müssten.

Doch dann hob Springhoff den Kopf. »Sina meint auch, ich sollte einen Anwalt rufen. Aber ich kenne doch keinen.«

Lukas legte ihm das Telefonbuch hin.

Gottlieb stöhnte ungeduldig. »Sagen Sie uns endlich, was Sie mit Lea Weidenbach gemacht haben!«, rief er und machte einen Schritt auf Springhoff zu.

Der hob den Arm. »Nicht schlagen, bitte nicht!«

Das brachte Gottlieb zur Vernunft. Keine Drohungen! Das hatte jeder Kriminalpolizist erst im vergangenen Jahr wieder verinnerlicht, als ein Kollege in Frankfurt einem Verdächtigen in einem Entführungsfall mit Folter gedroht hatte, um an das Versteck eines verschleppten Jungen zu kommen. Strafbare Nötigung war das, hatte das Gericht festgestellt. Ein Fall für die Polizeigeschichte, und alles war umsonst gewesen, denn der Junge war zu dem Zeitpunkt schon tot gewesen. Gottlieb schloss die Augen und sandte ein Stoßgebet gen Himmel. »Lass sie leben, bitte!«

*

Die Träger des Rucksacks! Dünn und strapazierfähig, genau das Richtige!

Aufgeregt versuchte sie, den Träger in den schmalen Spalt zwischen Türband und Holz zu fädeln. Sie brauchte eine Ewigkeit, aber sie ließ nicht nach, bis sie es geschafft hatte. Dann stand sie auf und zog mit Leibeskräften. Knirschend sprang ein verrosteter Nagel ab, dann ein zweiter. Eigentlich ein grässliches Geräusch, aber in ihren Augen klang es wie eine süße Melodie.

Wieder zog sie, bis sie nicht mehr konnte. Ein Ruck, die Spannung ließ nach. Fast wäre sie die Stufen hinuntergefallen. Sie versuchte zu ergründen, was geschehen war. Hier, das Langband hatte sich nach außen gebogen. So kam sie nicht weiter. Der Rest saß bombenfest. Die Nägel herauszuziehen war ohne Beißzange unmöglich.

Kalter Schweiß stand ihr nach der Anstrengung auf der Stirn und lief ihr in die Augen; ihr Körper meldete Hunger, Durst und bleierne Müdigkeit. Sie schob alles beiseite und dachte nach. Selbst wenn sie das untere Eisen entfernen konnte, war da immer noch das obere Band. Und dort war das Holz so hart wie eine Grabplatte. Aufgeben? Ein letzter Versuch!

Mit bloßen Händen packte sie das nun ein wenig abstehende Eisen und zog und zog. Das Eisen knirschte, mehr nicht. Sie stemmte sich mit den Beinen gegen die Tür und versuchte es erneut mit aller Kraft. Ihre Hände glitten ab, so schnell, dass Lea nun wirklich das Gleichgewicht verlor. Sie taumelte, versuchte sich irgendwo festzuhalten oder abzufangen, doch da war nichts. Wie in Zeitlupe begann sie zu fallen. Instinktiv krümmte sie sich zusammen, hielt sich die Arme um den Kopf, versuchte, sich zu drehen. Es gelang ihr nur halb. Da schlug sie schon auf.

*

Bis der Anwalt erschien, ging Gottlieb in das andere Vernehmungszimmer. Zu seiner Überraschung hatten die Kollegen ein breites Lächeln im Gesicht, als er den Kopf ins Zimmer steckte. Hanno hob den Daumen. »Das mit der Erpressung ist geklärt«, sagte er glücklich.

Erpressung? Die war ihm herzlich egal!

Gottlieb stürzte auf die Frau zu. »Wo ist Lea Weidenbach?«

»Keine Ahnung! Warum fragen Sie ausgerechnet mich das?«

»Wir haben den begründeten Verdacht, dass Herr Springhoff die Frau seit gestern Mittag in seiner Gewalt hat oder vielleicht schon getötet hat.«

»Axel? Der tut doch keiner Fliege etwas zuleide, der Schisser.«

»Können Sie sich vorstellen, wohin er sie oder ihre Leiche geschafft hat?« Am Wort Leiche wäre Gottlieb fast erstickt, und er hörte selbst, dass er leicht hysterisch klang. Sonja legte ihm beruhigend die Hand auf den Arm.

Sina Kuhn versuchte einen verführerischen Augenaufschlag. »Ich weiß über Axel nicht viel, Herr Gottlieb«, hauchte sie. »Darf ich rauchen?« Sie straffte sich, und der Ausschnitt ihrer Bluse öffnete sich ein Stück. Angewidert sah Gottlieb zur Seite.

»Wie war das mit der Erpressung?«, fuhr er sie an.

Sie legte den Kopf zurück und musterte ihn lächelnd von oben bis unten. »Das habe ich Ihren Kollegen schon erklärt. Mehr sage ich nicht ohne meinen Anwalt, und der kommt erst in zwei Stunden.«

»Sie gibt an, sie kenne Springhoff aus ihrer Jugend«, sagte Sonja leise. »Sie haben sich letztes Jahr in Baden-Baden getroffen, als sie hörte, dass das Haus Pagenhardt zum Verkauf angeboten wurde. Aus irgendeinem Grund hat sie eine besondere Affinität zu dem Gebäude und wollte Wittemann überreden, es für sie zu kaufen. Sie hat Springhoff mit einem Gutachten beauftragt und ihn gleichzeitig gebeten, Wittemann das Objekt schmackhaft zu machen. Wittemann tat erst interessiert, dann lehnte er jedoch ab, weiter über das Objekt zu sprechen, und blieb bei Nachfragen auffallend vage. Sie vermutete daraufhin, er würde ihr das Haus zur Verlobung schenken, und Wittemann ließ sie in dem Glauben. Bis Springhoff ihr vor ein paar Wochen mitteilte, dass Wittemann sich überhaupt nicht für die Immobilie interessierte. Der vermeintliche Verrat hat sie tief getroffen. Als du kamst, wollten wir gerade klären, warum dieses große Interesse an dem Haus bestand.«

»Weiter, weiter!« Gottlieb trommelte mit den Fingern auf der Tischplatte. Das war doch alles zweitrangig. Er wollte wissen, wo Lea war!

»Es sieht so aus, als habe sie daraufhin mit Hilfe von Springhoff versucht, Wittemann zu erpressen. Sie wusste von einem Unfall, den er im vergangenen Jahr offenbar mitverschuldet hatte. Was genau das war, müssen wir noch herausfinden …«

Gottlieb machte eine ungeduldige Handbewegung. »Ich glaube, ich weiß, worum es geht. Meinten Sie den Unfall der Urbaneks, Frau Kuhn?«

Sina Kuhn sah ihn vorsichtig an. »Ich wollte doch nur …«, sagte sie, dann brach sie ab und biss sich auf die Lippen.

Sonja wartete einen Augenblick, aber die Frau schüttelte den Kopf. Sie würde nichts mehr sagen. Also fuhr Sonja mit ihrem Bericht fort: »Geldübergabe sollte Samstag im Friedrichsbad sein. Wie auch immer, Wittemann kam dahinter, dass es gar nicht der Unfallgeschädigte war, der ihn erpresste. Als er Springhoff in flagranti ertappte, reimte er sich den Rest zusammen und setzte auch Sina Kuhn Knall auf Fall vor die Tür, nachdem sie ihm ihre Rolle in der Erpressung gestanden hatte.«

»Was ist mit Lea Weidenbach?«

»Keine Ahnung. Das ist alles, was wir bis jetzt herausbekommen haben.«

»Wie wurde Wittemann umgebracht?«

»So weit sind wir noch nicht. Noch streitet sie ab, auch nur das Geringste mit seinem Tod zu tun zu haben.«

»Verdammt. So kommen wir nicht weiter.«

Gottlieb lief zu Springhoff zurück. »Jetzt reden Sie schon. Frau Kuhn hat uns alles über die Erpressung gestanden, auch ohne Anwalt. Ich will wissen, was mit Frau Weidenbach ist!«

Springhoff zappelte auf seinem Stuhl herum. »Ehrlich? Sina hat alles erzählt?«

»Sie hat uns auch geschildert, welche Rolle Sie dabei spielten.«

»Wie bitte? Ich? Moment mal. Mir hat sie nur gesagt, sie wollte Wittemann einen Denkzettel verpassen, weil er so geizig ist und weil er sie hinters Licht geführt hat. Sie wollte mit dem Geld das Haus kaufen und es ihm später übertragen. Es wäre also gar kein Schaden entstanden, hat sie mir erklärt. Verlobte können sich gegenseitig nicht bestehlen.«

»Hat Frau Kuhn Ihnen das so eingeredet? Wie war das mit der Geldübergabe? Aber bitte in Kurzform.«

»Er hat mich bei der Geldübergabe ertappt und sofort gewusst, dass Sina hinter dem Erpresserbrief steckte. Unser Plan war gewesen, dass Sina mit ihm ins Friedrichsbad geht.«

Gottlieb unterbrach ihn barsch. »Das ist doch kompletter Unsinn! Da wäre er Ihnen beiden doch sofort auf die Schliche gekommen!«

Springhoff zuckte zusammen. »Das habe ich Sina auch gesagt. Aber sie beruhigte mich, dass sie alles unter Kontrolle habe und er keinen Verdacht schöpfen würde. Dafür würde sie schon sorgen. Ich habe ihr das sofort abgenommen. Wenn Sina erst mal …«

»Das wird sie uns später selbst erklären müssen. Jetzt weiter.«

»Er sollte die Sporttasche in der Umkleide deponieren. Dann wollte Sina ihm den Schlüssel abluchsen und mir zukommen lassen und ihn so lange im Bad ablenken, bis ich das Geld hatte. Gut ausgedacht, aber so funktioniert das nicht. Denn Frauen und Männer werden im Friedrichsbad stundenlang, fast während der gesamten Zeit der Anwendungen, getrennt. Das hatten wir nicht gewusst. Als ich in die Umkleide kam, wartete Wittemann auf mich, ging auf mich los und sagte mir alles auf den Kopf zu. Ich habe mich umgedreht und bin weggelaufen, sofort, ohne nachzudenken, und bin ins Elsass geflüchtet. Ich wusste mir nicht anders zu helfen. Ich hoffte nur, dass er mich nicht anzeigt. Ich habe mich schrecklich betrunken, zwei Tage lang. In der Nacht zum Montag hat Sina mich angerufen und mir gesagt, dass Wittemann tot ist. Mehr weiß ich nicht.«

»Jetzt zu Lea Weidenbach. Was haben Sie mit ihr gemacht? Sie ist Ihnen auf die Spur gekommen, nicht wahr? Wo ist sie? Reden Sie endlich!«

»Ich habe nichts gemacht. Ich habe sie nicht angerührt.«

»Das glaube ich nicht. Sie hat sich mit Ihnen getroffen, und seitdem ist sie verschwunden und Sie sind auf der Flucht.«

»Ich war nicht auf der Flucht. Ich war bei Sina. Wir haben uns in Frankfurt in einem Hotel getroffen. Hotel Cult. Das können Sie nachprüfen. Ich hatte gedacht, jetzt würden wir beide – also … Na ja, ich habe immer geglaubt, sie würde noch etwas für mich empfinden. Aber sie war plötzlich ganz anders.«

»Herr Springhoff, zum letzten Mal: *Was haben Sie mit Lea Weidenbach gemacht?* Für die Erpressung und den Mord an Wittemann kommen Sie als Mittäter in Betracht. Aber für Lea Weidenbach sind Sie ganz allein verantwortlich! *Wo ist sie?*«

Springhoff biss sich auf die Lippen und schwieg.

Gottlieb hatte das Gefühl, er würde gleich in Stücke gerissen. Er versuchte, langsam zu atmen, aber es gelang ihm nicht. Mit zitternden Händen steckte er sich eine Zigarette an. Auch das Inhalieren brachte keine Entspannung. Zum ersten Mal in seinem Leben wünschte er sich, einem Menschen einen Finger zu brechen, um die Wahrheit aus ihm herauszubekommen. Oder wenigstens einen Fausthieb mitten in dieses harmlose, nichtssagende Gesicht zu setzen. Die Hasenzähne einzuschlagen.

Er erschrak über seine Gedanken und nahm noch einen tiefen Zug.

Lukas mischte sich mit ruhiger Stimme ein. »Herr Springhoff, möchten Sie, dass wir Ihre Mutter informieren, damit sie weiß, wo Sie sind? Sie macht sich Sorgen um Sie.«

Gottlieb sah ihn irritiert an. Lukas zwinkerte ihm zu und machte eine leichte Kopfbewegung zu Springhoff hin. Der war erschrocken in seinem Stuhl hochgefahren, dann wieder zusammengesackt.

Gottlieb schaltete und fuhr selbst fort: »Wir machen uns um Lea Weidenbach genauso viele Sorgen, wie Ihre Mutter sich um Sie. Sie sind gestern nicht zum Mittagessen gekommen, haben nicht zu Hause geschlafen. Sie ist ganz krank vor Sorge. Sie denkt, Ihnen sei etwas passiert. Sie hat schon alle Krankenhäuser abtelefoniert …«

Springhoffs Gesicht wurde bei jedem Wort kindlicher und artiger. »Darf ich sie bitte anrufen?«

»Wenn Sie uns sagen, wo wir Lea Weidenbach finden.«

Er sackte noch ein Stück weiter in sich zusammen. »Sie hat mir Angst gemacht. Sie tat so, als wüsste sie Bescheid. Da habe ich sie in den Keller …«

»*Lebt sie noch?*«

Endlich! Ein unmerkliches Nicken.

»Wo ist sie? *Wo?*«

*

Sie lag auf dem Bauch auf dem kalten Lehmboden, als sie wieder zu sich kam. Ihr Rücken schmerzte in der Nierengegend. Die Knie brannten wie Feuer. Ihr war übel. In ihrem Kopf machte sich Watte breit, die alle Gedanken aufsog. Sie war müde, unendlich müde. Ihre Zunge klebte wie ein Leguan am Gaumen, und er wurde immer dicker. Sie versuchte, ihn herunterzuschlucken, aber er klebte fest. Ekliges Tier. Schneetreiben. Bratäpfel. Ostseestrand. Gottlieb. My Way. Marienberg. Paradies. Rosen. Kerzen. Wasser. Meer. Wüste. Kälte. Fieber. Mama. Auto. Roman. Quietschen. Hämmern. Stimmen. Helligkeit.

Flasche.
Wasser.
Ja. Ja. Ja.
Mehr. Mehr!

»Lea!«
Max.
Sie versuchte zu sprechen, aber es kam nur ein Krächzen aus ihrem Sägemehlmund. Sie probierte es noch einmal, sie musste es ihm einfach sagen: »Ich ... hätte ... es auch allein ... geschafft!«
Er lachte leise und drückte sie an sich, bis sie keine Luft mehr bekam. »Alles wird gut, du Heldin!«

ACHTZEHN

Sie lebte! Halb verdurstet zwar, aber sie bewegte sich und murmelte seltsame Sachen. »My Way«, wiederholte sie, und »Leguan«, »Wiese«, »Wasser«. Und dann plötzlich dieser Satz, sie hätte es auch allein geschafft. Spätestens dieser Satz hatte alle Dämme in ihm zu Bersten gebracht. Nie mehr würde er sie loslassen wollen. Nie mehr. Er war der glücklichste Mensch der Welt.

Mit Schrecken dachte Gottlieb an Springhoffs Verhör zurück. Es hatte sich wie eine Ewigkeit hingezogen, bis der Mann endlich den Mund aufgemacht hatte, aber dann hatte es keine halbe Stunde gedauert, bis sie das beschriebene Anwesen erreicht hatten. Er hatte die Tür aufbrechen lassen, war durch alle Räume geirrt, hatte mit der Dienststelle telefoniert, schließlich im Seitentrakt den Eingang zum Keller gefunden, Lea nicht gesehen, wieder telefoniert und war endlich auf den Eingang zum Gewölbekeller gestoßen. Ein Blatt Papier mit einem krakeligen Hilferuf lag davor.

Kaum war die Tür aus dem Weg, drückte er die Kollegen zur Seite und rannte als Erster die Kellerstufen hinunter, und es war ihm vollkommen egal, dass es eine Treppe war und dass da unten jemand mit verdrehten Armen lag. Da unten, das war Lea, und er musste ihr helfen. Mehr konnte er nicht denken.

Das Licht ging an, und Lea blinzelte und stöhnte. Er konnte nicht anders, er kniete sich neben sie und nahm sie vorsichtig in die Arme und drückte sie an sich. Jemand reichte ihm eine kleine Wasserflasche. Das Wasser lief an ihren trockenen Lippen vorbei. Man konnte sehen, wie viel Mühe es ihr machte, die Zunge zu bewegen und die Wassertropfen abzulecken. Wie ein Baby öffnete sie den Mund, er setzte die Flasche an, und sie versuchte zu schlucken. Es ging nicht, immer noch floss das Wasser ihr am Hals entlang, aber sie schmatzte trotzdem zufrieden mit geschlossenen Augen. Es schien, als würde sie lächeln.

Nur widerwillig überließ er sie den geübten Handgriffen der Sanitäter, die sie auf eine Trage schnallten und mit ihr die Treppe nach oben eilten. Dann sammelte er ihren ramponierten Rucksack auf, einen beschriebenen Stenoblock und ein zerknülltes Papiertuch, das aussah, als habe sie hineingebissen. Mehr gab es hier unten nicht. Neben der aufgebrochenen Tür lagen ein paar rostige Eisenstücke, über die sich die Kollegen mit überraschten Ausrufen beugten. Er ließ sie ihre obligatorischen Fotos machen und schlich müde nach oben. Er hätte auf der Stelle einschlafen können, so erledigt war er. Bei jedem Schritt in Richtung Tageslicht fiel die Anspannung von ihm ab.

Als er vor die Tür des Anwesens trat, warfen die Bäume lange Schatten. Er hörte eine Kirchturmuhr in Lichtental schlagen. Acht Uhr abends. Es war immer noch heiß, das merkte er ganz besonders nach der Kühle des Tiefkellers. Aber immer noch war es mehr Tag als Abend. Bienen summten auf der Wiese, es roch nach feuchter Erde und süßen Holunderblüten. Eine Idylle, paradiesisch ruhig und naturbelassen, obwohl die Stadt nur Minuten mit dem Auto entfernt war. Automatisch zündete er sich eine Zigarette an, inhalierte aber nicht, sondern ließ sie fallen und zertrat sie sorgfältig. Dann stieß er einen langen erleichterten Seufzer aus und sah sich zufrieden auf der Waldlichtung um.

Unter einer mit herabhängendem wildem Wein überwucherten Pergola stand Leas rot-weißer Mini. Er fand die Schlüssel im Rucksack und warf seine eigenen Wagenschlüssel einem Kollegen zu. »Ich komme in einer halben Stunde nach«, rief er und quetschte sich in das winzige Fahrzeug, das nach ihr roch.

Im Radio kam »Another Day in Paradise«. Phil Collins, Leas Lieblingsinterpret. Lauthals sang er mit. Nach zehn Minuten hatte er das große Mietshaus in der Quettigstraße erreicht, in dem Lea wohnte. Er parkte den Mini neben einem bombastischen uralten dunkelroten Mercedes 170 S. Eigentlich drängte es ihn, Frau Campenhausen zu informieren und dann so schnell wie möglich auf die Dienststelle zurückzukehren. Aber diesen Oldtimer konnte er nicht unbeachtet lassen. Der berühmte alte Wagen der Campenhausens. Was für ein Schatz! Die funkelnde Karosserie war einwandfrei in Schuss. Diese sanften Rundungen, üppigen Formen. Das Verdeck war zurückgeklappt, und er bestaunte ausgiebig die weißen Ledersitze, das schimmernde Lenkrad. Sogar die damals obligatorische kleine Blumenvase war erhalten, ebenso das Becker-Radio, alles original. Unglaublich. Unbezahlbar. Hoffentlich ließ Frau Campenhausen diese Rarität nicht hier im Freien stehen. Es gehörte in eine Garage, weggeschlossen wie in einem Safe. Noch einmal umrundete er das Gefährt, ehe er sich schweren Herzens losriss und bei Frau Campenhausen klingelte. Die alte Dame sah ihm ängstlich entgegen, als sie die Tür öffnete.

»Und?«, flüsterte sie.

»Sie lebt. Halb verdurstet, Verdacht auf Gehirnerschütterung, aber das wird alles schon wieder. Wir haben sie ins Krankenhaus gebracht. Hier sind ihr Rucksack und ihr Schlüsselbund.«

Frau Campenhausen strahlte über das ganze Gesicht. »Kommen Sie herein. Sie sehen ganz erledigt aus. Wollen Sie ein Glas Wein? Ach, Sie sind bestimmt noch im Dienst. Einen Kaffee? Ein alkoholfreies Bier? Das trinkt Frau Weidenbach im Sommer gern, deshalb habe ich welches hier. Eisgekühlt.«

»Mineralwasser wäre nicht schlecht«, gestand er und nahm ihr Angebot gern an, sich für einen Moment in ihrem gemütlichen abgedunkelten und daher relativ kühlen Wohnzimmer zu setzen. Am liebsten hätte er sich auf die Couch gelegt, nur für fünf Minuten, aber da saß Frau Campenhausens Katze und machte kampfeslustig einen Buckel.

»Es war Sina Kuhn, habe ich recht?« Aufgeregt kam Frau Campenhausen und reichte ihm ein Wasserglas.

»Ja und nein.« Er brachte die alte Dame auf den neuesten Stand, und der bedeutete immer noch, dass das Duo Wittemann zwar erpresst hatte, ihm aber ein Mord im Augenblick nicht nachzuweisen war. »Sie leugnen hartnäckig, auch nur das Geringste mit seinem Tod zu tun zu haben.«

Frau Campenhausen runzelte die Stirn und öffnete den Mund zu einem heftigen Protest, doch Gottlieb hob beschwichtigend die Hand. »Wir werden alles unternehmen, um die Wahrheit herauszufinden. Wichtiger war uns fürs Erste, Lea zu finden. Jetzt kommt der nächste Schritt. Ich hoffe, morgen früh kann ich Ihnen sagen, was mit Ihrem Neffen geschehen ist. Wegen Erpressung und Entführung können wir die beiden auf jeden Fall belangen, den Rest werden wir auch noch schaffen.«

Frau Campenhausen schossen Tränen in die Augen. »Ich bin mir überhaupt nicht mehr sicher, was mir lieber wäre: Vielleicht lässt es sich besser verkraften, an Gottes Wille und eine Krankheit zu glauben, als sich vorzustellen, er sei heimtückisch um viele wunderbare Lebensjahre gebracht worden.«

Die Katze schmiegte sich an ihre Beine, dann sprang sie auf ihren Schoß, als wollte sie sie trösten. Frau Campenhausen streichelte das Tier und sah zur Decke, um ihre Tränen zurückzuhalten.

Er wusste nicht, was er sagen sollte, und drehte das Glas in seinen Händen.

»Ich fange gleich an zu weinen, wenn ich hier länger tatenlos herumsitze«, sagte die alte Dame schließlich. »Es ist spät, deshalb rufe ich mir ein Taxi und fahre in der Stadtklinik vorbei. Vielleicht benötigt Lea etwas. Und Sie, Herr Hauptkommissar, sollten an Ihre Arbeit gehen.«

Gottlieb stand erleichtert auf. »Sie wird etwas Frisches zum Anziehen brauchen.«

»Natürlich. Ich suche etwas heraus. Wir haben ja abgemacht, dass jede im Notfall in die Wohnung der anderen darf.«

»Noch etwas. Das ist doch Ihr Oldtimer vor der Tür?«

»Herrlich, nicht wahr?«

»Das großartigste Auto, das ich jemals gesehen habe. Und so gepflegt!«

»Raphael hat den Mercedes genauso geliebt wie wir. Er war so begeistert von alten Wagen, dass er zwischendurch sogar mehrere Oldtimer besaß, aber die hat er wieder abgestoßen. Es geht doch nichts über unseren Mercedes, nicht wahr? An den reicht nichts heran. Sie sollten sich einmal hineinsetzen und eine Runde fahren. Der Motor läuft wie ein Uhrwerk. Und in den Ledersitzen fühlt man sich wie eine Königin. Tja, ich werde ihn wohl verkaufen müssen. Ein ganz und gar schrecklicher Gedanke, ihn in wildfremde Händen zu geben.«

»Lassen Sie ihn nur nicht zu lange im Freien stehen. Das bekommt ihm nicht.«

»Josephs Garage ist zu klein, deshalb muss ich mir etwas einfallen lassen.«

»Soll ich mich umhören?«

»Das würden Sie tun? Ach, Herr Gottlieb! Dafür würde ich mich gern erkenntlich zeigen.«

»Ist doch nicht der Rede wert.«

»Doch, doch. Davon lasse ich mich nicht abbringen. Ich lade Sie und Frau Weidenbach für Sonntag zum Abendessen ein. Das wird mich auf andere Gedanken bringen. Montag ist die Trauerfeier, da würde ich Sonntag nur herumsitzen und grübeln. Was essen Sie am liebsten?«

»Rouladen!«, antwortete Gottlieb, und sein Magen meldete ihm prompt, dass er seit Mittag nicht gefüttert worden war.

*

Marie-Luise Campenhausen war erleichtert zu sehen, dass es Lea Weidenbach zumindest leidlich gut ging. Die Ärzte hatten versichert, dass sie morgen früh entlassen werden konnte, falls sich der Verdacht auf Gehirnerschütterung nicht bestätigte. Die junge Frau war an einen Flüssigkeitstropf angeschlossen. Außer abgeschürften Knien, einer leichten Verkühlung und ihrer Austrocknung schien ihr nichts zu fehlen. Sie war durchtrainiert, ihr Körper würde die Anstrengung problemlos wegstecken. Im Augenblick allerdings wirkte sie erschreckend apathisch.

Vielleicht würde der schwarze Tee guttun, den die Schwester gerade gebracht hatte. Marie-Luise nahm Lea in den Arm, und die junge Frau hob ihren Kopf an, um zu trinken. Es war anstrengend, einer Liegenden etwas aus einem Glas einzuflößen. Das Bett war zu hoch, Lea zu schwer und auch zu langsam in ihren Reaktionen. So ging einiges daneben und tropfte auf das weiße Kopfkissen und das Krankenhaushemd. Automatisch zog Marie-Luise ihr Taschentuch aus der Rocktasche und tupfte den Tee von Lea Weidenbachs Wangen und Hals.

»Das schöne Tuch«, protestierte ihre junge Freundin schwach, und ihre Stimme hörte sich an wie ein Reibeisen.

Marie-Luise sah lieber nicht genau hin. Schwarzer Tee auf zartem Stoff – das würde nie mehr das blütenreine Taschentuch werden, das sie so liebte, weil ihre Mutter es vor mehr als fünfzig Jahren eigenhändig für die Aussteuer mit einem rosa Blütenstrauß und ihrem künftigen Monogramm bestickt hatte. Jetzt war es ein für alle Mal ruiniert. Schwarztee hatte unter Hausfrauen schon immer als ein besonders wirksames und hartnäckiges Färbemittel gegolten.

Leicht wehmütig faltete sie das Tuch so zusammen, dass man den hässlichen Fleck nicht sah, und wollte es in die Kostümjacke stecken, als sie dort etwas fühlte, das dort nicht hingehörte. Wie kam der Zettel in ihre Tasche?

Neugierig betrachtete sie ihn von allen Seiten. Das war nicht ihre Schrift. Diese hier war so klein und krakelig, dass sie sie nicht entziffern konnte. Und sie hatte ihre Lesebrille nicht dabei, zu dumm.

»Was ist das?« Lea Weidenbach versuchte, sich aufzurichten, sank in ihr Kissen zurück und spähte interessiert auf das kleine Blatt.

Marie-Luise hielt ihr den Zettel vors Gesicht. »Können Sie das lesen?«

»›*Muss dich sprechen. Allein. Ohne Nicole! Schnell! Wichtig!!! C.*‹ Wichtig mit drei Ausrufezeichen«, krächzte die Journalistin. »Wer ist C.?«

Marie-Luise antwortete nicht sofort, so überrascht war sie. Was konnte Constanze ihr Wichtiges mitteilen wollen? »*Ohne Nicole*«, das klang ja fast, als habe sie Angst vor ihrer eigenen Tochter. Das konnte nicht sein! Sie hatte vorgestern gewirkt, als könne sie keinen klaren Gedanken fassen. Nun stellte sich heraus, dass sie sogar einen Zettel geschrieben und in die Kostümjacke geschmuggelt hatte, als diese nur wenige unbeobachtete Minuten auf dem Stuhl neben ihrem Bett gehangen hatte. Merkwürdig.

Vielleicht konnte Lea Weidenbach sich einen Reim darauf machen. Aber als sie sie fragen wollte, sah sie, dass die junge Frau tief und fest eingeschlafen war.

Leise verließ Marie-Luise das Zimmer. Schon im Taxi fühlte sie sich unendlich kraftlos. Als sie ihre Wohnung betrat, war es Schlafenszeit. Sie sank in den Sessel und wäre am liebsten nie mehr aufgestanden. Die üblichen Verrichtungen zur Nacht erschienen ihr undurchführbar. Solche Aufregungen waren nichts für Mittsiebzigerinnen, das musste sie offen und ehrlich zugeben. Zum ersten Mal verstand sie ihre Altersgenossen, wenn sie sich mit Rotwein und Pantoffeln in den Fernsehsessel zurückzogen und einfach nur ihre Ruhe haben wollten.

Wie ein Film tauchte der vorgestrige Nachmittag im Kräuterstübchen vor ihren Augen auf. Constanze hatte aufgeregt gewirkt. Sie hätte sich um sie kümmern sollen, aber Nicole hatte sie bewusst abgelenkt und so getan, als sei ihre Mutter nicht ganz zurechnungsfähig. Wie hatte sie sich nur so täuschen lassen? Nein, das war der falsche Gedanke. Richtig müsste er lauten: Warum hatte Nicole ein mögliches Zwiegespräch so energisch verhindert? Jetzt war es zu spät, um anzurufen oder nach Bühl zu fahren. Sie musste sich wohl oder übel bis morgen gedulden.

Marie-Luise seufzte und ging ins Schlafzimmer, machte sich nachtfertig und kehrte dann im leichten Morgenrock ins Wohnzimmer zurück. An Schlaf würde trotz der körperlichen Müdigkeit für die nächste Stunde nicht zu denken sein. Ehe sie sich im Bett wälzte, konnte sie genauso gut hier sitzen und sich zur Nervenberuhigung noch ein kleines Glas von dem exquisiten Portwein einschenken, der in der Karaffe auf dem Bar-Tischchen dunkelrot funkelte. Genauso rot wie die Tinktur Nummer acht von Constanze, die Raphael über Jahrzehnte große Linderung verschafft hatte.

Was Constanze ihr wohl mitteilen wollte? Ach, vielleicht war alles ganz harmlos, vielleicht wollte sie sich über irgendwelche Launen ihrer Tochter beklagen oder über das kleine Zimmer, in dem sie untergebracht war, oder über den Tee, der ihr zu bitter war.

Merkwürdig, dass sie beide in all den Jahren nicht engeren Kontakt gehabt hatten. Durch die Heirat der Kinder waren sie doch so etwas wie Verwandte geworden und wohnten noch dazu nur wenige Kilometer voneinander entfernt. Vielleicht hatte einfach der Anlass gefehlt, hinauszufahren, weil Nicole nach der Hochzeit die Tinktur für ihren Mann stets selbst abgeholt hatte. Raphael hatte sie und Nicole jedes Mal an seinem Geburtstag nach Bühl gefahren, Nicole dort abgesetzt und seine alte Tante durch den Schwarzwald chauffiert, bevor er Nicole am späten Nachmittag gemeinsam mit ihr wieder abgeholt hatte. Er war nie ausgestiegen, um Constanze wenigstens guten Tag zu sagen, das fiel ihr erst jetzt auf. Vermutlich hatte es Spannungen zwischen Raphael und seiner Schwiegermutter gegeben. Nun, so etwas kam in der besten Familie vor.

Ihr Herz stolperte, dann setzte es einen Schlag aus. Erschrocken sprang Marie-Luise auf die Füße, schlang die Arme um sich und versuchte, gegen die Angst anzukämpfen, die sich urplötzlich in ihre Brust krallte. Genau das hatte sie vermeiden wollen. Keinen Gedanken mehr an ihn. Bis Montag nicht. Sie schluckte die Tränen hinunter, die sich hinter ihren Augen und in ihrer Kehle sammelten, brachte das Weinglas in die Küche, ließ die Schlafzimmertür einen

Spalt auf und hoffte, Mienchen würde sich im Laufe der nächsten Stunde vorsichtig hineinschleichen und sich entgegen aller Verbote auf ihre Füße legen. Heute Nacht würde sie gern ein Lebewesen bei sich spüren wollen, warm, weich und tröstend.

NEUNZEHN

Unangenehm knallte die Sonne durch die Dachliegefenster, die er vergessen hatte zuzuziehen. Überhaupt fühlte Gottlieb sich wie gerädert, und das lag nicht nur daran, dass sie die ganze Nacht nicht vorangekommen waren. Alle Register hatten sie gezogen, sogar die Verhörspezialisten aus Karlsruhe kommen lassen. Das Ergebnis war gleich null. Um fünf Uhr morgens hatte er sich nach Hause geschleppt und war ins Bett gefallen wie ein Stein. Um sieben hatte er schon wieder mit der Dienststelle telefoniert, aber es gab einfach nichts Neues. Sina Kuhn und Axel Springhoff hatten zwar Wittemanns Erpressung gestanden, Springhoff gab Entführung und Freiheitsberaubung von Lea Weidenbach zu, auch wenn er sich herausredete, bei der Festnahme gerade auf dem Weg gewesen zu sein, um Lea zu befreien. Aber mit Wittemanns Tod wollten beide partout nichts zu tun haben.

Die Hitze war unerträglich, und es war noch nicht mal neun. Egal wie schön die Aussicht war, im heißen Sommer war es hier nicht auszuhalten. Er sehnte sich nach seiner schattigen Bank am Rhein oder einem kurzen Aufenthalt im kühlen Schwarzwald. Unrealistische Tagträume! Erst musste dieser merkwürdige Fall geklärt werden.

Zehn nach neun. Zeit für einen extra starken Kaffee. Während er auf das Brodeln der altmodischen Espressokanne auf der Herdplatte wartete, zog er das halbvolle Päckchen Zigaretten aus der Brusttasche. Nur eine, wisperte eine innere Stimme, eine letzte zum Abgewöhnen. Es sah doch niemand. Vielleicht schaffte er es ja, jeden Tag nur eine zu rauchen. Nur eine einzige, jetzt! Es würde die Nerven beruhigen. Ohne Nikotin war er doch unerträglich, eine Zumutung für seine Umwelt. Noch war niemandem aufgefallen, dass er seit gestern Abend nicht mehr rauchte. Er hatte es niemandem gesagt, also brauchte er sich auch vor niemandem zu schämen, wenn er weitermachte, als habe er nie aufgehört. Andererseits: Zwölf Stunden hatte er schon geschafft, dreizehn, um genau zu sein. Er war praktisch über den Berg! Es wäre dumm, wieder anzufangen. Nein, auch keinen einzigen Zug, verdammt. Warum dauerte der Kaffee so lange! Und das Brot war auch verschimmelt!

Ruhe bewahren. Durchatmen. Glimmstängel entsorgen. Gehörten die eigentlich in den Biomüll oder in die graue Tonne? Erst mal in die Küchenschublade.

Viertel nach neun. Konnte er schon anrufen, oder schlief sie noch? Egal. Er musste zurück zum Dienst und wollte vorher wissen, wie es ihr ging. Auf der Station sagte man ihm, dass Lea kein Telefon auf dem Zimmer habe. Sie sollte in zwei Stunden entlassen werden. Sofort machte sein Herz einen Satz.

»Ich hole sie ab«, hörte er sich in den Hörer rufen. »Sagen Sie ihr das. Sie soll auf mich warten.«

Aufgeregt duschte er und fuhr zur Dienststelle, inständig hoffend, dass es endlich ein Geständnis gab und er die nächsten Stunden nicht gebraucht würde. Es war Samstag, mögliche Berichte konnte er delegieren oder auf Montag verschieben. Sie hatten keine Beweise für einen Mord, nicht mal schlagende Indizien gegen das Pärchen. Wahrscheinlich würde es beim Vorwurf der Entführung und Erpressung bleiben. Das konnten die Kollegen genauso gut ohne ihn bearbeiten. Heute Morgen gab es etwas Wichtigeres als den Dienst.

»Was willst du denn hier?«, empfing ihn die Truppe. Sie hatten ihn nicht erwartet und versicherten ihm, allein klarzukommen. Vorsichtshalber ließ er sich auf den neuesten Stand bringen und ordnete nach Rücksprache mit Oberstaatsanwalt Pahlke an, dem Duo Kuhn/Springhoff, das sowieso in U-Haft blieb, eine Vernehmungspause bis Sonntag zu gönnen. Kaum war das erledigt, schielte er zur Uhr.

»Wir brauchen dich heute nicht mehr«, sagte Hanno und tippte grinsend auf seine Armbanduhr.

»Viele Grüße«, summte Sonja augenzwinkernd.

Jeder hier wusste anscheinend, was er vorhatte. Er murmelte ein paar letzte Ermahnungen, dann stürzte er hinaus auf die Straße. Auf der anderen Seite des Leopoldsplatzes kaufte er Brezeln und belegte Brötchen, besorgte im Lebensmittelgeschäft schräg gegenüber fünf große Flaschen Wasser sowie Erdbeeren, Himbeeren und zurechtgeschnittene Ananas, nahm eine Zeitung mit und stieg in seinen alten Volvo. Zu Hause lud er eine große Decke, Kissen, Teller, Besteck und Gläser ein und fuhr zur Klinik.

Auf dem Weg dorthin ertappte er sich dabei, wie er den uralten Sinatra-Song summte, den sie gestern erwähnt hatte, als sie halbtot in seinen Armen gelegen und ihn angelächelt hatte. Verdammt, ja, er war bis über beide Ohren verliebt.

Lea Weidenbach saß mit einer großen Wasserflasche und einer Plastiktüte neben ihrem Rucksack im Foyer des Krankenhauses. Sie trug frische Jeans und ein T-Shirt und hatte sich trotz der Hitze eine Strickjacke um die Schultern gehängt. Dunkle Ränder unter den Augen und ein dickes Pflaster in der Armbeuge zeugten von den Strapazen der vergangenen Tage.

Am liebsten hätte er sie in den Arm genommen, sofort, an Ort und Stelle, und nie mehr losgelassen. Aber er konnte sie nicht so überfallen, noch dazu in aller Öffentlichkeit. Wie würde er dastehen, wenn sie sich wehren würde! So nahm er nur ihre Hand zur Begrüßung.

»Sie sind ja eiskalt!«, entfuhr es ihm.

Sie lächelte verlegen. »Die Ärzte sagen, das würde sich legen, wenn ich erst im Freien wäre. Es sei sehr heiß, haben sie gesagt. Stimmt das? Ich komme mir vor wie Dornröschen, mir fehlen Tage, und ich habe das Gefühl, es wären Wochen. Diese Zeit da unten, das war für mich eine Ewigkeit.«

Ihr Kinn zitterte, und das brachte ihn wieder zur Besinnung. Er schluckte sein Mitleid hinunter und nahm ihr die Plastiktüte ab. »Dann habe ich vielleicht eine gute Idee. Wie wäre es mit Picknick am Rhein?«

Sie strahlte. »Perfekt. Das ist einfach perfekt. Genau davon habe ich geträumt. Sie können sich gar nicht vorstellen, wie sehr ich mich in diesem Keller nach Wiese, Gras, Wind, Himmel, Blättern gesehnt habe. Und nach Wasser. Haben Sie etwas zu trinken dabei? Ich glaube, ich werde niemals mehr im Leben ohne eine große Flasche Wasser irgendwo hingehen.«

Er führte sie zu seinem Auto und hielt ihr die Tür auf. »Da hinten habe ich fünfmal eineinhalb Liter. So viel werden Sie nicht trinken können. Aber wenn Sie wollen, fahre ich gern am Getränkemarkt vorbei und lade den Kofferraum voll.«

Sie lachte. »Nun fahren Sie schon los. Wieso habe ich eigentlich ständig das Gefühl, Sie nehmen mich nicht so ganz ernst?«

*

Wieder war es eine Nacht ohne Schlaf gewesen. Wie sollte das noch enden. Sie fühlte sich überhaupt nicht gut, aber es machte auch keinen Sinn, sich weiter im Bett zu wälzen und sich dabei jeden Gedanken an Raphael und vor allem an ihr stolperndes Herz zu verbieten.

Zum Glück war auch Joseph Frühaufsteher, wenngleich er natürlich wesentlich munterer klang als sie, als sie ihn um halb acht anrief. Als er ihre müde Stimme und vor allem ihre Pläne für den Tag hörte, wollte er sofort kommen und ihr beistehen, aber das wollte sie auf keinen Fall. Samstag war der einzige Tag in der Woche, an dem er seine langweiligen Gewohnheiten ablegte und freiwillig das Haus verließ: zum allwöchentlichen Boule-Turnier an der Gönneranlage hinter den Tennisplätzen. Anschließend würden sie sich, wie seit einem Jahr Tradition, zu ihrem gemeinsamen samstäglichen Mittagessen im Kurhaus treffen, Punkt ein Uhr, nicht früher und nicht später.

Kurz nach acht machte sie sich auf dem Weg in die Stadt, um die Besorgungen für das morgige Abendessen zu erledigen. Um diese frühe Morgenstunde war es noch nicht ganz so heiß, aber trotzdem fiel ihr das Laufen schwer. Wieder sollte sich die Stadt im Lauf des Tages auf über vierzig Grad aufheizen, hatte der Wetterbericht gemeldet. Die Sommer wurden tatsächlich immer anstrengender. Niemals hätte sie es für möglich gehalten, dass die Klimaerwärmung sie noch treffen würde. Mittlerweile begann sie schon ihre Bridge-Freundin Ellen zu beneiden, die ein Ferienhaus am Ostseestrand besaß. Früher, als alle Welt nach Mallorca oder Florida flog, hatten sie sich darüber lustig gemacht, weil es so exotisch klang. Aber Urlaub bei Wind und Regen hörte sich mittlerweile geradezu traumhaft an.

Was hatte sie nur für Gedanken! Niemals im Leben würde sie ihrem geliebten Baden-Baden den Rücken kehren.

Ihr erster Weg führte sie zum Telefonladen, in dem ihr neues Handy wartete. Bedauerlicherweise hatte sie sich die Öffnungszeiten nicht gemerkt und stand deshalb vor verschlossener Tür. Das Geschäft öffnete erst um zehn. So lange würde sie auf keinen Fall warten, denn sie wollte ihre Einkäufe so schnell wie möglich erledigen und noch vor dem Mittagessen zu Constanze nach Bühl fahren, um rechtzeitig wieder zurück zu sein.

Bei Tageslicht betrachtet war dieser Zettel in ihrer Tasche vielleicht harmloser, als er ihr heute Nacht erschienen war. Constanze war einsam, das war wahrscheinlich der Grund für die Notiz gewesen. Ihre Tochter fand nicht die Zeit, sich ausreichend um sie kümmern, und so lag sie den ganzen Tag allein in ihrem Bett, konnte sich nicht rühren und hatte Schmerzen. Arme Frau. Dabei war sie früher so beweglich und anmutig wie eine Tänzerin gewesen. Kaum einmal hatte sie still gesessen, ganz anders als Nicole, die oft stundenlang vor sich hin starren konnte.

Ihre Einkaufstaschen wurden immer schwerer, die Hitze immer unerträglicher. Der Rückweg führte sie zwar durch die schattige Lichtentaler Allee, aber sie war mit ihren Kräften am Ende. Der fehlende Schlaf und die Trauer um ihren Neffen machten sich bemerkbar. Alle Energie war wie weggeflossen. Ganz im Gegensatz zu ihren Gewohnheiten nahm sie deshalb auf einer Bank auf der Fieserbrücke Platz und ruhte sich aus. Die Cafés richteten gerade ihre Außenbestuhlung her, Sonnenschirme wurden aufgespannt, Speisekarten und Aschenbecher verteilt und erste Touristen und Frühaufsteher mit Espresso und Eis versorgt.

Sie erinnerte sich an das Stolpern ihres Herzens in der Nacht und verbot sich, an eines der einladenden Tischchen zu wechseln und sich einen Kaffee zu bestellen. Stattdessen packte sie ihre Taschen und schleppte sich weiter. Am Burdamuseum verschnaufte sie nur kurz im Stehen und nutzte wie jedes Mal die Gelegenheit, um sich an den perfekten Proportionen des Bauwerks zu erfreuen. Mit stiller Genugtuung beobachtete sie, wie sich vor dem Eingang bereits eine halbe Stunde vor Öffnung eine Warteschlange bildete. Die große Chagall-Ausstellung lockte in diesem Sommer zahlreiche Besucher in die Stadt, zu Recht. Sie selbst hatte gleich zu Beginn der Schau mit Hilfe der angebotenen Audiotour zwei bezaubernde Stunden lang den großen Maler neu entdeckt.

Die zweite Rast legte sie auf einer Bank neben dem unscheinbaren Turgenjew-Denkmal ein, nur ganz kurz, nur um den Atem zu beruhigen, redete sie sich ein. Gegen ihren Willen musste sie jedoch für ein oder zwei Minuten eingenickt sein, denn sie schreckte regelrecht hoch, als plötzlich die Vorsitzende der Turgenjew-Gesellschaft, Renate Effern, mit einer kleinen Touristengruppe neben ihr stand und eine ihrer amüsanten Geschichten über die Russen in Baden-Baden zum Besten gab. Marie-Luise bewunderte den Elan und den unermüdlichen Fleiß dieser quirligen Frau, die vor rund zehn Jahren, seit die Russen die Stadt wiederentdeckt hatten, endlich ihre umfassenden Slawistikkenntnisse praktisch anwenden konnte und es damit zu einiger Berühmtheit in der Stadt, vor allem auch in russischen Kreisen, gebracht hatte. Unermüdlich führte sie Besuchergruppen durch das »russische« Baden-Baden.

Selbst die Hitze schien ihr nichts auszumachen, sie plauderte und lachte, und die Touristen scharten sich um sie, um nur kein Wort zu verpassen.

»Ich lege großen Wert darauf, dass dies mein Lieblingsdichter ist«, sagte sie gerade, »denn nach meiner Meinung hat er das schönste und eleganteste Russisch geschrieben.« Ihre Gruppe nickte verständnislos, von ihrer guten Laune angesteckt.

Ehe sie weiterzog, winkte Frau Effern ihr einen fröhlichen Gruß herüber, und Marie-Luise nahm sich vor, sie zu einer Tasse Kaffee einzuladen, sobald es ihr besser ging.

Als sie gegen zehn Uhr endlich ihre abgedunkelte, noch relativ kühle Wohnung betrat, lag Mienchen auf ihrem Lieblingssessel und öffnete müde ein Auge. Am liebsten hätte sich Marie-Luise zu ihr gesetzt und ein paar Minuten ausgeruht, aber das war leider nicht möglich, sonst würde sie es nicht pünktlich zurück zum Mittagessen schaffen. Außerdem drängte es sie, das Taxi zu rufen und nach Bühl zu fahren. Vielleicht war dieser Zettel doch nicht so harmlos, wie sie es sich nun schon den ganzen Morgen hatte einreden wollen.

Das Kräuterstübchen war bereits geöffnet, und Nicole strahlte, als sie Marie-Luise sah.

»*Allein. Ohne Nicole. Schnell. Wichtig!*«, fiel Marie-Luise wieder ein, als Nicole anbot, einen Tee für sie zuzubereiten.

»Ich möchte eigentlich deine Mutter besuchen.«

Nicole machte ein sorgenvolles Gesicht. »Sie hat keine gute Nacht gehabt.«

»Umso mehr wird sie sich über Abwechslung freuen.«

»Ich wollte ihr gerade beim Waschen helfen.«

»Das hat doch Zeit.« Marie-Luise wartete die nächste Antwort nicht ab, sondern marschierte durch die nach frischem Liebstöckel und Thymian duftende Küche auf die schmale Tür zu und drückte die Klinke herunter, doch in dem Moment stoppte Nicole sie mit scharfem Ton.

»Warte bitte. Ich sehe erst nach ihr.«

Unschlüssig blieb Marie-Luise stehen. Hier stimmte etwas nicht, durchfuhr es sie. Der Ton passte nicht, und Nicoles finsteres Gesicht jagte ihr Angst ein. Aber dann schüttelte sie den Gedanken ab. Zu viele Krimis, eindeutig, und dann noch Raphaels merkwürdiger Tod – kein Wunder, wenn sie Gespenster sah.

Nicole zwängte sich an ihr vorbei. »Lass mich sie wenigstens frisch machen«, murmelte sie und schlüpfte so schnell hinein, dass Marie-Luise keinen Blick auf Constanze erhaschen konnte.

»Constanze, ich bin gleich bei dir«, rief sie nur durch den Spalt. Ein erstickter Laut war die Antwort, dann fiel die Tür zu.

Ratlos blieb Marie-Luise vor der Schwelle stehen. Sollte sie sich an den Tisch setzen, den ein Berg unangenehm intensiv duftender Kräuter bedeckte? Oder direkt hier warten, vielleicht anklopfen? Aber war es nicht unhöflich, so ungeduldig zu sein? Langsam ging sie in das Ladengeschäft zurück und überlegte, wie sie Nicole möglichst taktvoll für ein paar Minuten außer Haus lotsen konnte, damit sie ungestört mit Constanze reden konnte. Spontan fiel ihr allerdings nichts ein.

Ihr Herz stolperte schon wieder, aber diesmal ignorierte sie es. Nächste Woche würde es ihr besser gehen, wenn Raphael erst beigesetzt war und wieder Ruhe in ihr Leben eingekehrt war. Dann konnte sie beginnen, seinen Tod zu verarbeiten, und dann würde auch das mit ihrem Herzen wieder ins Lot kommen. Am besten, sie ging am Montag noch vor der Trauerfeier zu ihrem Internisten. Vielleicht war ein kleines Stärkungsmittel angebracht, um die nächsten Tage zu überstehen.

Die Tür zu Constanzes Zimmer öffnete sich, und Nicole glitt heraus. »Wie ich schon sagte, es geht ihr nicht gut. Komm doch bitte nächste Woche wieder. Wenn du vorher anrufst, kann ich dir sagen, ob es besser passt oder nicht.«

»Ach was. Constanze braucht für mich nicht besuchsbereit zu sein. Dazu kennen wir uns viel zu lange.«

Erneut, diesmal erheblich energischer, ging sie auf die Tür zu.

»Ich habe ihr etwas zur Beruhigung gegeben«, rief Nicole ihr nach. Die Ladenglocke schlug an. »Ich mache euch gleich einen Tee. Lass die Tür bitte auf, ich komme gleich nach.«

Vorsichtig lugte Marie-Luise in das Zimmer. Constanze saß aufrecht im Bett und winkte sie hektisch zu sich. Sie sah etwas besser aus als beim letzten Mal, wenn auch immer noch schwer gezeichnet.

»Mach deine Handtasche auf«, flüsterte sie und ließ die Tür nicht aus den Augen.

Verwundert nahm Marie-Luise auf dem Stuhl neben dem Bett Platz. Die Tasche öffnen? Vielleicht war Constanze wirklich verwirrt.

Constanze spuckte etwas in die Hand und hielt es ihr hin. »Ich will die Tabletten nicht. Ich brauch sie nicht«, flüsterte sie. »Ein Papiertuch, schnell.«

Marie-Luise blickte auf den weißen Brei und schaltete ihren Kopf ein. Auf Zehenspitzen eilte sie in die Küche, holte ein Blatt Küchenrolle, wischte Constanzes Hand sauber, ging zurück in die Küche und ließ das Papier im Abfalleimer verschwinden.

Constanze seufzte erleichtert und ließ sich halb in die Kissen zurücksinken. »Jetzt ist mir wohler«, hauchte sie.

»Was geht hier vor, um Himmels willen?«, wisperte Marie-Luise zurück.

»Sie will mich ruhigstellen, bis alles vorbei ist. Wann ist Raphaels Beerdigung?«

»Montag ist Trauerfeier, Dienstag Urnenbeisetzung.«

»Bis dahin …«

»Ihr sprecht über die Beisetzung?«

Erschrocken fuhr Marie-Luise herum. Sie hatte Nicole nicht kommen hören, und langsam wurde sie ärgerlich. So schlich man sich nicht an, das gehörte sich nicht. »Lässt du mich bitte mit deiner Mutter allein?«, sagte sie streng.

Nicole behielt ihr fürsorgliches Lächeln bei. »Das Teewasser kocht gleich, kommst du bitte kurz mit in die Küche?«

»Keinen Tee«, hauchte Constanze und warf ihrer Tochter einen bösen Blick nach.

Ach herrje. Also doch ein Familienstreit.

Unbehaglich rutschte Marie-Luise vom Stuhl, ließ ihre Handtasche an der Lehne hängen und folgte Nicole. Die schenkte mit zitternden Händen kochendes Wasser in eine Kanne.

»Setz dich einen Augenblick dort auf die Couch«, sagte sie mit blassen Lippen. »Ich muss dir etwas sagen. Mutter hat im Moment eine schreckliche Phase. Sie fühlt sich von mir bedroht. Ich sage dir, das ist nicht lustig. Ich habe mir ernsthaft überlegt, sie in ein Pflegeheim zu geben, wenn wir es uns nur leisten könnten. Ich halte das nicht mehr aus. Diese Verdächtigungen, sie sind so lächerlich.« Eine dicke Träne rollte ihr über die Wange.

»Kind, reg dich nicht auf. Ich werde mit ihr reden. Sie schien mir eben ganz klar. Das bekommen wir hin. Mach dir keine Sorgen.«

»Danke. Ich hoffe nur, du glaubst ihr nicht alles. Ich bringe euch gleich den Tee.«

»Ich nehme die Tassen mit hinein.«

Constanze verzog das Gesicht, als sie die Tassen und die Kanne sah. Nicole schenkte ein und blieb stehen. »Schön trinken, Mutter, erst dann gehe ich.«

»Ist schon gut Nicole«, mischte sich Marie-Luise ein, die merkte, wie die Spannung zwischen den beiden Frauen wuchs. »Ich schaff das schon. Wir trinken deinen Tee. Lass uns doch bitte eine Weile allein. Es ist alles in Ordnung.«

Nicole verließ das Zimmer, ließ aber die Tür offen stehen. Marie-Luise schloss sie nachdrücklich. Dann setzte sie sich ans Bett. Constanzes Tasse war leer. Na also!

»Nicht trinken«, raunte sie, als Marie-Luise ihre Tasse erhob. »Zurück in die Kanne!« Sie hob den Deckel hoch.

Marie-Luise hatte eigentlich genug von diesem Theater, gehorchte aber und goss die Tasse aus. »Meine Liebe, jetzt erzähl mir erst einmal, was hier los ist. Nicole tut alles, damit es dir gut geht, und du führst dich hier auf, als wenn ...«, begann sie ihre Standpauke, aber Constanze hob die Hand und blickte wieder ängstlich zur Tür.

»Das Foto in der Zeitung. Raphaels neuer Hochzeitstermin. Das war zu viel für Nicole. Sie hat ...«

»Was ist so schlimm daran? Die Scheidung ist sechs Jahre her. Es war doch absehbar, dass er wieder heiraten würde.«

»Nicht am zweiten Oktober. Das war gemein.«
Marie-Luise verstand nicht ganz. »Der Tag vor dem Feiertag. Das ist doch gut gewählt …«
Constanze ließ sie nicht ausreden. »Ralf wusste es. Es war reine Provokation. Ausgerechnet der zweite Oktober!«
»Ich habe nie zuvor gehört, dass das Datum einem von beiden etwas Besonderes bedeutete.«
Constanze hob den Zeigefinger. »Das ging nur sie beide etwas an.«
»Schön. Und was willst du mir nun so Wichtiges sagen?«
Constanze rappelte sich ein Stück weit hoch. »Lass mich doch endlich ausreden. Ich erkläre dir alles. Am zweiten Oktober …«
Die Tür in Marie-Luises Rücken ging auf. »Alles in Ordnung, ihr beiden? Unterhaltet ihr euch gut?«
Constanze stöhnte und ließ sich in die Kissen zurückfallen, dann sah sie ängstlich von Marie-Luise zu Nicole und wieder zurück und kniff die Lippen zusammen.
Marie-Luise riss bald der Geduldsfaden. Sie war genauso über Nicoles ständige Einmischung verärgert, wie sie Constanzes obskures Verhalten lächerlich fand.
»Noch Tee?«
Constanze schüttelte mit ganz kleinen Bewegungen den Kopf, wie es Kinder tun, die ein Geheimnis haben und es nicht preisgeben wollen.
»Hat er euch geschmeckt?«
»Nicole, bitte!«
»Entschuldige, Tante Marie-Lu. Aber du siehst ja selbst. Und lass bitte die Tür auf, dann kann ich besser hören, falls du Hilfe brauchst.«
Da war nichts mehr zu machen. Unmöglich, jetzt noch einmal die Tür zuzuknallen. Nicole schien es doch nur gut zu meinen. Außerdem war die Pflege ihrer Mutter bestimmt sehr aufreibend.
Trotzdem war da immer noch dieser Zettel.
Constanze zog die Augenbrauen zusammen und presste die Lippen aufeinander, wie sie es früher schon getan hatte, wenn sie ungeduldig war. Ihre Hände huschten ruhelos wie kleine Käfer über die Bettdecke. Kein Zweifel, sie wollte ihr noch etwas mitteilen.
Marie-Luise beugte sich vor. »Was ist los? Ich habe deinen Zettel gefunden. Nun red schon. Schnell.«

Constanze ließ die Tür nicht aus den Augen. »Unehelich«, flüsterte sie.

Das war alles? Constanze wollte nur ihre uralte Sünde beichten, über die sie sowieso seit Jahrzehnten Bescheid wusste? Marie-Luise strich ihr über die Wange, maßlos enttäuscht. Hoffentlich würde sie selbst nicht auch einmal so enden müssen. Sie beugte sich ganz nah an Constanzes Ohr.

»Reg dich nicht auf, meine Liebe, das habe ich die ganze Zeit gewusst, seit wir uns zum ersten Mal gesehen haben.«

Constanze schüttelte heftig den Kopf und versuchte, sie festzuhalten. »Das Kind!«

Genug war genug. Marie-Luise tätschelte Constanze noch einmal die Hand, dann ließ sie sie allein. Nachdenklich ging sie in die Küche und schloss die Tür, auch wenn Constanze ihr fast ärgerlich hinterherrief: »Bleib doch hier!«

Nie hätte sie gedacht, dass Constanze ihr Fehltritt bis ins hohe Alter so zusetzen würde. Sie hatte Nicole doch zu einem wunderbaren, sensiblen Menschen erzogen, und nur darauf kam es an.

Nicole band gerade kleine Kräutersträuße. »Was hat sie gesagt?«

»Nichts, was ich nicht schon wusste.«

»Nun sag schon.«

»Das mit deiner Herkunft eben, wegen deines Vaters.«

»Mehr nicht?«

»Und sie hat sich über Raphaels geplanten Hochzeitstermin aufgeregt. Kind, was ist mit dir? Ist dir nicht gut?«

Nicole war blass wie die Wand geworden und krümmte sich leicht. Sofort machte Marie-Luise sich Sorgen. Wirklich, die Arme hatte kein leichtes Leben. Auch finanziell schien es ihr nicht besonders gut zu gehen. Das Kleid sah nach Secondhandladen aus, und sie war bestimmt seit Monaten nicht beim Frisör gewesen. Vielleicht konnte sie ihr finanziell etwas unter die Arme greifen. Sie musste es nur diplomatisch anfangen, denn sicherlich war Nicole zu stolz, etwas anzunehmen.

Marie-Luise steuerte die Couch an, die erheblich einladender wirkte als die hölzernen Küchenstühle, und klopfte auf den Platz neben sich. »Komm her, Kind, setz dich einen Augenblick und ruh dich aus. Du siehst ganz erledigt aus.«

»Ich würde lieber in den Garten gehen. Draußen am Schuppen

unter dem Walnussbaum ist es schön kühl, der Dachvorsprung sorgt den ganzen Tag für Schatten.«

»Eigentlich ...«

»Ach komm, Tantchen. Ich bringe einen eisgekühlten Pfefferminztee mit. Der erfrischt.«

Das hörte sich verlockend an, obwohl Marie-Luise nur ungern ihren bequemen Sofaplatz gegen eine harte Holzbank eintauschte. Seufzend erhob sie sich. Nicole machte sich an einer Anrichte zu schaffen und holte Gläser heraus.

»Was hat deine Mutter mit dem zweiten Oktober nur gemeint?«, hakte Marie-Luise noch einmal nach.

Eines der Gläser fiel zu Boden. Nicole ging in die Hocke und machte, als sie die Scherben aufsammelte, plötzlich eine erschrockene Handbewegung. Blut quoll aus einer tiefen Schnittwunde in der linken Hand. Marie-Luise lief zu ihr und holte ihr Taschentuch aus der Jackentasche. Es war ja ohnehin schon verdorben.

Nicole presste es auf die Wunde, und Marie-Luise half ihr, es fest zu verknoten. Ausgerechnet der Teefleck von gestern Abend war nun ganz deutlich am Handrücken zu sehen, sie hatte das Tuch aus Versehen falsch gefaltet. Zuerst war ihr das peinlich, aber dann sagte sie sich, dass das Tuch sowieso gleich durchgeblutet sein würde. Es gab Wichtigeres.

Draußen im Schattenbereich war es tatsächlich relativ angenehm, und Marie-Luise ließ sich nur allzu gern von der üblichen Idylle einfangen, die in dem Garten herrschte. Die alten Bäume, die Blumen und Kräuter, die romantische Harmonie, die alle Pflanzen miteinander im Laufe der Jahrzehnte eingegangen waren, erschien ihr wieder einmal wie ein Paradies. Sie bedauerte, selbst keinen grünen Daumen zu haben. Dann wiederum überlegte sie sich, wie viel Arbeit hinter dieser geordneten Wildnis steckte, und im Geiste tat ihr schon der Rücken weh.

Nicole kam mit einer Glaskaraffe, an der eiskalte Tropfen perlten. Der Tee schmeckte sehr streng, aber er erfrischte, da musste sie Nicole recht geben. Außerdem merkte sie jetzt erst, wie durstig die Hitze sie gemacht hatte. Sie ließ sich noch ein Glas einschenken. Das Taschentuch zeigte gute Wirkung, denn Nicole schien den Verband gar nicht mehr wahrzunehmen. Verträumt starrte sie zum hinteren Teil des Gartens, dann stand sie auf, als sei sie zu einem Entschluss gekommen.

»Komm, ich zeige dir etwas«, sagte sie.

Marie-Luise erhob sich, setzte sich aber sogleich wieder. Ihr war schwindelig geworden, und sie bekam Angst. Erst Herzstolpern, jetzt Schwindel ... Hoffentlich hatte sie sich nicht übernommen. Nicole warf ihr einen prüfenden Seitenblick zu und bot ihr den Arm.

»Es sind nur ein paar Schritte. Ich finde, du solltest die Wahrheit über deinen Lieblingsneffen erfahren.« Sie sagte dies mit einem seltsamen Unterton, und der ließ Marie-Luise gleich noch einmal die Beine einknicken. Aber dann ging es, und sie folgte Nicole über den gepflasterten Gartenweg, durch den Rosenbogen und den Kräuterteil zu dem leeren Beet, das ihr schon letzte Woche aufgefallen war. Der gravierte Stein lag wie eine Trittplatte in der Erde. Nicole blieb stehen, und jetzt konnte Marie-Luise entziffern, was in ihn eingemeißelt war:

»Ulli, 2. Oktober 1975«

ZWANZIG

Lea schmiegte sich in die Polster des alten, lauten, verräucherten Volvos und schloss die Augen. Es war vorbei, sie lebte, es war warm und hell, sie hatte eine Flasche Wasser im Arm, und Max Gottlieb saß neben ihr und fuhr sie hinaus in die Natur. War sie jemals glücklicher gewesen? Am liebsten wäre sie ihm schon in der Klinikhalle um den Hals gefallen, aber sie war sich nicht sicher gewesen, ob er ihre Gefühle nach all den kalten Duschen überhaupt noch erwiderte. Andererseits: Warum sonst hatte er sie abgeholt? Das gehörte nun wahrlich nicht zu den Pflichten eines Kripochefs.

Gleich würden sie dort sein, an der Bank am Rhein, von der sie im Keller geträumt hatte. Sie freute sich wie ein kleines Kind auf die Stunden allein mit Gottlieb. Diesmal würde sie es nicht verpatzen.

Da waren sie auch schon. Gottlieb parkte den Wagen im Schatten und öffnete den Kofferraum. Als hinge ihr Leben davon ab, lud Lea sich instinktiv die Arme mit den Wasserflaschen voll, sah dann etwas verdutzt an sich hinunter und musste über sich lachen. Eine Flasche reichte fürs Erste. Sie legte die anderen zurück, nahm stattdessen zwei Decken und folgte Max, während sie versuchte, ihr leichtes Humpeln vor ihm zu verbergen.

Ihr Knie war beim gestrigen Sturz etwas in Mitleidenschaft gezogen worden, aber das war nicht der Rede wert. Sie hatte es bislang niemandem gesagt, das sollte auch so bleiben. Der Schmerz war auszuhalten, und sie wollte kein Mitleid. Morgen war bestimmt wieder alles gut, außerdem war es jetzt wichtiger, ein ungestörtes Plätzchen zu finden. Es war nicht leicht, denn viel zu viele Ausflügler hatten die gleiche Idee schon vor ihnen gehabt und die schönsten Flecken direkt am Ufer unter den Bäumen mit Beschlag belegt. Grillduft lag in der Luft, Kinder warfen sich Frisbeescheiben zu, Hunde bellten, Radios plärrten.

»Ziemlich uneinsam hier«, murrte Gottlieb und verlangsamte seinen Schritt. Auch Lea blieb stehen und sah zwei großen Lastkähnen zu, die in die Staustufe tuckerten. Kleine Wellen schlugen sanft gegen die Uferböschung. Eine Möwe zog kreischend hinter dem zweiten Schiff her, mehrere Schwäne schaukelten majestätisch auf dem Wasser.

»Uneinsam ja, aber nicht unschön.« Träumerisch sah sie durch die Kronen der Pappeln in den wolkenlosen blauen Himmel. Schwalben jagten sich dort oben und stießen dabei spitze Schreie aus. Es war wie im Paradies. Wenn nur diese vielen Menschen nicht wären.

Da vorn war die Bank, auf der sie ein paarmal zusammen gesessen hatten. Lea bekam weiche Knie, als sie an diese Momente der Stille und des Gleichklangs ihrer Gedanken dachte. Wenn sie nur all diese Ausflügler wegzaubern und die Zeit zurückdrehen könnte! Sie wollte mit Max allein sein und auf ihre Gefühle hören, nicht auf diese Geräuschkulisse.

Gottlieb dachte offenbar dasselbe. »Zurück«, kommandierte er. »Wir fahren auf die französische Seite.«

Es waren nur ein paar Minuten, dann hatte er das Auto an einer kleinen Straße unter hohen Platanen geparkt. Keine fünfzig Meter weiter saß ein alter Angler am Ufer und nahm keinerlei Notiz von ihnen. Sie fanden eine Wiese ganz für sich allein. Wenn man stand, konnte man den Rhein sehen, wenn man lag, waren da nur Grashalme, wilde Blumen, Bienen, Hummeln und ein paar Obstbäume. Nicht weit entfernt stakste ein Storch, dort war der Boden offenbar feuchter. Irgendwo in einem Dorf in der Ferne läuteten Kirchenglocken den Mittag ein.

Eine Gruppe Radfahrer zog schwatzend über den Damm, dann waren sie allein. Kein Lüftchen rührte sich. Die heiße Sonne tat gut auf der Haut. Welch ein Unterschied zu dieser entsetzlich dunklen, stillen Kälte des Kellers. Doch daran wollte sie nicht denken, nicht jetzt. Wahrscheinlich würde sie irgendwann Alpträume davon bekommen, aber nicht heute. Über den Rhein hinweg blickte sie auf ein großartiges Schwarzwaldpanorama, der weite Himmel wölbte sich über ihr, und neben ihr war Gottlieb. Max.

Er schüttelte die Decken aus und legte sie nahe einem Baum auf den Boden, verteilte Kissen und reichte ihr die große Flasche Mineralwasser. Die Welt war in Ordnung.

Dann hielt er ihr eine Tube Sonnenschutz hin, wortlos, mit schief gelegtem Kopf. Eine winzige, eigentlich völlig unbedeutende Geste, aber für Lea sagte sie viel aus: Justus hätte nicht eher Ruhe gegeben, bis sie sich eingecremt hätte, oder er hätte es selbst übernommen. Max hingegen machte ihr nur ein Angebot, über das sie selbst entscheiden konnte. Es waren diese kleinen Alltagsdinge, die sich oft zu einem Berg auftürmten oder, wie jetzt, den Weg freimachten.

Summend rieb sie sich Gesicht und Arme ein, schloss die Augen und lauschte ins Nichts. Es war wunderbar. Sie brauchte nur den Arm ein paar Zentimeter auszustrecken und würde Max spüren können. Sie roch sein frisches Aftershave, hörte seinen Atem neben ihrem Ohr, spürte die Wärme seiner Haut. Etwas war anders an ihm, aber sie kam nicht drauf, sie war auch zu glücklich, um sich darüber Gedanken zu machen.

Eine kleine Ewigkeit später schreckte sie hoch, als in einiger Entfernung Kinder lachten und kreischten und kurze Schritte über den Boden trappelten. Träge richtete sie sich auf und blinzelte. Eine junge Familie machte es sich drüben neben dem Radweg gemütlich. Vater, Mutter und drei Kinder.

Die Mutter packte Kühltaschen aus, der Vater öffnete einen tragbaren Sonnenschirm.

Gottlieb hatte ebenfalls den Kopf gehoben und sah dem Treiben nachdenklich zu. »Haben Sie Geschwister?«

»Ich war Einzelkind, dabei habe ich mir sehnlichst eine Schwester oder einen Bruder gewünscht. Hat nicht geklappt, deshalb waren meine Eltern ständig um mich herum und haben sich intensiv um mich gekümmert.«

»Hört sich gut an.«

»Wie man's nimmt. Natürlich ist es wunderbar, geborgen aufzuwachsen, aber ich hatte von klein auf das Gefühl, sie würden mir mit ihrer liebevollen Umsorgung keine Luft lassen. Kann man zu viel Liebe bekommen? Eigentlich nicht, oder? Wahrscheinlich ist es eine blöde, undankbare Macke, dass ich so viel Freiraum ganz allein für mich brauche.«

»Ich kann das verstehen.«

»Und Sie? Wie war das bei Ihnen?«

Gottlieb setzte sich auf und umschlang seine Knie. »Eine längere Geschichte«, nuschelte er. »Wollen Sie etwas essen?«

»Im Moment nur Wasser. Erzählen Sie! Wie war Ihre Kindheit? Sie haben bestimmt ständig Räuber und Gendarm gespielt, oder?

Garantiert waren Sie der Anführer einer Horde von Nachbarskindern.«

»Eher im Gegenteil.« Er beugte sich vor, machte sich an seinem Korb zu schaffen, stand auf und begann schweigend, Brötchentüten und Obst auf der Decke auszubreiten. Er legte übertrieben große Hingabe in diese Vorbereitung, sodass unschwer zu erkennen war, dass ihm das Gesprächsthema unangenehm war, dass er wohl nicht wusste, wie er ihm elegant entkommen konnte. Lea überlegte krampfhaft, ob sie etwas Falsches gesagt hatte.

Gottlieb fummelte an ein paar Plastikschälchen herum, umständlich und in höchstem Maße konzentriert, als sei dies die wichtigste Beschäftigung auf der Welt, dann hatte er sich gefasst und blickte auf.

»Irgendwie beneide ich die Franzosen um ihre Esskultur. Ein Drei-Gänge-Menü jeden Tag in der Mittagspause, das hat doch was …! Nun, so üppig ist das hier zwar nicht, aber voilà, es ist angerichtet.« Damit holte er zwei Servietten und zwei Teller aus dem Korb. Seine Hände zitterten immer noch leicht, und er sah ihnen weiterhin viel zu angestrengt dabei zu.

Lea legte ihm die Hand auf den Rücken, um ihn zu beruhigen. Sein Hemd war feucht, und das lag mit großer Wahrscheinlichkeit nicht an der Hitze, sondern an seiner Anspannung. »Entschuldigung. Ich wollte nicht …«

Er drehte sich um. Seine Augen waren schwarz geworden. Er tastete zur Brusttasche, aber sie war leer. Fahrig strich er sich durch die Haare und atmete bewusst aus. Dann versuchte er ein kleines Lächeln.

»Ich habe mir vorgenommen, ehrlich zu Ihnen zu sein. Ziemlich schwer. Ich … ich rede nicht gern über mich.« Noch einmal verschaffte er sich eine Pause, indem er Erdbeeren und Himbeeren auf dem Teller zu einem Muster anordnete. Es fiel ihm sichtlich schwer, weiterzureden, und er lachte etwas kläglich. »Ich war, wie man damals sagte, ein Bastard. Immer allein. Niemand wollte beziehungsweise durfte etwas mit mir zu tun haben. Ich hatte nur meine Mutter, aber das war gut. Ich habe sie sehr geliebt. Sie war mir bester Freund, Schwester, Mutter und Vater zugleich. Als ich zehn war, wurde sie getötet. Ein unbekannter Einbrecher hat sie die Kellertreppe hinuntergestoßen.«

Lea wusste nicht, was sie sagen sollte. Schrecklich, furchtbar, tut mir leid – das klang doch alles flach und abgenutzt, und deshalb gab sie ihrem Gefühl nach. Sein Gesicht war ernst und ganz nah. Seine Augen, seine Lippen. Sein Bart fühlte sich überraschend weich an, als ihre Hand ihn berührte. Er hielt still und sah sie prüfend an. In seinen Augen begannen Sonnenfunken zu tanzen. Seine Haare waren so weich wie Daunenflaum.

Tausend Gedanken schossen ihr durch den Kopf. Stumm breitete sie ihre Gefühlswelt vor ihm aus, ihre Ängste, ihre Sehnsucht, ihren inneren Widerstand, der unter seinem Blick dahinschmolz wie Vanilleeis.

Ganz sacht, als sei sie ein kleiner Vogel, strich er ihr eine Strähne aus dem Gesicht. Dann zeichnete er die Linie ihres Ohres nach, fuhr mit den Fingerspitzen zart wie eine Feder über ihre Wange und über ihre Lippen.

Es war so weit.

Erlöst schloss sie die Augen und hob die Arme, und ihre Lippen fanden sich wie von selbst. Es fühlte sich gut und richtig an. Zärtlich küsste er ihre Augenlider, die Nasenflügel, die Wangen, die Ohrläppchen und wieder ihre Lippen, und sie wünschte sich, er würde nie mehr aufhören.

*

Ulli? Wer war das? Marie-Luise konnte sich nicht daran erinnern, diesen Namen im Zusammenhang mit Nicole jemals gehört zu haben. Vielleicht ein Haustier? Aber nein, das war kein Name für ein Tier. Außerdem ertrug Raphael keine Tiere, da war er immer ein wenig eigenartig gewesen. Hund, Katze, Vogel, Hamster – nichts konnte sie sich bei den beiden vorstellen.

Nicole stand bewegungslos neben ihr und faltete die Hände.

Ein Rauschen setzte in Marie-Luises Ohren ein, erst leicht, dann wurde es langsam stärker. Sie bemühte sich tapfer, sich nichts anmerken zu lassen. Gestern hatte sie schon keinen Mittagsschlaf gehabt, und heute Nacht hatte sie kein Auge zugetan. Es war alles erklärbar. Es war nichts. Sie war nur ein bisschen überanstrengt. Am liebsten würde sie Nicole bitten, sich für eine Minute auf die Couch legen zu dürfen.

Nicole ging in die Hocke und wischte über den Stein, so langsam und vorsichtig, als würde sie ihn streicheln.

Um Marie-Luise begann sich die Welt zu drehen. »Was ist das für ein Stein?«

Nicole antwortete nicht, sondern richtete sich auf, packte ihren Arm und führte sie zurück. Marie-Luise fühlte sich wie eine Puppe in dem festen Griff. Es tat gut, geleitet zu werden. Die Knie knickten ihr erneut ein, ganz leicht zwar nur, aber ohne Nicole wäre sie bestimmt gestolpert.

Auf der schattigen Bank ging es ihr gleich besser. Die Erde hörte auf, sich zu drehen, dafür begann nun allmählich alles in der Ferne zu verschwimmen. Sie sollte nächste Woche auch gleich einen Termin beim Optiker ausmachen. Es war eigentlich nicht normal, in ihrem Alter nur eine simple Lesebrille zu benötigen. Ihr Kopf sank von allein an die warme Holzwand des Schuppens, sie versuchte, gleichmäßig zu atmen. Hitze, mangelnder Schlaf und die Aufregung – kein Wunder, dass sie sich nicht wohlfühlte. Wenn sie erst wieder in Baden-Baden war und mit Joseph zu Mittag gegessen hatte, würde ihr kleiner Schwächeanfall vergessen sein.

Die Inschrift auf dem Stein ließ sie nicht los. »Wer oder was war Ulli?«

»Vielleicht wäre es besser, du würdest es gar nicht erfahren.«

»Dazu ist es zu spät. Jetzt interessiert es mich. So lange ich das Kräuterstübchen kenne, hattet ihr doch nie ein Haustier, und Raphael war in dem Punkt sowieso eigen. Tommi gibt es erst seit drei Jahren. So erzähl doch bitte: Was ist das für ein Stein?«

Während sie das sagte, erinnerte sich Marie-Luise an die eingemeißelte Jahreszahl. Das war doch das Jahr der Hochzeit gewesen. Merkwürdig. Sie schüttelte den Kopf, in dem sich ihre Gedanken zunehmend verhedderten. Was war nur mit ihr los? Warum konnte sie nicht mehr klar kombinieren? Sie wusste bald nicht mehr, was sie denken sollte.

»Ulli«, wiederholte sie störrisch. »Das kann ja nur ein Hund oder eine Katze von Constanze gewesen sein. Du hast Raphael 1975 geheiratet und bist mit ihm nach Frankfurt gezogen. Und dann das Datum, zweiter Oktober. Komisch, Constanze hat es vorhin auch erwähnt und sich sehr aufgeregt.«

»Ausgerechnet an dem Tag wollte Ralf wieder heiraten.«

»Das ist doch nicht mehr wichtig.«
»Und ob das wichtig ist! Wie konnte er nur! Er wusste doch, was dieser Tag bedeutete. Jedes Jahr haben wir deswegen eine Auseinandersetzung gehabt. Er wollte einfach nicht einsehen, dass alles seine Schuld gewesen war.«
»Raphael hat niemandem jemals etwas zuleide getan.«
»Du hast doch keine Ahnung, wie er wirklich gewesen ist. Dir gegenüber hat er immer den netten, liebevollen Neffen gespielt.«
Marie-Luise erschrak über die Bitterkeit in Nicoles Stimme. Sie hatte Nicole immer als sanftmütig, geduldig und auch etwas rückgratlos eingeschätzt. Vor sechs Jahren hatte Marie-Luise sich zusammengereimt, dass Raphael irgendwann genau davon genug gehabt hatte. Nun zeigte sich, dass Nicole auch anders sein konnte, nämlich verdrossen – und auch ein bisschen unheimlich.
»Was ist so Besonderes an diesem Datum?«, versuchte sie es noch einmal und gähnte herzhaft. Herrje, sie war so müde, dass sie sogar vergessen hatte, die Hand vor den Mund zu nehmen. Der Arm war außerdem so schwer, dass sie ihn gar nicht hochheben konnte.
»Alles in Ordnung mit dir?«
»Weißnichtsokomisch.« Wie redete sie denn?
Nicole nahm Marie-Luises Kinn in die Hand und drehte ihr Gesicht zu sich. »Hallo? Fühlst du dich müde? Schlapp?«
Sie konnte nicht einmal nicken.
»Hast du dich nie gefragt, warum wir keine Kinder bekamen?«
»Wasismitmir?«
»Ulli – er oder sie wäre jetzt dreißig Jahre alt. Aber es durfte ja nicht sein.«
Mit einem Schlag war Marie-Luise hellwach. »Du hast abgetrieben!«
»Wie das klingt. Als hätte ich irgendetwas tun oder entscheiden können. Ich und abgetrieben? Niemals hätte ich das getan. Sie haben mich gezwungen.«
»Raphael? Glaubichnicht.«
»Oh doch. Zusammen mit meiner lieben Mutter.«
»Aberwarum?«
»Jeder von ihnen hatte seine eigenen Gründe. Was ich dachte und fühlte, war nicht von Bedeutung. Ich war ja nur die kleine Nicole, die

man herumschubsen und manipulieren konnte. Das naive Dummchen. Ralf hat von Anfang an gesagt, dass er keine Kinder wollte. Er ertrug überhaupt nichts Lebendiges um sich. Nur tote Mauern, leere Fenster, kahle Möbelstücke und alte Motoren. Keine Blumen, nicht mal Musik. Aber das bekam ich in dieser Tragweite erst nach der Hochzeit mit. Da war ja schon alles vorbei …«

»Schwangergeworden?« Allmählich bekam Marie-Luise Angst. Warum bekam sie kein klares Wort mehr heraus? Sie konnte zwar noch denken, aber ihre Zunge war wie betäubt. Im Übrigen interessierten sie die unappetitlichen Einzelheiten eigentlich nicht, aber sie konnte Nicole nicht zum Schweigen bringen, denn ihr Mund brachte die passenden Worte einfach nicht heraus.

»Genau. Ein Versehen. Als die Regel ausblieb, schob ich es auf die aufregende Zeit mit Ralf. Ich war so ein Schaf! Mutter merkte es vor mir und versuchte es mit ihren widerlichen Tees, aber es half nichts. Da war ich schon im vierten Monat. Mutter war außer sich. Weil wir nicht verheiratet waren, fürchtete sie, er würde mich sitzen lassen und mir würde das gleiche Schicksal drohen wie ihr. Das war ein Trauma für sie. Ralf drohte tatsächlich, die Hochzeit platzen zu lassen, wenn ich das Kind bekäme, und sie sah nur die Schande. Meine Güte, 1975 war das doch keine Schande mehr. Die Hochzeit stand fest. Und ich hatte gedacht, Ralf würde sich genauso freuen wie ich.« Nicole lachte verächtlich auf. »Was für ein Irrtum!«

Marie-Luise zwinkerte, um den Blick wieder klar zu bekommen. Der Kirschbaum in der Mitte des Gartens verschwamm zusehends. Das war nicht normal. Es lag nicht an ihren Augen. Gerade hatte sie ihn noch klar und deutlich gesehen.

»Raphael war ein lieber Junge«, wollte sie sagen, aber es kam nur ein Kauderwelsch heraus, das sie selbst nicht verstand. Nicole reagierte nicht darauf, sie war offenbar in ihrer eigenen Geschichte gefangen.

»Mutter hat es ihm gesagt, ausgerechnet. Den Rest kannst du dir denken? Sie haben entschieden, dass es weg musste und einigten sich darauf, dass er als Gegenleistung eine hohe Lebensversicherung zu meinen Gunsten abschließen würde. ›Ich habe es nur gut gemeint‹, hat Mutter erst letzte Woche gesagt. Ha, dass ich nicht lache! Nicht mal das mit der Versicherung ist ihr richtig gelungen. Selbst da hat dein geliebter Neffe sie und mich übers Ohr gehauen.

Ein Wunder, dass er überhaupt so alt geworden ist. Er hätte schon viel früher an seinem Geiz und seiner Gefühllosigkeit ersticken müssen.«

Marie-Luise hob zwei Finger, und Nicole verstand.

»Was das mit dem zweiten Oktober auf sich hat, willst du wissen? Nun, niemand wollte mir sagen, ob das Kind ein Mädchen oder ein Junge gewesen wäre, und so habe ich es Ulli genannt. Ulrich, Ulrike, egal. Ulli. Sie haben mich nach Holland gebracht, in eine schmierige Hinterhausklinik, und ich habe wie betäubt alles unterschrieben, was man mir vorgelegt hat. Man hat mir das Geburtsdatum errechnet, bevor es weggemacht wurde: 2. Oktober 1975. Nur dieses Datum blieb mir, mehr nicht. Vier Wochen war ich krank. Pfuscher. Erst viel, viel später hat mir eine Ärztin gesagt, dass man damals auch gleich dafür gesorgt hat, dass ich keine Kinder mehr bekommen kann. Das war offenbar Teil des Paktes zwischen Mutter und Ralf. Ich bekam das gar nicht mit. War viel zu krank. Erinnerst du dich an die Hochzeit?«

Marie-Luise wollte nicken, doch ihr Kopf war zu schwer. Natürlich erinnerte sie sich. Es war einer ihrer glücklichsten Tage gewesen. Ein rührendes Bild erschien in ihrer Erinnerung: Nicole hatte ganz zart und zerbrechlich ausgesehen, wie eine Feenblume, unwirklich, blass, durchsichtig, und daneben Raphael, ihr stattlicher Beschützer. Dieses Bild sollte falsch sein? Hatte sie sich so in ihm getäuscht? War er wirklich so ein Scheusal gewesen, wie Nicole es ihr vorgaukeln wollte? Sie weigerte sich, es zu glauben.

Aber wer konnte einem Menschen schon in die Seele sehen? Es stimmte, Raphael hatte sich – außer ihr gegenüber – nie sonderlich sensibel gezeigt oder sich besonders für das Wohlergehen von Mensch oder Tier in seiner Umgebung interessiert. Schon als kleiner Junge hatte er sich in den Ferien noch nicht einmal mit den Katzen abgeben wollen, die sie immer gehabt hatte. Auch letztes Wochenende hatte er Mienchen keines Blickes gewürdigt. Aber war er deshalb schon ein gefühlloser grober Klotz? Zu ihr war er doch stets liebevoll gewesen. Genau so, wie sie sich immer einen Sohn gewünscht hatte. Und für dieses Fräulein Kuhn hatte er doch auch stets begehrliche Blicke und kleine liebevolle Berührungen gehabt.

»Ich wäre damals bei der Trauung fast umgekippt, so schlecht ging es mir«, sprach Nicole weiter. »Ralf und meine Mutter bestanden darauf, den Termin einzuhalten und Haltung zu bewahren. Und genau das hat mich dann bis zur Scheidung begleitet. Still sein, Haltung bewahren. Du glaubst gar nicht, was für eine Hölle diese Ehe gewesen ist. Er hat mich gedemütigt, mich verachtet, mich isoliert. Ich durfte gar nichts, ich durfte meinen Beruf nicht mehr ausüben, nicht mal Blumensträuße hat er in der Wohnung geduldet. Er hat sogar ausgesucht, was ich anziehen sollte. Nur fürs Repräsentieren hat er mich gebraucht, ich war nur eine leere Hülle. Er hätte genauso gut einen weiblichen Roboter neben sich haben können. Zärtlichkeit, Gefühle, Gespräche, Gemeinsamkeiten – nichts, rein gar nichts. Im Gegenteil. Wenn er abends von Geschäftsterminen heimkam, hat er mich … nein, ich will nicht mehr daran denken. Und ich? Ich habe still gehalten, mein Leben lang. Leben, pah! Das war doch kein Leben.«

In Marie-Luises Kopf drehte sich alles. Das war nicht Raphael, von dem diese Frau da erzählte! Sie wollte nicht mehr zuhören.

Nicole ließ ihr keine Pause. »Du denkst wahrscheinlich, dann hätte ich doch froh sein sollen, als er endlich die Scheidung einreichte. Denkst du das? Ja?«

Marie-Luise zwang sich zu nicken, war sich aber nicht sicher, ob man es erkennen konnte. Nicole schien die Anstrengung zu genügen. Sie schnaubte. »Weggeworfen hat er mich, abgelegt, aussortiert. Hat mir noch gesagt, niemals mehr werde er heiraten, Ehefrauen seien doch zu nichts nutze. Was hat er mir gegeben? Einen Blumenladen in einem seiner Mietshäuser und darüber eine mietfreie Zwei-Zimmer-Wohnung. Keinen Unterhalt. Ich würde ja zu seinem sechzigsten Geburtstag die Versicherung bekommen, sagte er. Und dann hat er mich vergessen. Einfach vergessen. Er hat das Haus nach drei Jahren verkauft und mich vergessen. Ich musste raus, und Mutter wurde krank. Glaub nicht, dass er uns unterstützt hätte. Er hat mich gar nicht vorgelassen, als ich ihn einmal um Hilfe bitten wollte. Er hat den Telefonhörer aufgelegt, und später hat er noch nicht einmal das mehr gemacht, sondern es von seiner Sina erledigen lassen. Das willst du nicht hören über deinen geliebten Neffen, oder? Immer noch habe ich geschluckt, stillgehalten. Und dann lese ich in der Zeitung, dass er wieder heiraten will, ausgerechnet am 2. Oktober.«

Nicole warf ihre Haare zurück. »Hat Mutter dir vorhin nicht gesagt, was mir dieser Tag bedeutet hat? Und wie Ralf immer alles versucht hat, um mich an dem Tag von meiner kleinen Gedenkstätte fernzuhalten? Ich habe den Stein gleich nach dem Eingriff im Garten eingegraben, als Erinnerung, und die Stelle ganz besonders bepflanzt, sodass er nicht auffiel. Es war meine persönliche Gedenkstätte. Ich wollte wenigstens an diesem einen Tag im Jahr hier sein und um das kleine Wesen trauern. Aber ausgerechnet an dem Datum durfte ich nie herkommen. Er hat es mir verboten. Er hat genau gewusst, wie es mir an dem Tag immer ging. Weiberkram, hat er gesagt und mich zu schrecklichen Tagungen oder auf Baustellen mitgeschleppt, nur damit ich keine Gelegenheit hatte, den Tag in Würde und Ruhe zu begehen.«

Marie-Luise versuchte, ruhig zu bleiben. Das stimmte doch gar nicht. Raphael war ein guter Junge. Er hatte ihr doch sogar persönlich Geld überwiesen und sie gebeten, ganz diskret eine Arztrechnung für Constanze zu bezahlen. Warum erzählte Nicole das alles? Es hörte sich nach Rechtfertigung an. Wofür? Warum? Und weshalb konnte sie nicht mehr richtig denken und sprechen und handeln?

»Wardasdertee?«, nuschelte sie mit größter Anstrengung.

»Es wäre besser gewesen, du wärst heute nicht gekommen. Nächste Woche wäre es vorbei gewesen, Ralf verbrannt, alle Beweise vernichtet.«

»Nachhause.«

»Das geht nicht. Ich kann dich nicht gehen lassen. Du weißt zu viel. Kannst dich bei meiner Mutter bedanken.«

Ihre Kräfte verließen sie. Sie wollte den Kopf schütteln, aber er sackte nach vorn auf die Brust.

»Das geht aber schnell. Hast du es vielleicht am Herzen?«

Furcht stieg in Marie-Luise auf. Natürlich hatte sie es am Herzen. Sie hatte es nur niemandem auf die Nase gebunden. Mit großer Anstrengung versuchte sie, ihre Lippen zu bewegen und einen vernünftigen Satz zu sagen. Aber sie hörte nichts mehr, nur noch Rauschen. Himmel, würde sie sterben müssen? Nicole hatte ihr etwas in den Tee gegeben. Aber warum? Sie hatte doch nichts getan! Und sie wusste doch gar nichts.

Sie zwinkerte, doch der Nebel hob sich nur wenig. Was hatte Nicole gerade gesagt? Es war äußerst wichtig gewesen, aber sie konnte sich nicht mehr erinnern. Mit großer Mühe riss Marie-Luise die Augen auf. Sie streckte ihre Finger und ballte sie wieder zur Faust, um sich wach zu halten. Sie war etwas Wichtigem auf der Spur. Etwas, das sie auf keinen Fall vergessen durfte. Wenn sie nur etwas aufschreiben könnte! Aber so, wie sich ihr Zustand in den letzten Minuten immer dramatischer verschlechterte, würde sie vielleicht bald einschlafen und nie mehr aufwachen. Das wollte sie nicht. Was konnte sie dagegen unternehmen? Sie war doch so müde! In ihrer Handtasche hatte sie etwas zum Schreiben, aber die Handtasche hing über Constanzes Stuhl. Wieder übermannte sie haltloses Gähnen. In ihrer Notlage gab es eigentlich nur einen Ausweg.

Wie ohnmächtig sackte sie auf der Bank zusammen.

Sie bekam noch mit, wie Nicole sie mit erstaunlich kräftigem Griff unter den Armen packte und irgendwohin zog. Eine Holztür quietschte leicht in den Angeln, dann wurde es dunkel. Sie zwang sich, die Augen geschlossen zu halten, obwohl es ihr extrem schwerfiel. Ihr Herz flatterte in der Brust, als wollte es davonfliegen, und sie bekam Angst. Wie konnte sie sich nur wach halten?

Auch mit geschlossenen Augen merkte sie, dass sie nun im dämmrigen Innern eines Gebäudes, vermutlich der Scheune, war. Es roch nach Holz und Staub. Nicole zog sie noch ein kleines Stück, dann ließ sie sich auf etwas Weiches fallen und zog sie mit sich, stand wieder auf und legte ihr die Beine hoch. Eine Pritsche in der Scheune, mehr konnte Marie-Luise nicht denken, dann war es mit ihrer Beherrschung vorbei, und alles um sie wurde tief und traumlos schwarz.

*

Sie konnten sich nicht mehr loslassen. Es war, als hätten sie sich ihr ganzes Leben gesucht und würden erfrieren, wenn sie den Körperkontakt nur noch ein einziges Mal unterbrechen würden. Sie hielten sich an der Hand, lehnten sich aneinander. Gottlieb setzte sich auf und streichelte Leas Haare und wurde sich erst jetzt bewusst, dass er sich genau danach gesehnt hatte, seit er sie zum ersten Mal gesehen hatte und ihre braunen Haare in der Sonne wie mit Goldfäden durchwirkt geglänzt hatten. Ihre Haut war zart wie die eines Teenagers, ihr Seufzen und leises Lachen klang nach purem Glück.

Wie hatten sie sich nur so lange gegen dieses Gefühl sträuben können, wie hatten sie nur drei lange Jahre nutzlos verstreichen lassen können? Sie hatte die ganze Zeit dasselbe gefühlt wie er, auch wenn sie es ihm nicht eine Minute gezeigt hatte.

Unwichtig jetzt. Dies war der schönste Tag, den er sich vorstellen konnte, und er verrann viel zu schnell. Längst waren sie in den Schatten des Apfelbaums gezogen, und ein kleines Lüftchen ließ die nachmittägliche Hitze gerade noch erträglich erscheinen, solange sie sich nicht bewegten. Seine Gedanken kamen zur Ruhe. Es gab nur noch Nähe, Gemeinsamkeit, wortloses Verstehen. Gefühle, die er längst vergessen geglaubt hatte. Wenn er diesen Augenblick nur ewig festhalten könnte.

Lea dehnte sich und legte ihren Kopf in seinen Schoß. »Was für ein Tag«, flüsterte sie. »Was waren wir nur für Idioten.« Dabei drehte sie sich auf den Bauch und sah lachend zu ihm hoch.

Er beugte sich hinunter und küsste sie, erst zärtlich, dann legte er sich ohne aufzuhören neben sie. Er konnte seine Hände nicht mehr still halten. Sie fuhren ihren Rücken entlang nach unten und …

Ein Telefon klingelte.

… fuhren seitlich wieder an ihr hoch, seine Daumen berührten wie zufällig und gerade noch schicklich den Ansatz ihrer Brüste …

Das Telefon hörte nicht auf.

»Lea«, murmelte er an ihren Lippen. »Dein Handy!«

»Ist aus«, murmelte sie zurück.

Dann war es seines. Vorbei der Augenblick. Wenn sich sein Diensthandy meldete, dann gab es einen Notfall.

Er richtete sich auf und hob den kleinen Störenfried ans Ohr.

»Eine Vermisstensache«, sagte der Mann aus der Einsatzzentrale.

Gottlieb knurrte unwillig. »Nicht schon wieder. Rufen Sie Appelt an, der hat Bereitschaft.«

»Der Mann wollte aber Sie sprechen. Ein Herr von Termühlen. Er sagt, es sei wichtig. Es geht um seine Bekannte, Frau Campenhausen. Sie waren vor fast zwei Stunden zum Essen verabredet, aber sie hat ihn versetzt und meldet sich nicht am Telefon. Sie sei extrem pünktlich und zuverlässig, sagt er. Er macht sich Sorgen.«

Aus Gewohnheit sah Gottlieb auf die Uhr. Es war kurz vor drei.

»Herrgott, sie wird irgendwo aufgehalten worden sein.«

Der Kollege am anderen Ende blieb ungerührt. »Das habe ich

ihm auch gesagt. Er bestand darauf, dass Sie es wissen sollen. Ich gebe Ihnen seine Telefonnummer durch, falls Sie sich mit ihm in Verbindung setzen wollen. Er tat so, als würden Sie sich privat kennen.«

»Das stimmt.« Gottlieb zog seinen Block und einen Bleistiftstummel aus der Gesäßtasche und schrieb mit. Lea sah neugierig zu, und als er aufgelegt hatte, war er froh, sich mit ihr beratschlagen zu können.

»Wir warten bis heute Abend«, schlug er vor.

Doch davon wollte sie nichts wissen. »Wir sollten Joseph anrufen und beruhigen. Seine erste Frau war zum Schluss etwas verwirrt und büxte ab und an aus. Bestimmt ist er deshalb so ängstlich. Gib mir die Nummer, ich erledige das«, sagte sie.

Eine Welle der Erleichterung überschwemmte Gottlieb. Das hatte er sich immer gewünscht: eine Frau, die Verständnis für seinen Beruf aufbrachte und selbständig handelte. Er zog sie an sich und atmete den Duft ihrer Haare ein, Sandelholz mit einem Hauch Zitrone. Unwiderstehlich.

»Und dann?«, flüsterte er in ihr Ohr.

EINUNDZWANZIG

Als sie zu sich kam, drehte sich alles, und ihr Kopf dröhnte, aber sie war bei Sinnen. Sie lebte, und ihr Kampfgeist regte sich. Offenbar hatte Nicole den nicht getrunkenen Tee an Constanzes Bett zur Dosis dazugezählt. Nun, da hatte sie sich verrechnet.

Auch wenn ein unsichtbarer Magnet sie wieder zurück auf die armselige Pritsche ziehen wollte, schaffte Marie-Luise es, sich aufzusetzen. Sie zwinkerte ein paarmal in der Hoffnung, der kreisende Raum würde zum Stillstand kommen, und sah sich angestrengt im Halbdunkel um. Gartengeräte, alte Blumentöpfe, eine Schubkarre, ein Tisch mit einer aufgequollenen Platte, eine ausgediente Hollywoodschaukel ohne Auflagen und an der Wand ein offenes Regal über die ganze Breite des Raumes, in dem sich sehr ordentlich die Vorräte und das Zubehör für Salben, Seifen, Duftwässerchen, Cremes und Badezusätze befanden. Von der Decke hingen, wie im Haupthaus, Dutzende von Kräutersträußen und Bündel von getrockneten Rosen, die allerdings nur noch sehr schwachen Duft verströmten. Wahrscheinlich zerbröselten sie, würde man sie auch nur leicht berühren. Die Tür war zwar geschlossen, sah aber nicht unüberwindlich aus.

Marie-Luise schwang die Beine von der wackeligen Liege und wollte aufstehen. Hoch, hoch, kommandierte sie ihren Puddingknien, doch sie gehorchten ihr nicht. Denn in diesem Moment brauste die Erinnerung an das, was sie eben gehört hatte, heran.

Konnte Raphael so hartherzig und brutal gewesen sein, wie Nicole es geschildert hatte? Sie selbst hatte zwar oft mit ihm telefoniert, ihn während der letzten drei Jahrzehnte aber eher selten persönlich getroffen. Natürlich an ihren Geburtstagen, zu manchen Feiertagen und, besonders intensiv, um die Zeit seines Geburtstags. An diesem Tag hatten sie, wenn sie Nicole nachmittags im Kräuterstübchen abgesetzt hatten und zu ihrer Spritztour durch den Schwarzwald aufgebrochen waren, viel Spaß miteinander gehabt, sich über früher unterhalten, alte Ausflugslokale angepeilt, in Erinnerungen geschwelgt. Die reine Wonne!

Auf dem Rückweg hatten sie Nicole mit dem Jahresvorrat der Tinktur Nummer acht wieder abgeholt und hatten den Tag mit einem großen Dinner ausklingen lassen, anfangs mit Willi, später zu dritt. Es waren Abende voller Harmonie gewesen, oberflächlich betrachtet. Aber nun war es an der Zeit, alte Steine umzudrehen. Wie sah es unter ihnen wirklich aus? Hatte es nicht immer schon kleine Anzeichen gegeben, dass Raphael nicht so war, wie er zu sein schien? Das Dröhnen und Rotieren in ihrem Kopf wurde stärker, und sie fiel zurück auf die Liege.

Eine Weile lag sie so und gab dem Drehen nach. Dann nahm sie all ihre Kraft zusammen und zwang sich, die Augen zu öffnen. Über ihr ließ sich eine Spinne an einem unsichtbaren Faden herab, stoppte aber in sicherer Entfernung und krabbelte wieder nach oben. Es war still hier, dämmrig, heiß und muffig. Eine Fliege versuchte, durch das kleine, schmutzige Fenster zu fliegen, das in Richtung Garten zeigte. Immer wieder stieß das Insekt gegen die Scheibe, unermüdlich, vergeblich. Genauso trostlos kam Marie-Luise sich vor, als sie versuchte, sich an die gemeinsamen Treffen zu erinnern.

Wenn sie ehrlich war, hatte sie Nicole eigentlich nie richtig wahrgenommen. Die zarte, blasse Frau war immer im Schatten des starken, robusten Raphael dahingehuscht. Sie hatte sich kaum an den lebhaften Gesprächen beteiligt, am Wein nur genippt, im von Raphael ausgesuchten Essen gestochert und sich oft gleich nach dem Dessert verabschiedet und war auf ihr Zimmer verschwunden.

Marie-Luise schämte sich plötzlich, dass sie sich nicht mehr mit Nicole beschäftigt hatte. Die Frau war ihrer Aufmerksamkeit regelrecht entschlüpft. Es war gedankenlos und sehr unfreundlich gewesen, sie nicht öfter in die Gespräche einzubeziehen. Nein, so stimmte es nicht. Sie hatte häufig eine Frage an Nicole gestellt, aber meist hatte Raphael sie beantwortet und gleich mit einer seiner unvergleichlichen lustigen Geschichten weitergemacht. Und darüber hatte sie Nicole jedes Mal – ja, vergessen.

Es lag durchaus im Bereich des Möglichen, dass Raphael seine Frau auch im Alltag unterdrückt hatte. Aber er war doch kein Unhold gewesen, der sie misshandelte, wie Nicole behauptete. Sie war bestimmt nur wegen der Scheidung und der misslichen Umstände verbittert. Vielleicht hatte Raphael sich finanziell nicht ganz fair verhalten. Wenn sie das eher gewusst hätte, hätte sie ihn bestimmt zur Vernunft bringen können. Raphael hatte immer auf seine alte Tante gehört.

Warum hatten weder Nicole noch Constanze je die kleinste Andeutung gemacht? In den vergangenen fünf Jahren war sie jeden Juli persönlich zum Kräuterstübchen gefahren und hatte Raphaels Tinktur abgeholt. Constanze hatte nie ein Wort gegen ihn fallen lassen, und auch Nicole, die den Laden seit drei Jahren führte, hatte nichts Negatives erwähnt. Deshalb war sie davon ausgegangen, dass Raphael sie auch nach der Trennung, in Sachen Unterhalt zum Beispiel, anständig behandelte. Niemals wäre sie auf den Gedanken gekommen, dass dem nicht so war.

Und dann diese unglaubliche Geschichte mit dem ungeborenen Kind. Warum hätte er etwas derartig Abstoßendes gewollt und auch noch veranlasst haben sollen? Das konnte nicht wahr sein! Umdrehen, Steine umdrehen, befahl sie sich erneut, aber sie traute sich nicht, weil sie Angst hatte, es könnte doch ein Fünkchen Wahrheit in dem stecken, was Nicole geschildert hatte.

Hatten sie je über Kinder geredet? Sie versuchte, sich zu konzentrieren. Es war schwer, sich an Gespräche von vor zwanzig, fünfundzwanzig, dreißig Jahren zu erinnern. Aber es war ungeheuer wichtig, dass sie es tat!

Zurück, zurück. Die Hochzeitsfeier im Juni 1975. Damals war er vierundzwanzig gewesen, Nicole knapp einundzwanzig. Es war eine kleine, ausgelassene Feier gewesen, nur Familie. Reden, essen, trinken, tanzen. Willi hatte sich erst vor zwei Monaten zur Ruhe gesetzt, sie hatten gelacht und gesungen, und er hatte mit ihr Walzer getanzt, ach, wie er Walzer tanzen konnte! Wie eine Feder hatte sie sich gefühlt. Willi war so ein wunderbarer Mensch gewesen. Ein paar Jahre später war er gestorben, so früh, viel zu früh!

Marie-Luise presste ihre Augen zusammen und öffnete sie wieder. Eine dumme kleine Träne lief ihr an der Schläfe entlang ins Haar. Sie sollte sich zusammenreißen. Dies war nicht der richtige Zeitpunkt, sich sentimentale Gedanken an Willi zu gestatten.

Aber hatten sie beide nicht wiederholt mit Raphael über das Glück geredet, das Kinder bringen können? Gerade weil ihnen selbst dieses Glück nie gewährt worden war, hatten sie es ihm doch umso mehr und von Herzen gewünscht. Wie hatte er darauf reagiert? Sie versuchte, sich in diese Gespräche zurückzuversetzen.

Szenen blitzten in ihrem Kopf auf. Raphael an seinem fünfzehnten Geburtstag, völlig verzweifelt, weil die Pubertät seinen Hautausschlag zum Blühen gebracht hatte und nichts dagegen half. Mit sechzehn, als er herausfand, dass fast alle aus der Familie des Vaters am gleichen Ausschlag litten. Er malte Diagramme der Mendel'schen Vererbungstheorie, zerriss die Papiere zornig und versuchte, den brennenden, nässenden Juckreiz erst zu ignorieren und ihn dann mit Cremes und Gels zu bekämpfen. Nichts half. Einmal hatte sie ihn im Bad überrascht, als er in Tränen aufgelöst vor dem Spiegel stand und vor Schmerzen ganz weiß im Gesicht war. Er hatte versuchte, sich den Ausschlag mit einem scharfen Desinfektionsmittel wegzuätzen. Ohne Erfolg.

Eine nächste Szene sprang in ihr hoch: Sie waren irgendwo im Schwarzwald unterwegs gewesen, es war heiß, sie kehrten in einem Ausflugslokal ein. War es die Kohlbergwiese gewesen? Sie bekam es nicht mehr zusammen. Auf jeden Fall hatten sie während ihrer Mittagspause vergnügt den vielen Kindern zugesehen, die auf der romantischen Waldlichtung mit großem Geschrei und sichtlichem Spaß herumtollten.

»Wie viele Kinder möchtest du einmal haben?«, hatte sie ihren Neffen gefragt, aber der hatte dumpf in sein Apfelsaftglas gestarrt und etwas Unverständliches gemurmelt. Sie hatte nachgefragt. Doch was hatte er ihr geantwortet? Es war etwas Schlimmes gewesen. Sie hatte am Abend lange mit Willi zusammengesessen und diskutiert. Wie hatte er es nur formuliert? »Erbkrankheiten darf man nicht weitergeben« oder so ähnlich.

Sie waren beide erschüttert gewesen und hatten mit allen nur möglichen Argumenten versucht, ihn umzustimmen. Ein dummer Hautausschlag war doch kein Grund, keine Kinder zu bekommen. Bis die groß waren, war doch bestimmt ein Mittel dagegen entwickelt worden. Aber sie hatten Raphael nicht überzeugen können. Wenn er sich einmal etwas in den Kopf gesetzt hatte, dann saß es dort, auch wenn es falsch war. Wenn sie ehrlich war, war es mit ihm und seinen vorschnellen Überzeugungen mit den Jahren eigentlich immer schlimmer geworden.

Aber eine Frau, die er liebte, zu solchen Grausamkeiten zu zwingen – nein, das überstieg ihre Vorstellung. Das hatte Nicole sich bestimmt ausgedacht! Andererseits: Da war dieser Stein im Garten, und er sah nicht neu aus. An das Beet konnte sie sich gut erinnern, es war immer ganz besonders liebevoll mit Besenginster, Eisenhut, Fingerhut, Aronstab und Trollkraut gestaltet gewesen. Außerdem waren da Constanzes Andeutungen, die nur einen Schluss zuließen, auch wenn sie sich noch so sehr dagegen sperrte, es zu akzeptieren:

Nicole hatte die Wahrheit gesagt.

Die Erkenntnis überwältigte Marie-Luise im ersten Augenblick. Stille lag wie dicker Nebel in dem Schuppen. Sogar die Fliege hatte aufgegeben und krabbelte stumm an der Scheibe entlang. Kein Laut, kein Vogelschrei. Nur das Klopfen ihres eigenen Herzens, das Rauschen ihres Blutes in ihrem Ohr.

Sie war noch nicht am Ende. Sie musste ihr Gehirn weiter anstrengen. Eine noch wichtigere Frage war doch: Warum lag sie hier? Warum hatte Nicole ihr all diese Grausamkeiten gesagt und sie dann vergiftet? Ihr Verstand weigerte sich, Schlüsse zu ziehen und weiterzudenken. Nur ein einziger Gedanke formte sich: Sie musste hier raus.

Mit größter Kraftanstrengung erhob sie sich ein zweites Mal, obwohl ihr Kopf so schwer war wie ein Felsbrocken, der zurück auf die Liege fallen wollte. Er war zu schwer für ihren schwachen Hals, aber sie zwang ihn hoch, nahm ihre Hände zu Hilfe, richtete ihren Oberkörper Zentimeter für Zentimeter auf.

Jetzt die Füße auf den Boden. Gleich, gleich hatte sie es geschafft. Doch es ging nicht. Ihr Herz meldete sich mit rasendem Galopp, das Blut sackte aus ihrem Kopf, rauschte in ihren Ohren, immer stärker, ihr wurde schwindelig, dann schwarz vor Augen. Ohne es zu wollen, kippte sie kraftlos nach hinten und tauchte in die beklemmend weite, hilflose Dunkelheit der Angst zurück.

*

Da war etwas! Es zuckte durch Leas Kopf wie eine Sternschnuppe. Sie erinnerte sich an etwas, das im selben Moment wieder verschwunden war. Es war etwas Wichtiges, das wusste sie. Etwas, das Frau Campenhausen betraf. Nein, sie konnte es nicht festhalten. Es war weg.

Auch der Augenblick der Nähe war endgültig verflogen. Mit all den Picknickutensilien packte Lea auch die romantischen Gefühle in den Korb und legte ein Quäntchen Sehnsucht und Bedauern oben drauf. Dann sah sie hoch und musste lachen. Max stand vor ihr wie ein enttäuschter kleiner Junge, die Unterlippe vorgeschoben, die Fäuste in den Hosentaschen.

»Wir haben so lange gewartet, da schaffen wir das auch noch. Du weißt doch, wie gern ich Frau Campenhausen habe. Ich muss einfach etwas unternehmen.«

»Es ist zu früh. Vielleicht ist sie beim Frisör oder hatte Lust, etwas spontan zu machen, auszubrechen aus der Gewohnheit. Jeden Samstag um Punkt dreizehn Uhr Mittagstisch im Kurhaus – also, ich könnte sehr wohl verstehen, wenn sie sich eine kleine Auszeit genommen hat. Vielleicht ist sie im Kino und lacht sich ins Fäustchen, weil sie ihrem Joseph eine Lektion zum Thema langweilige Routine erteilt hat. Vielleicht hat sie ihm auch schon vor Wochen gesagt, dass sie heute nicht mit ihm essen kann, und er hat es nur vergessen.«

»Frau Campenhausen ist die Korrektheit in Person. Wenn sie sich bei mir nur um zehn Minuten verspätet, ruft sie an, obwohl wir ja nur zwei Stockwerke auseinander wohnen. Pünktlichkeit und Zuverlässigkeit gehört in ihren Kreisen einfach zum guten Ton. Es ist etwas passiert, ich weiß das.«

»Aber die Kollegen haben nichts, das hast du doch selbst gehört.«

»Gut, dass du gleich hast nachforschen lassen. Aber vielleicht liegt sie in der Notaufnahme oder ist irgendwo zusammengeklappt. Sie hat mir in den letzten Tagen überhaupt nicht gefallen. Ich vermute, sie verschweigt uns, dass sie es eben doch am Herzen hat. Ihr Neffe tot, Verdacht auf Mord. Obduktion, Entwarnung, Zweifel, drei Millionen in bar, ein Haufen Verdächtiger – das haut doch den stärksten Gaul um.«

»Es ist halb vier, Lea, sie ist gerade zweieinhalb Stunden überfällig, und wir …«

»Wenn die Polizei vorgestern gleich reagiert hätte, als Frau Campenhausen das erste Mal anrief, wäre mir vieles erspart geblieben.« Lea merkte selbst, dass ihr Ton zu scharf geworden war. Sie wollte niemandem einen Vorwurf machen, schon gar nicht Max, und nun hörte es sich bestimmt genau so an. Sie ließ die Arme sinken und sah zu ihm hoch. Seine Augen waren schwarz geworden, aber nicht aus Verärgerung, sondern aus grenzenlosem Bedauern.

»Komm schon, Sheriff, wir sind im Dienst.«

Er lachte. »Du hast gewonnen. Los geht's. Aber dann richtig. Und heute Abend ...« Er beendete den Satz nicht, sondern begann zu summen.

»He, das ist unsere Melodie!«

»Schaffe ich es irgendwann, sie dir in Ruhe vorzuspielen?«

Für einen winzigen, letzten Moment hielt die Welt an. Hier war es, das Glück der ersten kleinen intimen Gemeinsamkeit. Sie hatte ihm vorhin berichtet, was ihr durch den Kopf gegangen war, als sie im Keller saß und ihr plötzlich dieses Lied einfiel, und er hatte ihr gestanden, dass ihn genau dieser Song nach seiner Scheidung begleitet hatte, als er nicht wusste, ob er richtig oder falsch gehandelt hatte. Es war ein schöner Moment gewesen, auf dieser Wiese zu liegen und ihm zuzuhören und zu spüren, wie er sich ihr vorsichtig öffnete. Sie merkte, wie ähnlich sie sich waren, und das war ein gutes Gefühl: Bei ihm brauchte sie bestimmt keine Angst zu haben, erdrückt zu werden.

Aber jetzt, jetzt wollte sie wissen, ob es Frau Campenhausen gut ging.

Auf dem Weg in die Stadt telefonierte sie mit Joseph und ließ sich im Detail schildern, was Frau Campenhausen vormittags vorgehabt hatte: in die Stadt gehen, um letzte Besorgungen für das Sonntagsessen zu erledigen und ihr neues Handy abzuholen. Anschließend wollte sie ins Kräuterstübchen nach Bühl, aber dort war sie nicht angekommen, wie Joseph inzwischen telefonisch erfahren hatte.

Wieder blitzte etwas in Leas Kopf auf. Nicht greifbar.

»Fangen wir im Handyladen an«, schlug Max vor. »Wenn sie dort war, hat sie einen schriftlichen Vertrag hinterlassen.«

»Puh, wenn es etwas in Baden-Baden wie Sand am Meer gibt, dann sind es Handy-Läden!«

»Gleich gefolgt von Frisören«, stimmte Max zu.

Aber Joseph von Termühlen erinnerte sich an den Namen des Geschäfts. Noch bevor sie die Polizeidienststelle erreicht hatten, wussten sie, dass die Spur kalt war: Das bestellte Handy lag noch dort, verpackt, reserviert, nicht abgeholt.

Leas Sorge nahm zu.

»Zur Wohnung«, kommandierte sie. »Ich habe einen Zweitschlüssel. Vielleicht hatte sie einen Schwächeanfall.«

Doch die Wohnung war leer. Insgeheim bewunderte Lea, wie ordentlich es hier aussah. Sie hatte sich vorhin geniert, Max in ihre eigene Wohnung mitzunehmen, um den Schlüssel zu holen. Das Frühstücksgeschirr stand seit Donnerstag in der Spüle, die Zeitung lag noch auf dem Küchentisch, ein gelber Müllsack, den sie vergessen hatte herunterzutragen, lehnte neben der Tür, und daneben lagen ihre Joggingschuhe, als hätte sie sie eben ausgezogen. Zum Glück hatte Max das Chaos kommentarlos übergangen und nur Interesse an Frau Campenhausens Schlüssel gezeigt.

Mienchen kam heran, strich ihr um die Beine und miaute kläglich. Sowohl Fressnapf als auch Wasserschälchen waren leer. Während Lea beides auffüllte, schob sich die Katze, obwohl sie sonst recht scheu war, mit dem Kopf durch ihre Beine, so hungrig und durstig war sie. Leas ungute Ahnungen verstärkten sich. Frau Campenhausen würde das Tier niemals über längere Zeit unversorgt lassen. Sie wusste, dass ihre Vermieterin die Katze entgegen aller Ratschläge dreimal am Tag fütterte, und die Mittagsmahlzeit war heute ganz offensichtlich ausgefallen.

Ein letzter Blick in die Runde.

Auf dem Wohnzimmertisch lag ein zerknitterter Einkaufszettel, und bei dem Anblick fiel es ihr wieder ein.

»Sie ist doch in Bühl. Ich bin mir ganz sicher.«

»Und warum?«

»Sie hat gestern Abend, als sie mich im Krankenhaus besuchte, in ihrer Jackentasche einen Zettel gefunden. Weil sie ihre Brille nicht dabeihatte, habe ich ihn ihr vorgelesen. Wie konnte ich das nur vergessen!«

Max machte eine ungeduldige Bewegung. »Was stand drauf?«

»*Muss dich sprechen. Allein. Ohne Nicole! Schnell! Wichtig!!! C.*«

»Wer ist C.?«

»Keine Ahnung. Aber Wittemanns Ex-Frau heißt Nicole. Sie betreibt das Kräuterstübchen, in das Frau Campenhausen heute Morgen fahren wollte, wo sie aber angeblich nie angekommen ist. Da stimmt doch etwas nicht.«

»Ganz deiner Meinung. Wenn du so weitermachst, ernenne ich dich zur Hilfspolizistin.«

Lea lachte. »Ein extremer Sinneswandel. Gestern noch hätte ich dich verrückt gemacht, wenn ich herumgeschnüffelt hätte.«

Er zerzauste ihr die Haare. »Verrückt machst du mich immer noch. Aber ich glaube, das müssen wir tatsächlich verschieben.«

ZWEIUNDZWANZIG

Eine knappe Stunde später zuckelten sie hinter einem Auto mit Kölner Kennzeichen her. Max fluchte leise, und Lea stöhnte ungeduldig und bat ihn nun schon zum dritten Mal, zu hupen. Natürlich war auf Höhe der Klosterschänke das Panorama über die Vorbergzone und die Rheinebene atemberaubend, aber das war noch lange kein Grund, abzubremsen und den Verkehr zu behindern.

»Soll er doch rechts ranfahren und ganz stehen bleiben!«, schimpfte Max.

»Überhol doch endlich, mach schon!«

Max schüttelte den Kopf. »Überholverbot. Wir schaffen es schon noch rechtzeitig.«

»Wir hätten schon vor einer Stunde dort sein können, wenn wir gleich losgefahren wären.«

»Die Polizei hört nicht auf das Bauchgefühl vorwitziger Journalistinnen. Jetzt haben wir doch etwas wirklich Konkretes; Ausreden wie bei Joseph gelten jetzt nicht.«

Lea musste zustimmen. Die Polizei hatte in der Zwischenzeit den Taxifahrer ausfindig gemacht, der Frau Campenhausen am Morgen zum Kräuterstübchen gefahren hatte. Er war sich ganz sicher gewesen, dass sie den Laden betreten hatte, denn er hatte vergeblich gehofft, sie würde sich doch noch umdrehen und ihm ein Zeichen geben, auf sie zu warten, und ihm somit eine Leerfahrt ersparen.

Warum aber hatte Wittemanns Exfrau Joseph etwas anderes weismachen wollen? Das mussten sie herausfinden, persönlich, nicht am Telefon, an dem sie zu leicht abgewimmelt werden konnten.

Allein. Ohne Nicole!« Wer war C., und warum sollte eine offenbar wichtige Information nicht in Gegenwart dieser Nicole ausgetauscht werden?

In Bühl waren trotz der Hitze und der frühen Abendstunde Gehsteige und Parkplätze voll. Es ging nur langsam voran, viel zu langsam. Endlich konnten sie abbiegen und in die stille Hänferstraße einbiegen, die Joseph ihnen beschrieben hatte. Auf der Straße herrschte porentiefe Kehrwochenreinheit, als läge Bühl nicht im lebenslustigen Rebland der badischen Ortenau sondern direkt im schaffensfrohen Herzen von Württemberg.

Wenig später mussten sie noch einmal abbiegen, und obwohl sie immer noch mitten im Stadtkern waren, fühlte Lea sich in ein winziges Dorf versetzt. Niedrige, mit dunklen Holzschwarten verschalte, lang gestreckte Häuschen wie aus dem vergangenen Jahrhundert duckten sich um einen kleinen Platz, die Mansarddächer mit altertümlich geformten roten Ziegeln gedeckt, die Originalfensterläden grün gestrichen. Die kleine Siedlung sah heiter und vergessen aus, die winzigen Vorgärten wurden von Gartenzwergfamilien bevölkert, deren Besitzer das Gärtnern allerdings offenbar nicht besonders wichtig nahmen.

Anders das Häuschen an der Stirnseite. Eine hohe Mauer umschloss das Eckgrundstück, und während Max einen Parkplatz suchte, konnte Lea sehen, dass diese Mauer sich an die hundert Meter hinzog, wie die Begrenzung eines altes Schlosses oder eines Friedhofs. Es war kaum zu glauben, dass es derart zentral in der Stadt so große Grundstücke gab. Die Kronen mächtiger Laubbäume ragten über das Dach des Hauses und erinnerten Lea an die Gärten ihrer Kindheit. Heutzutage waren solch große Grundstücke eine Seltenheit, leider. In der Regel wurden sie geteilt, in winzigen Parzellen verkauft und mit Mehrfamilien- oder engen Reihenhäusern zugebaut. Wie wohltuend, dass sich hier jemand für die Beibehaltung eines Gartens entschieden hatte.

Zwei alte grün gestrichene Holzbänke standen vor dem Kräuterstübchen, auf denen Töpfe mit Kräutern und Buchskugeln und allerlei Gartendekorationen abgestellt waren. Das verschnörkelte Ladenschild über dem Eingang war handbemalt. Rote Markisen schützten die Schaufensterauslagen vor der Sonne. Das Geschäft sah geschlossen aus, die Tür war verriegelt. Ein Schild im Fenster wies auf die Öffnungszeiten hin.

Sie klopften und spähten durch die Schaufenster. Soweit Lea erkennen konnte, herrschte innen gemütliches Chaos.

Max hämmerte kräftig an die Tür. »Aufmachen!«

Es rührte sich nichts.

Es war still, nicht nur im Laden, sondern auch auf der Straße.

Ohne große Hoffnung auf Erfolg begann Lea, an den Nachbarhäusern zu klingeln, aber es öffnete niemand. In der Zwischenzeit telefonierte Max mit der Dienststelle und ließ sich die erforderlichen Personalien durchgeben, steckte das Handy jedoch nach einiger Zeit missmutig in die Hosentasche zurück. Es gab nichts Neues, weder im Fall Wittemann noch zum Aufenthaltsort Frau Campenhausens.

Sie schritten die Mauer ab, die bestimmt zweieinhalb Meter hoch und glatt verputzt war. Auf der Mauerkrone lag Stacheldraht. An der nächsten Seite, die fast ebenso lang war, befand sich der trostlose Parkplatz eines Discounters, dann kamen sie zu einem breiten Hoftor, das genauso unüberwindlich wie der Rest der Mauer war, allerdings gab es hier keinen zusätzlichen Stacheldraht. Lea blickte sich um. Keine Menschenseele zu sehen.

»Räuberleiter!«

»Wie bitte?«

»Stell dich bitte mit dem Rücken zum Tor und falte deine Hände, damit ich hochsteigen kann.«

»Kommt nicht in Frage. Das ist Hausfriedensbruch.«

»Du kannst ja wegsehen.«

Er lachte. »Lea, du weißt genauso gut wie ich, dass es nicht geht!«

»Ich klettere. Du kannst hier warten. Hast dich umgedreht, und weg war ich.«

»Nein!«

»Es sieht uns doch keiner. Ich habe jetzt bei drei Leuten geklingelt, und niemand ist da.«

»Nein.«

»Na schön.« Sie drückte ihm ihren Rucksack in die Hand, nahm Anlauf und sprang an dem Tor hoch. Natürlich rutschte sie ab.

»Lea!«

Sie versuchte es erneut. Diesmal klappte es, wenigstens halbwegs. Wie ein nasser Mehlsack hing sie an dem Tor und kam nicht hoch. Sie konnte zwar laufen, boxen und tauchen, aber in Klimmzügen war sie gänzlich ungeübt. Das Tor hatte nicht einmal einen Knauf, an dem ihre Füße Halt gefunden hätten.

»Nun hilf mir schon«, rief sie und zappelte mit den Beinen. »Gib mir einen Schubs.«

Er zog sie herunter und hielt sie lachend an den Schultern fest.
»Ich habe es gewusst: Du wirst mich noch in Teufels Küche bringen. Unsere Ermittlungsmethoden unterscheiden sich erheblich voneinander. Komm, wir versuchen es noch einmal am Laden.«
»Ach Mensch, nur ein Schubs, und ich wäre drüber gewesen.«
Auf dem Weg zurück ging sie absichtlich langsamer als Max und hielt Ausschau nach irgendeinem Gegenstand, den sie als Kletterhilfe benutzen könnte. Sie wollte wenigstens einen Blick in den Garten werfen. Vielleicht waren Nicole und Frau Campenhausen einfach nur in der sommerlichen Hitze unter einem Baum eingeschlafen. Sie hätte sich selbst gern irgendwo in den Schatten gelegt und die Augen zugemacht.

Aber hier gab es nichts. Keine Bank zum Ausruhen, keine Mülltonne zum Hochsteigen.

Max stand vor der Tür, hatte sein Handy hervorgeholt und wählte eine Nummer. Im Innern des Ladens begann ein Telefon zu klingeln, gleichzeitig hieb er mit der Faust an die Tür.

»Aufmachen, Frau Rossnagel, Polizei!«

Lea presste ihr Ohr an die Tür und hob die Hand. Tatsächlich hörte sie etwas. Eine Tür klappte, etwas huschte über den Holzboden, dann war ein leises Scharren zu hören. Leichte Schritte kamen näher. Ging da jemand barfuß? Oder auf Zehenspitzen?

»Sofort aufmachen!«, brüllte Max neben ihr.

Erschrocken machte Lea einen Satz.

Da sah sie durchs Fenster eine Gestalt herbeieilen. Die Frau wirkte auf den ersten Blick wie ein junges Mädchen, in einem langen, leichten Sommerkleid mit kleinem Blumenmuster. Ihre hellen, dünnen Haare wehten um ihren Kopf wie der Schleier einer Fee.

Ein Schlüssel wurde umgedreht, dann öffnete sich die Tür.

»Frau Rossnagel?«

Die Frau nickte. Von Nahem sah sie wesentlich älter aus, ihre veilchenblauen Augen waren müde, ihre Haut trocken und faltig, die Lippen dünn und verschlossen. Eine Hand war bandagiert.

»Polizei. Und das ist Lea Weidenbach vom Badischen Morgen, eine Freundin von Frau Campenhausen. Können wir hereinkommen?«

Sie öffnete die Tür ein Stück weiter und ließ sie ein.

»Polizei? Was wollen Sie?«, fragte sie leise.

»Wir suchen Frau Campenhausen. Sie haben Herrn von Termühlen zwar am Telefon gesagt, sie hätten sie heute nicht gesehen, ein Taxifahrer kann aber bezeugen, dass sie gegen elf Uhr Ihren Laden betreten hat.«

Nicole Rossnagel strich sich mit ihrer verbundenen Hand eine Strähne aus dem Gesicht.

»Tut mir leid. Ich habe sie nicht gesehen. Vielleicht hat Ihr Zeuge sich im Tag geirrt?«

»Ausgeschlossen.«

»Ich kann Ihnen nicht helfen. Wieso interessiert sich die Polizei überhaupt dafür, wer in meinen Laden kommt und geht?«

»Frau Campenhausen wird vermisst.«

Die Frau lachte dünn. »Ja, meinen Sie etwa, ich hätte sie verschwinden lassen? Warum sollte ich so etwas tun?«

»Weil sie etwas erfahren hat, das Sie lieber geheim gehalten hätten«, mischte sich Lea ein. Der Gedanke war ihr urplötzlich gekommen, ein spontaner Rückschluss zu der Notiz auf dem Zettel: »*Ohne Nicole! Schnell! Wichtig!*«

Nicole Rossnagel wurde eine Spur blasser. »Unsinn«, erwiderte sie, aber ihre Augen irrten zu einer Tür auf der anderen Seite des Ladens.

Leises Stöhnen kam aus der Richtung, fast nicht wahrnehmbar. »Max, hast du das gehört?«

»Was?«

»Dieses Geräusch. Es kam von dort hinten.«

Max sah sie hilflos an.

»Wohnen Sie allein hier, Frau Rossnagel?«, setzte er in unsicherem Ton nach.

»Wollen Sie einen Tee?«, erwiderte die Frau und machte eine einladende Bewegung in Richtung einer geblümten Couch nahe dem Schaufenster. »Ich habe kalten Pfefferminztee, gemischt mit einem Schuss Waldmeister. Schmeckt herrlich und erfrischt.«

»Ich möchte, dass Sie unsere Fragen beantworten.«

»Später. Das ist eine lange Geschichte.«

»Ein Ja reicht. War Frau Campenhausen heute hier? Und wo ist sie jetzt?«

»Nein. Sie war nicht hier. Ihr Zeuge muss sich täuschen. Vielleicht hat sie den Laden betreten, als ich im Garten war. Vielleicht hat sie ihn gleich darauf wieder verlassen. Ich weiß es nicht. Ich habe sie jedenfalls nicht gesehen. Und jetzt hole ich uns den Tee.«

Lea sah ihr nach, wie sie auf bloßen Füßen fast lautlos davonschwebte. Das alles klang glaubwürdig, aber trotzdem störte sie etwas. Wieder blitzte etwas in ihrer Erinnerung auf.

Max ließ sich ächzend auf der Couch nieder und stützte seine Hände auf die Knie. »So kommen wir nicht weiter«, murmelte er. »Und ohne Durchsuchungsbeschluss schon gar nicht.«

»Dann beantrag doch einen.«

»Mit welcher Begründung denn? Das hört sich doch plausibel an. Wir sehen bestimmt Gespenster. Frau Campenhausen hat Nicole nicht angetroffen und ist wieder gegangen. Vielleicht hat sie den falschen Weg genommen und hat sich verlaufen. Vielleicht hat sie sich auch nur irgendwo auf eine Bank gesetzt und ist eingenickt. Heiß genug dazu ist es ja.«

»Und der Zettel?«

»Wer weiß, von wann der stammte. Vielleicht ist er schon Wochen alt.«

»Aber sie hat gesagt, dass sie heute nach Bühl wollte.«

»Kann ja sein. Sie war diese Woche öfter hier, hat von Termühlen gesagt. Die Trauerfeier ist Montag, die Beisetzung Dienstag, meine Güte, mit wem sollte die alte Frau denn die Formalitäten besprechen, wenn nicht mit der Exfrau. Es gibt sonst niemanden, der Wittemann nahestand, nachdem er die Verlobung gelöst hatte. Vielleicht war es wirklich so, wie die Frau sagt.«

»Trotzdem stört mich etwas.«

»Dein berühmtes Bauchgefühl«, lachte Max leise und strich ihr über den Arm. Es durchfuhr sie wie Feuer, und ihre Zehen begannen zu kribbeln. Es wurde Zeit, dass sie beide endlich ungestört waren. Sie lehnte sich an ihn und fühlte sich geborgen und glücklich. Seine Fingerspitzen krochen langsam höher, berührten die Innenseiten ihres Oberarms. Das Kribbeln in ihrem Innern verstärkte sich. Sie war kurz davor, ihren Kopf auszuschalten. Vielleicht war das Kräuterstübchen wirklich eine kalte Spur. Vielleicht gab es eine ganz harmlose Erklärung für Frau Campenhausens Ausbleiben. Bestimmt machten sie sich vollkommen unnötig Gedanken.

Nicole kam mit einer Glaskaraffe und zwei Gläsern in den Händen zurück, und mit einem Schlag wusste Lea, dass die Frau gelogen hatte. Sie konnte es sogar beweisen.

*

Nur mit großer Anstrengung öffnete Marie-Luise die Augen und versuchte, sich zu beruhigen. So wie sie sich fühlte, war es ziemlich unwahrscheinlich, dass sie es bis zu Tür schaffen würde. Am liebsten würde sie einfach nur liegen bleiben und sich ihrem Schicksal ergeben.

Dann aber fielen ihr all die Krimihelden ein, die sie ihr ganzes Leben begleitet hatten. Kein Einziger von ihnen, am wenigsten die Frauen, hätte in einer Situation wie dieser aufgegeben. Was fiel ihr also ein, so dazuliegen und sich zu bedauern? Eine Campenhausen gab nicht auf. Wie oft sollte sie sich das eigentlich noch vorsagen? Sie hatte außerdem gar keine Zeit, jetzt schon abzutreten. Sie musste ihr Testament ändern, jetzt, wo Raphael tot war. Wem sollte sie nun das große Mietshaus in der Quettigstraße vermachen? Das Haus in Florida? Die alte Villa am Annaberg, die sie vor Jahren von einem entfernten Onkel geerbt und mehr schlecht als recht vermietet hatte? Und was würde mit Mienchen passieren, wenn sie tot war, was mit dem geliebten Mercedes?

Wenn sie doch nur heute Morgen ihr Handy abgeholt hätte! Sie hätte jetzt ganz bequem dieses kleine Wunderding herausgezogen, eine Nummer eingegeben, und schon wäre Hilfe herbeigeeilt. Nun, so musste sie sich eben auf die altmodische Art helfen. Miss Marple hatte auch kein Handy gehabt.

Bestimmt war Joseph längst auf dem Weg hierher, um sie zu befreien. Und wenn Nicole ihm gesagt hatte, sie sei wieder gegangen? Marie-Luise unterdrückte einen Anflug von Panik. Nein, nein. Wenn Joseph erschien, würde Constanze sich bemerkbar machen, und man würde sie suchen und hier im Schuppen finden, ganz bestimmt. Sie brauchte nur in Ruhe abzuwarten.

Der Zettel fiel ihr ein. Ja, eindeutig, Constanze ahnte, was Nicole vorhatte und würde um Hilfe rufen. Sie war einfallsreich, sie würde es schon irgendwie schaffen. Schließlich hatte sie ja auch ihr diesen Zettel in die Tasche geschoben.

Doch je länger sie über den Zettel nachdachte, umso mysteriöser kam er ihr vor. Constanze hatte ihn bereits am Mittwoch geschrieben, also vor drei Tagen. Er war als Warnung für sie gedacht gewesen, aber warum? Wovor? Was auch immer Constanze ihr über ihre Tochter mitteilen wollte, es musste vor Mittwoch geschehen sein.

Aufgeregt durchforstete sie ihr Gedächtnis. Hatte es vielleicht etwas mit Raphaels Bestattung zu tun? Kaum vorstellbar. Was war es dann? Tatsache war, dass Nicole ihre eigene Mutter offenbar seit Tagen ruhigstellte und nun auch ihr etwas in den Tee getan hatte. Und wieder: Warum nur? Warum?

Es musste mit Raphaels Tod zusammenhängen! Ein schrecklicher Gedanke durchfuhr sie, und sie war sofort hellwach. Konnte das möglich sein? Nach dem, was Nicole ihr über die Ehe erzählt hatte, musste sie Raphael gehasst haben. Es gab also ein Motiv und ebenfalls einen Auslöser für eine Tat: das geplante Hochzeitsdatum.

Nicole war es gewesen? Sie hatte ihren geliebten Neffen getötet?

Marie-Luise erschrak vor ihrem eigenen Stöhnen. »Nein«, rasselte ihr Atem, und ihr Kopf hielt dagegen: Ja! So musste es gewesen sein. Es gab keine andere Möglichkeit. Nicole hatte Raphael ermordet.

Aber wie? Mit Gift vielleicht, so wie sie ihre Mutter und jetzt auch sie betäubt hatte? Doch das war fast nicht möglich, denn Raphael hatte seit Jahren jeden Kontakt zu Nicole abgebrochen. Wann konnte sie ihm so nahe gekommen sein, dass sie ihm das Gift hätte verabreichen können? Und wie? In einem Getränk? Im Essen? Mit einer Spritze? Sie waren beide fast den ganzen Sonntag zusammen gewesen. Sie hatten in Neuweier einen kleinen Imbiss genommen, in Freudenstadt Kaffee getrunken. Um kurz vor sechs waren sie ins Brenner's gekommen, gemeinsam. Keine Spur von Nicole.

Es blieb also nur eine knappe Stunde, in der sie getrennt gewesen waren, als Raphael schwimmen und sich dann umziehen wollte und sie in der Kaminhalle gewartet hatte. Unwahrscheinlich, dass Nicole sich ausgerechnet in der kurzen Zeit angeschlichen hatte. Man kam außerdem nicht so einfach und ohne Anmeldung zu den Zimmern, das würde schon am Eingang des Hotels ihr alter Freund, Bellcaptain Knittel verhindern. Außerdem hatte Kriminalhauptkommissar Gottlieb ihr berichtet, dass die Rechtsmedizin kein Gift in Raphaels Magen gefunden hatte.

Was also konnte in jener knappen Stunde geschehen sein? Raphael hatte sich umgezogen und hatte sich in der Oleander-Bar ein Glas Champagner geben lassen, an dem ebenfalls keine Giftspuren gefunden worden waren. Dann war er zum Poolbereich gegangen, wo er zusammengebrochen war. Warum? Was war der Grund? Wie hätte Nicole ihn erreichen können, ohne persönlich vor Ort gewesen zu sein?

Ein neuer Gedanke schlich sich heran, erst vage, dann immer stechender. Die Welt begann wieder zu kreisen. Schnell, immer schneller. Aber diesmal versank sie nicht in dem Strudel, diesmal gab es keine gnädige Dunkelheit, die ihr Entsetzen umfing. Diesmal war sie mutterseelenallein mit der grauenhaftesten Erkenntnis, die sie sich nur vorstellen konnte: Es gab etwas aus Nicoles Hand, das Raphael ahnungslos benutzt hatte. Etwas, das ihm seine alte Tante gegeben hatte. Das Geburtstagsgeschenk, die Tinktur aus dem Kräuterstübchen, die sie ihm besorgt hatte. Sie höchstpersönlich war die Überbringerin gewesen.

Am liebsten wäre sie gestorben, jetzt, genau in dieser Minute. Wie sollte sie mit einem solchen Wissen weiterleben können? Indirekt hatte sie ihren geliebten Neffen getötet. Das war doch mehr, als ein Mensch aushalten konnte! Sie wusste nicht mehr, was sie denken oder fühlen sollte. Alles in ihr wehrte sich dagegen, diese Möglichkeit zu akzeptieren. Wie von selbst falteten sich ihre Hände, und sie begann lautlos, Trost zu suchen: »Vater unser ...« Seit Willis Tod hatte sie nicht mehr gebetet, viel zu lange eigentlich.

»... wie auch wir vergeben unseren Schuldigern ...« An dieser Stelle weigerten sich ihre Lippen weiterzubeten. Nein! Kampflos würde sie Nicole das Feld nicht überlassen.

Sie musste sich zusammennehmen. Noch war sie nicht tot. Es ging ihr besser als vor einer Stunde. Wenn Nicole ihr nicht weiteres Gift verabreichte, würde sie den Anschlag überleben. Sie hatte eine Chance. Sie musste weiterleben, um Raphaels Tod aufzuklären und ihn zu sühnen.

Ganz langsam rutschte sie von der Pritsche. Sie wusste, sie konnte sich nicht aufrichten und nicht gehen, weil ihr dann schwindelig werden würde. Also würde sie robben. Sie wollte die Tür erreichen. Sie musste es schaffen. Sie konnte es zumindest versuchen. Sie würde nicht wie ein wehrloses Schäfchen liegen bleiben und auf Nicoles nächsten Schritt warten.

DREIUNDZWANZIG

Während Lea auf die verbundene Hand starrte, die die Glaskaraffe hielt, nahmen die Erinnerungsblitze in ihrem Kopf Formen an. Krankenhaus, Teeflecken auf einem makellos weißen Taschentuch mit Monogramm, gesticktem Rosenstrauß und rosa Häkelspitze. Es gab keinen Zweifel. Genau dieses Taschentuch diente jetzt als Verband von Nicole Rossnagel.

»Sie lügen!«, rief sie aufgeregt. »Ich kann beweisen, dass Frau Campenhausen heute hier gewesen ist. Dieses Tuch gehört ihr. Sie hat es gestern Abend im Krankenhaus benutzt, um Tee wegzuwischen. Hier, das sind Teeflecken.«

Wie ein Berg wuchs Max neben ihr in die Höhe. »Frau Rossnagel, wo ist Frau Campenhausen?«

»Sie ist nicht hier. Mag sein, dass sie da war und das Taschentuch verloren hat, und ich habe das Nächstbeste gegriffen, um meine Wunde zu verbinden, als ich mich schnitt. Aber ich habe sie heute nicht gesehen. Das müssen Sie mir glauben.«

»Das tue ich nicht«, sagte Max und trat einen Schritt auf sie zu. »Sie halten sie offenbar fest.«

Die Frau wich nicht zurück, sondern stellte die Glaskaraffe mit leichtem Zittern auf dem Verkaufstisch ab. »Wenn Sie einen Durchsuchungsbeschluss haben, dürfen Sie sich gern umsehen. Wenn nicht, möchte ich Sie bitten, mein Haus zu verlassen. Diese Anschuldigung ist ungeheuerlich. Das muss ich mir nicht anhören.«

Auf ihrer Stirn erschienen kleine Schweißperlen, und ihre Lippen waren weiß geworden. Sie schwankte wie ein Grashalm im Wind, aber sie hielt dem Blick des Hauptkommissars stand.

Gottlieb warf Lea einen fragenden Blick zu, und sie nickte noch einmal. »Ganz sicher, Max!«

»Dann ist Gefahr im Verzug, Frau Rossnagel. Ich erwirke, was immer Sie wollen, telefonisch. Aber Sie öffnen sofort alle Türen und lassen mich in jeden Winkel, Keller und Schrank sehen.«

Lea hob die Hand. »Psst!«

»Sie werden nichts finden«, flüsterte Nicole und lehnte sich kraftlos gegen die Kante des Verkaufstisches.
»Schscht!«
»Hörst du etwas?«
»Wenn ihr nicht dauernd reden würdet, vielleicht!«
Sie standen vollkommen still, und da war es wieder. Ein leises Scharren, ein Kratzen. Es kam vom hinteren Teil des Hauses. Lea lief durch den Verkaufsraum und kam in eine Art Wohnküche und Laboratorium zugleich. Hier war niemand. Auch das Geräusch war nicht mehr zu hören.
Lea stand trotzdem starr und lauschte mit erhobener Hand. Jetzt. Ein unterdrücktes Winseln.
»Da, hinter der Tür. Da ist etwas!«
Max sah unschlüssig aus, und Lea konnte sich vorstellen, dass er sich unwohl fühlte. Ungesichert und ohne Waffe eine Tür zu öffnen, hinter der verdächtige Geräusche zu vernehmen waren, war leichtsinnig. Aber wenn nun Frau Campenhausen dort lag? Gefesselt und geknebelt?
Hinter ihnen stieß Nicole einen genervten Ton aus. »Das ist das Zimmer meiner kranken Mutter. Was glauben Sie denn, was dort ist? Ein Mörder? Ein Gespenst? Ein Ungeheuer? Oder dass ich etwa das Tantchen dort festhalte?« Sie lachte nervös, mit hoher Stimme, und es klang wie das Piepsen eines Jungvogels, der aus dem Nest gefallen war. Sie huschte an ihnen vorbei und öffnete die Tür mit einer weiten Geste.
Max stieß langsam die Luft aus, und auch Lea merkte, dass sie den Atem angehalten hatte.
Die ausgezehrte, zerbrechliche alte Frau in dem schmalen Bett war jedenfalls nicht Marie-Luise Campenhausen. Sie sah todkrank aus, bleich, die Jochbeine waren stark hervorgetreten und weiß. Sie lag unter der Bettdecke wie ein zartes Blütenblatt, aber ihre Augen waren hellwach. Sie hob den Kopf halb und bewegte ihre Lippen. Es sah aus, als wollte sie etwas sagen, aber es gelang ihr nicht.
»Mutter geht es heute sehr schlecht. Wir lassen sie besser in Ruhe«, sagte Nicole. In Leas Ohren klang es übertrieben besorgt.
Die Kranke mühte ihren Kopf weiter in die Höhe und deutete mit dem Kinn auf den Stuhl, der neben ihrem Bett stand. An der Lehne hing eine Handtasche aus schwarzem Krokoleder.

Lea packte Max am Arm. »Die gehört Frau Campenhausen, das weiß ich. Niemals im ganzen Leben würde sie ohne Handtasche unterwegs sein. Sie muss hier sein«, flüsterte sie ihm ins Ohr.

»Verdammt«, zischte er. »Frau Rossnagel, in zehn Minuten ist Verstärkung hier, und wir werden keinen Stein auf dem anderen lassen, bis wir Frau Campenhausen gefunden haben. Sagen Sie lieber gleich, wo wir sie finden.«

Die Frau kehrte ihnen wortlos den Rücken. Sie machte keine Anstalten, ihnen zu helfen, sondern schien etwas auf dem Regal über der Küchenzeile zu suchen. Kleine Flakons und größere Flaschen standen dort eng an eng, verschlossene Dosen, verschraubte Glasbehälter und kleine Blechbüchsen. Alle waren säuberlich mit lateinischen Namen beschriftet. Nicole angelte sich ein kleines, einem Reagenzglas ähnliches Glas mit einer dunkelroten Flüssigkeit vom Bord und nahm es wie ein rohes Ei in die Hand. »T 8«, stand darauf.

Was tat die Frau da? Wollte sie, als wäre nichts geschehen, mit ihrer Arbeit fortfahren und seelenruhig einen neuen Badezusatz mischen, während die Polizei das Haus durchsuchte? War sie so abgebrüht oder hatte sie wirklich nichts zu verbergen?

»Vielleicht hat Tante Marie-Lu, als ich im Garten war, meine Mutter besucht und ist ohne Tasche weggegangen«, piepste Nicole leise. »Alte Leute sind oft zerstreut. Und Marie-Lu hat zurzeit wirklich viel um die Ohren. Da kann es ihr niemand verdenken, wenn sie unkonzentriert ist. Vielleicht sitzt sie irgendwo und weiß nicht, wie sie heimkommen soll. Vielleicht ist sie in der Hitze eingenickt. Bei mir finden Sie sie jedenfalls nicht. Warum auch?«

Fast war Lea gewillt, das zu glauben. Vielleicht waren sie tatsächlich auf dem Holzweg. Warum sollte die Frau denn Marie-Luise Campenhausen verstecken? Es gab überhaupt keinen Anlass dafür. Oder doch?

Muss dich sprechen. Allein. Ohne Nicole! Schnell! Wichtig!!! C.

»Wie heißt Ihre Mutter mit Vornamen?«, fragte Max in diesem Augenblick. Offenbar dachten sie beide das Gleiche.

»Constanze. Wieso?« Jetzt war Nicole Rossnagel vollkommen verblüfft. »Sie ist seit Jahren krank. Krebs im Endstadium. Wir haben kein Geld für Krankenhaus oder Hospiz, deshalb versuche ich, sie hier zu pflegen so gut es geht. Sie hat die Beiträge nicht mehr zahlen können und ist nicht versichert, und ich – ich habe dank Ralf auch nichts, gar nichts. Nicht mal meinen Brief hat er beantwortet, in dem ich zu Kreuze gekrochen bin und ihn gebeten habe, Mutter eine dringende Operation zu ermöglichen. Er kam aufgerissen zurück und am Telefon hat seine sogenannte Assistentin mich abgewimmelt. Ich existierte nicht mehr für ihn. Habe es wahrscheinlich nie getan.« Sie wechselte das Fläschchen vorsichtig von einer Hand in die verbundene und wieder zurück. »Gut, so ist das eben. Jetzt bin ich hier und bemühe mich, Mutter zu helfen. Aber ich kann leider nur versuchen, sie ruhigzustellen und ihr die Schmerzen zu lindern, für alles andere ist es zu spät.«

Max schob seinen Unterkiefer vor. »Ich will mit ihr reden.«

»Mit meiner Mutter?«

»Allein.«

»Es geht ihr nicht gut, das haben Sie doch selbst gesehen.«

»Das ist mir egal. Lea, du passt auf Frau Rossnagel auf. Ich möchte nicht, dass sie telefoniert oder weggeht.« Er verschwand in dem kleinen Zimmer und schloss die Tür mit Nachdruck.

Nicole sah ratlos aus. »Was will er nur von ihr? Sie ist schläfrig und bildet sich Sachen ein.«

»Sie hat Frau Campenhausen einen Zettel geschrieben und um ein Gespräch gebeten. So schlecht kann es ihr nicht gehen.«

»Was hat sie? Ach, jetzt verstehe ich ...« Nicole biss sich auf die Lippen und sah nachdenklich auf das Glasröhrchen in ihrer Hand. Dann steckte sie es in die Tasche ihres Sommerkleids. »Ich glaube, ich kann das erklären. Wollen wir nach draußen gehen, in den Garten?«

Lea fiel die hohe Mauer ein. Es sprach nichts dagegen; Nicole Rossnagel würde schon nicht weglaufen oder verschwinden können. Draußen packte Lea die Frau hart am Arm.

»Was ist das für ein Schuppen? Was ist da drinnen?«

»Gerümpel, Gartengeräte, vergessenes Zeugs. Bitte sehr!« Mit einem Schwung öffnete Nicole Rossnagel die quietschende Holztür. Tatsächlich, ein Sammelsurium ausgedienter Gerätschaften, eine alte Hollywoodschaukel, ein windschiefer Paravent, dahinter eine leere Pritsche, Blumentöpfe ... Tausend unnütze Sachen, keine Frau Campenhausen.

»Zufrieden?«, fragte Nicole Rossnagel ärgerlich, knallte die Tür zu und huschte über die angrenzende Blumenwiese durch eine Hecke und einen Rosenbogen in einen betäubend nach Kräutern duftenden Gartenteil voran. Unter einem Apfelbaum stand eine Bank, auf der sie Platz nahmen. Von hier aus konnte man das kleine romantische Haus und den angrenzenden Schuppen sowie den größten Teil des üppig eingewachsenen Gartens überblicken. Nur links von ihnen befand sich ein leeres Beet, das offenbar gerade umgestaltet wurde. Ein Stein war dort eingelassen. Lea reckte neugierig den Hals, konnte aber nicht erkennen, ob das, was sie sah, eine Inschrift war.

Eine kleine schwarze Katze kam herbei und sprang Nicole zutraulich auf den Schoß. Sie beugte sich liebevoll über das Tier und schmuste mit ihm. »Kleiner schwarzer Kater, du, mein kleiner Liebling.«

»Sie sagten vorhin, Sie hätten dank Ihres Ex-Ehemannes kein Geld. Wie meinten Sie das?«, wollte Lea wissen.

Nicole blickte nachdenklich in den Garten. »Wir haben keine gute Ehe geführt«, begann sie. »Wir hätten niemals heiraten dürfen. Aber ich dachte, ich hätte keine andere Wahl. Mutter redete mir gut zu, und Ralf sagte, was ich tun sollte, und das habe ich getan. Es war ja auch bequem. Ich war knapp einundzwanzig und noch vollkommen unselbständig, kein Wunder bei der Mutter. Sie war aus dem gleichen Holz geschnitzt wie Ralf. Stark und klug. Sie wusste alles. Sie entschied alles. Sie kontrollierte mich. Sie ließ mir keinen Freiraum. Sie erzog mich zu einem kleinen, ängstlichen Wesen. Manchmal behandelte sie mich, als wäre ich nur ein Dekorationsstück oder als würde ich gar nicht existieren. Bei Ralf ging es mir genauso, nur dass er mich irgendwann auch noch zu verachten begann. Ich kam also vom Regen in die Traufe, wie es so schön treffend heißt. Ralf hat mich wahrscheinlich sowieso nur geheiratet, weil er wusste, dass er so schnell keine andere finden würde, die so duldsam und pflegeleicht war wie ich, und ich habe mich ja auch tatsächlich nie beklagt.«

Was wollte die Frau? Eine Abschiedsrede auf ihren toten Ex-Ehemann halten?

»Dann muss die Scheidung doch eine Erleichterung für Sie gewesen sein.«

Nicole Rossnagel zog die Mundwinkel herunter. Wut und Abscheu lagen auf ihrem Puppengesicht.

Wo blieb Max nur so lange?

»Erleichterung? Aussortiert hat er mich. Wie Müll entsorgt. Weg mit der. Und bloß nie mehr an sie erinnert werden. So war er. Als hätte er ein durchgesessenes Sofa ausgetauscht. Keinen Gedanken hat er mehr an mich und unsere fünfundzwanzig Jahre Ehe verschwendet. Es hat ihm auch nichts ausgemacht, die Scheidung kurz vor der Silberhochzeit einzureichen und mich vor vollendete Tatsachen zu stellen. Es war ja ein Schritt ohne Konsequenzen für ihn. Er hatte mich vor der Hochzeit einen Ehevertrag unterschreiben lassen, in dem ich im Fall einer Scheidung auf Unterhalt verzichtete. Und Mutter, pah, Mutter hat mich damals ermuntert, ihn zu unterschreiben. Nichts im Leben war ihr wichtiger, als dass ich verheiratet war. Egal, zu welchem Preis. Denn den Preis, den habe ja ich gezahlt, nur ich.«

Allmählich wurde es Lea unheimlich. Hatte eigentlich jemand Nicole Rossnagels Alibi überprüft? Wahrscheinlich nicht. Warum auch? Die Scheidung war Jahre her, und so, wie sie ihren Ex-Mann schilderte, hätte er sich niemals mit ihr getroffen. Wie konnte man jemanden töten, ohne mit ihm in Berührung zu kommen? Vielleicht hatte sie ihm etwas geschickt? Aber er öffnete ihre Post nicht, hatte sie gerade gesagt. Nein, die Nerven gingen mit ihr durch. Diese zarte, unscheinbare Person konnte nicht ... oder doch?

»Frau Rossnagel ...«, begann Lea, doch die Frau hob die verbundene Hand, während sie mit der anderen das Fell der kleinen Katze auf ihrem Schoß streichelte.

»Ich hätte weitergemacht, ich schwöre es. Ich habe es nicht geplant. Noch fünf Jahre, dann wäre die Lebensversicherung ausbezahlt worden, für die er zwar aufkam, für die ich aber die Begünstigte war. Dann hätte ich wenigstens keine finanziellen Sorgen mehr gehabt. Aber auch die hat er mir wegnehmen wollen! Können Sie sich das vorstellen? Ich verzichte auf alles, lasse mich mit der Aussicht auf diese Versicherung ruhigstellen, glaube ihm auch noch, dass er nie wieder heiraten wird ...«

»Langsam. Ich verstehe kein Wort!«

Offenbar kam Nicole Rossnagel der Einwand nur recht. Sie hob das Kätzchen hoch und rieb ihre Nase an seiner Schnauze. Das Tier miaute, worauf sie es wieder in den Arm nahm und streichelte. Dabei redete sie weiter wie ein Wasserfall, der sich über viele Jahre angestaut hatte.

»Er hat mich bei der Scheidung mit dieser Versicherung vertröstet, trotz der komischen Formulierung. Die Summe wird bei Fälligkeit an Nicole Rossnagel beziehungsweise die dann in gültiger Ehe lebende Ehefrau gezahlt, hieß es. Ich habe das unbedingt ändern lassen wollen, er hat es mir auch zugesagt, es dann aber doch nicht gemacht. Er werde nie mehr heiraten, sagte er, Ehefrauen seien doch zu nichts nutze. Und dann las ich am Freitag in Ihrer Zeitung die Notiz über seine Verlobung.«

»Sie haben ihn umgebracht!«, schrie Lea entsetzt. »Frau Campenhausen kam Ihnen auf die Schliche, nicht wahr? Und da haben Sie sie auch …«

»Ja, ja, ja! Sie hätte alles verraten, und es wäre alles umsonst gewesen. Ich musste es tun. Dienstag wird Ralf verbrannt, dann kann mir niemand mehr etwas nachweisen. Und plötzlich kommt Tante Marie-Lu und fragt und bohrt. Ich habe sie gewarnt, ich habe versucht, sie von Mutter fernzuhalten. Aber vergebens. Sie ist ja so dickköpfig! Das hat sie nun davon.«

»Wo ist sie?«

Nicole schüttelte den Kopf.

Lea verzweifelte. »Wie haben Sie Wittemann getötet? Sie kamen doch gar nicht an ihn heran!«

»Ich nicht. Aber die liebe Marie-Lu.«

»Was wollen Sie damit sagen? Dass Frau Campenhausen …? Das ist doch absurd!«

»Meinen Sie? Ich finde, mein Einfall war genial. Das liebe Tantchen, das all die Jahre immer in ihrer übertriebenen Höflichkeit weggesehen hat, obwohl die Anzeichen doch so deutlich waren, dass ihr geliebter Raphael ein Teufel war.«

»Wie haben Sie es gemacht?«

»Ganz einfach. Sie holte wie jedes Jahr am Tag vor Ralfs Geburtstag die Jahresration Tinktur Nummer acht ab, gegen seinen Hautausschlag. Ich habe ihr gesagt, mir sei der Ballon heruntergefallen, diesmal gäbe es nur ein Portionsfläschchen für einen Monat, den Rest könne sie nächste Woche abholen. Sie hat es geglaubt und sich das Fläschchen noch hübsch einpacken lassen. Was meinen Sie, mit welcher Wonne ich das getan habe! Es war perfekt. Nie und nimmer wäre man auf mich gekommen, nicht wahr? Kammerflimmern. Natürliche Todesursache. Genau, wie ich es geplant habe. Bei Pflanzengift macht mir niemand etwas vor.«

»Sie haben ihm Gift in eine Tinktur gegeben? Aber man hat seinen Mageninhalt überprüft. Da waren keine Giftspuren.«

»Sehen Sie? Es war genial, einfach genial. Es wäre nie herausgekommen. Aber das liebe Tantchen konnte das Schnüffeln ja nicht lassen.«

Lea überlegte fieberhaft. Wenn man bei der Leichenschau nichts gefunden hatte, war Nicole wirklich höchst raffiniert vorgegangen.

»Wie denn nun?«, drängte sie.

Nicole lachte leise. »Da vorne, von Ullis Grab.«

Noch ein Grab? Noch ein Toter? Ulli? War die Frau verrückt?

»Eisenhut von Ullis Grab, hochkonzentriert und gemixt mit Tinktur Nummer acht, dazu ein Lösungsmittel aus der Apotheke, damit es schnell geht. Einmal auf die Haut gesprüht, wirkt es binnen Millisekunden. Kein schöner Tod, ich weiß. Es wird einem eiskalt, dann kribbelt es wie Ameisen im Blut, dann bleibt einem auch schon das Herz stehen, wenn die Dosis hoch genug war. Aber bis man wirklich tot ist, ist man am ganzen Körper gelähmt. Ein Außenstehender würde glauben, man sei schon tot, aber man bekommt alles um sich herum mit, kann sich nur nicht mehr mitteilen. Genau das Richtige für Ralf. Es war ganz einfach. Ich wusste, er würde es sehr bald aufsprühen, ich brauchte nur abzuwarten. Hätte er es erst in der Wohnung in Frankfurt und nicht im Hotel benutzt – es hätte noch nicht einmal eine Untersuchung gegeben.«

»Oh mein Gott!« Mehr konnte Lea nicht sagen. »Haben Sie kein Mitleid gehabt?«

Nicole kraulte das Kätzchen am Bauch. Es hob die Pfoten und öffnete das kleine Maul, sodass es aussah, als würde es lächeln. Auch Nicole verzog ihre Lippen.

»Ich gebe zu, Sonntagnachmittag bekam ich Skrupel. Ich habe Tante Marie-Lu angerufen. Wäre sie zu Hause gewesen und hätte sie den Hörer abgenommen, hätte ich ihr gesagt, sie soll ihm das Geschenk noch nicht geben, ich hätte mich mit dem Inhalt vertan. Tja, aber sie war nicht da. Ich konnte also nichts mehr ändern. Ein Zeichen des Himmels. Es sollte so sein.«

»Blödsinn! Sie hätten immer eine Chance gehabt, den Mord nicht zu verüben. Sie haben es bis zuletzt in der Hand gehabt. Nun sagen Sie bloß nicht, eine höhere Macht hätte ihnen die Entscheidung abgenommen!«

Nicole hob die Schultern und sah angestrengt auf das Kätzchen hinunter, das sich unter ihren liebevollen Händen sichtlich wohlfühlte.

»Nicht einmal ein Haustier durfte ich haben. Nichts. Unsere Wohnung war vollkommen steril. Er wusste, wie ich darunter litt und wie gern ich ein Tier oder wenigstens eine Pflanze im Zimmer oder auf der Dachterrasse gehabt hätte! Er hat mich ganz bewusst gequält.«

»Das ist doch schon lange her!«

»Es ist nie vorbei. Er hat mich kaputtgemacht und es gar nicht registriert. Es war so demütigend.«

»Hören Sie auf! Sie haben doch jetzt alles, was Sie jemals vermisst haben: einen wunderschönen Garten, die Selbständigkeit, ein kleines Kätzchen …« Lea merkte selbst, wie armselig eine solche Bilanz klang. Sie sprang auf, packte Nicole am Arm, zerrte sie zu sich hoch. Das Kätzchen machte einen Satz und verkroch sich fauchend unter der Bank.

»Was haben Sie mit Frau Campenhausen gemacht?«

Nicole Rossnagel war wie eine Gummipuppe in Leas Griff. Am liebsten hätte Lea sie geschüttelt, bis heraus war, was mit Frau Campenhausen geschehen war.

»Wo ist sie?« Sie musste sich zusammennehmen, um dieses farblose, wortlose, skrupellose Geschöpf nicht zu schlagen oder zu Boden zu stoßen.

Hinten am Haus quietschte eine Tür, dann hörte sie Max schreien, und seine Stimme überschlug sich, als sei jemand in Lebensgefahr: »Lea! Um Gottes willen! Lass sie los!«

VIERUNDZWANZIG

Lea dachte nicht daran, zu gehorchen. Nicht jetzt, so kurz vor dem Ziel. Sie packte den Arm der Frau noch fester. »Was haben Sie mit Frau Campenhausen gemacht? So reden Sie schon!«

Nicole Rossnagel wehrte sich vergebens gegen Leas Griff, sagte aber nichts, sondern schüttelte nur verbissen den Kopf.

»Hierher! Sie war es!« Lea wandte sich in die Richtung, in der sie Max vermutete.

Die Frau nutzte diesen kleinen Augenblick der Unaufmerksamkeit und riss sich mit einem heftigen Ruck los, griff in die Tasche ihres Kleides und zog die Glasampulle heraus.

»Still!«, zischte sie. »Kein Wort mehr.«

Lea wollte einen Schritt zurückmachen und sich vollends zu Max umdrehen. Nur aus dem Augenwinkel nahm sie eine rasche Bewegung wahr, und ehe sie reagieren konnte, hatte Nicole ihren Hals umschlungen und drückte ihr mit der verbundenen Hand etwas Kühles gegen die Schlagader.

Max stoppte mitten im Lauf und hob die Arme. »Nicht!«, rief er. »Oh Gott, nein!«

Lea versuchte sich zu befreien, wand sich, kickte ihren Fuß nach hinten, aber Nicole Rossnagel verfügte über Kräfte, die der zierlichen Person gar nicht zuzutrauen gewesen waren.

Die Ampulle an ihrem Hals! Nicole hatte sie vorhin aus einem Regal genommen. Was war das für eine Flüssigkeit? Sie war rot gewesen, das hatte sie wie nebenbei wahrgenommen. Warum hielt die Frau ihr dieses Glas an den Hals wie ein Messer? Doch nur, weil der Inhalt tödlich war …

Leas Gedanken setzten aus. Für einen Augenblick versagten ihre Kräfte, und sie hielt still. »Das ist doch verrückt. Das bringt doch nichts«, stöhnte sie.

»Sie wissen zu viel. Wenn das herauskommt, kriegen wir das Geld aus Ralfs Versicherung nicht. Das lasse ich nicht zu.«

Lea konnte sich nicht rühren. In dem Fläschchen war vermutlich dasselbe Gift, das Wittemann getötet hatte! Kontaktgift, das binnen

Sekunden durch die Haut drang und unweigerlich zum Herzstillstand führte! Max stand immer noch wie eine Statue. Lea konnte ihm ansehen, wie zerrissen er sich fühlte. Er würde ihr gern zu Hilfe kommen, hatte aber Angst, sie damit in Gefahr zu bringen.

Lea wollte ihm zurufen, dass Nicole den Mord begangen hatte, dass ein Gift nun auch ihr eigenes Leben bedrohte, aber die Frau drückte ihren Arm so fest gegen ihren Kehlkopf, dass sie keinen Ton herausbrachte.

Genau diese Hilflosigkeit veränderte alles. Wenn etwas ausweglos erschien, übernahmen ihre Reflexe, die sie in Aberdutzenden Stunden Boxen und Selbstverteidigung trainiert hatte. Sie brauchte nicht mehr nachzudenken, sondern bewegte sich instinktiv.

Sie trat noch einmal mit voller Wucht nach hinten, beugte sich gleichzeitig ruckartig vor und drückte die Hand mit dem Glas von sich weg. Der Würgegriff lockerte sich, und sie warf sich zu Boden, darauf bedacht, zur Seite zu rollen, möglichst weit weg von der Gefahr. Eher als Schatten nahm sie wahr, wie Nicole ausholte, um etwas nach ihr zu werfen. Weg, nur weg! Sie rappelte sich halb hoch und sprang erneut. Diesmal traf sie ausgerechnet mit dem Knie auf einen Stein, das schon bei ihrem Sturz von der Kellertreppe etwas abbekommen hatte. Der Schmerz durchschnitt sie bis hinauf ins Gehirn. Sie war unfähig zu denken, sie konnte nur noch handeln.

Sie machte einen ungeschickten Hechtsprung zum Gartenweg, traf mit der Hand auf etwas Spitzes, das sich in ihre Handfläche bohrte. Sie schrie auf.

Lautlos landete die Ampulle auf dem Rasen und rollte weiter auf den Weg, direkt neben sie. Das Glas war nicht mehr unversehrt, sondern hatte einen langen, hässlichen Sprung. Für eine Schrecksekunde konnte Lea nichts anderes tun, als wie gelähmt diesen Riss anzustarren. Nicole nahm Anlauf und hechtete ihr hinterher, die Hand zum Glas ausgestreckt.

Todesgefahr! Weg, nur weg! Egal wie!

Sie versuchte, nicht an die Schmerzen zu denken, die in ihrem Knie wüteten, kam aber dennoch nicht richtig auf die Beine und begann deshalb, auf allen Vieren wegzukrabbeln, weg von dem zerbrechlichen Glas, weg von möglichen tödlichen Spritzern. Entsetzt sah sie, wie sich Max zur gleichen Zeit in Bewegung setzte und direkt auf sie und das Röhrchen zulief. Schon streckte er den Arm nach dem Glas aus.

»Nein!«, schrie sie. »Nicht anfassen! Spring!« Mehr war nicht möglich, denn Nicole hatte sie eingeholt und sich auf sie gestürzt. Die zierliche Frau war überhaupt nicht so weich und hilflos, wie es den Anschein gehabt hatte. Ihre Finger waren wie Klauen, die sich ihr über den Mund legten, während die andere Hand gleichzeitig zupackte. Mit Bärenkräften zog sie Leas Kopf nach hinten, immer weiter, als wollte sie ihr sämtliche Haare ausreißen. Lea versuchte, etwas zu fassen zu bekommen oder sich zumindest aufzurappeln, doch in dem Augenblick verlagerte Nicole ihr Gewicht, und sie rollten zusammen gefährlich nah an die gesprungene Ampulle heran.

Max war da und warf sich auf sie, doch dadurch kamen sie dem Gift nur noch näher. Lea schloss die Augen und konzentrierte sich. Max hatte nicht verstanden, wie gefährlich die Tinktur war. Für Erklärungen war es jetzt zu spät. Sie versuchte sich zusammenzurollen, aber es ging nicht.

Der Druck um ihren Hals ließ nach. Max hatte Nicoles Arm ergriffen und zog ihn brutal nach hinten. Lea bekam den Freiraum, den sie gebraucht hatte, und kickte das Glas mit dem Schuh weg. Dann wollte sie hochschnellen und Max helfen, aber es ging nicht. Die Beine versagten ihr den Dienst, und eine Scheckseunde lang dachte sie daran, dass das Gift Lähmungen hervorrief. Sie wollte nicht sterben. Sie musste hoch! Mühsam stemmte sie sich nach oben, da kam wie in einem Alptraum in diesem Moment das kleine schwarze Kätzchen angesprungen und begann, mit der Ampulle zu spielen. Es stupste sie mit dem Näschen an, und das Glas rollte in Zeitlupe zurück.

Lea schrie wie noch nie in ihrem Leben, das Kätzchen duckte sich und sprang zurück, dann schlich es langsam wieder näher. Max riss Nicole hoch, die sich nach Leibeskräften wehrte und nach allen Richtungen trat. Ein Tritt traf Lea mitten ins Gesicht und ließ ihren Kopf zurück auf den Boden knallen.

Mit einem wütenden Knurren versetzte Max der Frau einen kräftigen Stoß und stolperte mit ihr seitwärts. Währenddessen lag Lea benommen am Boden. Als die Erde aufhörte, sich zu drehen, sah sie die Ampulle direkt vor ihren Augen liegen.

Wegdrehen war nicht möglich, weil Max genau neben ihr stand

und immer noch mit Nicole Rossnagel kämpfte. Er machte einen weiteren Schritt, diesmal nach hinten, und immer noch hatte Lea keinen Platz, dem Gift auszuweichen. Wenn er das Gleichgewicht verlor und aus Versehen die Ampulle zertrat und die Flüssigkeit ihr ins Gesicht oder auf den Arm spritzte, würde sie sterben.

»Weg!«, schrie sie noch einmal, so laut und dringend, wie sie nur konnte. Sein Bein bewegte sich ein paar Zentimeter, genug, um endlich handeln zu können. Mit einem Kampfschrei machte sie eine Rolle rückwärts und schloss jeden Gedanken an Schmerzen aus. Sie stieß Max an und der geriet ins Schwanken. Er hob Nicole hoch, deren bloße Füße nur wenige Zentimeter über der Ampulle strampelten. Lea bekam einen Fuß zu packen. Da drehte Max sich mit der Frau von Lea weg und kam mit dem Schuhabsatz an das Glas. Es klickte.

»Max! Weg jetzt!«, schrie Lea noch einmal.

Er warf die Frau zu Boden und kniete sich über sie. Lea stöhnte erleichtert. Max war in Sicherheit, zwei Meter von dem Glas entfernt, das in zwei Teile zerbrochen war. Malerisch perlte die Flüssigkeit über die Grashalme und sickerte langsam in den Boden ein. Der untere Teil des Glases war noch intakt und funkelte in der Sonne. Das Kätzchen sprang wieder heran. Offenbar dachte es, man wolle mit ihm spielen. Es duckte sich, sah erschrocken hoch, als Lea wieder schrie, machte jedoch eine Bewegung in die falsche Richtung. Die Flüssigkeit ergoss sich über die schwarzen Pfötchen.

»Nein!«, schrie nun auch Nicole und versuchte, sich aus dem Schraubzwingengriff zu befreien, mit dem Max sie festhielt. »Tommi!!!«

Von Weitem hörten sie Martinshörner, die rasch näher kamen. »Na endlich«, keuchte Max.

»Nein, nein, nein!«, schrie Nicole weiter und begann zu schluchzen. »Tun Sie was! Tommi! Mein Kätzchen!«

Die schwarze Katze war bewegungslos stehen geblieben und nun zu Boden gefallen, starr, wie tot.

»Tommi! Mein Kätzchen, mein Kätzchen!«

Lea wurde es übel vor Schmerz, der in ihrem Kopf hämmerte und sich vom Knie in die Haarspitzen zog, aber auch vor Zorn. Diese Frau jammerte über den Tod einer Katze, dabei hatte sie eiskalt den Tod mindestens eines Menschen verursacht!

»Sehen Sie genau hin!«, brüllte sie die Frau an. »Genauso ist Raphael Wittemann krepiert. Genau so!«
Die Frau wimmerte und wand sich in dem harten Polizeigriff.
»Mach die Ladentür auf, Lea. Die Kollegen sollen übernehmen. Frau Rossnagel, Sie sind festgenommen.«
Nicole begann zu weinen. »Tun Sie doch etwas! Das kann man doch nicht ansehen, wie das Tier leidet! Erlösen Sie es.«
Lea beugte sich zu dem Kätzchen, das aussah wie tot. Es hatte alle viere von sich gestreckt und starrte reglos nach oben in die Sonne. Sie traute sich nicht, es zu berühren, weil sie Angst hatte, sie könnte dabei in das Gift greifen, das noch im Fell des Tiers klebte.
»Armer Kater!«, murmelte sie, eher zu sich selbst, bevor sie sich aufrichtete und zu Nicole Rossnagel herabsah, die nun umso lauter schluchzte. »Hören Sie auf zu jammern«, herrschte sie sie an. »Sie haben es ja selbst geschildert, was passiert. Lähmung, Herzstillstand. Dann der Tod.«
Nicole verstummte.
Mit wackligen Beinen humpelte Lea endlich zum Haus, durch die Küche und den Laden zur Tür. Die Beamten sahen sie erschrocken an, dann rannten sie ohne zu zögern in die Richtung, die sie ihnen zeigte.
Am liebsten hätte sie sich in der Küche auf einen Stuhl gesetzt und für eine Minute verschnauft, aber das ging nicht. Aus dem Garten hörte sie Max.
»Nicht berühren, weg, um Gottes willen!«
Dann begann er immer lauter und aufgeregter Fragen zu stellen. Der Name Campenhausen fiel ein paarmal, aber es folgte keine Antwort.
Lea öffnete die schmale Tür, die an die Küche grenzte. Constanze Rossnagel hatte sich halb aufgerichtet. Es war ihr ganz offensichtlich schwergefallen, denn sie schwitzte stark und ihre Wangenknochen traten weiß hervor. Als sie Lea erblickte, ließ sie sich mit einem erleichterten Aufruf in die Kissen zurücksinken.
»Sie müssen Marie-Lu retten!«
»Wo ist sie?«
»Nicole hat …« Constanze Rossnagel rang angestrengt nach Luft.
»Das wissen wir. Nicole hat gestanden. Aber wo, wo ist Frau Campenhausen?«

Die Kranke keuchte entkräftet. Dann deutete sie auf die Handtasche, die an der Stuhllehne baumelte, und hauchte: »Kommissar Gottlieb ...«

Lea beugte sich zu ihr herunter. Doch die alte Frau konnte eine Weile nichts sagen. Dann keuchte sie wieder: »... Haus durchsucht. Nichts gefunden.«

»Wo kann sie sein? Hat Nicole sie weggeschafft? Gibt es einen Keller?«

Unwillkürlich jagte dieses Wort einen eisigen Schauer über ihren Rücken.

»Garten. Nicht zurückgekommen.«

»Ich war gerade im Garten. Da ist niemand.«

»Sch ...«

»Im Schuppen? Nein, da habe ich nachgesehen.«

Die Kranke machte eine hilflose Handbewegung. »Scheune, wo sonst?«

Lea wollte sichergehen und jagte, so gut es mit dem Knie eben ging, zur Tür hinaus, durch die Küche, die Treppe hinauf unter das Dach, suchte überall, unter dem Bett, im Schrank, hinter dem Duschvorhang, rannte die Treppe wieder hinunter. Im Haus war niemand. Also blieb nur der Schuppen.

Die Tür zum Garten quietschte. Weiter hinten umringten die Polizisten Nicole Rossnagel. Max beugte sich zu der Frau und rief: »Wo, verdammt?«

»Hier!«, schrie Lea. »Kommt her! Sie muss in der Scheune sein.«

Die Beamten wollten sich in Bewegung setzen und tasteten nach ihren Pistolenholstern, doch Max hielt sie mit einer Handbewegung zurück. »Da habe ich gerade nachgesehen. Da ist nichts. Nicht reingehen, Lea. Warte auf die Spurensicherung.«

Aber Lea konnte nicht untätig bleiben. Sie wollte nicht glauben, dass in diesem Schuppen nichts zu finden war. Frau Campenhausen konnte sich nicht in Luft aufgelöst haben. Sie musste in der Scheune sein! Es gab keine andere Möglichkeit.

Trotzig öffnete sie die Tür und blieb am Eingang stehen, um das Chaos, diesmal argwöhnischer, zu überblicken. Es war heiß und stickig hier. Rasenmäher, Hollywoodschaukel, Schlauchwagen, Tontöpfe, Werkbank, Spaten, Harke, Grabgabel, Eimer mit Rosenscheren, Säcke mit Blumenerde, ein Regal mit verschiedenen

Düngemitteln, ein verrostetes Kinderfahrrad, eine Schubkarre, weiter hinten an der Wand der Paravent, davor ein zusammengerollter Teppich. Von ihrer Detektivin keine Spur.
»Frau Campenhausen?«
Nichts.
Eine Ameisenbrigade zog an ihr vorbei zur Tür.
Nein, sie wollte nicht aufgeben. Ungeachtet aller polizeilicher Protestschreie ging sie hinein, direkt zum Paravent, zerrte ihn hoch und ließ ihn zur Seite fallen. Nichts. Die Pritsche dahinter war mit einer übergroßen dunklen Wolldecke bedeckt, auf der einige weiße Haare lagen.
»Lea!«, hörte sie Max draußen rufen. Ja, es gefiel ihm nicht, wenn sie sich in seine Ermittlungen einmischte und etwas durchsuchte, das der Spurensicherung gehörte. Sie wusste selbst, dass sie hier eigentlich nichts verloren hatte. Aber wenn Nicole Frau Campenhausen ein Schlafmittel oder sogar Gift eingeflößt hatte, konnten sie nicht warten.
»Frau Campenhausen?«
Nichts.
Sie hob die Decke und warf einen kurzen Blick unter die Pritsche, ohne große Hoffnung. Nein, auch da war nichts. Sie stupste den zusammengerollten Teppich an, öffnete die Schnüre, die ihn zusammenhielten, ließ ihn ein Stück weit aufrollen.
Max hatte recht. Hier war nichts.
Ein letzter Blick in das dämmrige Durcheinander, dann zog sich Lea entmutigt zur Tür zurück.
Sie wollte schon in den Garten gehen, da hörte sie ein schwaches Geräusch. Es kam von hinten, aus Richtung Pritsche.
Mit einem Satz war Lea dort und riss die Decke ganz weg. Zwischen Pritsche und Wand waren Stuhlkissen und Auflagen von Liegen verstaut. Sie hatten die gleiche Höhe wie das Feldbett, und genau von hier kam das Geräusch.
Lea kletterte auf die Liege, beugte sich vor und zog eine der Auflagen zur Seite. Darunter lag eine weitere Auflage.
Da, das Geräusch. Als wenn jemand eine Nagelfeile über ein Holzbrettchen ziehen würde. Eindeutig, es kam genau von hier. Aufgeregt warf Lea die dünnen Auflagen hinter sich. Unter der dritten lag Frau Campenhausen auf einem weiteren Polster und rührte sich

nicht. Ihr Gesicht sah friedlich aus. Ihre Augen waren geschlossen. Die weißen Löckchen klebten verschwitzt an den Schläfen. Bluse und Rock waren schmutzig. Sie hatte die Hände gefaltet, als habe jemand sie aufgebahrt.

Lea schossen Tränen in die Augen. Sie war zu spät gekommen. Das Gift war schneller gewesen. Oh nein, das durfte nicht sein. Diese alte Dame hatte niemandem jemals etwas zu Leide getan, sie war mutig und offen durchs Leben gegangen, hatte jeden Augenblick, der ihr geschenkt worden war, geliebt und ausgefüllt. Und nun lag sie hier, ermordet. Hatte sie leiden müssen, oder war es ähnlich schnell gegangen wie bei ihrem Lieblingsneffen?

Weiter konnte Lea nicht denken. Die Frau tat ihr so leid! Sie beugte sich über sie, um ein letztes Mal ihre Wange zu streicheln.

Da war dieses leise Sägen wieder, direkt vor ihr. Sie beugte sich noch ein Stück tiefer zu der alten Dame, dann musste sie lachen. Eindeutig, Frau Campenhausen verursachte dieses Geräusch!

Noch niemals hatte sie sich so gefreut, einen Menschen schnarchen zu hören.

FÜNFUNDZWANZIG

»Wenn Sie noch einmal behaupten, ich hätte geschnarcht, fällt der Nachtisch aus«, drohte Marie-Luise am nächsten Spätnachmittag, als sie zu dritt in ihrer kleinen Küche versammelt waren.

Lea Weidenbach lachte. Es war ein befreites und glückliches Glucksen, in das auch der nette Hauptkommissar einstimmte. Die beiden standen nebeneinander an der Arbeitsfläche. Sie schnitt die Zutaten, er belegte die Rouladen. Dabei sahen sie sich immer wieder in die Augen, berührten sich wie zufällig und dachten, sie würde nichts von der kleinen Romanze mitbekommen, die sich da angebahnt hatte.

Marie-Luise lehnte sich zurück und beobachtete das junge Glück schmunzelnd. Erst hatte sie sich ja mit Händen und Füßen dagegen gesträubt, dass die beiden das Sesselchen aus der Diele in die Küche trugen und sie darauf platzierten, aber jetzt war sie doch froh darum. Sie wollte nicht stundenlang stehen und kochen, sie wollte einfach nur die Beine ausstrecken, den beiden zusehen und den Frieden des Augenblicks genießen. Wenn die Rouladen angebraten waren, hatten sie knapp zwei Stunden Zeit, um den Salat und die Schupfnudeln und die Himbeerspeise zuzubereiten, ein Gläschen des köstlichen Lembergers vom Weingut Wachtstetter in Pfaffenhofen zu genießen, den Tisch zu decken, Mienchen zu füttern und auf Joseph zu warten, der erst später kommen und für den Blumenschmuck sorgen sollte.

Mienchen sprang ihr auf den Schoß, und sie streichelte die Katze dankbar. Es tat gut, das seidige weiße Fell zu berühren und das schlimme Bild des toten schwarzen Katers zu verdrängen, das sich wieder vor ihr Auge schlich. Er war das Erste gewesen, was sie bewusst wahrgenommen hatte, nachdem Lea sie aus ihrem Versteck in den Garten geführt hatte.

Ihr schauderte es. Niemals hätte sie der zarten, sanften Nicole den Mord an Raphael zugetraut. Die ganze Nacht hatte sie gebraucht, um halbwegs zu verarbeiten, dass Nicole ausgerechnet sie dazu benutzt hatte, Raphael das Gift zu geben. Was für ein perfider, abscheulicher Plan! Hätte sie das Päckchen doch nur fallen lassen oder verloren! Raphael könnte noch leben, würde sie mit dem schönen alten Mercedes durch den Schwarzwald chauffieren, sie verwöhnen und sie mit seinen lustigen Anekdoten zum Lachen bringen.

Einen Augenblick gab sie sich dieser Illusion hin, dann rief sie sich zur Ordnung. Es wäre nicht mehr derselbe liebenswürdige Raphael gewesen, als den sie ihn all die Jahre gesehen hatte. Nicoles Schilderungen hatten ihr die Augen geöffnet, die sie stets allzu gern verschlossen hatte. Hätte sie kritisch hingesehen, hätte sie feststellen können und müssen, wie es um diese Ehe bestellt gewesen war, dass nicht ein Funken Gefühl, Zärtlichkeit, nicht einmal gegenseitiger Respekt vorhanden gewesen war, nur verächtliche, gedankenlose Gesten auf der einen und hündischer Gehorsam auf der anderen Seite. Ein Nährboden für Grausamkeiten.

In gewisser Weise konnte sie Nicoles Gedankengänge sogar nachvollziehen, so schrecklich und unentschuldbar sie auch waren. Sie machte sich schwere Vorwürfe, nicht früher eingegriffen zu haben. Ein ernstes Gespräch mit Raphael, vielleicht auch mit Nicole, ein Besuch bei Constanze – was wäre es denn schon gewesen, und wie viel Leid hätte sie allen Beteiligten erspart. Raphael würde vielleicht noch leben, wenn sie rechtzeitig gehandelt hätte.

Sie hatte wohl laut geseufzt, denn die beiden Turteltauben drehten sich wie auf Kommando zu ihr um.

»Ich bin mit dem Zusammenrollen fertig, Frau Campenhausen. Noch ein Gläschen?«

Frau Weidenbach war so ein Schatz! Und Herr Gottlieb hatte schon die Flasche in der Hand. Marie-Luise lächelte wehmütig. Das Leben ging weiter, und hier wurde ihre Hilfe gebraucht.

»Erst anbraten und die Küche lüften«, ordnete sie mit gespielt strengem Ton an und wunderte sich insgeheim, wie sie schon wieder an solch banale Alltagsdinge denken konnte. »Herr Gottlieb, helfen Sie mir bitte ins Wohnzimmer. Ich möchte mir den Luxus gönnen und dem Zischen und Spritzen am Herd heute entgehen. Es war eine ziemlich dumme Idee von mir, bei dieser Hitze ein Winteressen vorzuschlagen, nicht wahr? Aber ich dachte nur an euch Männer und wie gern auch Willi immer Rouladen gegessen hat.«

»Sie haben mir einen Herzenswunsch erfüllt«, bestätigte der

Kommissar strahlend und geleitete sie wie ein Gentleman ins Zimmer nebenan. Mienchen schlich an ihnen vorbei und hüpfte auf ihrer beider Lieblingssessel, sodass Marie-Luise sich für die Couch entschied. Frau Weidenbach folgte mit dem halbvollen Weinglas, dann wollten die beiden sie eigentlich allein lassen, aber Marie-Luise winkte sie noch einmal heran und bat sie, Platz zu nehmen.

Sie wollte alles über Nicoles Geständnis wissen, obwohl der Kommissar sie schon gleich bei der Begrüßung informiert hatte. Aber es war zu kurz gewesen, viel zu kurz. Sie wollte es noch einmal hören.

»Wie war das nun mit dieser Tinktur?«, fragte sie deshalb und schüttelte den Kopf in der Hoffnung, die dicken Flusen in ihren Gehirngängen zu vertreiben. Es war einfach zu viel gewesen in den letzten Tagen. Wenn sie nicht vor einer Woche noch springlebendig und vollkommen bei Sinnen gewesen wäre, hätte sie heute ernsthaft über das Angebot der Seniorenresidenz Bellevue nachgedacht. Aber es war hoffentlich anzunehmen, dass es ihr nach der Beerdigung wieder besser gehen würde.

Maximilian Gottlieb wechselte einen bedeutungsvollen Blick mit seiner Lea und wandte sich dann nachsichtig lächelnd an sie: »Sie hat in der Apotheke ein gängiges Lösungsmittel besorgt, dann Gift dazugemischt, das sie aus Eisenhut aus dem Garten gewonnen hat. So wurde aus der hilfreichen Tinktur ein tödlicher Cocktail, der in dem Augenblick wirkt, in dem er mit der Haut in Berührung kommt.«

»Eisenhut! So eine hübsche Pflanze! Kann man denn daraus so schnell Gift herstellen?«

»Der blaue Eisenhut ist die giftigste Pflanze, die wir in unseren Breiten kennen. Es gibt Gärtner, die die Wurzeln nur mit Handschuhen anfassen. Kinder sind schon gefährdet, wenn sie nur mit den Blüten spielen, weil das Gift auch ohne Lösungsmittel durch bloßes Berühren sogar über eine intakte Haut oder Schleimhaut aufgenommen werden kann.«

»Ich habe im Archiv recherchiert«, mischte sich Lea Weidenbach ein. »Im antiken Griechenland war es der Bevölkerung verboten, Eisenhut anzupflanzen. Das war den staatlichen Gärten vorbehalten. Damals richtete man mit diesem Gift Verbrecher hin, die besonders schwere Straftaten begangen hatten. In der Antike und im Mittelalter war Eisenhut das am meisten gebrauchte Mordgift. Der römische Kaiser Claudius, Papst Hadrian VI. und der Prophet Mohammed sollen damit getötet worden sein. Noch im fünfzehnten Jahrhundert haben die Mauren im Kampf gegen die Spanier ihre Pfeilspitzen mit Eisenhut präpariert.«

Einerseits hätte Marie-Luise sich am liebsten die Ohren zugehalten, weil sie keine Einzelheiten mehr verkraftete, andererseits gab es noch etwas, das sie unbedingt wissen musste, aber kaum zu fragen wagte. Sie hatte Angst vor der Antwort, aber wenn sie keine Gewissheit hatte, würde sie keine Ruhe finden.

»Hat Raphael Schmerzen gehabt?«, fragte sie schließlich so leise, dass sie schon fürchtete, niemand würde sie gehört haben und sie müsste diese schreckliche Frage noch einmal stellen.

Der Kommissar sah sie ernst an. »Ich kann Sie beruhigen, Frau Campenhausen. So wie es aussieht, hat Nicole eine extrem hohe Dosis verwandt, sodass der Tod unvermittelt mit Kammerflimmern eintrat. Das hat mir die Rechtsmedizin bestätigt, die zwar meint, man wäre ganz sicher später bei den Laboruntersuchungen auf die wahre Todesursache gekommen, die aber auch bestürzt ist, weil man sie nicht gleich bei der Obduktion gefunden hat. Bei solch einer hohen Dosis ist das jedoch zu verstehen, zumal die Spuren auf der Haut abgewaschen wurden, als Ihr Neffe ins Wasser stürzte. Die üblichen Symptome wie Krämpfe, Unterkühlung, Lähmung, Blutdruckabfall, erhöhte Harnproduktion traten nicht ein, das Kammerflimmern wurde sozusagen unmittelbar ausgelöst. Ich vermute, es war wie bei einem normalen Herzinfarkt, ein Ziehen, ein Stechen, ein großer Schrecken, und dann war er schon tot.«

Marie-Luise schloss die Augen. Sie bemühte sich, diese Version zu glauben. Herr Gottlieb nahm ihre Hand, und das gab ihr Ruhe und Kraft. Als sie die Augen wieder öffnete, sah sie sein mitfühlendes Gesicht dicht vor sich, und sie musste sich beherrschen, um nicht in Tränen auszubrechen.

»Wie geht es mit Nicole weiter?«, fragte sie, um sich abzulenken.

»Sie bleibt in Untersuchungshaft. Sie hat den Tod ihres Ex-Mannes geplant, daran gibt es keinen Zweifel, sie hat heimtückisch und grausam gehandelt und seine Arglosigkeit ausgenutzt – ich bin mir ziemlich sicher, dass sie lebenslang bekommt.«

»Mich hat sie wegen einer Lebensversicherung aus dem Weg

räumen wollen. Ich habe überhaupt nicht verstanden, was es damit auf sich hatte ...«

»Nicoles Mutter hat es uns erklärt: Raphael Wittemann hatte auf keinen Fall Kinder gewollt. Nicole war jedoch vor der Heirat schwanger geworden, und er drohte, die Hochzeit abzusagen, wenn sie das Kind bekäme. An Abtreibung war zu dem Zeitpunkt nicht mehr zu denken, außerdem war so etwas damals in Deutschland ohnehin strafbar. Wie auch immer – eine Klinik in Holland erledigte das Problem, und zwar auf Drängen der Mutter dauerhaft.«

Der Kommissar schüttelte den Kopf und zog die Stirn kraus. »Aus heutiger Sicht ist dies alles unglaublich. Constanze Rossnagel gibt zu, dass sie die treibende Kraft gewesen war. Sie selbst hatte so sehr unter ihrer sozialen Isolation als Mutter eines unehelichen Kindes gelitten, dass sie ihrer Tochter ein ähnliches Schicksal um jeden Preis ersparen wollte. Dass die Zeiten sich längst geändert hatten, will sie bis heute nicht wahrhaben. Sie sagt, sie habe Raphael seine Drohung geglaubt, Nicole sitzen zu lassen. So habe sie mit ihm einen Vertrag ausgehandelt, um ihre Tochter für alle Fälle versorgt zu sehen. Nicole sollte zwar im Falle einer Scheidung auf alle Ansprüche verzichten, aber er schloss im Gegenzug zu ihren Gunsten eine Lebensversicherung über eine Million D-Mark ab.«

Mit einem bitteren Unterton unterbrach Lea Weidenbach seine Ausführungen: »Und nun kommt das Kleingedruckte ins Spiel. Da stand, dass zum Zeitpunkt der Fälligkeit entweder Nicole oder die dann in gültiger Ehe lebende Ehefrau bezugsberechtigt sei.«

Gottlieb nickte. »So ist es. Raphael behauptete, dies sei nur eine Standardformulierung für den Fall, dass Nicole vor ihm sterben würde. Constanze und Nicole glaubten ihm das zunächst.«

Marie-Luise schlug die Hände zusammen. »Aber dann beantragte er die Scheidung ...«

»... und erste Zweifel an seinem Wort stiegen auf. Er ließ Nicole fast vollständig im Stich, verwies sie an das Versicherungsunternehmen, änderte die merkwürdige Formulierung aber nicht, sodass im Falle der Wiederverheiratung Sina Kuhn das Geld bekommen hätte. Er hat seine Exfrau wirklich nicht gut behandelt, Frau Campenhausen, das muss ich objektiv feststellen.«

Marie-Luise sank traurig in sich zusammen. »Ich versuche gerade, mein Bild zu korrigieren, auch wenn es mir sehr schwerfällt.

Wissen Sie, dass er mir einmal Geld gegeben hat, damit Constanzes Arztrechnung möglichst anonym bezahlt wird? Nun, das hat mich beeindruckt. Aber wenn ich mir nun sein ganzes Verhalten ansehe, bin ich enttäuscht von ihm. Wer weiß, ob das Geld, das er mir für Constanze gegeben hat, überhaupt gereicht hat. Ich fürchte, ich habe mich in dem Jungen getäuscht. Und irgendwie kann ich sogar verstehen … nein, nicht verstehen … Ich meine, Nicole ist …« Sie brachte es nicht fertig, den Satz zu Ende zu führen.

Lea Weidenbach sah sie mitfühlend an. »Nicole ist nie gut behandelt worden. Und dann kam auch noch diese verhängnisvolle Notiz in unserer Zeitung …«

»… mit der Hochzeitsankündigung und diesem schicksalhaften Datum! Dabei war doch am Samstag schon alles wieder anders! Wenn sie das erfahren hätte …«

Marie-Luise zwinkerte heftig. Natürlich wusste sie, dass es durchaus in Ordnung wäre, wenn sie weinen würde. Aber sie wollte den beiden den Abend nicht verderben. Weinen konnte sie noch oft und lange genug. Jetzt wollte sie eine vorbildliche Gastgeberin sein. Doch als Lea sich zu ihr setzte und sie fest in den Arm nahm, war es vorbei mit der Beherrschung.

Als sie sich wieder beruhigt hatte, hörte sie Herrn Gottlieb in der Küche rumoren.

»Frau Campenhausen, ich weiß seit letztem Sonntag zwar, wie ich Pellkartoffeln aufsetze. Aber was mache ich mit geschälten? Kommen die ins kochende oder ins kalte Wasser?«, rief er.

Marie-Luise kicherte leise. »Gehen Sie zu ihm, Kindchen«, flüsterte sie und gab ihrer jungen Freundin einen kleinen Stoß in die Rippen. Doch Lea Weidenbach sah trotzdem ratlos aus.

»Ich weiß aber nicht, wie man Schupfnudeln macht«, flüsterte sie zurück.

»Dann helfen Sie mir, ich komme mit«, ordnete Frau Campenhausen an und nahm ihr Weinglas. »Ich habe ohnehin noch tausend Fragen, da will ich nicht ins Wohnzimmer abgeschoben werden.«

»Schießen Sie los«, ermunterte der Hauptkommissar sie, während er sich die Hände an einem Geschirrtuch trocknete, das er in den Hosenbund gestopft hatte.

»Die Versicherung. Wer bekommt sie nun? Nicole? Obwohl sie Raphael umgebracht hat?«

»Auf keinen Fall. Man wird sich weigern, an Nicole auszuzahlen. Also kommt die Summe wohl in die Erbmasse. Wobei wir bei der Grundfrage sind: Wer erbt? Ich vermute mal, Sie werden es sein, Frau Campenhausen.«

»Gütiger Gott. Ich bin fünfundsiebzig. Was soll ich mit all dem Geld? Womöglich erbe ich auch noch Raphaels Baufirma. Was mache ich da bloß? Ich habe doch alles, was ich brauche. Und meine leiblichen Nichten und Neffen und deren Kinder werden auch ohne Raphael reichlich erben.«

Lea spielte nachdenklich mit einem Kochlöffel. »Eine Stiftung vielleicht? Ich habe erst kürzlich einen Artikel darüber geschrieben, wie reiche Menschen damit ihren Namen unvergänglich machen und sich noch dazu sozial engagieren können.«

»Das hört sich gut an, Frau Weidenbach, das wäre eine Möglichkeit, wenn es denn mit dem Erbe überhaupt so weit kommen sollte. Das wird sicher eine Weile dauern. Wahrscheinlich wird Sina Kuhn mit mir streiten wollen.«

Gottlieb lachte. »Das glaube ich kaum. Die hat andere Sorgen. Erpressung ist eine schwere Straftat. Sie wird hart kämpfen müssen, um nicht ins Gefängnis zu wandern, sondern mit einer Bewährungsstrafe davonzukommen. Danach wird sie sich, wie ich sie kenne, einen neuen Kandidaten suchen, der ihr hilft, ihren Traum zu realisieren. Obwohl er ein Hirngespinst ist, wie unsere Ermittlungen ergeben haben. Ihre Mutter hatte sich den angeblichen adligen Erzeuger nur ausgedacht, und es gibt keinerlei Indizien auf eine wie auch immer gestaltete Beziehung zur Familie Pagenhardt. Trotzdem hat Sina Kuhn es sich als Lebensziel in den Kopf gesetzt, dieses Haus zu erwerben.«

»Herr Gottlieb, ich würde es vorziehen, über diese Personen kein Wort mehr zu verlieren. Ich bin immer noch entsetzt über ihr Betragen. Viel wichtiger und dringender erscheint es mir, Constanze zu versorgen. Sie kann ja nichts für Raphaels Tod. Sie ist durch Nicoles Tat sogar doppelt betroffen, denn sie muss nicht nur mit der Gewissheit leben, dass ihre Tochter eine Mörderin ist. Sie verliert gleichzeitig auch ihre einzige Pflegekraft, und sie ist weder pflege- noch krankenversichert. Meine Güte, wie kann man so leichtsinnig sein?«

Lea Weidenbach zog die Schultern hoch. »Ich höre in letzter Zeit immer öfter von Selbständigen, die sich im Alter die Beiträge der privaten Versicherung nicht mehr leisten können und deshalb kündigen.«

Marie-Luise dachte nicht mehr lange nach. Ihr war eine Idee gekommen, die sich gut anfühlte. »Gleich morgen rufe ich im Bellevue an. Constanze kann das Zimmer haben, das man mir gerade angeboten hat.«

Lea Weidenbach sah sie überrascht an. »Das Bellevue ist erst recht unbezahlbar.«

»Aber es ist eine wunderbare Anlage. Eine Bridge-Freundin ist kürzlich dort eingezogen. Feudal, sage ich Ihnen! Wie das Luxushotel, das es einst war. Empfangsportier, dicke Teppiche, vornehmer Speisesaal, angenehme Gäste, gutes Essen, kulturelles Programm.«

»Worauf wollen Sie hinaus?«

»Kennen Sie einen guten Anwalt? Mit dessen Hilfe werde ich versuchen, tatsächlich das Geld aus Raphaels Lebensversicherung zu bekommen und es ihr zukommen lassen. Wenn nicht – dann muss eben das Geld aus seiner Firma herhalten. Ich werde sie sicherlich gut verkaufen können, wenn alles wahr ist, was er mir jemals darüber erzählt hat.«

»Doch, die Firma steht gut da«, bestätigte Gottlieb, der mit roten Wangen am Spülbecken stand und Kartoffeln schälte.

»Na also. Dann kann ich wenigstens ein kleines Stück dessen wiedergutmachen, was Raphael angerichtet hat. Auch der Unfall der Urbaneks, von dem Sie mir berichtet haben, geht mir nicht mehr aus dem Sinn. Meinen Sie wirklich, dass Raphael dem Mann bewusst ein fehlerhaftes Teil gegeben hat? Ich kann mir das nicht vorstellen, niemals!«

»Tut mir leid, Frau Campenhausen, aber mit dem ›Niemals‹ wäre ich an Ihrer Stelle vorsichtig. Ich habe in Absprache mit der Staatsanwaltschaft eine neue Untersuchung anordnen lassen.«

Marie-Luise wurde es flau im Magen. »Eine neue Untersuchung? Wie geht das? Raphael ist tot, die Frau ist tot, das Auto verschrottet. Ich möchte nicht …«

»… wir müssen dem nachgehen. Zumindest mögliche Zeugen verhören. Vielleicht kann Urbanek, wenn unsere Ermittlungen abgeschlossen sind, im Nachhinein zivilrechtlich Geld von Raphaels Haftpflichtversicherung einklagen.«

»Nein, das will ich nicht. Ich möchte nicht, dass Raphaels Name – ach, ich darf gar nicht daran denken.«

»Es wird keinen öffentlichen Strafprozess geben, Frau Campenhausen, da kann ich Sie beruhigen.«

»Lassen Sie mich den Mann doch freiwillig unterstützen. Ich würde ihm wirklich gern helfen.«

Gottlieb murmelte etwas, das sich verdächtig nach »basta« anhörte, und suchte einen Topf aus dem Schrank.

Marie-Luise schluckte einen kleinen Anflug von Ärger herunter. Es blieb ihr unbenommen, Urbanek gleich nächste Woche eine Unterstützung zukommen zu lassen. Dafür brauchte sie keine Gerichtsurteile abzuwarten.

»Kaltes Wasser, zwanzig Minuten, wenn es kocht«, sagte sie automatisch. »Und dann hätte ich gern Ihre Aufmerksamkeit. Ich habe nämlich etwas auf dem Herzen.«

Lea ließ mit einem fragenden Gesicht den Kochlöffel sinken. Gottlieb schichtete erst die Kartoffeln in den Topf und stellte sie auf den Herd, dann nahm er sein Glas und drehte sich ebenfalls neugierig um, weil die Stille hinter seinem Rücken offenbar zu lange dauerte. Seine freie Hand fuhr zu seiner Brusttasche, und Marie-Luise fiel auf, dass er gar keine Zigaretten dabeihatte. Die steckten doch sonst immer dort.

Nun, das überging sie besser. Hatte er die Zigaretten vergessen, würde es ihn nervös machen, wenn sie ihn daran erinnerte. Hatte er sie bewusst nicht mitgebracht, würde es reichen, wenn sie sich am Ende des Abends für seine Rücksicht bedankte. Rauchen war ungesund, unhöflich und roch unangenehm. Man sollte am besten gar kein Aufhebens darum machen. Außerdem musste sie alle Kräfte mobilisieren, um ein ernstes Gesicht zu machen, obwohl sie es vor Vorfreude fast nicht mehr aushielt.

»Es geht um den Mercedes«, begann sie.

»Ah, lassen Sie mich raten! Den bekommt Ihr lieber Joseph«, unterbrach Lea sie.

»Falsch. Sie dürfen gern weiterraten.«

»Oh, ich kenne mich mit Ihren Neffen und Nichten nicht aus«, lachte ihre Mieterin und lehnte sich wie zufällig nach hinten, dorthin, wo Gottlieb stand. »Es sind viel zu viele.«

»Nein, nein, die bekommen den auch nicht. Die haben überhaupt keinen Sinn für Oldtimer. Nein, nein, ich kenne einen Menschen, der erst kürzlich andächtig und liebevoll um den Wagen herumgeschlichen ist.« Sie machte eine Pause. »Sie, Herr Gottlieb!«

Gottlieb hatte gerade am Wein genippt und verschluckte sich. »Kommt nicht in Frage. Überhaupt nicht. Vergessen Sie es.«

»Aber ...«

»Ich bin Polizist. Ich nehme keine Geschenke an.«

»Aber ...«

»Kein Aber. Das ist mir sehr ernst, Frau Campenhausen. Ja, ich fahre eine Schrottkarre und ärgere mich, weil ich mir im Moment kein besseres Auto leisten kann. Und ja, ich habe mich sofort in Ihr Schmuckstück verliebt, das stimmt. Aber ich werde es nicht annehmen. Niemals! *Nie-mals!*«

Marie-Luise hatte nichts anderes erwartet. Sie erhob sich, ging langsam zum Schlüsselbord im Flur und kehrte mit dem Autoschlüssel zurück. Dann legte sie ihn vor Lea auf den Tisch.

»Kind, dann nehmen Sie ihn. Er darf ihn jederzeit fahren, reparieren und polieren. Aber er gehört Ihnen, und ich komme für den Unterhalt auf. Sie beide, Sie werden das gute Stück lieben und gut behandeln, nicht wahr? Ich habe es mir wirklich reiflich überlegt. Es ist die optimale Lösung. So muss ich mich um den Wagen nicht kümmern, weiß ihn aber in den allerbesten Händen. Würden Sie mir die Freude machen und meinem Vorschlag zustimmen, Lea?«

Lea Weidenbach lächelte selig wie eine Dreijährige und griff nach dem Schlüssel. Dann warf sie ihrem Kommissar einen scheuen Blick zu. »Max?«

Er lachte. »Was soll ich dazu sagen?«

»Am besten gar nichts, Herr Gottlieb. Ich habe allerdings zwei Wünsche: Als Erstes möchte ich nächstes Jahr im Sommer zu einer Schwarzwaldfahrt mitgenommen werden.«

»Einverstanden. Und der zweite Wunsch?«

»Sie würden mich zum glücklichsten Menschen machen, wenn der Mercedes noch einmal einen ganz bestimmten Zweck erfüllen würde. Zu einer gewissen Fahrt eignet er sich nämlich besonders gut.«

Und während sie zusah, wie vor ihren Augen zwei erwachsene Menschen wirklich und wahrhaftig puterrot anliefen, kicherte Marie-Luise zufrieden und erhob das Glas.

RITA HAMPP IM EMONS VERLAG

Rita Hampp
DIE LEICHE IM PARADIES
Broschur, 256 Seiten
ISBN 3-89705-402-8

»Ein flüssig und stilsicher erzählter Kriminalroman, flockig, schnell, dynamisch, mit überzeugenden Protagonisten, geschickten Perspektivenwechseln und einem überraschenden Showdown.«
Live Magazin

Rita Hampp
TOD AUF DER RENNBAHN
Broschur, 288 Seiten
ISBN 3-89705-477-6

»Kompakt, schnörkellos, mit viel Hochspannung. Spannende Lektüre aus Baden-Baden mit viel Flair. Lesetipp!«
Deutsche Krimi-Autoren

www.emons-verlag.de